国际贸易理论与实务系列

International Trade Theory and Practice Series

周桂荣 总主编

International
Trade Theory
and Practice

国际贸易理论与实务

周桂荣/主编

厦门大学出版社 国家一级出版社
XIAMEN UNIVERSITY PRESS 全国百佳图书出版单位

图书在版编目(CIP)数据

国际贸易理论与实务/周桂荣主编. —厦门:厦门大学出版社,2018.11
ISBN 978-7-5615-7100-2

Ⅰ.①国…　Ⅱ.①周…　Ⅲ.①国际贸易理论②国际贸易—贸易实务　Ⅳ.①F740

中国版本图书馆 CIP 数据核字(2018)第 212154 号

出 版 人	郑文礼
责任编辑	吴兴友
封面设计	夏　林
电脑制作	张雨秋
技术编辑	朱　楷

出版发行 厦门大学出版社

社　　址	厦门市软件园二期望海路 39 号
邮政编码	361008
总 编 办	0592-2182177　0592-2181406(传真)
营销中心	0592-2184458　0592-2181365
网　　址	http://www.xmupress.com
邮　　箱	xmupress@126.com
印　　刷	厦门集大印刷厂

开本	787 mm×1 092 mm　1/16
印张	24
字数	549 千字
版次	2018 年 11 月第 1 版
印次	2018 年 11 月第 1 次印刷
定价	58.00 元

本书如有印装质量问题请直接寄承印厂调换

厦门大学出版社
微信二维码

厦门大学出版社
微博二维码

前　言

　　随着技术的不断进步和互联网的快速发展,国际贸易也以多种贸易模式融入全球化发展中,其中,跨境电商的发展已突破国界,成为新的融入全球化竞争的贸易方式。而区域一体化、自贸区建设、自由港快速推进都为区域比较优势和要素禀赋理论赋予了新的内容和制度的创新。因此,熟悉和掌握国际贸易理论的发展演变,通晓新的国际惯例与规则,掌握国际贸易实务操作的规范流程,是我们进行此次教材编著的缘由所在。

　　《国际贸易理论与实务》是从抽象到具象的相互连带关系,国际贸易理论更多体现了宏观研究的国际视角,国际贸易实务更多体现的是微观的具体运作。理论的掌握有助于我们从宏观角度把握政策方针,实务的掌握更多是技能的发挥与运用,两者相辅相成。我们在编著本书时力求在参阅其他教材的基础上,汲取其中的精华,结合国际贸易惯例与规则的发展变化,更新内容,为社会培养具有国际化视野、懂法律规则和实务运作的复合型人才。

　　我们在研读了众多教材的基础上,结合多年课程教学的需要,对本教材进行了从理论到实践的整合,形成了如下特色:

　　首先,全书结构分为两部分,上部分为国际贸易理论部分。理论部分除了介绍概念原理内容外,增加了理论模型和图形,强化了理论构建的动态演化模式。与此同时,根据国际区域一体化的发展趋势,增加了区域一体化理论,并通过图表的形式将区域一体化特征及效果提炼出来,有助于学生对区域一体化理论发展趋势加深认识。下部分为国际贸易实务部分。国际贸易实务部分根据《2010 年国际贸易术语解释通则》对国际贸易术语的改变,及时更新了内容,并在厦大社出版的《国际贸易实务》基础上,根据新的形势变化和学生的反映,对相关章节进一步予以补充,并增加了案例,提升学生分析问题和解决问题的能力。案例分析采用引导式,避免单一模式性的标准答案,提升学生独立思考和文字表达能力。

　　其次,在每一章后面都列有思考题,并把常用的英文表述列出来。贸易磋商更是将外贸英文函电往来加进去,以体现本教材的应用性。

　　最后,依据国际贸易规则的变化,将 Incoterms 2010、UCP600 以及国际贸易实务单证以附录的形式放在书后,便于读者对照理解,从而全面准确掌握规则和单证的具体操作。

　　本书由周桂荣教授牵头,成立了《国际贸易理论与实务》撰写团队,经过团队成员的共同努力,并反复修改,形成了本教材。全书章节分工如下:国际贸易理论部分第一章由王新全编写,第二章至第三章由龙华芳编写,第四章由李晓慧编写,第五章由王新全编写,第六章由李晓慧编写,第七章由王新全编写,第八章由龙华芳编写;实务部分由周桂荣编写修订。

本书可作为高等院校国际经济与贸易、国际金融、商务英语、工商管理、公共管理专业开设的国际贸易理论与实务的专业课和选修课教材。该教材也可用作从事跨境电商的实际工作人员、商务师、报关员等人员的参考书。

本书含有课件PPT,供教学参考之用。

由于本书作者能力有限,书中难免有错误纰漏之处,恳请同行专家、学者及读者批评赐教,不胜感激!

编　者

2018 年 5 月

目　　录

第一篇　理论部分

第二篇　实务部分

第一篇　理论部分

第一章 绪 论

第一节 国际贸易研究对象

国际贸易自产生以来,在理论上一直围绕着国际贸易动因、国际贸易格局和贸易利益的分配等方面在不断地演变。之所以会产生这些分析框架,是因为只有解决上述三个问题,才能揭示出国际贸易的一般规律和方法。由此,我们可以得出国际贸易研究对象的具体范畴及其分析框架:

国际贸易理论——回答为什么要进行国际贸易、国际贸易的模式如何、贸易利益如何分配这 3 个问题。显然,这是站在世界贸易总体的角度,从国际贸易活动的实践中试图提炼出真实原因。只有在这个理论前提下,才能衍生出与之相适应的概念体系和分析方法。图 1-1 展示了国际贸易理论演变的历程。

国际贸易政策——回答如何保护本国的贸易利益的问题。显然,这是站在一个主权国家或单独关税区的角度来考虑问题的。无论是发达国家还是发展中国家,其贸易政策都带有一定的保护色彩。当然,这种保护倾向会受到两种约束:一是多边贸易规则的约束;二是基于各国的力量,不同国家贸易政策博弈的结果。与此相关联的是国际贸易体系的研究,即回答如何协调各国的贸易政策和实现贸易自由化的目标这个问题。显然,这是世界贸易组织的基本宗旨。在国际贸易规则的约束下,国际贸易政策的冲突可以得到一定程度的缓解和调和。

国际贸易实务——回答如何进行国际贸易的问题。显然,这是一个技术问题或操作程序问题。由于从事国际贸易实务的主体是企业,因而必然受到多重约束,诸如国际贸易惯例和本行业的贸易惯例、本国的贸易政策和贸易对象国的贸易政策以及国际市场的竞争规则等方面的约束。国际贸易实务要研究的是,在这些约束下如何进行国际贸易的操作。

```
                        ┌─────────────────┐
                        │   重商主义        │
                        │（16—18世纪）     │
                        └─────────────────┘
              ┌──────────────┴──────────────┐
              ▼                             ▼
      ┌─────────────────┐         ┌─────────────────┐
      │   绝对利益论      │         │   保护关税说      │
      │亚当·斯密（1776）│         │汉密尔顿（1791）  │
      └─────────────────┘         └─────────────────┘
              │                             │
              ▼                             ▼
      ┌─────────────────┐         ┌─────────────────┐
      │   比较利益论      │         │  幼稚工业保护论   │
      │大卫·李嘉图（1817）│        │李斯特（1841）    │
      └─────────────────┘         └─────────────────┘
              │                             │
              ▼                             ▼
      ┌─────────────────┐         ┌─────────────────┐
      │   相互需求理论    │         │  对外贸易乘数论   │
      │约翰·穆勒和马歇尔 │         │马克卢普和哈罗德  │
      │（1848—1879）    │         │（20世纪30—40年代）│
      └─────────────────┘         └─────────────────┘
              │                             │
              ▼                             ▼
      ┌─────────────────┐         ┌─────────────────┐
      │   要素禀赋论      │         │   中心—外围论    │
      │赫克歇尔—俄林     │         │普雷维什（1950）  │
      │（1949—1977）    │         └─────────────────┘
      └─────────────────┘
```

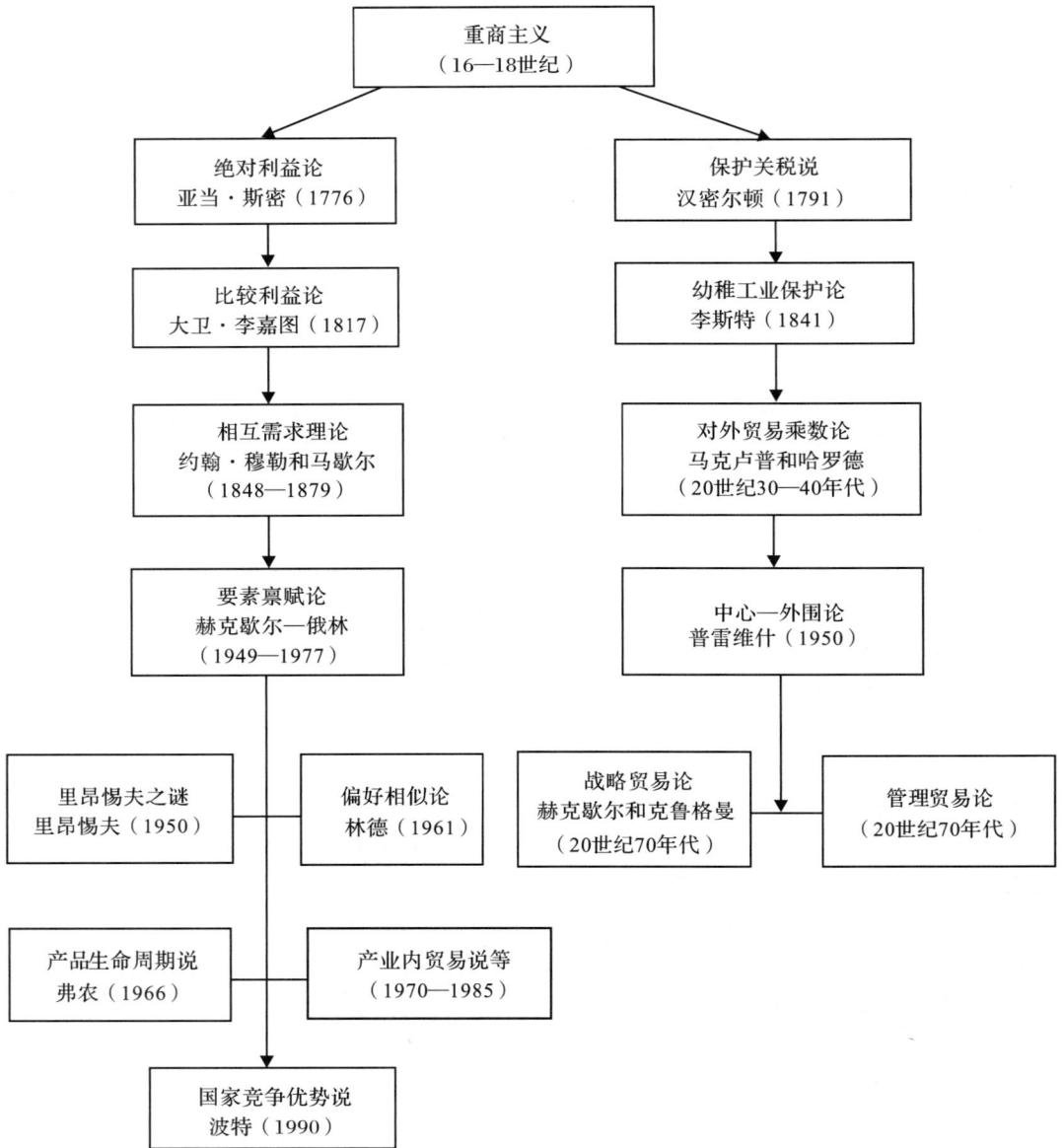

图 1-1　国际贸易理论的发展

理论框图内容：

- 里昂惕夫之谜　里昂惕夫（1950）
- 偏好相似论　林德（1961）
- 战略贸易论　赫克歇尔和克鲁格曼（20世纪70年代）
- 管理贸易论（20世纪70年代）
- 产品生命周期说　弗农（1966）
- 产业内贸易说等（1970—1985）
- 国家竞争优势说　波特（1990）

第二节　国际贸易的基本概念

一、国际贸易（international trade）

国际贸易泛指世界各国或地区（仅限单独关税地区）之间所进行的以货币为媒介的商

品交换活动。它既包含着有形商品(实物商品)交换,也包含着无形商品(劳务、技术、货币、咨询等)交换。

二、对外贸易(foreign trade)

对外贸易是指国际贸易活动中的一国或地区同其他国家或地区所进行的商品、劳务、技术等的交换活动。

广义的对外贸易包括货物贸易、技术贸易和服务贸易;狭义的对外贸易则只包含货物贸易。

三、国际贸易额

国际贸易额是计算和统计世界各国对外贸易总额的指标,是把世界上所有国家和地区的出口额相加,即按同一种货币单位换算后,把各国和地区的出口额相加得出的数额;而不能简单地把世界各国和地区的出口额和进口额相加。

四、对外贸易额

对外贸易额亦称为对外贸易值。这是用货币金额表示的一国或地区在一定时间内的进出口的数量指标,是衡量一国或地区对外贸易状况的重要经济指标。它由一国或地区在一定时间内从境外进口的商品总额加上该国或地区同一时期向境外出口的商品总额构成。在计算时,依国际惯例,出口额要以 FOB 价格计算,进口额要以 CIF 价格计算。

表 1-2 是 2014—2016 年中国对外贸易货物进出口额。

表 1-2 2014—2016 年中国对外贸易货物进出口额

年份	进出口(亿美元)		出口(亿美元)		进口(亿美元)	
	金额	同比(%)	金额	同比(%)	金额	同比(%)
2016 年	3780.20	−2.2	2094.20	−6.1	1686.00	3.1
2015 年	3882.90	−4.1	2241.90	−1.4	1641.00	−7.6
2014 年	4054.10	4	2275.10	9.7	1779.00	−2.4

资料来源:中国海关总署

五、对外贸易量

对外贸易量是为了剔除价格变动的影响,并准确反映一国或地区对外贸易的实际数量化而制定的一个数量指标。

六、对外贸易依存度

对外贸易依存度是衡量一国国民经济对进出口贸易的依赖程度和衡量一国对外开放程度的一个重要指标。它是指一个国家在一定时期内进出口贸易值与该国同时期国民经济生产总值的对比关系。

七、对外贸易条件

在传统的国际贸易理论框架中,贸易条件被定义为一个国家或地区在一定时期内出口商品价格与进口商品价格之间的对比关系,反映了该国或地区当年的对外贸易状况和商品的国际竞争力状况,一般以贸易条件系数表示。其经济学含义是,随着出口商品相对于进口商品价格的变化,出口每单位商品所能换回的进口商品的数量。

如果该系数大于1,则说明该国当年的贸易条件得到了改善;如果该系数小于1,则说明该国当年的贸易条件恶化了。

八、国际贸易商品结构

国际贸易商品结构是指各种类别的商品在整个国际贸易额中所占的比重,通常以它们在世界出口总额或进口总额中的比重来表示。

表 1-3 是中国 2017 年的相关数据。

表 1-3　中国 2017 年的国际贸易商品结构

单位:亿美元

商品构成(按 SITC 分类)	出　口		进　口	
	金额	增减(%)	金额	增减(%)
一、初级产品	190.88	7.5	349.75	3.1
0 类食品及活动物	88.87	0.7	35.39	−0.2
1 类饮料及烟类	6.20	12.6	2.86	1.0
2 类非食用原料(燃料除外)	31.21	−8.2	166.18	12.3
3 类矿物燃料、润滑油及有关原料	63.80	30.0	139.56	−4.1
4 类动植物油、脂及蜡	0.80	−5.0	5.75	−24.0
二、工业制品	1757.07	6.8	1463.80	13.3
5 类化学成品及有关产品	99.61	13.0	239.72	8.8
6 类按原料分类的制成品	326.74	2.8	314.03	2.2
7 类机械及运输设备	677.85	13.6	789.17	19.6
8 类杂项制品	649.08	1.4	109.94	19.9
9 类未分类的商品	3.80	44.3	10.94	−15.0

数据来源:中华人民共和国海关统计

九、对外贸易地理方向

对外贸易地理方向也称为对外贸易的地理分布,是指一定时期内世界上一些国家或地区的商品在某一个国家或地区对外贸易中所占的地位,一般是以这些国家或地区的商品在该国或地区进出口贸易总额中所占的比重来表示。

十、国际贸易地理方向

国际贸易地理方向亦称为国际贸易地理分布,是指一定时期内世界各洲、各国或各个国家经济集团的对外贸易在整个国际贸易中所占的比重。

第三节 国际贸易的分类

一、按商品(含各种劳务)的移动方向划分

(一)出口贸易(export trade)

一国的商人将本国所生产或加工的商品(或劳务)输往国外市场进行销售的交换活动,称为出口贸易或输出贸易。

净出口是指一国或地区某一时期某类商品的出口量大于进口量的部分。

(二)进口贸易(import trade)

是指一国的商人将外国生产或加工的商品(含劳务)购买后,将其输入本国市场进行销售的商品交换活动,亦称为进口贸易或输入贸易。

净进口是指一国或地区某一时期某类或某种商品的进口量大于出口量的部分。

(三)转口贸易(intermediary trade)

转口贸易是指商品生产国与商品消费国不直接买卖商品,而是通过第三国参与进行的商品买卖。第三国对此类商品的买进,是专为销往商品消费国的。第三国参与了这笔买卖的商品价值转移活动,但不一定参与商品的实体运动,即这批货物可以运往第三国的口岸,但不能入境;也可以直接运往商品消费国。

(四)过境贸易(transit trade)

过境贸易是指商品生产国与商品消费国之间进行的商品买卖活动,其实物运输过程必须穿过第三国的国境。第三国要对此批货物进行海关监管,并把此类货物作为过境贸易额加以统计。

(五)复出口贸易(re-export trade)

复出口贸易也称为再出口贸易,是指一国商人把外国生产或加工的商品买进后,未经加工又输出到国外的商品贸易活动。

(六)复进口贸易(re-import trade)

复进口贸易也称为再进口贸易,是指一国商人把本国生产的商品输出到国外后,在境外未对其加工又重新输入本国国内市场的贸易活动。

二、按贸易政策划分

(一)自由贸易(free trade)

自由贸易一般是指一些国家的贸易政策中不过多地干涉国与国之间的贸易往来,既不对进出口贸易活动设置种种障碍,也不对本国的出口商品活动给予各种优惠,而是鼓励和提倡市场交易活动的自由竞争。

(二)保护贸易(protect trade)

保护贸易是指一些国家的贸易政策中广泛地使用各种限制措施去保护本国的国内市场免受外国企业和商品竞争,主要表现在限制外国商品的进口;同时,对本国的出口商所从事的出口本国商品的活动给予各种优惠甚至补贴,以鼓励本国出口商更多地从事出口贸易。

(三)统制贸易(control trade)

统制贸易是指一些国家设置专门的政府机构,利用其政府的力量,统计、组织和管理进出口贸易活动的行为。

(四)管理贸易(management trade)

管理贸易是西方经济学家对美国克林顿政府时期经济政策特点的一种概括。政府一方面通过签订大量协定和条约来处理和协调国与国之间的贸易关系;另一方面又颁布大量的法律和法规来管理和约束本国商人的进出口贸易行为。这一政策被称为管理贸易政策。

三、按交易对象的性质划分

(一)有形商品贸易(tangible goods trade)

有形商品贸易是指传统的商品进出口,也叫货物贸易。《联合国国际贸易标准分类》把国际货物贸易分为 10 大类,分别是:

0 类:食品及主要供食的鲜活动物

1 类:饮料及烟草

2 类:非食用原料(不包括燃料)

3 类:矿物燃料、润滑油及有关物质

4 类:动植物油、油脂和蜡

5 类:未列名的化学品和有关产品

6 类:主要按原料分类的制成品

7 类:机械和运输设备

8 类:杂项制品

9 类:未分类的其他商品

(二)无形商品贸易(intangible goods trade)

无形商品贸易是指在国际贸易活动中所进行的没有物质形态的商品交易,主要指劳务、技术、旅游、运输、金融、保险等。

四、按国境与关境划分

(一)总贸易(general trade)

总贸易是指以国境为标准划分的进出口贸易,凡进入国境的商品一律列为进口;凡离开国境的商品一律列为出口。前者叫总进口,后者叫总出口。

(二)专门贸易

专门贸易是指以关境作为划分进口和出口标准的统计方法。当外国商品进入国境后,暂时存入保税仓库,不进入关境,一律不列入进口。只有从外国进入关境的商品以及从保税仓库提出进入关境的商品,才列为进口,称为专门进口。过境贸易不属于专门贸易。对于从国内运出关境的本国产品以及进口后未经加工又运出关境的商品,则列为出口,称为专门出口。

五、按参与贸易活动的国家多少划分

(一)双边贸易(bilateral trade)

双边贸易是指发生在两国(或异地支付在双边基础上进行),各以向对方的出口支付从对方的进口,不用向对方的出口来支付从其他国家的进口。

(二)三角贸易(triangular trade)

如图 1-4 所示,中间商 C 一方面与乙国进口商 B 订立销售货物的买卖合同;另一方面与丙国的出口商 A 订立采购货物的买卖合同,货物则由丙国直接运往乙国。货款的清算,一方面由进口商 B 支付中间商 C;一方面由中间商 C 支付出口商 A。

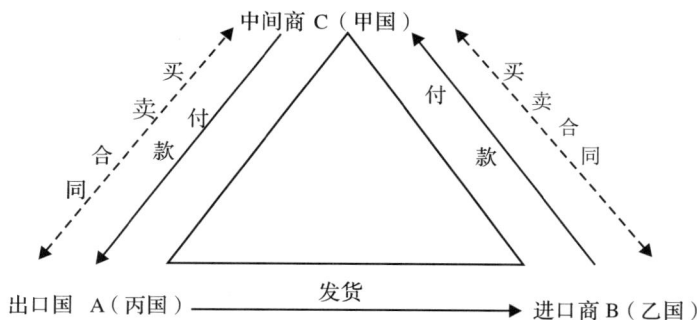

图 1-4 传统型三角贸易

(三)多边贸易(multilateral trade)

多边贸易是指三个或三个以上的国家(或地区)作为一个整体,相互间发生贸易并保持贸易收支的贸易形式。

六、按清偿方式的不同来划分

(一)现汇贸易(spot exchange trade)

现汇贸易是指在国际贸易中,以货币作为清偿工具的贸易。其特点是通过银行逐笔支付货款以结清债权债务。目前国际贸易中能作为支付工具的货币，主要是美元、欧元、日元、英镑等。

（二）协定贸易（agreement trade）

协定贸易是指两个国家（或地区）签订贸易协定，通过记账方式交易，而不是直接动用外汇，在一定时期内（通常是一年）进行结算。贸易差额结转到下一年的账户。

（三）易货贸易（barter trade）

易货贸易是指经过计价以货物作为清偿工具的贸易，以货易货可以使贸易双方在外汇不足的情况下达到交易的目的。

第二章　古典国际贸易理论

古典国际贸易理论是指由英国古典学派经济学家在劳动价值学说的基础上,从生产成本方面提出的关于国际贸易的发生和影响的学说,其包括绝对优势(absolute advantage)与比较优势学说(comparative advantage)。从本质上讲,古典国际贸易理论是从生产技术差异的角度,来解释国际贸易的起因与影响的。在亚当·斯密(Adam Smith)和大卫·李嘉图(David Ricardo)的贸易理论中,古典生产函数中,劳动是唯一的生产要素,生产技术是给定的外生变量,生产规模报酬不变,即生产技术差异就具体化为劳动生产率的差异,在这种情况下,劳动生产率差异就是国际贸易的一个重要起因。

第一节　绝对优势理论

一、历史背景

18世纪中后期,资本主义工场手工业在西欧各国获得了空前发展,随之而来的便是工业革命。新兴资产阶级为了扩大海外市场,并从国外进口廉价的工业原料,他们迫切需要摆脱重商主义的束缚,反对政府对国际贸易的干预,大力发展资本主义,反对金银外流的禁令。他们对货币金银本身已经不太感兴趣,而是对具体的物质财富(生产资料和消费资料)更加重视。为了适应工业资产阶级的历史需要,以亚当·斯密为代表的经济自由主义思潮开始盛行。1776年亚当·斯密出版了 *An Inquiry into the Nature and Causes of Wealth of Nations*(《国民财富的性质和原因的研究》,简称《国富论》),批评重商主义,反对政府对经济的过度干预,创立了自由主义经济理论。在国际贸易方面,他主张国际分工和自由贸易,强调国际贸易的双方互利性,从而提出自己的国际贸易理论,即绝对成本优势理论。

二、绝对成本优势理论的原理

亚当·斯密在表述绝对成本优势理论时,运用了一个典型的例子来说明。他假设生产每吨产品,英美两国分别投入的劳动天数如表2-1所示。

表 2-1　分工前

产品	美国	英国
小麦（吨）	100 天	200 天
生铁（吨）	200 天	100 天

表 2-1 表明，美国生产小麦具有绝对优势，因为美国每生产 1 吨小麦只耗费 200 天的劳动，而英国每生产 100 吨小麦却要耗费 200 天的劳动，即美国生产小麦的成本绝对低于英国。英国生产生铁具有绝对优势，因为英国每生产 1 吨生铁只耗费 100 天劳动，而美国每生产 1 吨生铁则耗费 200 天劳动，即英国生产生铁的成本绝对低于美国。因此，亚当·斯密提出，美国应专门生产小麦并出口一部分小麦用来换取英国的生铁，英国则应专门生产生铁并出口一部分生铁来换取美国的小麦。

现将分工后两国劳动投入量和产品总量的情况列于表 2-2 和表 2-3 中。从表 2-2 可知，分工后，两国的劳动投入量并未发生改变，但两国的产品总量却增加了。小麦和生铁的产量都比分工前增加了 1 吨，这是分工给两国带来的额外收益。即分工后两国的劳动生产率提高了，因此在原有的资源基础上，能生产出较分工前更多的小麦和生铁。如果两国按照 1∶1 的比例交换小麦和生铁，则英国可用 100 吨生铁换取美国的 100 吨小麦，美国可用 100 吨小麦换取英国 100 吨生铁。两种商品之所以可以进行交换，从价值论的角度来说，因为两种商品都花费了 100 天的劳动量。

由表 2-3 可知，两个国家进行产品交换后，英国得到了 2 吨生铁、1 吨小麦，比分工前的国内交换多得 1 吨生铁；而美国得到 2 吨小麦、1 吨生铁，比分工前的国内交换多得 1 吨小麦。由此可见，实行国际分工后，通过国际贸易，英、美两国同时获得额外利益，利益就来自各自发挥生产中的绝对成本优势，使生产效率提高而增加产量。

表 2-2　分工后

产品	美国	英国
小麦（吨）	$\dfrac{100+200}{100}=3$	
生铁（吨）		$\dfrac{100+200}{100}=3$

表 2-3　交换后

产品	美国	英国
小麦（吨）	$3-1=2$	1
生铁（吨）	1	$3-1=2$

三、绝对成本论的主要论点

(一)分工可以提高劳动生产率

斯密非常重视分工，强调分工的利益。他认为分工可以提高劳动生产率，从而增加国家财富。他以当时的制针业为例来说明，在没有分工的情况下，一个粗工一天最多能制造 200 枚针，有的甚至连一枚针都制造不出来。在分工以后，平均每人每天可制造 4800 枚针，每个工人的劳动生产率提高了近百倍，这显然是分工带来的结果。

斯密认为分工是由交换引起的。至于交换的原因,他认为是人类特有的一种倾向。在斯密看来,交换是人类出于利己心并为达到目的而进行的活动。人们为了追求私利,便乐于进行这种交换。为了交换,就要生产能交换的东西,这就产生了分工。

(二)分工的原则是在绝对优势的产业进行专业化生产

斯密认为,分工既然可以极大地提高劳动生产率,那么每个人都专门从事他最有优势的产品的生产,然后彼此进行交换,则对每个人都有利。他指出,如果一件东西在购买时所花费的代价比在家里生产时所花费的小,就永远不会想要在家里生产,这是每一个精明的家长都知道的格言。裁缝不想制作鞋子,要向鞋匠购买。鞋匠不想制作他自己的衣服,要雇裁缝制作。农民不想缝制衣服,也不想制鞋,而宁愿雇那些不同的工匠去做。他们都感到,为了自身的利益,应当把他们的全部精力都集中使用比邻人处于某种有利地位的方面,而以劳动生产物的一部分或同样的东西即其一部分的价格,购买他们所需的其他任何物品。

在斯密看来,适用于一国内部不同个人或家庭之间的分工原则,也适用于各国之间。他认为每个国家都有其适宜生产某种特定产品的绝对有利的生产条件,如果每个国家都按照其绝对有利的生产条件(即生产成本绝对低)去进行专业化生产,然后彼此进行交换,则对所有交换国家都是有利的。他在《国富论》中写道:"在每一个私人家庭的行为中是精明的事,在一个大国的行为中就很少是荒唐的。如果外国能比我们自己制造还要便宜的商品供应我们,我们最好就用我们有利地使用自己的产业生产出来的物品的一部分向他们购买……"

国际分工之所以也应按照绝对优势的原则进行,斯密认为是在某种特定商品的生产上,某一国占有很大的自然优势,以至于全世界都认为,跟这种优势作斗争是枉然的。他举例说,在气候寒冷的苏格兰,人们可以利用温室生产出极好的葡萄,并酿造出与国外进口一样好的葡萄酒,但要付出高出 30 倍的代价。他认为,如果真是这么做,就是明显的愚蠢行为。

(三)国际分工的基础是有利的自然禀赋或后天的有利条件

斯密认为,自然禀赋(natural endowment)和后天的有利条件(acquired endownment)因国家而不同,这就为国际分工提供了基础。因为有利的自然禀赋或后天的有利条件可以使一个国家生产某种产品的成本绝对低于别国,而在该产品的生产和交换上处于绝对优势地位。各国按照各自的有利条件进行分工和交换,将会使各国的资源、劳动力和资本得到最有效的利用,将会大大地提高劳动生产率和增加物质财富,并使各国从贸易中获益,这便是绝对成本优势理论的基本精神。

第二节　比较成本论

一、历史背景

19 世纪初期,英国工业革命迅速发展,使当时英国成了"世界工厂",但地主贵族阶级在政治生活中还起着重要作用。1815 年,英国政府为维护地主贵族阶级的利益而修订了

《谷物法》，引起英国粮价上涨，地租猛增。地主贵族显著获利，工业资产阶级利益却严重受损。粮价昂贵迫使工人工资提高，商品成本提高，利润减少，削弱了工业品的竞争能力。出于发展资本、提高利润的需要，英国工业资产阶级迫切要求废除《谷物法》，与地主贵族阶级展开了激烈斗争。大卫·李嘉图在 1817 年出版的代表作《政治经济学及赋税原理》中提出了以自由贸易为前提的"比较成本论"，这种更加一般化的国际贸易理论将自由贸易置于更加坚实的理论基础之上，奠定了西方国际贸易理论的核心基石，也为工业资产阶级提供了理论武器。

二、比较成本论的主要假设

大卫·李嘉图的比较成本论以一系列简单的假设为前提，主要有：

（1）只有两个国家，生产两种产品。

（2）自由贸易。

（3）劳动在国内具有完全的流动性，但在两国之间则完全缺乏流动性。

（4）每种产品的国内生产成本都是固定的。

（5）没有运输费用。

（6）不存在技术变化。

（7）贸易按物物交换的方式进行。

（8）劳动价值论——劳动是唯一的生产要素；所有劳动都是同质的；每单位产品生产所需要的劳动投入维度不变，故任一商品的价值或者价格都完全取决于它的劳动成本。

三、比较成本论的内容

大卫·李嘉图的比较成本论是在亚当·斯密的绝对成本论的基础上发展起来的。亚当·斯密认为由于自然禀赋和后天有利条件的不同，各国均有一种产品生产成本低于他国而具有绝对优势，按绝对优势原则进行分工和交换，各国均获益。大卫·李嘉图则进一步发展了亚当·斯密的观点，认为各国不一定要专门生产劳动成本绝对低（即绝对有利）的产品，而只需要专门生产劳动成本相对低（即利益较大或不利较小）的产品，使之可进行对外贸易，并能从中获益，实现社会劳动的节约。

大卫·李嘉图在阐述比较成本论时，是从个人的情况谈起的。他在《政治经济学及赋税原理》一书的《论对外贸易》这一章中论述道："如果两个人都能制造鞋子和帽子，其中一个人在两种职业上都比另外一个人要强一些，不过制帽时只强 1/5，而制鞋时强 1/3，那么让那个能力较强的人专门制鞋，而那个较差的人专门制帽，岂不是对双方都有利吗？"

李嘉图由个人推及国家，认为国家间也应该按"两优取其重，两劣取其轻"的比较优势原理进行分工。如果一个国家在两种商品的生产上都处于绝对有利地位，但有利程度不同，而另一个国家在两种商品的生产上都处于不利地位，但不利的程度也不同，在此种情况下，前者应该选择专门生产相较而言最有利的商品，而后者应选择专门生产其不利程度最小的商品，通过对外贸易，双方都能取得比自己以等量劳动所能生产的更多的产品，从而实现社会劳动的节约，给贸易双方都带来利益。

　　李嘉图以英国和葡萄牙生产毛呢和酒作为例子,对比较成本作了进一步分析(见表 2-4):

表 2-4　比较优势理论投入产出分析表

状态	国家	酒产量（单位）	所需劳动投入（人/年）	毛呢产量（单位）	所需劳动投入（人/年）
分工前	英国	1	120	1	100
	葡萄牙	1	80	1	90
分工后	英国			2.2	220
	葡萄牙	2.125	170		
国际交换	英国	1		1.2	
	葡萄牙	1.125		1	

　　从表 2-4 中可以看出,葡萄牙在葡萄酒和毛呢的生产上都占有优势,在生产葡萄酒上比英国少投入 40 人,在生产毛呢上少投入 10 人。虽然葡萄牙在两种产品的生产上都处于绝对有利地位,英国在两种产品的生产上都处于绝对不利地位,但是两国优势和劣势的程度是不同的,葡萄牙在葡萄酒生产上具有更强的优势,英国在毛呢生产上具有较弱的劣势。根据比较优势原则——"两优取其重,两劣取其轻",葡萄牙应专门从事葡萄酒生产并出口部分葡萄酒换取英国的毛呢。而英国应专门从事毛呢生产,并出口部分毛呢换取葡萄牙的葡萄酒。如果两国间葡萄酒与毛呢的交换比例,1∶1,则葡萄牙获得 1 单位的葡萄酒和 1 单位的毛呢要比分工前的国内交换节约 10 个劳动力,而英国获得 1 单位的葡萄酒和 1 单位的毛呢要比分工前的国内交换节约 20 个劳动力。可见,即使一国在两种商品的生产上都处于劣势地位,但通过国际分工和相互贸易,双方仍然可以获益。

　　值得注意的是,比较成本论包含比较利益法则的一种例外情况,即当一国与另一国相比,在两种商品生产都处于绝对不利地位,而两种商品生产的绝对不利程度相同时,将没有互惠贸易发生。例如,上例中如果英国生产每单位毛呢需要 130 个劳动力,而不是 200个,则在英国、葡萄牙两国之间就没有互惠贸易发生。另外,我们可以看到亚当·斯密的绝对成本论是大卫·李嘉图相对成本论的特例。

四、对比较成本论的评价

　　李嘉图所提出的比较成本论,在历史上曾经起过进步作用,它促进了新兴工业资产阶级的资本积累和生产力发展。在这个理论的影响下,英国的《谷物法》被废除了。这是 19世纪英国自由贸易主义政策所取得的最伟大胜利,它大大加速了社会经济的发展。

　　比较成本论的科学性在于它解释了一个客观规律。无论是生产水平高还是低的国家,按照比较优势的思想参加分工和贸易,世界福利总体水平都会得到提高。在贸易条件合理的情况下,参与分工的各方都可以得到实际利益,这就为世界各国参加国际分工和国际贸易的必要性做了理论上的证明。

　　比较成本论未能揭示出国际分工中生产关系的作用。国际分工的产生是社会生产力发展到一定阶段的结果,但生产力总是在一定生产关系下发展的,国际分工的实质和内容不能不受社会生产关系的制约,因此,不能把国际分工简单地说成是在比较成本的支配下形成的。

比较成本论所解释的贸易各国所取得的利益是短期利益,这个静态的短期利益往往与一个国家经济发展的长远利益发生矛盾。因此,我们在制定对外经贸发展战略时,要灵活运用比较成本理论。比如,按照比较成本理论,发展中国家在工业化初期应该发展和出口初级产品,进口工业制成品。但为了长远发展,发展中国家也要大力发展工业品,使其国产化,而不能大量依赖进口。

第三节　相互需求论

无论是斯密的绝对优势理论还是李嘉图的相对优势理论,都是建立在对生产条件,即供给条件分析的基础上,其贸易模型的一个明显的特征就是根据生产能力来决定贸易模式,即仅仅考虑供给条件,而不考虑需求条件。然而,现实世界中,一种商品是否有相对优势,除了取决于供给条件而外,还在很大程度上取决于其消费条件,即需求一边的状况。后来的经济学家在引进需求要素的基础上对李嘉图模型进行了扩展,由此而形成了一种新的贸易分析模式,即相互需求模式,或称相互需求论(reciprocal demand theory)。这种理论同时强调供给、需求两方面的要素对贸易模式、贸易利益的影响,其主要代表人物是约翰·穆勒和阿弗里德·马歇尔。穆勒首先提出了相互需求论,而后马歇尔又以几何方法对穆勒的相互需求原理作了进一步分析和阐述,并对相互需求论作了进一步的均衡分析。

一、穆勒的相互需求理论

约翰·穆勒(John Stuart Mill)是李嘉图的学生,是19世纪中叶英国最著名的经济学家,其代表作为《政治经济学理论》。在该书中,他提出了相互需求论,并对比较利益论作了重要的说明和补充。他在相互需求论的基础上,用两国商品交换比例的上下限解释互惠贸易的范围,用贸易条件说明贸易所得的分配,用相互需求程度解释贸易条件的变动。

(一)比较成本确定互惠贸易的范围

相互需求论认为,交易双方在各自国内市场有各自交换比例,在国际市场上,两国商品的交换形成一个国际交换比例(即贸易条件),这一比例只要介于两国的国内交换比例之间,贸易双方则都可以获利。现在以英、美两国按比较优势原则生产和交换小麦、玉米为例,具体说明如下:

假定美国和英国投入等量的劳动和资本生产小麦和玉米,如表2-5所示。

表2-5　美国和英国两种商品的交换比例

国家	小麦(吨/年·人)	玉米(吨/年·人)	国内交换比例
美国	6	4	3:2(1:2/3)
英国	1	2	1:2

分工前,美国国内,1 吨小麦可换取 2/3 吨玉米,在英国国内,1 吨小麦可换取 2 吨玉米。按比较优势原则,分工后,美国专门生产小麦,而英国专门生产玉米,再相互交换产品。如果两国之间的交换比例为 1 吨小麦交换 2/3 吨玉米,即按美国国内的交换比例进行交换,美国并不比分工前多获产品,即未获得贸易利益,因而会退出交易而使国际贸易不可能发生。显然,两国交换比例不可能低于 1 吨小麦交换 2/3 吨玉米。因为那样美国非但不得利,反而会比国内交换得到更少的产品。同理,如果两国的交换比例为 1 吨小麦交换 2 吨玉米,即按英国国内的交换比例进行交换,英国不能从两国贸易中获益,因而也会退出交易,使得国际贸易不会发生。显然,这个比例也不能高于 1 吨小麦交换 2 吨玉米,因为那样英国将会受到损失。因此两国间小麦和玉米的交换比例必须介于英、美两国的国内交换比例之间,才会使得两国都能够从贸易中获益,即

1 吨小麦交换 2/3 吨玉米＜1 吨小麦交换玉米数量＜1 吨小麦交换 2 吨玉米

1∶2＜小麦与玉米的交换比例＜3∶2

在这个比例范围内,国际交换比例越接近美国的国内交换比例,美国获利就越少;越接近英国的国内交换比例,美国获利就越多。

(二)贸易条件影响贸易利益的分配

国际贸易能给参与国带来利益。贸易利益的大小取决于两国国内交换比例间范围(即互惠贸易范围)的大小。而贸易利益的分配中孰多孰少,则取决于具体的贸易条件。国际商品交换比例越接近于本国国内的交换比例,对本国越不利,本国分得的贸易利益越少,因为越接近本国的国内交换比例,说明本国从贸易中获得的利益越接近于分工和交换前自己单独生产时的产品量。相反,国际商品交换比例越接近对方国家的国内交换比例,对本国越有利,分得的贸易利益就越多,因为越接近对方国家的国内交换比例,意味着离本国国内的交换比例越远,本国从贸易中获得的利益超过分工和交换前自己生产时的产品量越多。例如上例中,英、美两国间小麦和玉米贸易的具体交换比例若为 1 吨小麦交换 1 吨玉米,美国比分工前的国内交换多获 1/3 吨玉米,则英国比分工前国内交换节约 1 吨玉米;若为 1 吨小麦交换 4/3 吨玉米,则美国多获得 2/3 吨玉米,英国节约 2/3 吨玉米;若为 1 吨小麦交换 5/3 吨玉米,则美国多获 1 吨玉米,英国节约 1/3 吨玉米。可见,随着小麦交换玉米数量的增加(即向英国的交换比例靠近),美国获利的数量就越多。

(三)相互需求状况决定具体的贸易条件

穆勒将需求因素引入国际贸易理论之中,提出了相互需求方程式,用来说明贸易条件的确定和变动。穆勒认为,一切贸易都是商品的交换,一方出售商品便是购买对方商品的手段,即一方的供给便是对对方商品的需求,所以供给和需求就是相互需求。在比较成本确定的两国互惠贸易中,贸易条件是能够使贸易双方的总出口恰好支付其总进口的那种贸易条件。贸易条件或两国间商品交换比例使由两国相互需求对对方产品的强度决定的,它与两国相互需求对方产品总量之比相等,这样才能使两国贸易达到均衡。

如果两国的需求强度发生变化,则贸易条件或两国间的交换比例必然发生变动。一国对另一国出口商品的需求愈强,而另一国对该国出口商品的需求愈弱,则贸易条件对该

国愈不利,该国的贸易所得愈小;反之,则贸易条件对该国愈有利,该国的贸易所得愈大,这就是相互需求法则(又称为国际需求方程式)。

前例中,假设英、美两国商品交换比例为1吨小麦交换1.7吨玉米,如果在这个交换比例上,美国对英国玉米的需求与英国对美国小麦的需求,恰能使两国的进出口额相等,则这个交换比例就是一个稳定、均衡的交换比例。例如,美国对英国玉米的需求为1000×17=17000吨,英国对美国小麦需求为1000×10=10000吨。这时两国间的贸易达到平衡(假定两国只有一种商品出口)。如果两国的相互需求强度发生变化,使两国按1吨小麦交换1.7吨玉米的比例进行交换,进出口额不相等,则贸易条件或交换比例不能稳定下来,必然发生相应的变动。如果英国对美国小麦的需求愈强,美国对英国玉米的需求愈弱,则交换比例会变得对美国愈有利,美国的贸易所得也就愈大;反之,英国对美国的小麦需求愈弱,美国对英国的玉米需求强,则交换比例会变得对英国越有利,英国的贸易所得也就愈大。例如,在1吨小麦交换1.7吨玉米的比例上,美国对英国的玉米需求变为800×17吨,而不是1000×17吨,英国对美国的小麦需求强度不变,仍为1000×10吨。这时,按1吨小麦交换1.7吨玉米进行贸易,英国只能换得800×10吨小麦,未能满足其对小麦的全部需求,它必须相对提高小麦的交换价值,使交换比例变得对美国有利,例如1∶1.8,在这个交换比例上,假定美国由于玉米交换价值相对下降而增加对玉米的需求至900×18吨,而英国由于小麦交换价值相对上升而减少对小麦的需求至900×10吨,这时两国之间的贸易又重新达到平衡(900×18×1=900×10×1.8)。相反,如果美国对英国玉米的需求强度不变,而英国对美国小麦的需求强度减弱,则交换比例就要降至1∶1.7以下,对英国有利。总之,贸易条件的变化必须使相互需求方程式成立。

穆勒的相互需求理论强调了需求因素在确定国际贸易商品交换比例即贸易条件上的重要作用,以比较利益为基础阐述了国际贸易商品交换比率确定的过程,为比较优势理论的进一步完善作出了贡献。穆勒对比较优势理论作出了两点重要的补充:

(1)穆勒的相互需求理论补充了国际贸易能够为双方带来利益的范围问题,而在李嘉图的比较优势模型中,两国的交换比例只是在这个范围内的一个交换比例,他没有说明所有交换比例。

(2)穆勒的相互需求理论补充了贸易利益如何进行分配的问题,而李嘉图的比较优势只是强调国际贸易能够给双方带来利益,但却没有进一步论证带来多少利益、贸易双方各获得多少。

二、马歇尔的相互需求论

马歇尔(Alfred Marshall)是19世纪末20世纪初英国著名的经济学家,新古典学派的创始人。其主要著作是1879年出版的《国际贸易纯理论》和1890年出版的《经济学原理》等。其经济学的理论核心是在边际效用论和生产费用论基础上的均衡价格论。他用均衡价格论来解释、描绘贸易条件的提供曲线,对约翰·穆勒的相互需求论作了进一步的分析和说明。

(一)互惠贸易条件范围

穆勒的相互需求理论虽然能够解释国际贸易交换比率的确定,但不够精确。马歇尔用几何方法表示了穆勒的互利贸易条件,如下图 2-1 所示。

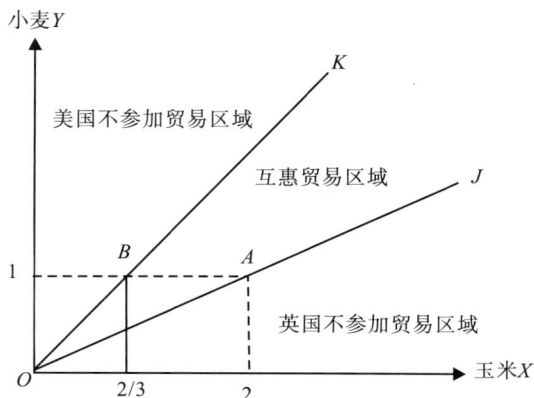

图 2-1 互惠贸易范围

图 2-1 中,纵轴 Y 表示小麦的交易量,横轴 X 表示玉米的交易量。两国国内的交换比例从原点引出的射线的斜率来表示。OK 的斜率为 1:2/3,表示美国国内的交换比例;OJ 的斜率为 1:2,表示英国国内的交换比例。OK 与 Y 轴之间的区域为美国不参与贸易的区域,OJ 与 X 轴的区域为英国不参与贸易的区域,OK 和 OJ 之间的互惠贸易区,位于该区域的任何从原点引出的射线的斜率,都是互利贸易条件。

另外,B 点的斜率为 1:2/3,A 点的斜率为 1:2,这样,从原点引出的,通过开区间线段 AB 的任意点的斜率都是互利贸易条件。并且,实际的贸易条件越接近 B 点,对美国越不利,对英国越有利;反之,则对美国越有利,对英国越不利。

(二)提供曲线及其性质

穆勒用相互需求方程式说明贸易条件的决定,而马歇尔则用提供曲线来解释贸易条件的决定及其变动。提供曲线(offer curve),也称相互需求曲线(reciprocal demand curve),它表示一国为了进口其需要的某一数量的商品而愿意出口的商品数量。提供曲线既可以看成是一国的出口供给曲线,也可以看作是一国进口商品的需求曲线。作为出口供给曲线,它表示在不同的贸易条件下,一国愿意提供出口产品的数量;作为需求曲线,它表示在不同的贸易条件下,一国对进口产品的需求量。

一国的提供曲线可以由生产可能性曲线、社会无差别曲线和可能发生贸易的各种不同相对价格推导出来,但这种推导是不严格的。下面根据图 2-2 来推导两国的提供曲线。

用同样的方法,可推导出 B 国的提供曲线,如图 2-3 所示。

先看 A 国,从开始进行贸易前的情形开始,当 X 商品的相对价格等于过 A 点(国内均衡点)的切线斜率时,不会产生任何出口供应,这一点对应于图 2-2(b)中提供曲线的原点。由于与这曲线相切的 P_A 所给定的提供曲线在原点的斜率等于 P_A 在 A 点的斜率。当 X 产品的相对价格大于 A 点的相对价格,即对 X 产品较为有利的价格,生产就会下移,消费则建立在更高的水平上,若相对价格为 P_F,则生产移至 F 点,消费位于 H 点;若相对价格为 P_B,生产点移至 B 点,消费达到 E 点。其中,GH 的 Y 产品进口是以出口数量为 GF 的 X 产品交换而得的,CE 的 Y 产品进口是以出口数量为 BC 的 X 产品交换而得的,

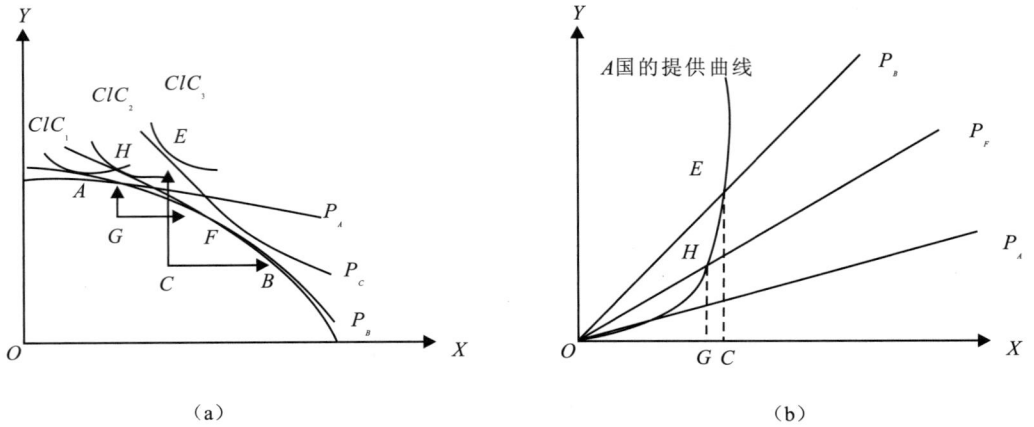

图 2-2 A 国提供曲线的导出

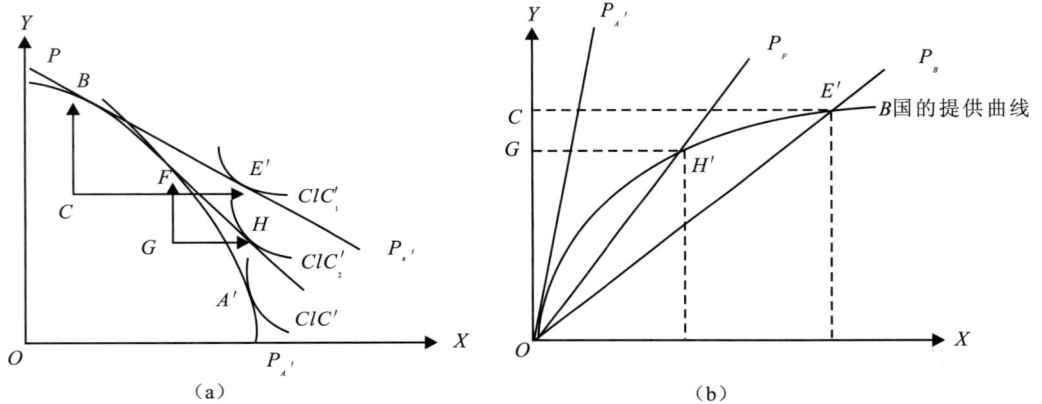

图 2-3 B 国提供曲线的导出

按照这一方式继续考察下去,得到不同的进出口商品量的组合,在图 2-2(b)中画出各条价格线,其斜率与各自在图 2-2(a)中相对应的价格线一一相等,把出口标在横轴上,把进口标在纵轴上,并用一条光滑的曲线连接各点便可得到各种不同的国际价格水平下贸易均衡点的轨迹,即该国的提供曲线或相互需求曲线。

从以上两国提供曲线的推导中可以看出,各国的提供曲线凸向代表本国具有比较优势产品的坐标轴,表示相对价格对本国越来越有利。例如,A 国的提供曲线凸向 X 轴,表示 A 国用一定数量的 X 产品可以交换越来越多的 Y 产品。因为曲线凸向 X 轴向上弯曲,通过曲线上每一点的射线越来越陡,即斜率越来越大(Y 与 X 之比越来越大),意味着随着贸易量的增加,A 国交换同样数量的对方产品所用的本国产品的数量越来越少,或用同样数量的本国产品能交换更多的对方产品。相反,B 国的提供曲线凸向 Y 轴向下弯曲,通过曲线上的每一点的射线越来越平缓,即斜率越来越小,这意味着 B 国交换同样数量的对方产品所用的本国产品越来越少,商品相对价格对本国越来越有利。各国提供曲线之所以凸向代表比较利益商品的坐标轴,用马歇尔的供求价格论解释,原因有二:一是出口产品边际机会成本递增；二是进口产品的边际效用递减。对一国而言，一方面，随着出口的增加，必须增加出口产品产量，使边际机会成本不断提高，这就决定了用一定数量的出口产品必须交换更多的进口产品，该国才能继续扩大贸易；另一方面，随着进出口贸易的增加，国内进口产品随着消费数量增加而效用下降，而出口产品的消费量减少，效用相对提高，这也决定了该国出口同样数量的产品，必须换回更多的进口产品，才能使它继续扩大贸易。总之，由于产品的效用和机会成本两方面的原因，使一国的提供曲线凸向代表具有比较利益商品的坐标轴。

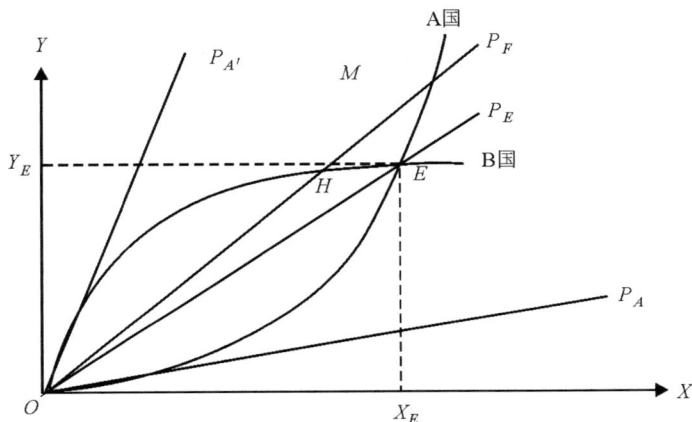

图 2-4　贸易均衡相对价格商品

如果将两国的提供曲线绘制在同一坐标轴中，则我们可以看见，A 国的提供均衡价格 $P_{A'}$ 之下。两国的提供曲线位于两国国内商品相对价格之间（如图 2-4 所示）。这与之前描述的互惠贸易的范围介于两国国内相对价格之间是一致的。

（三）商品相对价格的决定与贸易均衡

如果把贸易双方的提供曲线放在一个坐标图中，只要两条曲线在原点有不同的斜率，即两国国内的均衡价格不同，它们总会在某处相交，因为两国国内均衡价格存在差异。如果两国开展贸易，它们便将相互出口自己在本国具有优势的产品。在图 2-4 中，A 国和 B 国的提供曲线在原点具有不同的斜率 $P_{A'} > P_A$，因此两国的提供曲线相交于 E 点，均衡贸易商品相对价格即由原点到交点 E 画出的射线的斜率给定。

E 点满足了贸易均衡的两个基本条件：

（1）一国出口的数量等于另一国进口的数量，使双方的进出口平衡。A 国需求 OY_E 的进口，B 国提供了这一数量的 Y 产品；B 国需求 OX_E 的进口，A 国提供了这一数量的 X 产品。

（2）两国贸易收支平衡，即 $P_E = \dfrac{P_X}{P_Y} = \dfrac{OY_E}{OX_F}$。

除了 E 点外，两条曲线上的任何一点都不具备这些性质，即贸易都不平衡，这与互相需求原理的分析是一致的。例如，在 P_F 价格水平上，B 的生产点移至 H，A 国的生产点移至 M，B 国的 Y 产品出口供应小于 A 国 Y 产品进口需求，因而出现 Y 产品的过度需求;而 B 国对 X 产品的进口需求小于 A 国对 X 产品的出口供给,出现对 X 产品的过度供给。贸易失衡使 X 产品的价格下降,从而使价格线变得平缓,并缩小两国提供曲线上 H 和 M 之间的间隙。这种变化将持续到相对价格与贸易均衡相对价格线重合。相反,若出现对 X 产品的过度需求,对 Y 产品的过度供给,则会驱使商品相对价格上升,直至与均衡相对价格相等为止。

(四)贸易条件

在相互需求论中,贸易条件(the terms of trade)是指商品的物物交换比例,是以商品表示的贸易条件,它适用于抽象的理论分析,但不能用于分析说明一国一定时期贸易地位的变化。因此,西方国家还用价格表示贸易条件,以对国际贸易实践中各国贸易利益和地位的变化情况进行具体分析。以价格表示的贸易条件是指一国的出口商品价格与进口商品价格的比值。在一个两国世界里,一国的出口刚好是另一国的进口,所以在两国条件下,一国的贸易条件等于另一国的倒数。

在一个具有多种商品的世界中,贸易条件定义为一国出口商品价格指数与该国进口价格指数的比值。这个比值常常要乘以 100,它以价格关系反映一国在对外商品交换上的数量关系。

通过不同时期一国进出口商品价格指数比率的变化,可以反映出一国贸易条件的变化情况。若以某一确定日期的进出口商品价格建立基期比率,即期进出口商品价格指数之比大于基期比率,说明该国的贸易条件改善,即出口商品的价格指数相对于进口商品价格指数提高,出口同样数量的商品会比基期换回更多的进口商品,表明该国在国际贸易中处于有利地位,贸易利益也随之增大;反之,则说明该国贸易条件恶化,即出口商品价格指数相对于进口商品价格指数下降,出口同样数量的商品会比基期换回更少的商品,该国在国际贸易中处于不利地位,贸易利益也会减少。因此,贸易条件的变动并不表示贸易利益的绝对量,而表示贸易利益的变化情况。

贸易条件有四种不同的形式:

(1)商品贸易条件或净贸易条件(commodity or net barter terms of trade)。商品贸易条件(N)指出口商品价格指数(P_X)与进口商品价格指数(P_M)之比,为以百分比反映,通常乘以 100。其公式为:

$$N = \frac{P_X}{P_M} \cdot 100$$

例如,如果我们把 1950 年作为基期($N=100$),2000 年时出口价格指数 P_X 降低了 5%(为 95),而进口价格指数上升了 10%(为 110),则该国的商品贸易条件为:

$$N = (95/110) \times 100 = 86.36$$

这表明该国从 1950 年到 2000 年,商品贸易条件恶化了 13.64。

(2)收入贸易条件(income terms of trade)。以出口数量指数(Q_X)与商品贸易条件相乘来表示总贸易量变化的指数称为收入贸易条件(I)。其计算公式为:

$$I = \frac{P_X}{P_M} \cdot Q_X$$

还以上例进行说明。在进出口价格指数相同的条件下,如果 Q_X 从 1950 年的 100 上

升到 2000 年的 120,则该国的收入贸易条件上升为:

$$I=(95/100)\times 120=103.64$$

它说明尽管该国的商品贸易条件恶化了,但由于出口量的上升,以出口收入为基础的进口量上升了 3.64%,也就是说收入贸易条件好转了。

(3)单因素贸易条件(single factoral terms of trade)

在商品贸易条件的基础上,考虑出口商品劳动生产率(Z_X)的作用所得到的贸易条件称为单因素贸易条件(S)。其计算公式为:

$$S=\frac{P_X}{P_M}\cdot Z_X$$

它表示包含出口商品中的每单位生产要素所获得的进口商品数量。通过一国不同时期的单因素贸易条件的比较,可反映该国每单位生产要素贸易利益的变化。

例如,假定进出口商品价格指数与上例相同,而该国的劳动生产率从 1950 年的 100 上升到 2000 年的 130,那么该国的单因素贸易条件为:

$$S=(95/100)\times 130=122.27$$

这意味着该国 2000 年与 1950 年相比,尽管贸易条件恶化,但由于此期间出口劳动生产率提高弥补了净贸易条件的恶化,从而使得该国单因素贸易条件好转。

(4)双因素贸易条件(double factoral terms of trade)

双因素贸易条件(D)是在商品贸易条件的基础上,考虑出口商品劳动生产率变化和进口商品劳动生产率(Z_M)的变化后贸易条件的变化。其计算公式为:

$$D=\frac{P_X}{P_M}\cdot \frac{Z_X}{Z_M}\cdot 100$$

假定上例中的进口价格指数不变,出口劳动生产率指数不变,而进口商品劳动生产率指数从 1950 年的 100 上升到 2000 年的 105,则双因素贸易条件为:

$$D=(95/110)\times(130/105)=106.93$$

在上述的 4 种贸易条件中,商品贸易条件 N、贸易收入条件 I、单因素贸易条件 S 比较重要,也应用得比较多,而双因素贸易条件在实践中,尤其是对发展中国家意义不大,极少使用。由于商品贸易条件最易计算,也应用得比较广泛,因此常常被简称为"贸易条件"。

三、相互需求理论的局限性

相互需求理论进一步说明了国际贸易为双方带来利益的范围,以及贸易利益如何在双方进行分配。国内交换比例越接近贸易产品交换比率的国家,获利就越少;反之,获利就越多。这一补充充实了比较优势理论的内容。但是,穆勒关于相互需求理论强度决定贸易条件的论点存在很大的局限性,因为相互需求论的假设前提是物物交换下供给等于需求,而现实世界中出口和进口不是同时进行的,而是彼此分离的。

马歇尔的提供曲线理论就均衡贸易条件得出的结论与穆勒的相互需求论是一致的,但提供曲线的分析比穆勒的文字叙述更为精确。马歇尔的提供曲线对贸易条件的分析,开创了把几何方法作为国际贸易理论分析工具的先河,为西方传统国际贸易理论增添了新的表达方法和研究手段。但马歇尔的边际效用论和生产费用论对提供曲线的解释不尽合理,并且也不具有普遍意义。

第四节 赫克歇尔—俄林理论

埃利·赫克歇尔(Eli Heckscher)是瑞典著名的经济学家,他于 1919 年发表《对外贸易对收入分配的影响》(*the Effect of Foreign Trade on the Distribution of Income*)这一经典论文,对相互需求理论的核心思想作出了初步分析。文章认为,两国之间若要产生比较成本差异,必须具备两个前提条件:①两国的要素禀赋不一样;②不同产品生产过程中所使用的要素比例不一样。在这两个条件同时成立的情况下,两国间才会发生贸易往来。

一、赫克歇尔—俄林理论的基本假设

赫克歇尔—俄林理论(Heckscher-Ohlin theory)的基本假设共有三组:

第一组是把问题变得容易处理的假设:①只有两个国家,两种产品,两种生产要素(如:资本和劳动),即 2×2×2 模型;②各国可供利用的生产要素总量不变;③两国消费者的偏好相同,消费无差异曲线一样。

第二组是有关生产技术的假设:①两国生产时采用同一种技术,具有相同的生产函数;②规模报酬不变,生产函数是线性齐次的;③两种生产要素(资本和劳动)在生产中可以完全相互替代;④不存在要素密集度逆转的情况,如果一种产品在一个国家是资本密集型产品,在另一个国家也是资本密集型产品;⑤两国经济总量总是处于均衡状态。

第三组是有关贸易条件的假设:①运输成本为零,也不存在其他交易成本;②双方自由贸易;③市场结构是完全竞争的;④生产要素只能在一个国家范围内流动,但产品可以在国家之间自由流动。

如果以上任何一个假设被放松或发生变化,那么赫克歇尔—俄林理论的结论就有可能发生变化,甚至完全不能成立。

二、赫克歇尔—俄林理论的基本内容

俄林认为国际贸易是在国家(地区)之间展开的,而国家(地区)的划分标准是生产要素禀赋。所谓生产要素禀赋,是指生产要素在一个国家(地区)中的天然供给情况。俄林所说的生产要素是指劳动、资本和土地三大类,当然,每一种生产要素又可以细分。由于俄林将贸易中国际竞争力的差异归于生产要素的禀赋的国际差异,故人们将赫克歇尔—俄林理论称为要素禀赋理论(the theory of factor endowment);又由于该理论特别强调不同国家拥有不同的生产要素比例,故人们又将之称为要素比例理论(the theory of factor proportions)。

赫克歇尔—俄林理论关于国际贸易理论的基本内容主要由两部分组成:一是关于贸易的基础或原因,即生产要素供给比例理论;二是贸易带来的结果,即要素价格均等化理论。

（一）生产要素供给比例理论

俄林的生产要素供给比例说是从商品价格的国际绝对差开始，逐层展开的。

（1）商品价格的国际绝对差是国际贸易生产的直接原因。但两国间的价格差大于商品的各项运输费用时，则从价格较低的国家输出商品到价格较高的国家是有利的。

（2）商品价格的国际绝对差来自各自生产相同产品成本的国际绝对差。即同种商品的价格的国家之间差异，主要是它们成本间的差异。所以，成本的国际绝对差是国际贸易发生的第一原因。

（3）两国国内各种商品成本比例不同是国际贸易发生的必要条件。如果两国国内成本比例是相同的，一个国家的两种商品成本都是按同一比例低于另一个国家，两国间将只能发生暂时的贸易关系，当两国的汇率变化使两国商品的单位成本完全相等时，这两国将不会发生贸易。

（4）生产要素的价格比例的不同决定各国商品价格比例的不同。这是因为各国国内的诸种生产要素的价格比例的不同，不同的商品是由不同的生产要素组合生产出来的。在每个国家内，商品的成本比例反映了它的生产诸要素的价格比例关系，也就是工资、地租、利息之间的比例关系。由于各国的生产要素价格不同，就导致了成本比例的不同。

（5）要素供给比例的不同是决定要素价格比例不同的因素。在各国要素需求一定的情况下，各国的要素禀赋不同，导致要素的价格不同。一些供给丰富的生产要素价格便宜，稀缺的生产要素则价格昂贵。由此得出，要素价格比例不同是由要素供给比例不同决定的。同样，假设生产要素供给比例是相同的，各国对这些生产要素不同的需求也会产生要素的不同价格比例。

现假定美国土地相对丰富，劳动力相对稀缺，因此土地较便宜，劳动力较贵，美国 1 单位土地的价格是 2 美元，1 单位劳动力的价格是 4 美元。英国劳动力相对丰富，土地相对稀缺，英国 1 单位土地的价格是 8 美元，1 单位劳动力的价格是 2 美元。再假定两国生产小麦和纺织品两种产品，生产 1 单位小麦需要 5 单位土地和 1 单位劳动力，生产 1 单位纺织品需要 1 单位土地和 10 单位劳动力，则两国生产要素价格和单位成本见表 2-6。

由表 2-6 可知，美国生产小麦和纺织品的成本是 1∶3，而英国则是 3∶2，美国可以利用相对廉价的土地生产小麦并出口而获得比较利益，而英国则可利用相对廉价的劳动力生产劳动密集型的纺织品并出口以获得比较利益。显然，如果美国出口小麦、进口纺织品，英国进口小麦、出口纺织品，那么贸易双方都能获益。

表 2-6　要素价格与产品单位成本

国别	单位要素价格（美元）		单位产品成本（美元）	
			小麦	纺织品
	土地	劳动	土地 5 劳动 1	土地 1 劳动 10
美国	2	4	14	42
英国	8	2	42	28

从以上分析可以看出,俄林从价格的国际绝对差出发,分析了成本的国际绝对差,接着又探讨了不同国家内的不同的成本比例,进而探讨了生产诸要素的不同的价格比例,最后分析了生产要素的不同的供给和需求比例。其基本理论逻辑框架如图2-5所示。

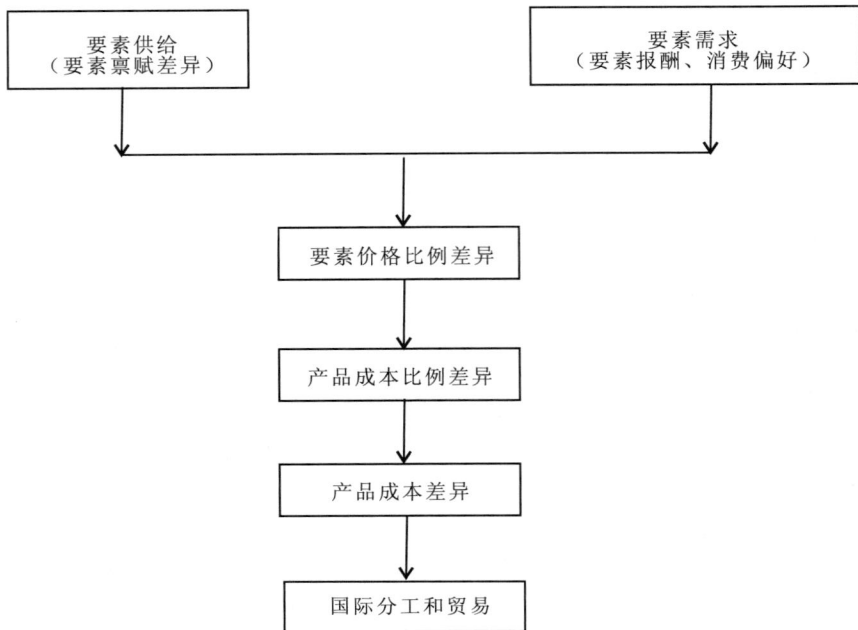

```
┌────────────────────┐        ┌────────────────────┐
│     要素供给        │        │     要素需求        │
│ (要素禀赋差异)      │        │ (要素报酬、消费偏好) │
└────────┬───────────┘        └──────────┬─────────┘
         │                               │
         └───────────────┬───────────────┘
                         ▼
              ┌────────────────────┐
              │   要素价格比例差异   │
              └──────────┬─────────┘
                         ▼
              ┌────────────────────┐
              │   产品成本比例差异   │
              └──────────┬─────────┘
                         ▼
              ┌────────────────────┐
              │    产品成本差异     │
              └──────────┬─────────┘
                         ▼
              ┌────────────────────┐
              │   国际分工和贸易     │
              └────────────────────┘
```

图 2-5　赫克歇尔—俄林基本理论逻辑框架

在这个链条中,俄林认为供给比例是最重要的环节,但是没有一个单一的环节是国际贸易的最终动因,各个环节之间的相互依赖的关系决定了每一个国家的价格结构。而各个国家的价格结构决定了它们在国际分工和国际贸易体系中的比较利益,同时这也就构成了国际分工和国际贸易的基础。

(二)要素价格均等化理论

要素价格均等化理论(factor price equalization theory)进一步论述了在发生贸易之后,两国之间的资源价格将会发生怎样的变化。俄林认为虽然国际生产要素不能自由流动,但商品的国际流动可以在一定程度上弥补其流动性较弱的不足,而且贸易的扩大将会减少两国间要素价格的差异,从而导致两国生产要素的相对价格和绝对价格趋于均等化,这就是所谓的要素价格均等化理论。

但是,俄林认为,要素价格完全相等几乎是不可能的,因此要素价格均等只是一种趋势。其主要原因有以下几点:

(1)影响市场价格的因素复杂多变,而不同地区的市场之间又存在差别,价格水平难以一致。

(2)生产要素在国际上不能充分流动,即使在国内,生产要素从一个部门流向另一个部门,也不是十分便利的。

(3)集中大规模生产必然使有些地区要素价格相对高,有些地区价格相对低,从而阻碍了生产要素价格完全均等。

三、赫克歇尔—俄林理论的三个主要结论

首先,每个国家或地区在国际分工和国际贸易体系中应该生产和输出本国丰裕要素密集的商品,输入本国稀缺要素密集的商品。

其次,区域贸易或国际贸易的直接原因是价格差别,即各个地区间或国家间商品价格不同。

最后,商品贸易趋向于(即使是部分地)消除工资、地租、利润等生产要素收入的国际差异,导致国际间商品价格和要素价格趋于均等化。

四、对赫克歇尔—俄林理论的评价

(一)积极方面

(1)要素禀赋理论把传统的比较优势理论中的一种生产要素投入(劳动)的假定扩展至两种或两种以上的要素投入,进而提出了生产要素的组合比例问题,使国际贸易理论的分析更加符合现实。

(2)要素禀赋理论不是从技术差别而是从要素禀赋上来考察国际贸易的动因,从而找到了国际贸易的另一基础,正确地指出了生产要素在各国对外贸易中的重要地位。

(二)不足之处

(1)赫克歇尔—俄林理论混同了劳动力要素收入和其他生产要素收入的区别。

(2)忽视技术进步的作用。当代国际分工和国际贸易中,技术进步、技术革命可以改变成本比例,从而改变比较成本。因此排除了技术进步因素,就影响了该理论的广泛适用性。

(3)该理论与当代大量贸易发生在要素禀赋相似、需求格局相似的工业国之间的实际情况不符,影响了该理论对国际贸易实际情况的深入分析。

(4)抽象地谈论国际贸易可以使各国收入均等化,但是这并不符合国际贸易的实际情况。他们认为,只要实行自由贸易,国际间收入分配不均的问题就可以迎刃而解,这种单纯的经济观点分析方法,脱离了历史、政治和社会实际。如果这样施行的话,只能出现发达国家与发展中国家之间的不等价交换。

五、赫克歇尔—俄林理论的扩展

赫克歇尔—俄林理论的问世,给关注贸易问题的经济学家以巨大的思想启迪,关于要素禀赋理论的成果纷纷出现。在此,我们只介绍美国经济学家萨缪尔森(P. A. Samuleson)的要素价格均等化定理。萨缪尔森认为要素价格均等化不仅是一种趋势,而且是一种必然。鉴于他对赫克歇尔—俄林理论的发展,因此我们称之为赫克歇尔—俄林—萨定理(H-O-P theory)。

萨缪尔森在1947至1972年之间发表的系列论文中逐步阐述了这一思想。他认为,即使生产要素在国际间不能自由流动,但只要商品能在国际间自由流动,那么,不同国家出口和进口商品的同种要素价格将趋于相等。该理论认为,两国实行分工和贸易后,各自

大量使用本国丰裕要素进行商品生产并出口,从而使这些要素价格日趋上涨(原来该类要素价格较低),同时由于各自不断进口本国稀缺要素密集的国外产品,将使本国这类要素价格不断下跌(原来该要素价格较高)。这样,通过国际贸易,两国间的生产要素价格差异有所缩小,要素价格也趋于均等化。只要两国生产要素的相对价格存在差异,贸易仍将持续扩大和发展,而贸易的扩大和发展将会减少两国间要素价格的差异,直到两国国内各种商品的相对价格完全均等为止,这时就意味着两国内的要素相对价格完全均等化。

萨缪尔森还进一步论证了两国要素的绝对价格均等化问题,在要素的相对价格均等化、商品市场和要素市场处于完全竞争情况以及两国技术相同的条件下,国际贸易会导致要素绝对价格也完全均等化。

第五节　里昂惕夫之谜

一、里昂惕夫之谜(Leontief paradox)

按照赫克歇尔—俄林理论,一个国家应当出口密集使用其相对丰裕要素所生产的产品,而进口密集使用其相对稀缺要素生产的产品。1953 年,里昂惕夫利用他的投入—产出分析法对美国的对外贸易商品结构进行具体计算,来验证赫克歇尔—俄林理论,即美国是否像该理论所描述的那样,出口的是资本密集的商品,进口的是劳动密集的商品,因为当时美国是世界上资本最丰裕的国家。

里昂惕夫把生产要素分为资本和劳动力两种,对 200 种商品的统计数据进行了分析,还对 1947 年美国生产每百万美元的出口商品所包含的资本与劳动的数量进行了计算。但对进口商品他却不这样做,因为这些商品是在国外生产的,所以他只有美国出口商品的"投入—产出表",而没有美国进口商品国家的"投入—产出表"。为此,他采用从美国生产的产品数据中计算进口替代品的要素密集度的方法,来估计进口商品的要素密集程度。其计算结果如表 2-7 所示。

表 2-7　1947 年美国每百万美元出口商品和进口替代品的要素投入量

要素	出口商品	进口代替品
资本(美元)	2550780	3091339
劳动(人/年)	182313	170004
资本/劳动	13991	18184

由表 2-7 可知,1947 年美国进口替代商品人均资本使用量与出口商品人均资本使用量的比率为 1.30∶1,这就是说作为世界上资本最丰裕的国家,美国出口的是劳动密集型商品,进口的是资本密集型商品。正如里昂惕夫所言:"美国参加国际分工是建立在劳动密集型生产专业化的基础之上,而不是建立在资本密集型生产专业化的基础之上"。这个验证结果正好与赫克歇尔—俄林理论相反,也完全出乎里昂惕夫本人的预料,而且有悖常理,因此被人称为里昂惕夫反论或里昂惕夫之谜。

1956年,里昂惕夫利用投入—产出法和美国1951年之后的统计资料,对美国贸易结构进行了第二次验证。验证结果以"生产要素比例和美国贸易结构:进一步的理论和验证分析"为题于同年发表,得出1951年进口替代品人均资本使用量与出口商品生产人均资本使用量的比率为1.06:1,这与1953年的结论基本相同,即美国进口的是资本密集型产品,出口的是劳动密集型产品。

二、对里昂惕夫之谜的解释

里昂惕夫发表其验证结果后,西方经济学界大为震惊,由此产生了解释里昂惕夫之谜的国际贸易理论,其中几个代表性的理论是:

（一）需求偏好差异说

该学说认为,赫克歇尔—俄林理论的假设条件不成立。该理论成立的一个假设条件是贸易国双方的需求偏好相似,消费结构相同,因此忽略了两国需求偏好差异对贸易方式的影响。然而,实际上贸易各国国民需求偏好是不同的,而且这种偏好强烈地影响国际贸易的方式。里昂惕夫之谜之所以会在美国发生,正是由于美国人对资本要素密集型产品的强烈偏好。因为美国人强烈地偏好资本要素密集的商品,故不得不进口资本要素密集的商品,而出口劳动要素密集的商品。

（二）要素密集逆转说

该学说认为,赫克歇尔—俄林理论的另一个假设是要素密度不发生逆转,即如果在一种要素价格比率下,一种商品较另一种商品是资本密集型的,那么,它在所有的要素价格比率下,都是属于资本密集型的。但现实情况是要素密度是会发生逆转的,例如,美国是世界上最大的粮食出口国之一,但是与泰国相比,美国的粮食生产显然是属于资本密集型的。

（三）人力资本说

该学说认为,赫克歇尔—俄林理论将劳动视为一种同质的生产要素的假设是不现实的。实际上,一个国家的人力要素禀赋都是异质性的,在构成和质量上都不同于其他国家。美国经济学家基辛(D. B. Keesing)利用美国1960年人口普查的资料,将美国企业的从业人员分为熟练劳动和非熟练劳动两大类,并按技术熟练程度由高到低分为8个等级。他还根据这两大分类对包括美国在内的14个国家进出口商品的结构进行了分析,在这14个国家中,美国出口产品所使用的熟练劳动的比例最高,而进口商品使用的熟练劳动力比例最低。这表明美国出口的是技能密集程度最高的产品,进口的是技能密集程度最低的产品。

美国经济学家凯南(P. B. Kenen)认为,熟练的劳动技能是社会投资与教育和培训的结果,是人力资本与有形资本一起组成的资本投入。人力资本增加投入,可提高劳动技能和专门知识水平,促进劳动生产率的提高。由于美国投入了较多的人力资本,因而拥有更多的熟练劳动力,因此,美国出口的产品会有更多的熟练劳动。凯南对人力资本进行量化,把熟练劳动者高于非熟练劳动者的收入部分资本化,并同有形资本相加,经过这样处理后,表面上看,美国出口的主要是劳动密集型产品,而实际上是出口人力资本密集型产品,即美国出口产品的资本密集度高于进口产品的资本密集度。这样,引入人力资本这一新要素,里昂惕夫反论就不存在了。

(四)贸易保护说

鲍德温认为,赫克歇尔—俄林理论的前提假设是自由贸易,而里昂惕夫所使用的资料是美国进出口构成的实际数字。而在里昂惕夫进行统计分析的年代里,美国实际上有很高程度的贸易保护,这种贸易保护主要针对的是美国缺乏国际竞争力的劳动要素密集型商品,以保护这些行业,提高国内就业水平。如果没有这些保护性贸易政策,美国进口的劳动密集型产品的份额便会高于存在这些限制的情况。1947年,美国对劳动密集型商品征收的关税率超过了25%,而对资本密集型商品征收的关税率则较低。根据鲍德温的计算,如果美国的进口不受限制的话,则其进口产品的资本—劳动力的比率将比实际进口所计算的比率低5%。该学说认为是美国的关税结构导致了贸易类型的扭曲。

(五)自然资源说

该学说指出里昂惕夫之谜的根源在于:里昂惕夫的统计只考虑资本和劳动两种要素投入而忽略了自然资源。证据表明,美国出口的产品消耗了大量的自然资源,其开采、提炼与加工均有大量资本投入,如果加入这部分资本投入量,里昂惕夫之谜就不存在了,赫克歇尔—俄林理论也就会同国际贸易实践相吻合。

由于经济学家在理论上重新审视了赫克歇尔—俄林理论前提的合理性,并深入思考了里昂惕夫统计检验方法的有效性,从而丰富和发展了自由贸易学说。但是也有一些经济学家对赫克歇尔—俄林理论的检验结果与赫克歇尔—俄林理论不相一致,由于这个模型的实证研究不能完全令人满意,一些经济学家便把注意力转向了新的研究领域,探索国际贸易新的理论。

三、对里昂惕夫反论及其解释学说的评价

(一)里昂惕夫反论运用了科学的分析方法

里昂惕夫反论说明赫克歇尔—俄林理论脱离了国际分工和国际贸易的实际情况,从而引起对"反论"的各种解释和有关理论的发展。由于里昂惕夫在验证赫克歇尔—俄林理论时首次运用了投入—产出法,把经济理论、数学方法和统计三者结合起来,对国际分工和国际贸易商品结构进行了定量分析,这种研究方法具有一定的科学意义。

(二)对里昂惕夫反论解释的相关学说是对传统国际贸易理论的补充和发展

这些学说不是对比较成本学说和赫克歇尔—俄林学说的全盘否定,而是采用将定性分析和定量分析相结合、将理论研究和实证分析相结合、把比较利益的静态分析和动态分析相结合的方法,针对二战后国际分工和国际贸易的新情况,在继承传统理论的基础上,有所创新,有所发展。

(三)这些学说存在的问题

这些学说与传统国际贸易理论一样,仅仅从生产力的角度出发研究国际分工和国际贸易的产生、发展和贸易利益问题,而不涉及国际生产关系,把国际分工与国际贸易作为分配世界资源的中性机制,掩盖了国际分工和国际贸易的性质。

第三章　现代国际贸易理论

第一节　规模报酬递增理论

规模报酬递增理论(theory of increasing returns to scale)也称规模收益递增理论,是著名经济学家克鲁格曼(Paul Krugman)在与艾瀚南(Helpman Elhanan)合著的《市场结构与对外贸易》(1985)一书中提出的。其论点为:规模报酬递增也是国际贸易的基础,当某一种产品的生产发生规模报酬递增时,随着生产规模的扩大,单位产品成本递减而取得成本优势,因此导致专业化生产并出口这一产品。

传统的国际贸易理论都假设产品的规模报酬不变,即所有的投入增加一倍,产出也增加一倍。这种假设在以初级产品为中心的时代是接近现实的。但是,在现代经济社会中,尤其是在大工业生产中,许多产品的生产却具有规模报酬递增的特点,即随着生产规模的扩大,每单位生产要素的投入会有更多的产出,也就是说大规模生产能够获取"规模经济"。

所谓规模报酬递增(increasing returns to scale)是指产出水平的增长比例高于要素投入的增长比例的生产状况。例如,所有的投入都增加一倍,产出将增加一倍以上。

规模报酬通常可以分为内部规模经济和外部规模经济。内部规模经济(internal economies of scale)主要来源于企业本身规模的扩大。由于生产规模的扩大和产量的增加,企业就能够充分发挥各种生产要素的效能,能更好地组织企业内部的劳动分工和专业化,提高厂房、机器设备的利用率,从而使分摊到单位产品上的固定成本越来越少,进而使产品的平均成本降低。具有内部规模经济的一般为大企业,多集中在汽车、钢铁等资本密集型产业中。外部规模经济(external economies of scale)主要来源于行业内数量的增加所引起的产业规模的扩大。由于同行业的增加和相对集中,使得企业能够更好地利用交通运输、通讯设施、金融机构、自然资源、水利能源等生产要素,从而促使企业在运输、信息收集、产品销售方面成本的降低。如义乌的"小商品市场"、北京的"中关村电脑城"等。

规模报酬递增为国际贸易直接提供了基础。现以 A 国和 B 国为例分析说明由规模报酬递增取得的贸易优势及在规模收益递增基础上互惠贸易的发生。

为了分析的方便,现假定 A 国、B 国在各方面(要素禀赋、技术水平、消费偏好、经济

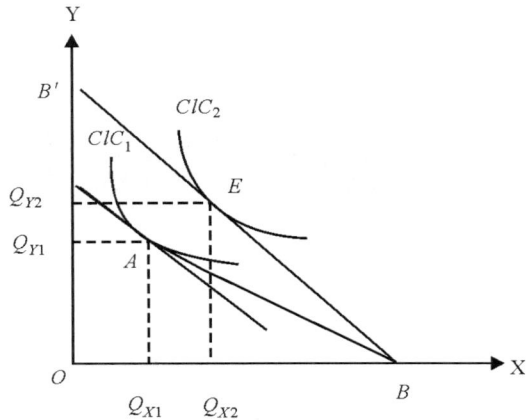

图 3-1 赫克歇尔—俄林基本理论逻辑框架

的绝对规模)都完全相同,这样我们可以用同样的生产可能性曲线与无差异曲线图来表示两国的情况。生产可能性曲线凸向原点,表明生产 X、Y 产品发生规模报酬递增(成本递减),即增加每一单位的 X 商品生产需要牺牲 Y 商品的数量越来越少,增加每一单位 Y 商品生产需要牺牲 X 商品的数量也越来越少。A 点为两国在封闭经济状态下共同点的生产点,国内均衡商品的相对价格也相等(P_A),显然,这时两国并不存在比较优势,但却存在由专业化分工和贸易所能带来的潜在利益,优势和利益正来自规模报酬递增。如果 A 国试图增加 X 商品的生产,哪怕开始只是比对方扩大一点点,但在规模报酬递增的作用下,稍微扩展的 X 商品就会获得成本优势,促使其进一步扩张,这种扩张反过来又强化它的优势,出现了一种滚雪球式的专业化分工倾向,推动 A 国专业化生产 X 产品,产量为 OB;反之亦然,B 国也会专业化生产 Y 产品,产量为 OB',若两国各自以自己生产的一部分产品进行贸易,即 A 国用 Q_{x2B} 与 B 国的 $Q_{Y2B'}$ 相交换,结果两国的消费均确立在 E 点上,较之分工前 A 点提高了,经济福利也随之增加,达到了位置更高的无差异曲线 CIC_2,各获利 $Q_{x1}Q_{x2}$、$Q_{Y1}Q_{Y2}$,所得就来自各国只生产一种产品的规模报酬递增。可见,在存在规模报酬递增条件下,以规模报酬递增为基础的分工和贸易会通过提高生产率、降低成本,使产业达到更大的国际规模而获利,而参加分工和贸易的双方均获其利。

此外,规模报酬递增,尤其是内部规模报酬递增会破坏完全竞争,导致独占和倾销,也会发生国际贸易。

有必要指出的是,规模报酬递增理论不能事先预测贸易模式,或者说某国生产何种产品是由随机因素决定的。换句话说,上述的 A 国与 B 国无论是生产 X 还是生产 Y 都是没有区别的,在现实世界里,到底是 A 国生产 X 还是 B 国生产 X 是由某些历史原因造成的。但是,它提出了一个很重要的观点,那就是规模收益能够产生比较优势。另外,在规模报酬递增的条件下,放松要素禀赋、技术水平、消费偏好、经济的绝对规模都完全相同的假设,并不影响结论的成立。

第二节 产业内贸易理论

产业内贸易理论(intra-industry trade theory)又称差异化产品理论(differentiated product theory),是解释产业内同类产品贸易增长特点和原因的理论。

一、产业内贸易理论的发展

产业内贸易理论是 20 世纪 60 年代以来在西方国际贸易理论中产生和发展起来的一种解释国际贸易分工格局的理论,其发展可以分为两个阶段:一是对统计现象进行直观推断解释,主要是在 20 世纪 70 年代中期以前的经验性研究;二是 20 世纪 70 年代中期以后对统计资料进行理论解释。

20 世纪 70 年代中期以前,经济学家佛丹恩(Vordoorn)、迈凯利(Michaely)、巴拉萨(Bela Balassa)和考基玛(Kojima)对产业内贸易作了大量的经验性研究。佛丹恩对比荷、卢经济同盟的集团内贸易格局变化的统计分析表明:与集团内贸易相关的生产专业化形成于同种贸易类型之内,而不是在异种贸易类型之间,而且交易的产品具有较大的异质性。迈凯利对 36 个国家五大类商品的进出口差异指数的计算结果说明:高收入国家的进出口商品的结构呈现明显的相似性,而大多数发展中国家则相反。巴拉萨对原欧共体贸易商品结构的研究表明,欧共体制成品贸易的增长大部分是产业内贸易。考基玛对发达国家间的贸易格局的研究发现:高度发达的、类似的工业国之间横向制成品贸易增长迅速。

在上述经验检验的基础上,20 世纪 70 年代中期,以格鲁贝尔(Herbert G. Grubel)、劳尔德(P. J. Loyld)、格雷(Gray)、戴维斯(Devies)、克鲁格曼、兰卡斯特(Lancaster)等人为代表的一大批经济学家对产业内贸易现象作了开创性、系统性的研究,使产业内贸易理论发展从经验性检验进入到理论性研究的阶段。他们认为,从当代国际贸易产品结构来看,大致可以分为产业间贸易与产业内贸易两大类。前者是指一国进口与出口的产品属于不同的产业部门,而后者则指一国既出口同时又进口某种或某些同类产品。例如,美国和日本相互进口对方的电脑,德国与法国相互进口对方的汽车,意大利和德国相互进口对方的打字机等就属于产业内贸易。

20 世纪 70 年代中期以后,在对产业内贸易的理论性研究不断深化的同时,对产业内贸易的经验性研究也步步深入。这一阶段的经验性研究已从 70 年代中期以前主要研究地区经济集团形成而导致专业化格局变化转向主要致力于研究产业内贸易的程度和趋势,以及在不同类型国家、不同产业中的发展状况及原因。

二、产业内贸易的理论解释

产业内贸易是相对于产业间贸易(inter-industry trade)——不同产业之间完全不同产品的交换而言的。当今世界,两种类型的国际贸易均有发生。

产业间贸易发生的基础和原因是各个国家要素禀赋的差异引起的比较成本差异。国家间的要素禀赋差异越大,产业间贸易量就越大。但国际贸易中的产业内贸易现象显然无法用传统的贸易理论来解释,因为传统贸易理论有两个重要的假定:一是假定生产各种产品需要不同密度的要素,而各国所拥有的生产要素禀赋是不同的,因此贸易结构、流向和比较优势是由各国不同的要素禀赋来决定的;二是假定市场竞争是完全的,在一个特定产业内的企业,生产同样的产品,拥有相似的生产条件。而这些假定与现实相差甚远。

产业内贸易形成的原因及主要制约因素涉及面比较广,经济学家主要是从产品差异性、规模报酬递增理论及偏好相似的角度对产业内贸易现象进行了理论说明。

1. 同类产品的异质性

在每一个产业部门内部,由于产品的质量、性能、规格、牌号、设计、装潢等的不同,每种产品在其中每一方面都有细微差别,从而形成无数种差别的产品系列。如混凝土就有几百个品种。受财力、物力、人力、市场等要素的制约,任何一个国家都不可能在具有比较优势的部门生产所有的差别化产品,而必须有所取舍,着眼于某些差别化产品的专业化生产,以获取规模经济利益。因此,每一个产业内部的系列产品常产自不同的国家。而消费的多样化造成的市场需求多样化,使各国对同种产品产生相互需求,从而产生贸易。例如,欧共体(现欧盟)建立以后,共同体内部贸易迅速扩大,各厂商得以专业化生产少数几种差异化产品,使单位成本大大下降,成员国之间的差异产品交换随之大量增加。

与产业内差异产品贸易有关的是产品零部件的贸易的增长。为了降低成本,一种产品的不同部分往往通过国际经济合作形式在不同国家生产,追求多国籍化的比较优势。例如,波音 777 飞机的 32 个构成部分,波音公司承担了 22%,美国制造商承担了 15%,日本供给商承担了 22%,其他国际供给商承担了 41%。飞机的总体设计在美国进行,美国公司承担发动机等主要部分的设计和制造,其他外国承包商在本国进行生产设计和制造有关部件,然后运到美国组装。显然,波音 777 飞机是多国籍的产物。类似的跨国公司间的国际联盟、协作生产和零部件贸易,正促进各国经济的相互依赖和产业内贸易的扩大和发展。

2. 规模经济或规模报酬递增与不完全竞争

产业内贸易的根本原因是为了利用规模经济。由于国际上企业之间的竞争非常激烈,为了降低成本,获得比较优势,工业化国家的企业往往会选择某些产业中的一种或几种产品,而不是全部产品。

对企业而言,规模经济有外部的和内部的。前者不一定带来市场不完全竞争(imperfect competition),后者则将导致不完全竞争,如垄断性竞争(monopolistic competition)、寡占(oligopoly)或独占(monopoly)。这是因为国际贸易开展以后,厂商面对更大的市场,生产规模可以扩大,规模经济使扩大生产规模的厂商的生产成本、产品价格下降,生产相同产品的规模不变的其他国内外厂商因此被淘汰。因此,在存在规模经济的某一产业部门内,各国将各自专业生产该产业部门的某些差异产品,再相互交换(即开展产业内贸易)以满足彼此的多样化的需求。

国家间的要素禀赋越相似,越可能生产更多相同类型的产品,因而它们之间的产业内贸易量将越大。例如,发达国家之间的要素禀赋和技术越来越相似,它们之间的产业内贸易相对于产业间贸易日益重要。

3. 经济发展水平

经济发展水平越高,产业内异质性产品的生产规模就越大,产业部门内部分工就越发达,从而形成异质性产品的供给市场。同时,经济发展水平越高,生产水平也就越高,而较高的收入水平使得人们的消费模式呈现出多样化的特点,而需求的多样化又带来对异质性产品需求的扩大,从而形成异质性产品的需求市场。在对异质性产品的供给市场和需求市场的推动下,经济发展水平比较高的国家出现了较大规模的产业内贸易。

三、产业内贸易的特点

为了分析的方便,现假设世界上只有 A、B 两个国家,其中 A 国为劳动密集型国家,B 国为资本密集型国家,两国都共同拥有两种生产要素和资本;并假定有两个产业——X 和 Y,其中 X 为劳动密集型产业,而 Y 为资本密集型产业。

如果 Y 不是一个具有差异性的产业,那么这种贸易模式可以用图 3-2 来表示,其中箭头的方向表示贸易方向,箭头的长度表示贸易额。X 和 Y 的贸易中,比较优势是贸易的主要动因。贸易模式是资本丰裕的 B 国成为资本密集型产品 Y 的净出口国和劳动密集型产品 X 的净进口国。

假设 Y 是一个具有异质性的产业,那么,由于规模经济的存在,该产业会形成垄断竞争的市场结构。本国和外国的生产厂商将生产具有异质性的资本密集型产品 Y。虽然 B 国仍然是资本密集型产品 Y 的净出口国,但由于 A 国厂商生产的商品与 B 国生产的商品具有不同之处,而 B 国又不可能生产每一种消费者偏好的产品,从而导致在 Y 内部形成产业内贸易,如图 3-3 所示。这样通过产业内贸易,实现了生产的规模经济并满足了消费者的多样需求。这种 Y 内部之间产业内贸易并不反映比较优势。即使两国具有相同的资本/劳动比率,各国的厂商仍然会充分利用规模经济来生产差异性的产品,因而规模经济本身也成了影响国际贸易模式的一个要素或因子。

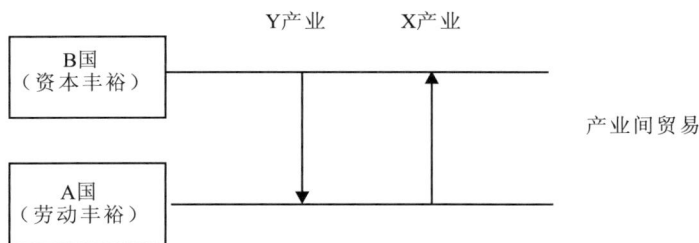

图 3-2 产业间贸易

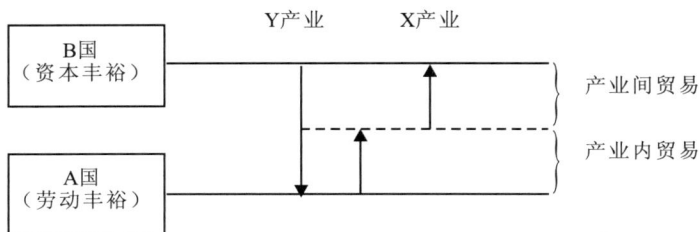

图 3-3 产业内贸易

通过与产业间贸易模式的比较,我们可以发现产业内贸易模式具有以下几个特点:

第一,根据要素禀赋理论,产业间贸易是建立在国家之间要素禀赋差异产生的比较优势之上,而产业内贸易则是以产品的异质性和规模经济为基础。因此,国家间的要素禀赋差异越大,产业间贸易的机会就越大;国家之间的要素禀赋差异越相似,经济发展水平越接近,产业内贸易发生的可能性就越大。产业间贸易反映的是自然形成的比较优势,而产业内贸易反映的是获得性的比较优势。

第二,产业间贸易的流向可以凭借贸易前同种商品的价格差来确定,而产业内贸易则不可以简单地凭贸易前同种商品的价格差来确定贸易模式。因为在产业内贸易发生之前,价格是由于规模不同造成的,一个大国可能由于国内市场容量大而生产成本较低。但发生产业内贸易之后,各国都以世界市场作为自己的市场,因而无论是大国还是小国,所有国家利用规模经济降低成本的机会是相同的,所以很难事先预测哪个国家将生产哪一种商品。

第三,按照要素禀赋理论,产业间贸易会提高本国丰裕要素的报酬而降低本国稀缺要素的报酬,而产业内贸易是以规模经济为基础的,所有的要素都可能从中受益。这可以用来解释欧盟的形成和战后制成品的贸易开放都没有遭到利益集团的阻挠,而发达国家向新兴发展中国家的开放却受到了来自劳工力量的强烈反对。其主要原因是因为后一种贸易模式是产业间贸易而不是产业内贸易,这会引起工业化国家某些产业的完全崩溃和大批劳动者的失业。

第四,产业间贸易是由各国要素禀赋之间存在的差异引起的,要素的流动在一定程度上是贸易的一种替代品。但是在一个以产业间贸易为主的世界里,要素流动带来了作为产业内贸易载体的跨国公司的兴起,从这点上看,产业内贸易与要素流动之间存在着一定的互补关系。

四、产业内贸易程度的测定

产业内贸易程度可通过产业内贸易指数(B)来测量。

$$B = 1.0 - \frac{|X - M|}{X + M}$$

上式中 X 与 M 分别代表属于同一产业的产品的出口值和进口值。B 的最大值为 1,最小值为 0。当某一产业产品的进口、出口相等,即 $X - M = 0$ 时,B 为最大值 1;但当某一产业只有进口没有出口或只有出口没有进口,即没有产业内贸易时,B 为最小值 0。工业国之间的产业内贸易程度较高。根据格鲁贝尔和劳尔德的估算,1967 年,10 个工业化国家的 B 值平均为 0.48,欧共体成员国的 B 值平均为 0.67,显然先进工业国家之间的产业内贸易越来越普遍。据新加坡国立大学朱刚体博士对 1990 年 10 个发达国家和 5 个非经合组织($OECD$)国家的 181 组商品的产业内贸易程度的调查计算,10 个发达国家的 B 值平均达到 0.60,其中以原欧共体国家的 B 值最高;5 个非经合组织国家的 B 值平均为 0.43。他的测定还发现,化工产品、按材料分类的工业制成品,以及未分类的其他商品的产业内贸易程度为最高,表明产业内贸易主要是工业国的制成品行业内的贸易,发展中国家间以及农产品的这种贸易不甚普遍。

应该注意的是,界定一个产业的范围大小不同,会得出不相同的 B 值。界定的范围越大,B 值也越大,因为某一产业的范围越大,一国越可能出口该产业的某些差异产品,而进口另一些差异产品,反之亦然。因此,在应用产业内贸易时必须谨慎。

第三节　技术差距论

技术差距论(technological gap theory)又称创新与模仿理论(innovation and imitation theory),由波斯纳(M. A. Posner)首创,他于 1961 年在《国际贸易和技术变化》一文中提出了这一理论。

在赫克歇尔—俄林要素禀赋的模型中,如果两国具有相同的要素禀赋条件和相同的需求条件,那么两国在贸易前就具有相同的要素价格比例,从而使得两国无法开展贸易。对此,波斯纳技术差距论认为,技术进步或技术创新意味着一定的要素投入量可以生产出更多的产品,这样技术进步会对各国生产要素禀赋的比率产生影响,从而影响各国产品的比较优势,对贸易格局的变动产生作用。因而,技术差距也是国家间开展贸易的一个重要原因,一国的技术优势使其在获得出口市场方面占优势,当一国创新某种产品成功后,在国外掌握该项技术之前产生了技术领先差距,可出口技术领先产品。但因新技术会随着专利权转让、技术合作、对外投资、国际贸易等途径流传至国外,当一国创新的技术为外国模仿时,外国即可自行生产而减少进口,创新国渐渐失去该产品的出口市场,因技术差距而产生的国际贸易逐渐缩小。随着时间的推移,新技术最终将被技术模仿国掌握,使技术差距消失,贸易即持续到技术模仿国能够生产出满足其对该产品的全部需求为止。

波斯纳把技术差距产生到技术差距引起的国际贸易终止之间的时间间隔称为模仿滞后(imitation lag)时期,全期又分为反应滞后(reaction lag)和掌握滞后(mastery lag)两个阶段,其中,反应滞后阶段初期为需求滞后(demand lag)阶段。反应滞后是指技术创新国家开始生产新产品到其他国家模仿其技术开始生产新产品的时间。掌握滞后是指其他国家开始生产新产品到其新产品进口为零的时间。需求滞后则是指技术创新国开始生产新产品到开始出口新产品之间的时间间隔。反应滞后期的长短主要取决于企业家的决定意识和规模利益、关税、运输成本、国外市场容量及居民收入水平高低等因素。如果技术创新国家在扩大新产品生产中能够获得较多的规模利益,运输成本较低,进口国关税税率较低,进口国国家的市场容量差距及居民收入水平差距较小,就有利于保持出口优势,延长反应滞后阶段;否则,这种优势就容易失去,反应滞后阶段将缩短。掌握滞后阶段的长度主要取决于技术模仿国吸收新技术能力的大小,吸收新技术能力大的间隔时间较短。需求滞后的长度则主要取决于两国的收入水平差距和市场容量差距,差距越小长度越短。

在图 3-4 中,假设由于起初的要素禀赋条件,A、B 两国都生产 X 和 Y 两种产品,A 国为技术创新国,B 国为技术模仿国。横轴 T 表示时间,纵轴 Q 表示商品数量,上方表示技术创新国 A 的生产和出口(B 国进口)数量,下方表示技术模仿国 B 的生产和出口(A 国进口)数量。从 t_0 起开始生产新产品,$t_0 \sim t_1$ 为需求滞后阶段,B 国对新产品没有需求,因而 A 国不能将新产品出口到 B 国。过了 t_1,B 国模仿 A 国消费,对新产品有了需求,A 国出口、B 国进口新产品,且随着时间的推移,需求量逐渐增加,A 国的出口量、B 国的进口量也逐渐扩大。由于新技术通过各种途径逐渐扩散到 B 国,到达 t_2,B 国掌握新技术开始模仿生产新产品,反应滞后阶段结束,掌握滞后阶段开始,此时 A 国的生产和出口(B 国进口)量达到极大值。过了 t_2,随着 B 国生产规模的扩大,产量的增加,A 国的生产量和出口量(B 国的进口量)不断下降。到达 t_3,B 国生产规模进一步扩大,新产品成本进一步下降,其产品不但可以满足国内市场的全部需求,而且可以用于出口。至此,技术差距消失,掌握滞后和模仿滞后阶段结束。可见 A、B 两国的贸易发生于 $t_1 \sim t_3$ 这段时间,即 B 国开始从 A 国进口到 A 国向 B 国出口为零这段时间。

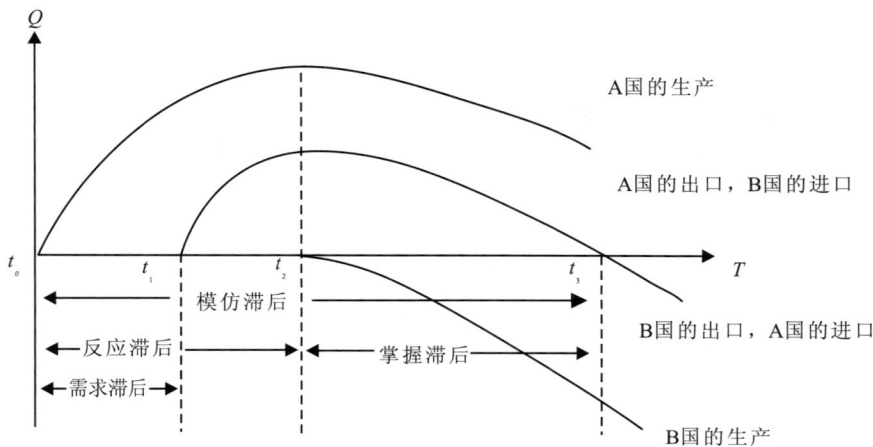

图 3-4　技术差距为国际贸易

应指出的是,技术差距论从技术创新出发,论述了产品贸易优势在创新国和追随国之间的动态转移,这是富有创新意义的,而且也为研究一个具体产品创新过程的产品周期理论提供了坚实的基础。但技术差距论只是解释了差距为何会消失,而无法充分说明贸易量的变动与贸易结构的改变。

第四节　产品生命周期理论

产品生命周期理论(product life cycle theory)是解释工业制品贸易流向最有说服力的理论之一。1966 年,美国经济学家弗农(Vernon)在其《生命周期中的国际投资与国际贸易》一文中,建立了产品生命周期论。后来许多经济学家如威尔斯(Louis T. Wells)、赫希哲(Hirsch)等对该理论进行了验证,并进一步充实和发展了这一理论。根据这一理论,凡制成品都有一个生命周期。在这个生命周期中,产品的创新国在开始时出口这种新产品,但随着产品的成熟与标准化,创新国逐渐丧失优势,最后变成这种产品的进口国。

产品生命周期论撇开传统国际贸易理论的前提,推出了如下假设:一是国与国之间的信息传递受到限制;二是生产函数是可变的,而且当生产达到一定水平后会产生规模经济;三是产品在生命周期的各阶段所表现的要素密集特点是各不相同的;四是不同收入水平国家的需求和消费结构是有差异的。

由于技术的创新和扩散,制成品和生物一样具有生命周期,先后经历了五个不同的阶段,即①新生期;②成长期;③成熟期;④销售下降期;⑤让与期。在产品生命周期的不同阶段,各国在国际贸易中的地位是不同的。

新生期是指新产品的研究和开发阶段。在新生期,需要投入大量的研究开发费用和大批的科学家和工程师的熟练劳动,生产技术尚不确定,产量较少,没有规模经济的利益,成本很高。因此,拥有丰富的物质资本和人力资本的高收入的发达国家具有比较优势。这一阶段的产品表现出知识和技术密集的明显特征,主要供应生产国本国市场,满足本国高收入阶层的特殊需求。

经过一段时间以后,生产技术确定并趋于成熟,国内消费者普遍接受创新产品,加之收入水平相近的国家开始模仿消费新产品,国外需求发展,生产规模随之扩大,新产品进入成长期。在成长期,由于新技术尚未扩散到国外,创新国仍保持其比较优势,不但拥有国内市场,而且在国际市场上均处于完全垄断的地位。

国际市场打开之后,经过一段时间的发展,生产技术已经成熟,批量生产达到适度规模,产品进入成熟期。在成熟期,由于生产技术已扩散到国外,外国生产厂商模仿生产新产品,且生产者不断增加,竞争加剧;由于生产技术已趋成熟,研究与开发(R&D)要素已不重要,产品由智能型(或 R&D 密集型)变成基本密集型,经营管理水平和销售技巧成为比较优势的重要条件。这一阶段,一般的发达工业国都有比较优势。

当国外的生产能力增强到满足本国的需求(即从创新国进口新产品为零),产品进入销售下降期。在这一时期,产品已高度标准化,国外生产者利用规模经济大批量生产,使其产品的生产成本降低,因而开始在第三国市场以低于创新国产品售价销售其产品,使创新国渐渐失去竞争优势,出口量不断下降,品牌竞争让位于价格竞争。当模仿国在创新国市场也低价销售其产品,创新国的该产品生产急剧下降,产品进入让与期,该产品的生产和出口由创新国让位于其他国家。在这个阶段,不但 R&D 要素不重要,升值资本要素亦不甚重要,低工资的非熟练劳动成为比较优势的重要条件。具备这个条件的是有一定工业化基础的发展中国家。创新国因完全丧失比较优势而变为该产品的净进口者,产品生命周期在创新国结束。此时,创新国又利用人力资本和物质资本丰富的优势进行再创新,开发其他新产品。产品生命周期理论可用图 3-5 直观说明。

在图 3-5 中,纵轴表示商品数量,横轴表示时间,某发达国家为创新国,其他发达国家和发展中国家为开始时间不同的两组模仿国。

第一阶段,创新国研制与开发新产品,于 t_0 开始投产,产量较小,产品主要在本国市场销售。在这个阶段创新国处于垄断地位。随着经营规模的扩大和国外需求的发展,创新国于 t_1 开始向国外出口该产品,该产品进入第二阶段。于 t_2 处,国外生产者开始模仿新产品生产,与创新国竞争,新产品进入第三阶段。随着国外生产者增多及其生产能力增强,创新国的出口量下降;其他发达国家于 t_3 变为净出口者,使该产品进入第四阶段。这时,产品已高度标准化,国外生产者利用规模经济大批量生产,降低生产成本,使创新国开始失去竞争优势并于 t_4 变为净进口者,使该产品进入第五阶段。及至 t_5,由于发展中国家的低工资率使它们具有该产品生产的比较优势,该产品由低收入的发展中国家出口到高收入的发达国家,即产品由发达国家完全让位给发展中国家。

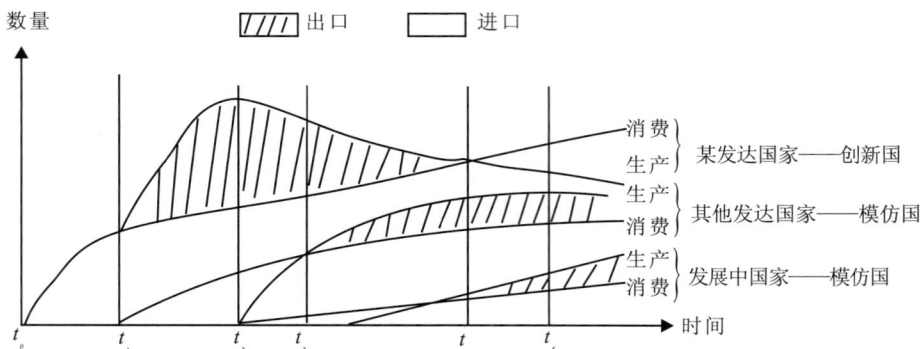

图 3-5 产品生命周期模型

从以上分析可见,由于技术的传递和扩散,不同国家在国际贸易中的地位不断变化,新技术和新产品创新在技术领先的某发达国家,而后传递和扩散到其他发达国家,再到发展中国家。当创新国发明新产品大量向其他发达国家出口时,正是其他发达国家大量进口时期;当创新国出口下降时,正是其他发达国家开始生产、进口下降时期;当创新国由出口高峰大幅度下降时,正是其他发达国家大量出口时期。而其他发达国家出口下降时,正是发展中国家生产增加、进口减少时期;其他发达国家从出口高峰大幅度下降时期,正是发展中国家大量出口时期。新技术和新产品的转移和扩散像波浪一样,一浪接一浪向前传递和推进。目前美国正在生产和出口计算机、宇航、生物和新材料等新兴产品,其他发达国家接过汽车和彩电等产品,而纺织品和半导体则通过前两类国家在发展中国家落户。近年来,新技术扩散滞后期大为缩短,使得新产品的生命周期变得越来越短。

作为工业制品贸易的动态理论,产品生命周期论对第二次世界大战后的制成品贸易模式和国际直接投资,作出了令人信服的解释。它考虑了生产要素密集性质的动态变化、贸易国比较利益的动态转移,以及进口需求的动态变化,对落后国家利用直接投资和劳动力成本的优势发展制造业生产,具有较大的指导意义。

根据技术差距论和产品生命周期理论,基于新技术的创新,使一国能够获得短暂的垄断地位,从而易于进入世界市场。随着模仿时滞的克服和产品生命周期的缩短,其他国家可能获得这种产品的比较优势。换句话说,落后国家开始时只能进口技术创新产品,然后在国内进行进口替代生产;随着替代效率的提高,落后国家就有可能获得这些成熟产品的比较优势,从而变成这种产品的出口国。日本经济学家赤松要把这种比较优势在不同国家之间的变化,概括为亚洲经济发展的"雁行模式",迈耶(Gerald M. Meier)则称之为"爬梯"(ladder and queue)。迈耶指出,随着经济的发展,一个国家就像在比较优势的梯子向上爬一样前进(如图 3-6 所示),在开始时出口资源密集型商品,进而出口非熟练劳动力密集型商品,再出口熟练劳动密集型商品。当资本的积累达到一定程度的时候,紧接着就出口资本密集型商品,最后出口知识密集型商品。在比较优势梯子的最下端,是基本生产要素占统治地位的李嘉图商品和俄林型商品,它们以自然资源、劳动力的比较优势为基础。在梯子的最上端,则是资本与知识等先进生产要素占统治地位的波特型和克鲁格曼型商品,这种商品是后天形成的,是一种创造的比较优势。

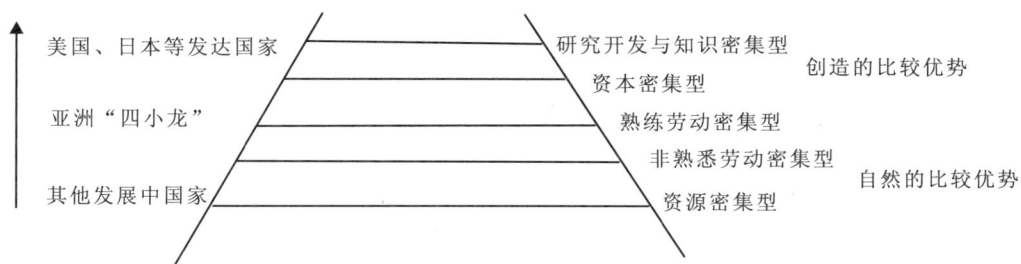

图 3-6　比较优势的动态模型

第五节　偏好相似理论

偏好相似理论(theory of preference similarity)又称需求相似理论,是著名瑞典经济学家林德(S. B. Linder)在 1961 年出版的《贸易与变化》一书中提出的,在该书中,他第一次从需求角度试图对当代工业国家之间的贸易和产业内贸易现象进行解释。

林德认为,一国经济增长带来的收入水平提高会使得该国的代表性需求向着某种比较昂贵的商品移动。不同国家由于经济发展水平不同,对商品需求偏好也不同。基于需求偏好相同的要素禀赋理论只能解释初级产品的贸易,而不能解释工业品的贸易。这是因为前者的贸易模式主要是由供给要素决定的,而后者的国际贸易模式是由需求决定的。国际工业品贸易的发生,往往是先由国内市场建立起生产规模和国际竞争能力,而后再拓展国外市场,因为厂商总是出于利润动机首先为他所熟悉的本国市场生产新产品,当发展到一定程度,国内市场有限时才开拓国外市场。因此,两国经济发展程度越相近,人均收入越接近,需要偏好越相似,相互需求就越大,贸易可能性也就越大,如果两个国家的需求结构和需求偏好完全相似,一国可能进出口的产品,也就是另外一国可能进出口的产品。相反,如果两国间收入水平相差较大,会使得两国需求偏好差异较大,相互之间对对方生产消费的商品没有需求,从而使相互之间的贸易难以发生。

如图 3-7 所示,图中纵轴代表商品档次,横轴代表人均收入,$O\alpha$ 和 $O\beta$ 与原点所构成的锥形 α—O—β 代表一国对其所需求产品的档次的变动范围。设 A 国的人均收入为 M_1,B 国的人均收入为 M_2,与 M_1、M_2 相应的 CE,DF 分别代表 A 国、B 国的需求商品档次范围,DE 部分重合,表示两国会就 DE 范围内档次的商品进行贸易。两国对产品需求的档次变动范围重合部分越大,表示需求结构越相近,贸易可能性就越大。

根据要素禀赋理论,两国的资本劳动比率越相近,比较成本的差异将越小,两国的贸易量将越小。但根据偏好相似理论,两国的资本劳动比率越相近,表明两国的经济发展程度越接近,因而人均收入的差异将越小,重叠的市场部分将越大,两国的贸易量将越大。因此,林德的偏好相似理论似乎较赫克歇尔和俄林的要素禀赋理论更适合于解释贸易发

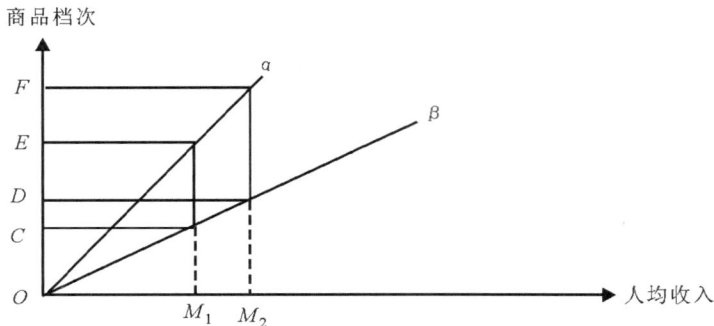

图 3-7　偏好相似与国际贸易

生在发达国家之间的现象。林德的结论既符合产品生命周期理论的有关说法，也与我们观察到的、第二次世界大战后发达国家之间制成品贸易增长最快的现象一致。

第六节　人力资源说

人力资源说(human capital theory)是美国经济学家舒尔茨(T. W. Schultz)创立的。该学说用人力资本的差异来解释国际贸易产生的原因和一国开展国际贸易的模式。

舒尔茨和许多其他西方经济学家认为，劳动不是同质的，这种不同质表现在劳动效率的差异上，而劳动效率的差异主要是由劳动熟练程度决定的，而劳动熟练程度的高低又取决于劳动者受教育、培训等智力投资的影响。因此，高素质的劳动力是一种投资的结果，是过去资本支出的结果。商品生产中的资本除了包括物质资本以外，还应该包括人力资本。物质资本指厂房、机器设备、原材料等有形资本，它是物质资料投资的结果。人力资本指寓于人体中的人的智能，表现为人的文化水平、生产技巧、熟练程度、管理才能及健康状况，它是人力投资的结果，即政府、企业和个人投资于教育和培训的结果。各国人民的天赋是相近的，而人的智能差别则是后天人力投资的结果。一国通过对劳动力进行投资，可以使劳动者的素质得到极大的改善，大大提高劳动生产率，从而对该国的对外贸易格局产生重要影响。一般来说，人力资本丰富的国家，如美国、日本，在知识、技术密集型产品生产和出口上具有比较优势，而人力资本比较缺乏的发展中国家在知识、技术密集型产品生产上则处于劣势地位。

人的智能之所以称为资本，是因为这种智能需要通过教育和训练来获得，并能够促进劳动生产率的提高。例如，第二次世界大战后一片瓦砾，有的国家能飞跃发展，其重要原因之一是战前积累的人力资本保存了下来。战后大萧条时期，美、日等国的家长含辛茹苦供子女上学，寄希望于教育，也为其后来的经济发展积累了大量的人力资本。

人力资本在比较优势的决定中所起的重要作用，则是由于不同产品生产需要的人力智能高低、多寡不同。初级产品的生产需要较少、较低的人力智能，因而人力资本缺乏，但自然资源和劳动丰富的发展中国家具有生产和出口优势；而信息、生物、空间、新材料等新兴产业的产品需要较高的人力智能，因此，人力资本丰富的发达国家具有比较优势。

　　资本丰裕的国家,教育都比较发达,因而人力资本资源也比较丰富,在需要大量人力资本的产业就具有相对比较优势。因此,美国在生产商品时就投入较多的人力资本,而拥有更多的熟练劳动力,因此,美国出口产品中含有较多的熟练劳动。如果把熟练劳动的收入高于简单劳动的收入看作人力资本并同有形资本相加,经过这样的处理之后,美国仍然是出口资本密集型产品。这个结论是符合要素禀赋理论的,从而很好地解释了里昂惕夫之谜。

第四章　保护贸易理论

通过上面几章的分析我们知道，自由贸易可以使世界产出最大化并且对每个国家都有利，在现实世界里，所有的国家都会给国际贸易设置一些障碍。本章将对有关保护贸易理论逐一介绍和分析。

第一节　保护关税论

汉密尔顿是美国的开国元勋、政治家和金融家、第一任财政部长。1776 年，美国宣告独立，英国极力反对，派军队进行镇压，于是一场独立和反独立战争爆发并持续了 7 年之久。美国虽然取得了战争的最后胜利，在政治上取得了独立，但经济却遭受了严重破坏，加之战后英国的经济封锁，使其经济上仍属殖民地经济形态，国内产业结构仍然以农业为主，工业方面仅限于农副产品加工和手工业的制造，处于十分落后的水平。当时摆在美国面前的有两条路：一条是实行保护关税政策，独立自主地发展本国工业；另一条是实行自由贸易政策，继续向英国、法国、荷兰等国出售小麦、棉花、烟草、木材等农林产品，用于交换这些国家的工业品，满足国内市场的工业品需求。前者是北方资产阶级的要求，后者是南部种植园主的愿望。

在这样的背景下，汉密尔顿代表了工业资产阶级的愿望和要求，极力主张实行保护关税制度，并于 1791 年向国会递交了一份题为《关于制造业的报告》。在报告中，他明确提出了保护性关税的重要性，提出一个国家如果没有工业的发展，就很难保持其独立地位。美国工业起步晚，基础薄弱，技术落后，生产成本高，根本无法与英国、法国等国的廉价商品竞争。因此，美国应该采取保护性关税政策对国内产业进行保护。在汉密尔顿看来，征收关税的目的不是为了获得财政收入，而是保护本国的工业，因为处在成长发展过程中的产业或企业难以与其他国家已经成熟的产业相竞争。

汉密尔顿认为，自由贸易不适合美国的现实。美国作为一个刚刚起步的国家，难以与其他国家同类企业进行竞争，因此，自由贸易的结果也可能使得美国继续充当欧洲的原材料供应基地和工业品的销售市场，国内的制造业却难以得到发展。汉密尔顿还详细地论述了发展制造业的直接和间接利益。他认为，制造业有许多优点：提高机械化水平，促进社会分工的发展；扩大就业，吸引移民流入，加速国土开发；提供创业机会，充分发挥个人才能；自我消化农产品原料和生活必需品，保证农产品销路，稳定农产品价格等。因此，制造业的发展对国家利益关系重大。它不仅能够使特定的生产部门发展起来,还会产生连带效应,使相关部门也得到发展,这些发展能够给美国带来利益。为了保护和发展制造业,他指出,政府应加强干预,实行保护关税制度,具体采取了如下的措施:第一,向私营工业发放贷款,扶植私营企业发展;第二,实行保护关税制度,保护国内新兴工业免遭外国企业的冲击;第三,限制重要原料出口,免税进口本国急需原料;第四,给各类工业发放奖励金,并为必需品工业发放津贴;第五,限制改良机器及其他先进设备输出;第六,建立联邦检查制度,保证和提高工业品质量;第七,吸收外国资金,以满足国内工业发展需要;第八,鼓励移民迁入,以增加国内劳动力供给。

汉密尔顿还认为,一个国家要在消费廉价产品的"近期利益"和本国产业发展的"长远利益"之间进行选择。一国不能只追求近期利益而牺牲长远利益。

在汉密尔顿那里,保护贸易不是全面性的,不是对全部产业的保护,而是对本国正在处于成长过程中的产业予以保护,并且这个保护还有时间限制。

汉密尔顿提出上述主张时,自由贸易学说仍在美国占上风,因而他的主张遭到不小的反对。随着英国、法国等国家工业的发展,美国的工业遭到了来自国外越来越强有力的挑战,汉密尔顿的主张才在贸易政策上得到反映,并逐步对美国政府的内外经济政策产生了重大和深远的影响。在这一理论的指导下,1861年,美国首次以保护关税的名目提高了制造品的关税,1828年,美国再度加强保护措施,将工业品平均税率提高到49%的高度。美国的贸易保护政策主要表现在为实现较高的进口关税水平,鼓励原材料的进口,限制原材料的出口,以便为本国制造业的发展提供比较廉价的原材料。同时鼓励工业技术的发展,提高制成品的质量,以增强其产品的市场竞争力。

汉密尔顿的保护关税论是从美国经常发展的实际情况出发所得出的结论,反映了美国建国初期急需发展本国的工业,走工业化道路,追赶欧洲工业先进国的强烈要求。这一观点的提出,为落后国家进行经济自卫和先进国家相抗衡提供了理论依据,同时也标志着从重商主义分离出来的西方国际贸易理论两大流派已基本形成。

第二节　幼稚工业保护论

著名的德国经济学家、资产政治经济学历史学派的主要先驱者李斯特在1841年发表了影响深远的《政治经济学的国民体系》。在这部著作中,李斯特系统地阐述了幼稚工业论。

一、幼稚工业论提出的历史背景

19世纪初,德国还是一个政治上分裂、经济上落后的农业国。在政治上,拿破仑战争虽然封建割据局面有所改善,但德意志境内依然小邦林立(尚有38个邦),邦与邦之间关卡重重,各邦内省与省之间也因地方税率的差异而彼此分割。直到1834年,各邦才建立起统一的关税同盟,1848年结束封建割据局面,完成政治上的统一。在经济上,其发展水平不仅远远落后于工业革命已经完成的英国,而且与早就进入工业革命阶段的法国以及美国和荷兰等国也存在很大差距。它虽然在 19 世纪 30 年代开始工业革命,但是到 1848 年时,还没有建立起自己的机器制造业。工业上仍以工场手工业和分散的小手工业为主,工厂生产比重很小。在对外贸易方面,它主要出口原料和食品,进口半制成品和制成品。这种状况既反映了德国的经济落后,同时也表明了其经济对外依赖严重且容易受到外来经济力量的巨大冲击。为了发展德国经济,国内围绕对外贸易政策的选择展开激烈的论战。一派主张实行自由贸易政策,其理论基础是亚当·斯密的绝对优势理论和大卫·李嘉图的相对优势理论;另一派主张实行保护关税制度,主要是德国资产阶级的愿望,但缺乏强有力的理论根据。在这样的时代背景下,作为德国工商业协会顾问和保护贸易学派旗手的李斯特从民族利益出发,以生产力理论为基础,以意大利、汉萨同盟、荷兰、英国、西班牙、葡萄牙、法国、美国等经济兴衰史作为佐证,猛烈抨击了古典学派的自由贸易学说,发展了汉密尔顿的保护关税论,提出了自己的以生产力理论为基础,以经济发展阶段为依据,以保护关税为核心,为经济落后国家服务的国际贸易学说——幼稚工业保护论。所谓幼稚工业,是指处于成长阶段尚未成熟,但具有潜在优势的产业。

二、幼稚工业保护论的理论基础与依据

李斯特认为,英国古典经济学派所论证的自由贸易理论,只有利于英国的利益而不利于其他国家,尤其是工业发展较为落后的国家。当时英国的工业发展水平比较高,而其他国家因经济落后而不具备自由贸易的条件。在这种情况下,推进自由贸易,对落后国家无疑是场灾难。因此,经济落后的国家不应该实行自由贸易,而应该采取贸易保护措施,使本国的经济赶上或超过先进国家。只有等到落后国家与先进国家实力相当的时候,自由贸易才成为可能,并从中受益。

生产力理论是李斯特幼稚工业保护论的基础。李斯特从德国工业资产阶级的利益出发,关心提高生产力,特别是关心德国的工业生产力的提高。在他看来,财富本身固然重要,但发展生产力更为重要。他指出:"财富的生产力比之财富本身不晓得要重要多少倍,它不但可以使已有的和已经增加的财富获得保障,而且可以使已经消失的财富获得补偿。个人如此,拿整个国家来说更是如此。"在李斯特看来,一国通过自由贸易获取的财富尽管是重要的,但是它有耗尽的时候,而财富的生产力才是更加重要。因此,与其实行自由贸易而获得财富,还不如通过保护本国工业,以获得财富的生产力。他还把生产力与财富的关系比喻为果树与果实的关系。生产力犹如结果实的果树,而财富则是果树结出的果实。从国外进口廉价的商品,短期内来看是合算一些,但是这样做的结果是使本国工业得不到发展,以致长期处于落后和依附的地位。如果采取关税保护,开始时本国产品成本要高些,但当本国工业发展起来以后,生产力会提高,生产商品价格就会下降,甚至有可能降到低于外国产品价格的水平。在他看来,生产力是创造财富的源泉,财富是生产力的结果。他认为一个国家开展对外贸易,也应着眼于提高生产力,而不能着眼于财富的存量的多少。

经济发展阶段论是李斯特幼稚工业保护论的理论依据。李斯特根据他的生产力理论,反对不加区别的自由贸易,主张一定条件下的保护政策。他认为,古典经济学的国际贸易理论没有考虑到各个国家的性质以及它们各自特有的利益和情况,所宣扬的是忽视

民族特点的世界主义经济学,把将来世界各地经济高度发展之后才有可能实现的经济模式作为现实问题的出发点,因而是错误的。为此,他提出了经济发展阶段论的观点并认为,一个国家的经济发展都必须经过如下 5 个发展阶段,即原始未开化时期、畜牧时期、农业时期、农工业时期、农工商业时期。各国经济发展阶段不同,采取对外贸易政策也应该不同。处于农业阶段的国家应该实行自由贸易政策,以利于农产品的自由出口,并自由进口外国的工业品,以促进农业的发展,并培育工业基础。当一个国家进入农工商业时期以后,由于国内工业品已经具备强大的竞争力,国外产品的竞争威胁已不存在,故同样应该实行自由贸易政策以享受自由贸易的最大利益,刺激国内产业的进一步发展。只有当一个国家的经济发展尚处于农工业时期才需要保护,因为本国农业已取得较大成就且已有工业发展,但并没有发展到能够跟外国工业相竞争的地步,故应该实施保护贸易政策,避免国内的产业遭到外国产品的冲击。

李斯特提出这些主张时,认为葡萄牙和西班牙尚处于农业时期,德国和美国处于农工业时期,法国紧靠农工商时期的边缘而尚未进入农工商时期,只有英国实际达到了农工商时期。因此,根据其经济发展阶段论,主张当时的德国应该实行保护工业的政策,促进德国的工业化,以对抗英国工业产品的竞争。

李斯特幼稚工业保护论为各国的贸易政策进行了历史主义的解释,并为德国及其他一些经济落后国家实行贸易保护政策提供了理论依据。

三、幼稚工业保护论的主要论点

李斯特在生产力理论和经济发展阶段的基础上,提出了幼稚工业保护论,主张经对落后的国家实行保护贸易政策,使其幼稚工业经过保护能够成熟,最终达到与国外者匹敌的目的。

李斯特幼稚工业保护论的主要目的是为了一国的长远利益。经过比较,李斯特认大规模的机器制造业的生产力远远高于农业。不仅如此,重视农业的国家,人民精神靡,一切习惯与方法守旧,缺乏文化福利和自由;而重视工业的国家,人民充满增进身心才能的精神。一个国家应该大力发展工业,工业发展之后,农业自然跟着发展。因此,对于一些工业应该有选择地保护。他提出选择保护对象的原则是:(1)农业不需要保护。只有那些刚从农业阶段跃进的国家,距离工业成熟期尚远,才适宜于保护。(2)一国工业虽然幼稚,但是没有强有力的竞争对手时也不需要保护。(3)只有刚刚开始发展且有强有力的外国竞争者的幼稚工业才需要保护。他提出,保护的时间以 30 年为最高期限。在此期限内,如果被保护的工业还扶植不起来,则不予以保护,任它自行灭亡。

为保护幼稚工业,李斯特提出"对某些工业品可以实行禁止输入,或规定的税率事实上等于全部,或者至少部分地禁止输入"。同时,"凡是在专门技术与机器制造方面还没获得高度发展的国家,对于一切复杂机器的输入应当允许免税,或只征收轻微的进口税"。

李斯特承认,实行保护关税政策,会使国内工业品价格提高,本国在某些方面会有些损失,但他认为这种损失是暂时的,是发展本国工业所必须付出的代价,牺牲的只是眼前利益,而得到的则是生产力的提高。

李斯特主张保护贸易政策应通过国家干预经济来实行。李斯特把国家比喻为国民生活中慈父般的有力引导者,认为国家应该在培育民族工业上有所作为,在必要的时候应限制一部分的国民经济活动,以此来促进国民经济的发展。他以风力和人力在森林成长的不同作用来比喻国家在经济发展中的重要作用,他说"经验告诉我们,风力会把种子从这个地方带到那个地方,因此荒芜原野会变成稠密森林;但要培育森林因此就静等风力作用,让它在若干世纪的过程中来完成这样的转变,世界上岂有这样愚蠢的办法?如果一个植林者选择树秧,主动栽培,在几十年内达到了同样的目的,这倒不算是个可取的办法吗?历史告诉我们,有许多国家就是由于采取了那个植林者的办法,胜利实现了它们的目的。"

李斯特还认为,一个小国难以实现贸易保护政策。在他看来,小国即使实行贸易保护政策也难以与大国抗衡,反而会将自己的内部市场封闭起来,从而难以满足其工业发展所需求的足够大的市场。

四、幼稚工业保护论的理论意义及其局限性

李斯特将一国参加国际贸易的经济利益进行了动态化的分析,强调了一国动态的比较优势在国际贸易中的重要意义是对传统国际贸易理论的发展和创新。在自由贸易主义看来,各国应该通过国际分工和交换取得经济利益,但在李斯特看来,传统贸易理论的结论是建立在短期的贸易利益基础上,并没有考虑到单个国家,特别是后起的国家经济发展的长期和动态利益,因而存在着很大的局限性。因此,他认为,当一国经济发展尚处在工业发展过程中,这种短期利益的取得很有可能葬送该国生产力的发展,从而妨碍其经济走向工业化,结果是,失去长期发展的利益。从这一分析出发,李斯特的幼稚工业保护论存在着明显的合理性。这一理论的提出,是对传统国际贸易理论最好的抗争,确立了保护贸易理论在国际贸易理论体系中的地位,同时也标志着从重商主义分离出来的西方国际贸易理论两大学派——自由贸易学派和保护贸易学派的完全形成。

李斯特的幼稚工业保护论的许多观点代表了后起国家的经济利益,因而对落后国家制定对外贸易政策,并以此来促进经济发展具有重要的借鉴意义和指导意义。尤其是他在生产力理论中,关于"财富的生产力比之财富本身,不晓得要重要多少倍"的思想具有深刻的、无可动摇的理论说服力。不仅如此,他关于经济发展的不同阶段应采取不同的对外贸易政策的观点为落后国家应该在什么时候实行保护贸易政策提供了理论依据;他关于以保护贸易为过渡和仅以幼稚工业为保护对象的主张说明了他的幼稚工业保护论并不是单纯否定国际分工和自由贸易的利益,而是将这种利益进行动态化;他对保护贸易政策的得失分析揭示了建立本国高度发达的工业是提高生产力水平的关键。李斯特的幼稚工业保护论在德国工业资本主义的发展过程中起过积极的作用,它促进了德国资本主义的发展,有利于资产阶级反对封建主义势力的斗争。在保护政策的扶植下,经过 1843 年、1846年两次提高关税,德国经济确实在短期内有了迅速的发展,终于赶上了英、法等国。

但是,李斯特的幼稚工业保护论在实践中存在着两个难以克服的困难:首先是保护对象的选择问题。尽管从理论上说要保护幼稚产业,但在具体操作上很难确定哪项工业或者潜在工业符合幼稚工业的条件,而且一旦确定对某项产业予以保护以后就很难取消。其次是保护手段的选择问题。有时对象选对但手段用错,其结果仍然达不到通过保护幼稚工业来促使其成长的目的。

幼稚工业保护论在理论上虽然成立,但在实施过程中往往存在着许多弊端,保护的代价也非常昂贵,其效果在许多发展中国家并不十分理想。

第三节　凯恩斯主义的保护贸易理论

1936 年,英国经济学家凯恩斯出版了他的代表作《就业、利息与贸易通论》(以下简称《通论》),奠定了当代宏观经济学的理论基础。其后,出现了一大批凯恩斯主义经济学家,对宏观经济学进行补充、发展和完善。形成了以就业、国民收入、总供给、总需求等为研究对象,以总体总量分析为特征的系统的宏观经济理论。其中的贸易保护主义理论占有非常重要的地位。

一、凯恩斯的总供给与总需求分析

凯恩斯主义认为,在现代经济生活中,不仅存在着摩擦失业、自愿失业,而且还存在着非自愿失业,即尽管人们愿意接受现行工资水平也无法找到工作的那种失业。20 世纪二三十年代以后,仅仅依靠市场的力量,已无法自动地通过价格机制的引导,实现包括非自愿失业者就业在内的充分就业,其主要的原因在于社会有效需求不足,也就是说总需求往往不能在充分就业条件下同总供给保持平衡。

所谓总供给是指厂商在价格、生产能力和成本既定的条件下将生产和出售的产出数量。而总需求是指在价格、收入和其他经济变量既定的条件下,消费者、厂商和政府将要支出的数量。凯恩斯主义认为,为了实现充分就业,政府应对经济生活进行干预,以实现总供给与总需求的平衡。

总供给与总需求是相互作用、相互影响的。从短期看,总需求可以发生较大的变动,而总供给相对变动缓慢;从长期来看,总需求和总供给都可以做出结构和数量上的调整以相互适应。但是,由于信息不完善不充分,未来的投资收益存在着很大的不确定性,并影响到人们的投资行为,使得市场机制并不总是能够使总供给和总需求平衡。因此,需要政府对总需求和总供给进行干预和调控。从短期看,政府调控的主要对象是总需求;从长期看,对总供给的调控是推动经济发展的根本性措施。

二、凯恩斯的投资乘数与外贸乘数分析

凯恩斯主义的宏观经济学将宏观经济目标,大致概括为四个方面:(1)经济增长,一般用国民生产总值即 GNP 的增长率来衡量;(2)充分就业,一般当失业率低于 4%(有些国家定为 6%)时,就可认为实现了充分就业;(3)价格稳定,通常将年通货膨胀率低于 6% 看作是价格稳定;(4)国际收支平衡,包括进出口平衡和外汇供求平衡。

实际上,上述四个目标之间是有矛盾的,要同时实现这四个目标是非常困难的。例如,高的经济增长率往往会带动物价的上涨,而低的经济增长率又无法保证实现充分就业;高的通货膨胀率与低的失业率并存,而要降低通货膨胀率,则失业率就会上升等等。因而各国在实行宏观调控时一般以一个目标为主,使其他目标尽可能达到较好的状态;而

且,在不同时期根据经济发展情况,选择不同的经济目标。

为了便于分析,现在我们建立总需求函数,其计算公式如下:

$$Y(即\ GNP)=C+I+G+(X-M)$$

这一总需求函数表明,消费、投资、政府支出和进出口这些变量的变动,会影响总产出量 Y 即 GNP 的变动,其影响的程度在不同情况下是很不相同的。例如,如果没有实现充分就业也就是资源未能得到充分利用的话,每一变量的变动,都会引起总产出 Y 发生成倍的变动,这种现象被称作乘数作用。以投资为例,现假定消费者的边际消费倾向,即消费者每增加一元钱收入中用于消费的比例是 3/4,当投资新增 1000 元时,向投资者供应 1000 元货物的企业取得 1000 元收入,按照 3/4 的比例,其中的 750 元又作为消费支出,循此下去,我们可以看到一种连锁效应,最后,总产出由于这笔投资所增加的量将不是 1000 元,而是 4000 元。我们可以用下列公式计算出来:

$$1000+750+562.5+\cdots=1000\times[1+3/4+(3/4)\times(3/4)+\cdots]$$
$$=1000\times[1/(1-3/4)]$$
$$=1000\times4$$
$$=4000$$

这里的 4 就是乘数,它说明一笔投资将以 4 倍的量使总产出量增加。当然,在现实经济生活中,会有很多因素对这种连锁反应发生影响,乘数可能不是 4 而是 3 或者是 2,只要未实现充分就业即资源未得到充分利用,或大或小的乘数作用总是存在的。

虽然凯恩斯《通论》中并没有系统的国际贸易理论,但其后的经济学家提出的贸易保护理论都是建立在他的就业理论与乘数理论基础之上的。

(一)就业理论

一国的就业水平是由有效需求(社会商品的总需求价格和总供给价格相等的社会总需求)决定的。在现代经济生活中,存在着非自愿失业,有效需求的不足使经济体系在低于充分就业的水平就达到了稳定均衡的状态。有效需求由消费需求和投资需求组成,边际消费倾向、边际资本效率和灵活偏好三条基本的心理规律造成消费需求的不足,投资需求则取决于利息率和贸易收支状况。由于消费倾向在短期内十分稳定,因此要实现充分就业就必须从增加投资需求这方面着手。为保护国内就业,国家应对对外贸易进行干预,采用财政政策,增加公共投资和政府开支,保持贸易顺差,以促进就业和产业的增加。

(二)乘数理论

增加一笔投资所引起的收入的增加量,并不限于增加的投资量。只要社会存在闲置的生产资料和失业的劳动者,投资变动就会使收入和产出的变动产生一种乘以倍数的扩大效果,这扩大的倍数就是乘数。如果企业部门的投资仍不足以使经济体系达到充分就业,凯恩斯就主张直接增加政府的支出和公共投资。因为政府支出和私人投资一样,也会引起就业和产出按乘数原理成倍增加。他主张政府负起更大的责任来直接组织投资,增加政府开支,为此出现的财政赤字并不会引起总需求过多的通货膨胀,因为就业工人的增加引起总供给相应地增加,因而总需求与总供给将在更高的就业水平上达到平衡。据此,马克卢普和哈罗德等人建立了对外贸易乘数理论,认为一国的出口和进口的波动会对国民收入产生倍数效应。而对外贸易乘数一般取决于边际进口倾向与边际储蓄倾向。在对外贸上则强调贸易顺差,如果贸易顺差,国外投资增加,并因此导致国内货币供给增加,利率下降,那么会刺激国内投资增加;如果贸易逆差,则相反。保持贸易顺差可以不断扩大国外投资,增加投资需求和有效需求,解决就业问题,促进经济繁荣。而保持贸易顺差的途径就是国家干预对外贸易,采取奖出限入的政策。罗宾逊夫人更进一步指出,任何一国的进出口构成和规模与其国民收入的水平存在相关性。贸易政策的制定应视具体情况而定。在既定的国内投资水平下,贸易顺差的作用相当于就业不足的情况下使就业水平恢复到正常水平所需要增加的投资。贸易顺差以及相应产生的国内就业的变化,可以由政府通过能够导致出口或进口的竞争产品的生产扩张的政策来实现。

三、凯恩斯理论的新重商主义政策主张及局限性

通过对总供给、总需求及进出口对国民收入总量影响的分析,凯恩斯主义者得出结论:为了增加有效需求,实现充分就业,政府应采取鼓励出口、限制进口及保持顺差的保护贸易政策。由于这种对外贸易政策与重商主义政策相似,因而被称作新重商主义。这种对外贸易政策代表了垄断资产阶级的利益,在保护的内容、范围及采用的保护手段等方面均大大超过了传统保护贸易政策,因而人们又称它为超保护贸易政策。

凯恩斯主义的保护贸易政策,强调保持贸易顺差和贸易乘数作用,对扩大总需求及增加就业而言,这在经济萧条时期无疑是正确的。在存在大量失业及严重的生产过剩的情况下,扩大出口,保持顺差,可以刺激总需求扩大,减轻失业的压力,有利于实现总供给和总需求的平衡。但是,如果已经达到充分就业,实行贸易保护政策所形成的顺差,就会造成过大的需求,导致通货膨胀。另外,即使是在经济萧条时期,保护贸易政策也未必会见效,因为各个国家从本国利益出发,都会实行贸易保护政策,一国的限制进口必然会遭到其他国家的报复,各国之间的相互限制进口及互相报复的贸易战,会使各个国家都无法扩大出口,世界贸易量就会减少或停滞不前,这对各个国家都有益无害。这些问题,反映了凯恩斯主义的保护贸易理论存在着很大的局限性。

第四节　普雷维什的中心—外围论

1950年,阿根廷经济学家普雷维什向联合国提交了一个题为"拉丁美洲的经济发展及其主要问题"报告,即著名的《拉丁美洲经委会宣言》。在这个报告中,他试图说明的是:作为中心的发达国家与作为外围的发展中国家在按照比较优势开展国际贸易时,大多数利益都被处于中心地位的发达国家所占用,而发展中国家在这种贸易体系中失去了发展本国工业的机会,因此,发展中国家应该采取贸易保护政策,实现本国经济的工业化。

一、中心—外围的历史背景及主要论点

第二次世界大战后,随着殖民体系的瓦解,原帝国主义殖民地、半殖民地纷纷取得了政治上的独立。为了巩固这种独立地位,它们迫切要求大力发展民族经济,实现独立自主。然而,这些国家民族经济的发展受到了旧的国际经济秩序,尤其是旧的国际分工——

国际贸易体系的严重阻碍。普雷维什根据他的工作实践和对发展中国家问题的深入探究,站在发展中国家的立场上,提出了中心—外围论。

(一)国际经济体系分为中心和外围两部分

古典学派等研究国际贸易时将世界视为一个整体,李斯特考察国际贸易时强调国家的重要性,普雷维什则将世界经济体系分为中心和外围两部分来探讨国际贸易问题。

普雷维什认为,国际经济体系在结构上分为两个部分:一部分是由发达工业国构成的中心,另一部分是由广大发展中国家组成的外围。中心和外围在经济上是不平等的:中心是技术的创新者和传播者,外围则是技术的模仿者和接受者;中心主要生产和出口制成品,外围则主要从事初级品生产和出口;中心在整个国际经济体系中居于主导地位,外围则是处于依附地位并受中心的控制和剥削。在这种国际经济贸易关系下,中心国家主要享有国际贸易的利益,而外围国家则享受不到这种利益。这种中心与外围的关系是造成中心与外围国经济发展水平差距加大的根本原因。

(二)外围国家贸易条件不断恶化

普雷维什认为,在比较优势基础上的国际贸易不利于发展中国家,而有利于发达国家,其结果体现就是发展中国家贸易条件的恶化。为了证明这一点,普雷维什用英国 60多年(1876—1938 年)的进出口价格统计资料,推算了初级产品和制成品的价格指数之比,以说明主要出口初级产品的外围国和主要出口工业品的中心国的贸易条件的变化情况。推算的结果表明,外围国家的贸易条件出现长期恶化的趋势。此即著名的"普雷维什命题"。若以 1876—1880 年间外围国家的贸易条件为 100,到 1936—1938 年外围国家的贸易条件已降到 64.1,说明 20 世纪 30 年代与 19 世纪 70 年代相比,外围国家的贸易条件恶化了 35.9。

普雷维什认为,造成外围国家贸易条件恶化的主要原因有以下几点:

第一,技术进步利益分配不均。科技发明往往发生于中心国家,而这些发明直接用于中心国家的工业发展,使得中心国家在高科技产品上具有绝对的优势。外围国家由于自身工业技术基础等条件的限制和中心国家的限制措施而几乎享受不到世界科技进步的利益,只能充当长期向中心国家提供初级产品的角色。按理说,中心国家因技术进步的作用使其出口制成品价格降幅应比初级产品价格的降幅大。但随着中心国家技术进步和工业的发展,企业家的利润和工人的收入不断提高,而且提高的幅度大于劳动生产率提高的幅度,加之工业品价格具有垄断性,工业品价格非但不下降反而上涨。而外围国家的收入增长低于劳动生产率提高的幅度,而且初级产品垄断性较弱,价格上涨缓慢,而在价格下降时又比工业品降得更快,所以外围国家的初级产品贸易条件必然恶化。

第二,工业制成品和初级产品需求的收入弹性不同。一般地,工业制成品需求的收入弹性比初级产品需求的收入弹性大。随着人们收入的增加,对工业品的需求会有较大的增加,因而工业品的价格就会有较高程度的上涨。相反,随着人们收入的增加,对初级产品的需求增加较小,因而对初级产品价格不会有很大的刺激作用,使初级产品价格上涨很小,甚至下降。所以,以出口初级产品为主的外围国家的贸易条件存在长期恶化趋势。

第三,中心和外围工会的作用不同。中心国家的工人有强大的工会组织,在经济高涨时,可以迫使雇主增加工资,经济萧条时,可以迫使雇主不降或者少降工资,因而使工业品价格维持在较高水平上。而外围国家工会组织不健全,力量薄弱,没有能力控制或影响工资,经济繁荣时期工资上升幅度不大,萧条时期工资大幅度下降,因而使外围国家初级产品价格较低,这是造成外围国家贸易条件恶化的又一原因。

(三)外围国家必须实行工业化,独立自主地发展民族经济

基于上述对国际经济体系的中心和外围的划分以及对旧的分工体系和贸易格局下外围国家贸易条件长期恶化的分析,普雷维什认为,应采取贸易保护政策,摆脱这种长期不利的、建立在比较优势基础上的贸易关系,进而通过贸易保护实现经济的工业化。为此,他提出了外围发展中国家必须实行工业化的主张。他认为,外围国家应该改变过去把全部资源用于初级产品的生产和出口的做法,充分利用本国资源,努力发展本国的工业部门,逐步实现工业化。他根据拉丁美洲各国的情况,提出了进口替代工业化战略。即采取限制工业品进口的措施,努力发展本国工业,使工业品逐步达到自给自足,改变工业品依靠从中心国进口的局面。随着世界经济形势的变化和拉美国家经济的发展,他又进一步提出了出口导向的发展战略。随着大力发展本国工业品出口,改变出口商品结构,由以出口初级产品为主向出口工业品为主转变。这样外围国家的工业品不仅能够满足本国的需要,而且可以向中心国家出口,使外围国家的工业更趋成熟。

为了实现工业化,普雷维什主张外围国家实行贸易保护政策。他认为,在一个相当长的时期内,保护政策是发展中国家发展工业所必需的。在出口导向阶段,为了鼓励制成品出口,除了实行保护政策外,还应有选择地实行出口补贴措施,以增强发展中国家的制成品在世界市场上的竞争力。普雷维什指出,外围国家的保护政策与中心国家的保护政策不同。外围国家的保护是为了发展本国工业,有利于世界经济的发展;而中心国家的保护是对外围国家的歧视和遏制,不仅对外围国家不利,于整个世界经济发展也是不利的。因此,他呼吁中心国家对外围国家放宽贸易限制,减少对外围国工业品的进口歧视,为外围国的工业品在世界市场上的竞争提供公平的机会。

20世纪60年代以后,鉴于世界工业品市场竞争激烈和中心国在世界市场上的垄断优势对外围国发展工业品出口极其不利的状况,普雷维什主张发展中外围国家建立区域性共同市场,开展区域性经济合作,以便促进发展中国家间的经济发展。

二、中心—外围论的积极意义与局限性

在当时的历史条件下,发展中国家要寻求经济的发展,只能依靠自己有限的自然资源出口,以此来换取国内必要的工业品。发展中国家的出口结构也基本上按照比较优势原理,专门生产并出口初级产品。这种对出口初级产品的过度依赖,使发展中国家在经济周期的外部冲击下,经济发展长期处于不稳定状态,作为经济发展唯一出路的工业化也就无从谈起。普雷维什站在发展中国家的立场上,从发展中国家的长期发展出发,抛弃了比较优势原理对发展中国家不利的因素,为第三世界国家反对旧的国际经济关系,争取建立新的国际经济秩序提供了理论思想武器。他提出的进口替代和出口导向发展战略,对拉丁美洲和其他发展中国家早期的工业化具有直接的指导和借鉴意义,为第二次世界大战后发展中国家的经济发展和工业化作出了重要的贡献。但是,普雷维什的中心—外围论得出的结论是:发达国家与发展中国家并不是你追我赶相互促进的关系,而是处于一个对抗

与持续冲突的结构中。在这种结构中,一部分发展中国家的不发达恰好是发达国家造成的。因此,只要这部分结构没有变动,发展中国家前景就不可能好,其隐含的政策是:发展中国家应该摆脱这种发达国家控制的体系,寻求独立的发展模式,正是这种思想导致了"进口替代"发展战略的产生。而第二次世界大战后发展国家实施进口替代发展战略的结果并不理想,实践的失败说明普雷维什的中心—外围论存在很大的局限性,原因是普雷维什的中心—外围论是仅对市场机制的。

第五节　战略性贸易理论

二战以后,虽然发展中国家经济增长迅速,但世界收入中的大部分仍然是由少数几个发达国家创造的。20 世纪 70 年代初以后发达国家的增长速度普遍放慢。在美国,由于工资水平上涨缓慢,导致实际购买力下降;在欧洲,失业率不断上升;堪称世界经济增长中奇迹的日本在 20 世纪 90 年代也经历了长时期的经济增长停滞与下降。发达国家应如何作为才能改善其经济发展的现状? 它们在需要一种新的国家干预政策,即通过对某些所谓战略性产业的扶持,以刺激经济增长,在这种背景下产生了战略性贸易理论。战略性贸易理论的主要代表人物是美国经济学家布朗德—斯潘塞和保罗·克鲁格曼。

一、战略性贸易理论的内容

(一)布朗德—斯潘塞"以补贴促进出口"

布朗德—斯潘塞认为,传统贸易理论是建立在完全竞争的市场结构之上的,因而自由贸易政策为最优贸易政策。但现实中,不完全竞争和规模经济普遍存在,不少重要产业的市场结构是以寡头垄断为特征的。他根据产业组织理论和博弈论的研究成果,创造性地探讨了在不完全竞争和规模经济的条件下,政府的补贴政策对一国产业发展和贸易发展的影响,建立了战略性贸易政策理论的基础框架。

在寡头垄断的市场结构下,产品的初始价格高于边际成本。政府通过对本国厂商生产和出口该产品进行补贴,包括直接补贴和减税,可以使本国厂商实现规模经济,降低产品边际成本,从而可以在国内竞争中占有较大的市场份额和垄断利润份额。同时未来规模经济的实现也可以为消费者带来利益。

我们假定有两个国家的两家企业参与某一产品的国际竞争,假设这两家企业分别是美国的波音公司和欧洲的空中客车公司,两家公司各自准备生产一种型号、性能等方面完全相同的飞机,两家公司只有两种策略选择:生产和不生产。它们的利润取决于作出什么样的决策。下面我们用一个最简单的博弈均衡模型来说明战略性贸易政策,见表 4-1。

从表 4-1 中可以看出,无论哪个公司单独生产这种产品都会盈利,获得 100 万元的利润。假设波音公司率先进入市场,于是形成右上方的组合,即波音公司生产,空中客车不生产,从而波音公司获得 100 万元的利润,空中客车公司则没有利润,这时空中客车公司看到了这种产品存在的垄断利润,决定进入市场和波音公司争夺垄断利润。由于市场规模有限,空中客车公司的进入使两家的产量都不大,导致平均成本提高,竞争也很激烈,从而使得价格下降。于是,两家公司分别遭受到 5 万元损失,即左上方的组合。可见,在这种寡头市场上,谁首先进入市场,谁就会占据垄断利润,而竞争的结果可能是两败俱伤。

表 4-1　两公司的战略选择和利润

		空中客车公司	
		生产	不生产
波音公司	生产	（－5 万,－5 万）	（100 万,0 万）
	不生产	（0 万,100 万）	（0 万,0 万）

在这种情况下,政府的行为可以改变市场格局。假设欧洲政府为空中客车公司的生产发放金额为 25 万元的补贴,这时的市场将变为表 4-2 表明的状况。

这时,空中客车公司如果不生产的话就得不到补贴;如果它生产的话,在波音公司不生产的情况下(左下方组合),空中客车公司将获得 100 万的利润加 25 万补贴。如果波音公司是先进入市场的公司,在没有政府干预的情况下,空中客车公司进入市场后会导致两败俱伤,但现在空中客车公司得到了 25 万的补贴,它进入市场后,波音的利润变成－5万,而空中客车公司则在补贴的支撑下有 20 万利润。长此以往,空中客车公司将在政府的支持下把波音公司挤出市场,独自享受全部的垄断利润。

表 4-2　政府对不完全竞争市场格局的影响

		空中客车公司	
		生产	不生产
波音公司	生产	（－5 万,20 万）	（100 万,0 万）
	不生产	（0 万,125 万）	（0 万,0 万）

这个例子说明,一国政府可以采取措施帮助本国企业在国际市场上获取战略性优势并使整个国家受益。新贸易保护主义者常常用这一理论来支撑他们的贸易保护主张。但是,这种理论也存在缺陷:外国政府很可能采取同样的措施支持它的企业,这样就会造成双方各自的整体经济遭受损失;另外,信息不完全也可能使政府的干预失效。

(二)克鲁格曼"以进口保护促进出口"

克鲁格曼认为,在非完全竞争的现实社会中,在规模经济递增的情况下,要提高企业或企业在国际市场上的竞争能力,首先必须扩大生产规模,取得规模经济效益。扩大生产规模仅靠企业自身的积累一般非常困难,对经济落后的国家更是如此。因此,最有效的解决方法是政府选择有发展前途的产业加以保护,使之迅速扩大生产规模、降低生产成本、提高竞争能力。等这些产业成熟到足以与外国产业相抗衡后,政府即可取消保护。

以进口保护促进出口实现的具体过程为:该国进口保护措施为本国企业提供了超过国外竞争者的规模经济优势,这种规模经济优势将转化为更低的边际成本和更高的市场份额。其结果是,贸易障碍的设立进一步增强了本国厂商在对方国家和第三国市场上的竞争力,同时,削弱了外国厂商在本国及第三国市场上的竞争力。正是由于存在着产量—边际成本—产量之间相互作用的机制,政府通过对本国市场的保护,可以为本国企业带来不断的规模经济效益,从而进一步提高企业的竞争能力,使该国企业在所有市场上都能扩大本国企业的销售量,减少外国企业的销售量。

(三)战略性贸易理论与李斯特的幼稚工业保护理论的异同点

战略性贸易理论与李斯特的幼稚工业保护理论有异曲同工之妙。所不同的是,战略性贸易理论所说的具有规模经济递增的特点的产业多为高科技产业。这些高科技产业需要付出巨额的研究和开发费用,具有外部经济效应。就像幼稚工业一样,它们对于提高整个国民经济的素质起着重要作用,但其巨额成本支出却不能通过市场得到完全补偿。因此要提高企业、国家的竞争优势,政府必须通过关税保护、出口补贴等众多方式,对这些战略性产业进行扶持。

二、战略支持产业的外部经济效应

外部经济效应是指某一产业的经济活动对其他产业产生的有利影响。新兴的高技术产业往往具有这种积极的外部经济效应,其创造的知识、技术和新产品将会对全社会的科技进步与经济增长起着积极的推动作用。

此观点认为,现实世界中存在着由于知识的无偿占用而导致的潜在市场失灵的现象。即一些产业的企业所生产的知识被其他企业无偿占用,但实际上这种知识生产所带来的外部经济利益并不对该企业形成有效的激励,私人利益与社会利益相偏离。如果这些企业得不到政策某种形式的补偿或扶持,就会逐渐丧失投资于高技术产业的原动力,而这特别有损于国家长远发展目标的实现。在这种情况下,只要外部经济效应比较重要和明显,政府的相应补贴与财政扶持从逻辑上就变得必要了。

在发达国家,客观上存在着这样一些产业,它们产业活动的核心就是不断地生产知识、技术,利用生产出来的知识和技术制造和销售产品。政府财政支持的必要性在于,虽然置身这些产业中的企业可以获得用生产知识进行投资所带来的收益,但遗憾的是,它们并不能收取投资产生的全部利益。为保护企业知识创造的热情,刺激企业知识开发活动,扩大知识外溢所产生的经济效应,政府直接扶持这些产业的活动是十分必要的。

三、战略性贸易理论的评价

1. 战略性贸易理论的科学性

(1)战略性贸易理论建立在20世纪80年代发展起来的不完全竞争理论和规模经济理论的基础之上,其核心思想是政府应该干预对外贸易、扶持战略性产业的发展,这是一国在不完全竞争和规模经济条件下获得资源次优配置的最佳选择。同时,政府的直接干预可以转移他国利润以提高本国的福利水平。这种理论为国家进一步干预对外贸易活动提供了依据。

(2)战略性贸易理论有很强的现实意义。发达的工业国广泛采用多种扶持政策和保护措施来取得或保持一些高科技产业或关键产业上的优势。例如,美国就通过频繁地使用有秩序的销售安排、单方面贸易制裁等手段来保护、扶持其战略性产业,这对发展中国家有很大的借鉴意义。发展中国家要想尽快提高国际竞争力,在不公平竞争的国际环境中取得一席之地,就必须扶持一些技术含量高、外部经济效应大的主导产业,对之进行恰当、一定时期的保护。

2. 战略性贸易理论的缺点

(1)依据战略性贸易理论而采取的战略性贸易政策,是以他国利益的牺牲为代价,因而势必会导致其他国家的报复,从而引发贸易保护主义的抬头,抵消战略产业扶持的效果。

(2)很难选择将来能提供大量的外部经济的产业,难以设计合适的政策来成功地培育它们。

(3)由于大部分发达国家同时实行战略性的贸易政策,他们的努力效果会相互抵消,从而各国的潜在收益就会很小。

第六节 国家竞争优势理论

迈克尔·波特是美国哈佛大学商学院的教授,十年间(1980—1990 年)相继出版了《竞争战略》(1980)、《竞争优势》(1985)、《全球产业中的竞争》(1986)和《国家竞争优势》(1990)四部著作。这四本书一脉相承,都是围绕竞争优势这一问题展开层层深入的分析。在《国家竞争优势》一书中,他系统地提出了在当今国际经济学界引起广泛重视的国家竞争优势论。我们应该从逻辑发展的角度来深刻地理解国家竞争优势论。

一、国家竞争优势理论的内容

如何解释在国际竞争中一个国家会取得成功而其他国家却会失败,或者更确切地讲,为什么特定的国家中的某些产业会具有很强的国际竞争优势。针对这一问题,在相当长的历史时期里,学者们努力寻求对此问题的科学解释,也出现了许多理论,但却没有一个被普遍接受的理论。迈克尔·波特在综合已有理论成果的基础上,构建了一个新理论——"国家竞争优势论"——来解释这个问题,该理论的贡献主要体现在以下几方面。

(一)关于国家竞争优势决定因素的"国家钻石模型"

波特认为决定某一产业的国家竞争优势共有四个方面因素和两个外加条件,它们分别是:生产要素状况(factor)、需求状况(demand conditions)、关联和支持产业(related and supporting industries)、企业战略、组织结构和竞争状态(firm strategy, structure, and rivalry)。两个外加条件是:机遇(chance)和政府(government)。它们构成著名的"国家钻石(nation diamond)模型",如图 4-1 所示。

1. 生产要素状况

在各行业中,生产要素是企业生存和发展的必要条件,为了便于分析竞争优势,波特把生产要素分为五类,即人力资源、自然资源、知识资源、资本资源和基础设施。由此可见,波特充分吸收了新要素的理论成果。为了准确把握生产要素在竞争优势中的作用,波特又把生产要素区分为基础要素和高级要素。基本要素是指自然资源、地理位置、气候条件、普通工人等,其特点是天赋的,只是一种给定的先天条件;高级要素是指开发新产品应具备的必要条件,如充足的资金、先进的技术、高素质的人才。这种要素的特点是,难以通

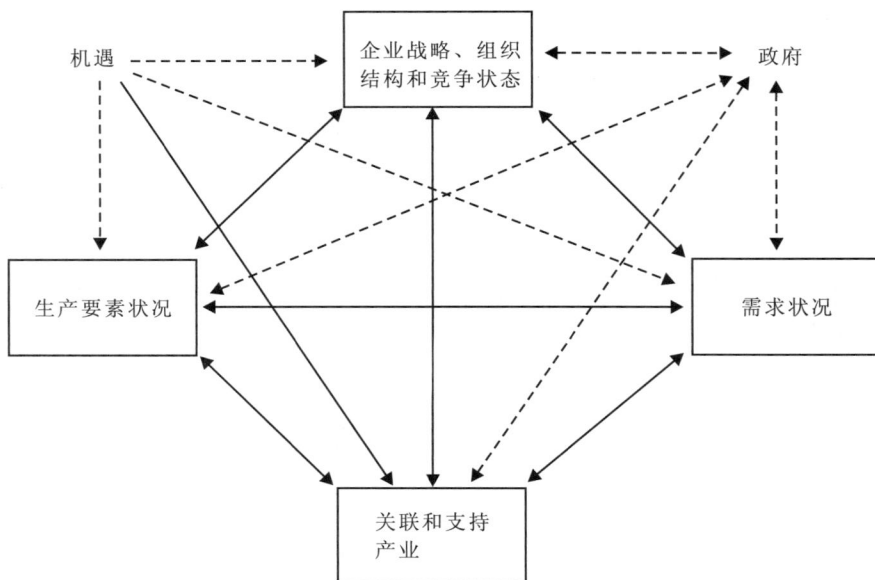

图 4-1 国家竞争优势的竞争因素

过公开的市场取得,是"人造"的,后天开发的。一般来说,高级要素的生成时间长,可供性极为有限,国内竞争者很难模仿和超越。因此,各国在发展国家竞争优势时,最关键的是创造一种有利于高级要素生成、发展、不断提高、升级换代的环境。

波特认为在要素基础上形成的竞争优势是动态变化的,拥有要素优势并不足以解释一个国家为什么会取得持续的成功;反之,要素上的劣势也能够产生国家竞争优势,如果对生产要素进行持续的投资,提高要素的质量,同时鼓励创新,可以克服基本要素上的劣势对竞争优势所造成的不利影响,形成真正的竞争优势。

2. 需求状况

一个国家消费需求的特性会影响该企业在世界市场中的竞争优势。国内需求的三个重要方面对竞争优势有着非常重要的影响,即国内需求构成、国内需求的规模和增长形式和国内需求偏好传播到国外市场的机制。国内需求状况中各个方面可以相互加强其竞争优势的作用,同时它们在产业发展的不同阶段发挥着不同的作用。一些国内需求要素在创立竞争优势初期是非常重要的,而另外一些国内需求因素则对加强和帮助维持这些竞争优势发挥着重要作用。

就需求状况考察国家竞争优势而言,一是考察来自各国消费需求的时间差,二是考察来自各国消费需求的规模差。所谓各国需求状况的时间差,是指本国消费需求是走在世界消费者的前列,引导世界消费潮流,还是跟在国外消费者后面,亦步亦趋跟随潮流,这对本国生产者在世界市场的竞争态势有极大的影响。在高度发达的市场经济的条件下,一国需求走在世界需求的前列,该国企业也就相应地走在全世界其他企业的前头。由此可建立起自己"一朝先,步步先"的竞争局面。所谓规模差是指对同类产品不同国家有着不同的消费偏好,一国市场最畅销的产品在另一国消费结构中可能占据的是次要位置,其生产也就相应地不为其该国企业所重视。这就给领先国家企业打入后进国家的市场提供了竞争优势,因为领先国家企业可以凭借其大规模生产的成本优势,向后进国家市场大量出口。

3. 关联和支持产业

企业在世界市场的竞争能力受企业相关产业的制约,一个国家的产业要获得持久的竞争优势,其在国内的关联产业必须在国际上具有竞争力。关联产业是指因共有某些技术、共享同样的营销渠道和服务而联系在一起的产业或具有互补性的产业。关联产业和支持产业的水平之所以对某一行业竞争优势有重要影响,其原因包括:有可能发挥群体优势;可能产生对互补产品的需求拉动;可能构成有利的外在经济和信息环境。显然,具有发达且完善的相关产业,不仅关系到主导产业在地域范围上的邻近,将使得企业互相之间频繁而迅速地传递产品信息、交流创新思路成为可能,从而极大地促进企业的技术升级,形成既竞争又合作的良性互动的环境。这种企业和企业之间、行业与行业之间互相促进的实例到处可见,如美国计算机硬件行业的发展,受益于软件业的不断创新;日本电子业的发展离不开其半导体产业的领先。

4. 企业战略、组织结构和竞争状态

国与国之间在企业管理方式上均存在重要的差异。没有一种管理系统是普遍适用的,这些在管理方式和组织技能上的差异对不同类型产业的竞争优势的形成有着直接的影响。只有企业所采取的管理方式和措施能适应本国环境且又适用于培植产业竞争优势时,该行业才能赢得竞争优势,在国际竞争中取得成功。公司目标、员工的个人目标和公司对员工的激励、国家文化传统和价值取向对公司的影响等因素对于创造和维持竞争优势也会产生深远的影响。而持续的资本和人力资源投资对提高竞争优势及使其更具有可持续性有重要意义:强大的本地或本国竞争有利于促使企业努力去苦练内功,促使企业创新,从而争取更为持久更为独特的优势地位;它还会迫使企业向外部扩张,力求达到国际水平,占领国际市场。

5. 机遇

机遇对于竞争优势也是非常重要的,投入成本方面的突变、世界金融市场或外汇汇率的明显变动、世界或区域需求的激烈波动、外国政府的政治决定以及战争等机遇事件常常会消除已有竞争者所建立起来的竞争优势,并为在新的条件下别的企业取而代之和赢得新的竞争优势创造条件。不过,机遇对竞争优势的影响不是决定性的。机遇事件对于不同国家、本国公司具有不同的影响。机遇事件有时通过改变"国家钻石模型"的基本因素的状况而发挥其作用。总之,机遇事件会导致一个国家在一个产业中的国际竞争地位的变化,至于什么样的国家会抓住这些机遇并开发它们,那是另一个问题,这其中国家环境因素及特点发挥着重要作用。

6. 政府

"国家钻石模型"中的政府因素与机遇一样,在国家竞争优势中的作用在于影响四个基本要素,即它可以对其中每一个因素施加积极或消极的影响,从而对产生竞争优势的过程施加积极或消极的影响。这种影响是非常重要的,尽管其作用是有限的。

总之,上述六个方面作为一个完整的系统对竞争优势的产生和保持,发挥着作用。同

时也应注意到上述因素也发生相互的影响、一个因素的作用效果如何常常依赖于其他因素的状况。

(二)优势产业阶段理论

任何国家在其发展过程中，产业的国际竞争都会表现出不同形式和特点，因此，产业国际竞争的过程会经历具有不同特征的发展阶段。波特的竞争优势理论特别重视各国生产力的动态变化，强调主观努力在赢得优势地位中所起的重要作用。认为一国优势产业参与国际竞争力分为四个依次递增的阶段。

1. 要素驱动阶段

在此阶段的竞争优势主要取决于一国生产要素上拥有的优势，如是否拥有廉价的劳动力或丰富的资源。这种表述与传统的比较优势理论的表述是一致的，表明比较优势蕴含在竞争优势之中。按波特的标准，几乎所有的发展中国家都处于这一阶段，某些资源特别丰富的发达国家，如加拿大、澳大利亚等也处于这一阶段。

2. 投资驱动阶段

此阶段竞争优势的获得主要来源于资本要素，持续的资本投入可以大量更新设备、提高技术水平、扩大生产规模、增强企业竞争能力。在这一阶段，政府能否实施适当的政策是很重要的，提供短期的保护以鼓励本国企业的进入，建设有效规模的公用设施，刺激和鼓励获取外国技术，以鼓励出口等。按波特的标准，只有少数发展中国家进入了这一阶段。二战后，只有日本和韩国获得成功。

3. 创新驱动阶段

此阶段的竞争优势主要来源于产业中整个价值链的创新，企业已具备研究、开发能力和创新能力，人员培训效果显著，引进的技术吸收消化能力强，因此要特别注重投资高新技术产品的研究和开发，并把科研成果转化为商品作为努力的目标，依靠科研成果产业化的努力，有效增强竞争能力和市场适应能力，并赢得竞争优势的持续保持。在这一阶段，民族企业能在很多领域成功地竞争，并不断实现产业升级。一国进入创新驱动阶段的显著特点之一是，高水平的服务业占据越来越高的国际地位，这是产业竞争优势不断增强的反映。政府直接干预越来越低，更多的是鼓励创造高级产品，改善国内需求质量，刺激新的产业领域的形成，保持国内竞争优势等等。按波特的标准，英国在 19 世纪上半叶就进入了这一阶段。意大利、日本在 20 世纪 70 年代进入了这一阶段。

4. 财富驱动阶段

在这一阶段，产业的创新、竞争意识和竞争能力都会出现明显下降现象，经济发展缺乏强有力的推动，企业开始失去国际竞争优势。企业更注重保持地位而不是进一步增强竞争力，产业投资的动机下降，投资者的目标从资本积累转变为资本保值，有实力的企业试图通过政府施加影响，以达到保护企业的目的。长期的产业投资不足是财富驱动阶段的突出表现；进入财富驱动阶段的国家，一方面是富裕的，即国家主要靠过去长期积累的物质财富而维持经济运行，一些资金雄厚的企业和富人享受着成功产业和过去投资所积累的成果；另一方面又是衰落的，许多企业受到各种困扰，潜在失业的现象很严重，平均生活水平下降。这就提醒人们要居安思危，通过促进产业结构的进一步升级来提高价值链的增值水平，防止丧失竞争优势的危险以及避免被淘汰的厄运。按波特的标准，英国已经进入这一阶段。还有其他一些国家,如美国、德国等,在 20 世纪 80 年代也开始进入这一阶段。

波特认为前三个阶段是国家竞争优势增长的时期,而第四个阶段则是国家竞争优势下降的时期;他认为日本经济在 20 世纪 70 年代和 80 年代正处于创新驱动阶段,经济地位上升,经济发展后劲增强;而美国 80 年代则处于财富驱动阶段,许多工业行业衰退,竞争处于垄断状态,经济缺乏推动力。

二、对国家竞争优势理论的评价

波特的国家竞争优势理论是对当代国际经济学理论重要的发展。

首先,该理论发展了传统贸易理论对于要素形成优势的静态观点,突破了以单项因素或其简单组合为出发点来开展理论分析的不足,这表现在以下三个方面。一是该理论深化了对要素竞争优势的认识,提出在要素基础上形成的竞争优势是动态变化的。二是该理论用贸易和对外投资综合在一起的思路来解释一个国家的特定产业为何能成功并维持住竞争优势。三是该理论充分反映了竞争的丰富内涵,对竞争优势来源的分析包括细分市场、差异化产品、技术差异和规模经济、质量特色、新产品创新和成本优势等,而大多数贸易理论只注重到成本,对质量和差异化产品等方面也未能够充分地重视。

其次,该理论强调国内因素对于竞争优势的重要性,并在此基础上强调国家在决定国际竞争力方面的重要作用。国内需求状况、相关和支持产业及国内竞争等因素对于企业竞争优势的影响,在传统的贸易理论中要么被认为是很小,要么就是被忽略了。波特非常肯定地指出,上述国内因素与竞争优势之间存在因果关系。国内要素对于竞争优势的作用往往是国外的同类因素所取代不了的。波特的理论观点弥补了传统理论的不足,也为实践所证实。

第五章　国际贸易政策

第一节　国际贸易政策概述

国际贸易政策(international trade policy)是指世界各国和地区对外进行商品、服务和技术交换活动时所采取的政策。从单一国家或地区的角度出发,有关国际贸易的政策就是对外贸易政策。

一、对外贸易政策的目的与构成

(一)各国制定对外贸易政策的目的

1.保护本国的市场。通过关税和各种非关税壁垒措施来限制外国商品和服务的进口,使本国商品和服务免受来自国外的竞争。

2.扩大本国的出口市场。通过各种鼓励出口的措施来促进本国的出口商增加出口和外国进口商踊跃进口,使本国的出口市场不断扩大。

3.促进本国产业结构的改善。

4.积累资本或资金。通过关税、国内税和其他税费措施,使国家获得财政收入。还可以通过宏观调控政策促使出口商获得良好的外贸环境,从而增加盈利。

5.维护和发展本国的对外经济政治关系。

(二)对外贸易政策通常的构成

1.对外贸易总政策。其中包括对外贸易战略、出口总政策和进口总政策。它是从整个国民经济和长远目标出发,在一个较长的时期内实行的政策。

2.进出口商品和服务等政策。它是根据对外贸易总政策和国内经济结构、市场状况等分别制定的限制和鼓励商品、服务进出口的具体措施。

3.国别或地区贸易政策。它是根据世界经济政治形势、本国或本地区对外政治经济关系,针对不同国家和地区制定不同的政策。

二、对外贸易政策的基本类型与演变

(一)对外贸易政策的基本类型

自从对外贸易产生与发展以来,基本上有两种类型的对外贸易政策,即自由贸易政策

和保护贸易政策。自由贸易政策的主要内容包括：国家取消对进出口商品贸易和服务贸易等的限制和障碍，取消对本国进出口商品等的各种特权和优待，允许商品自由进出口，服务贸易自由经营，在国内外市场上自由竞争。保护贸易政策的主要内容包括：国家广泛采取各种措施限制进口和控制经营范围，保护本国商品和服务在本国市场上免受外国商品和服务的竞争，并对本国出口商品和服务贸易给予优待和补贴以鼓励出口。

(二)对外贸易政策的演变

历史上资本主义国家对外贸易政策的演变，大致经历了如下四个阶段。

第一阶段：15世纪至17世纪，资本主义生产方式准备时期，推行重商主义所鼓吹的保护贸易政策。西欧对亚洲、非洲、美洲的殖民掠夺，使大量金银流入西欧，促进了商品货币经济的蓬勃发展。人们认为，金银货币是财富的唯一形态，一切经济活动的目的就是为了攫取金银货币。这种社会经济的剧烈变化反映到经济思想方面，就是重商主义。在这种思想的指导下，保护贸易政策居于主导地位。

第二阶段：18世纪至19世纪资本主义自由竞争时期，实行古典经济学家亚当·斯密和大卫·李嘉图所倡导的自由贸易政策，以及美国、德国所奉行的保护贸易政策。新兴的工业资产阶级需要有更广阔的国际市场，以推销其工业品和进口大量廉价的原材料。而重商主义的保护贸易政策限制了国际贸易的发展，成为新兴工业资产阶级的障碍。这时产生了以英国经济学家亚当·斯密和大卫·李嘉图为代表的古典经济学派，提倡自由贸易，大大推动了资本主义的发展。与此同时，当工业革命在英、法等西欧国家深入发展时，其他一些国家如德国、美国等经济还不发达，资本主义工业处于萌芽状态。这些国家的资产阶级要求保护他们的幼稚工业，于是形成了与自由贸易学说相对立的、以汉密尔顿(美)和李斯特(德)为代表的保护贸易学说，当时美国和德国等采取了以保护国内幼稚工业为目标的保护贸易政策。

第三阶段：两次世界大战期间盛行保护贸易政策。1929年至1933年的世界经济大危机，使市场矛盾尖锐化，各国竞相采取保护贸易措施，高筑关税壁垒，以邻为壑。英国经济学家凯恩斯推崇的新重商主义，为这一时期的保护贸易政策提供了理论根据。这个时期的保护贸易政策与第一次世界大战前有很大的不同：奉行保护贸易政策的国家不仅是工业落后的国家，还有工业先进的国家；保护的对象主要不是幼稚工业，而是已经发展成熟的垄断工业；保护的目的不是培育自由竞争能力，而是加强对国际市场的垄断。因此，这种保护贸易政策也被称为超保护贸易政策。

第四阶段：第二次世界大战后出现了贸易自由化趋势。第二次世界大战后美国成为世界上最强大的经济和贸易国家，它迫切要求扩大国外市场，实行贸易自由化。1947年，23个国家参加签订了"关税与贸易总协定"，相互给予最惠国待遇，以逐步减免乃至取消关税和其他贸易壁垒，促进贸易自由化。西欧成立了欧洲共同体和欧洲自由贸易联盟，逐步实现内部工业农业产品的自由流通。1968年建立了发达国家单方面给予发展中国家的工业制成品和半制成品以关税减免待遇的"普遍优惠制"。需要指出的是，第二次世界大战后各国经济的恢复和迅速发展，国际分工的不断深化和创新，生产和资本的进一步国际化，为贸易自由化提供了坚实的经济基础。

三、对外贸易政策的制定

对外贸易政策属于上层建筑,它既反映了经济基础和当权阶级的利益与要求,同时又反过来维护和促进经济的发展。各国在制定贸易政策的过程中,需要考虑以下因素:

1. 本国经济结构与比较优势;
2. 本国产品在国际市场上的竞争能力;
3. 本国与别国经济、投资的合作情况;
4. 本国国内物价、就业状况;
5. 本国与他国的政治、外交关系;
6. 本国在世界经济、贸易组织中享受的权利与应尽的义务;
7. 各国政府领导人的经济思想与贸易理论。

第二节　保护贸易政策

一、重商主义的对外贸易政策

重商主义的对外贸易政策是资本主义生产方式准备时期西欧国家所普遍实行的一种保护贸易政策。它产生于 15 世纪,十六七世纪达到鼎盛时期,18 世纪后走向衰落。重商主义认为:只有金、银才是唯一的财富,除了开采金矿、银矿以外,只有对外贸易才能增加一国所拥有的金、银量,因此,国家应当干预经济生活,大力发展出口贸易,限制外国商品的进口。

重商主义可以分为早期的重商主义和后期的重商主义。早期的重商主义又称为重金主义,主张禁止货币(金、银)的出口,在对外贸易上奉行绝对的少买多卖原则,主张限制进口,鼓励出口,以增加货币的流入。但是,由于各国都防止金、银外流,都想少买多卖,结果反而窒息了对外贸易。于是重商主义由重金主义发展为名副其实的重商主义,在理论上由货币差额论发展为贸易差额论。17 世纪下半叶开始的后期重商主义反映了当时新兴的商业资产阶级的利益,认为要增加国内的金、银量,必须发展对外贸易,使贸易出超。因而采取各种办法鼓励生产出口商品的工业发展,用给予奖金或补贴的办法鼓励商品的出口;实行关税保护制度,限制外国消费品的进口,以保持对外贸易的顺差,促使金、银流入。早期重商主义主张与外国进行的每一笔交易都应保持顺差,严格禁止金、银外流;而后期的重商主义则主张国家应保证全国总的贸易有顺差,不反对别国的贸易有逆差,也不绝对禁止金、银的外流。

重商主义加速了当时西欧各国货币资本的积累,促进了资本主义工场手工业生产的发展,在一定的历史时期内起到了进步作用。但是,它仅仅从理论上考察了流通领域,而没有进入到生产领域,到自由竞争资本主义时期它就成了资本主义经济进一步发展的障碍,从而为自由贸易政策所代替。

二、资本主义自由竞争时期的保护贸易政策

19 世纪 70 年代以后,美国和西欧的一些国家纷纷从自由贸易转向保护贸易。其主

要原因在于这些国家的工业水平不高,经济实力和商品竞争力都无法与英国抗衡,需要采取强有力的政策措施(主要是保护关税措施)来保护本国新兴的产业,即幼稚工业,以免遭英国商品的竞争。

(一)美国与德国保护贸易政策的实施

美国建国后,美国第一任财政部长汉密尔顿(A. Hamilton,1757—1804)代表独立发展美国经济的资产阶级的要求,在 1791 年 12 月提出的《制造业报告》(Report Manufacture)中认为,为使美国经济自立,应当保护美国的幼稚工业,其主要的方式是提高进口商品的关税。

德国在 19 世纪 70 年代以后,为使新兴的产业避免外国工业品的竞争,使之能充分发展,便不断要求实施保护贸易措施。1879 年,俾斯麦改革关税,对钢铁、纺织品、化学品、谷物等征收进口关税,并不断提高关税率,而且与法国、奥地利、俄国等进行关税竞争。1898 年,又通过修正关税法,成为欧洲高度保护贸易国家之一。

(二)保护政策的理论依据

保护贸易的理论,就其影响而言,李斯特保护幼稚工业的理论最具代表性。李斯特(F. List,1789—1846)是德国历史学派的先驱者,自 1825 年出使美国以后,受到汉密尔顿的影响,并亲眼看到美国实施保护贸易政策的成效,转而提倡贸易保护主义。他在 1841 年出版的《政治经济学的国民体系》一书中,系统地提出了保护幼稚工业的学说。

三、两次世界大战期间的超保护贸易政策

第一次与第二次世界大战期间,资本主义处于垄断阶段,垄断代替了自由竞争成为一切社会经济生活的基础。此时,西方各国普遍完成了工业革命,工业得到迅速发展,各国争夺市场的斗争加剧。1929—1933 年的世界性经济危机,就使市场问题进一步尖锐化。资本主义各国的垄断资产阶级为了垄断国内市场和争夺国际市场,纷纷实行超保护贸易政策(ultra protective trade policy)。

与资本主义自由竞争时期的保护贸易政策相比,超保护贸易政策具有以下特点:

1. 保护的对象不仅是幼稚工业,而且更多的是已高度发展的或出现衰落的垄断工业。

2. 保护的目的不再是培养自由竞争的能力,而是巩固和加强对国内外市场的垄断。

3. 保护的措施不只限于关税和贸易条约,还有各种非关税壁垒和其他奖出限入措施。

4. 保护不只是防御性地限制进口,而是在垄断国内市场的基础上对国外市场进行进攻性的扩张。

5. 保护的阶级利益从一般的工业资产阶级利益转向大垄断资产阶级利益。

四、新贸易保护主义

20 世纪 70 年代中期以后,在国际贸易自由化中出现的新贸易保护主义。

(一)新贸易保护主义的主要特点

1. 被保护商品不断增加

被保护的商品不断增加,被保护的商品从传统产品、农产品转向高级工业品和劳务部门。

自 2003 年 11 月 1 日起,欧盟将在原优惠安排的基础上,对中国家电、高级钟表、光学仪器等产品削减 50% 的关税优惠幅度,从 2004 年 5 月 1 日起,取消全部优惠安排。另外,2013 年 6 月 16 日,美国国际贸易委员会对原产于中国的彩电做出损害初裁并提出倾销诉讼,以保护本国彩电生产。此外,各国还加强了劳务方面的保护主义,如签证申请、投资条例、限制收入汇回等。

2. 限制出口措施的重点发生转移

限制进口措施的重点从关税壁垒进一步转向非关税壁垒,而技术性贸易壁垒则成为限制进口的主要非关税壁垒。

随着世界经济全球化和世界贸易组织达成的各项协议的实施,世界各国纷纷大幅度降低关税和逐步取消配额、许可证等数量限制,技术性贸易壁垒已成为新贸易保护主义的重要手段。居我国出口第一位的机电类产品,由于受发达国家在噪声、电磁、污染、节能性、兼容性、安全性等方面的技术限制,仅 1992 年就有 80 多亿美元出口产品受到影响。2000 年 3 月底尚未解禁,每年损失达数亿美元。1998 年,美、加、欧盟等相继以天牛虫问题为由,禁止我国所有未经熏蒸处理的木质包装进入其境内,因此包装成本增加了 20%,影响我国对上述地区出口总额的 1/3 以上。

3. 加强了征收反补贴税和反倾销税行为

近年来,在全球贸易领域的反倾销诉讼案越来越多。据世贸组织统计,2017 年全年,世贸组织成员共发起反倾销调查 248 起,比 2001 年的 298 起大幅下降。1995—2017 年,全球共发起反倾销立案 5529 起,年均 240 起。

4. 管理贸易日益合法化、系统化

二战后,随着国家垄断资本主义的加强,发达资本主义国家加强了管理贸易。管理贸易是指以国内贸易法规、法令和国际贸易条约与协定来约束贸易行为。管理贸易可分为国家管理贸易和国际管理贸易。国家管理贸易是一国政府针对本国对外贸易情况,通过新建或改组对外贸易行政机构,颁布和执行贸易法规和条例,直接干预本国对外贸易,加强对外贸易管理;国际贸易管理是指几个国家之间通过建立和完善国际经济组织和签订多边国际经济和贸易条约与协定等,协调彼此之间的国际经济贸易关系,共同遵循达成的国际经济贸易法律准则,在一定程度上加强国际贸易管理。

20 世纪 80 年代以来,管理贸易进一步加强,许多发达资本主义国家重新修订和补充原有的贸易法规,使对外贸易管理更有法可依。例如,美国国会通过《1988 年综合贸易法某些条例》,加强了美国政府对美国对外贸易的调节和管理的合法化。许多国家对各种对外贸易制度和法规,如海关、商检、进口配额制、进口许可证制、出口管制、反倾销法等,制定更为详细、系统、具体的细则,并与国内法进一步结合,以便各种管理制度和行政部门更好地配合与协调,加强对进出口贸易的管理。

5. 奖出限入的重点从限制进口转向鼓励出口

20 世纪 70 年代中期以来,随着发达资本主义国家之间贸易战的日益加剧,各国政府仅靠贸易壁垒来限制进口,不但难以满足本国垄断资本对外扩张的需要,而且往往会遭到其他国家的谴责和报复。因此,许多发达资本主义国家将奖出限入措施的重点从限制进口转向鼓励出口,从财政、组织、精神等方面鼓励出口,促进商品输出。

（二）新贸易保护主义不断加强的原因

随着世界经济相互依靠的加强，贸易政策的连锁反应也更敏感。美国采取了许多贸易保护措施，它反过来又得到其他国家或明或暗地报复，使得新贸易保护主义蔓延与扩张。与此同时，高失业率、工会力量强大、党派的斗争和维护政府形象，为加强贸易保护主义提供了政治上的依据。此外，汇率长期失调影响了国际贸易的发展，汇率的过高与过低均易产生贸易保护主义的压力。

（三）"逆全球化"的抬头

1."逆全球化"的表现

2008年金融危机后，发展中国家和新兴经济体逐渐成为全球化的主要推动者，发达经济体则由全球化的引领者转变为"逆全球化"的倡导者，且"逆全球化"动作不断：民粹主义、英国脱欧，美国退出TPP、发达国家制造业再回流、贸易保护主义盛行等，其中贸易保护主义重新抬头对全球化的影响最大。根据英国经济政策研究中心发布的《全球贸易预警》显示，2008年11月至2017年6月，20国集团的19个成员国（不包括欧盟）共出台了6616项贸易和投资限制措施，使用较多的贸易保护措施有出口补贴、贸易救济、加征进口关税、出口管制、歧视性政府采购、投资保护与限制、知识产权壁垒等。但这一时期的贸易保护与历史上其他阶段相比又有其特殊性：一是贸易保护的主体由发展中国家变为发达国家，自由贸易的主体则由发达国家变为发展中国家和新兴经济体。自WTO成立以来，很长一段时间内运用贸易救济措施的国家以发展中国家为主。根据世贸组织统计，1995年至2006年，欧美等发达国家贸易救济措施仅占35.02％，而印度、中国、南非等发展中国家占比则达到36.73％。以2006年为例，世贸组织成员启动的215起贸易救济案件中，5个发达成员启动68起，占案件总数31.6％ 22个发展中成员启动147起，占比68.4％。而2008年金融危机后，发达国家则逐渐转向贸易保护。2016年，采取贸易救济措施最多的国家分别为美国、德国、法国、英国等发达经济体。二是从保护国内传统产业向遏制新兴经济体核心竞争力转变。2018年美国对华征税商品主要集中于高端装备制造业、高铁设备、工业用机器人等中国新兴核心竞争力行业，其目的不再意在保护美国国内相关产业，更多的则在于遏制《中国制造2025》重点扶持的高科技产业，意在遏制中国产业升级，打击中国作为贸易强国的崛起。三是保护措施将传统关税壁垒与非关税壁垒尤其是知识产权壁垒综合使用。GATT时期，西方发达国家已经基本完成关税减让的主体内容，平均关税降到3.8％左右，发展中国家减税也基本完成。然而发达国家却无视这一历史重要阶段成果，频繁使用进口关税政策，对全球化进程造成巨大影响。

2018年"逆全球化"越演越烈，拉开了西方以贸易制裁为新表现形式的贸易保护大幕，贸易领域成为"逆全球化"的核心战区。2018年开始，美国动作不断。3月9日，特朗普签署法令宣布对进口钢铁和铝分别征收25％和10％的关税；3月23日宣布将对500亿美元的中国出口商品征收高额关税；4月5日，要求考虑额外对1000亿美元中国进口商品加征关税；6月15日，美国政府发布了加征关税的商品清单，将对从中国进口的约500亿美元商品加征25％的关税；9月18日，特朗普宣布，各对价值2000亿美元的中国产品征税10％。一系列措施对全球贸易产生了极大的负面影响，美国成为全球贸易保护主义措施的核心实施者。中美经贸摩擦除了对国际贸易的直接影响外，更多的则体现为对全球贸易与经济发展预期的影响。纵观历史,通过贸易保护打击竞争对手维护霸权主义并不是美国在国际舞台上的初次使用,早在 20 世纪 60 年代至 90 年代的日美贸易摩擦中就已使用,由于日本采用一系列错误的货币政策,使日本陷入"失去的二十年"。此外,美、欧、日日趋联合。2018 年 7 月 17 日,日欧《经济伙伴关系协定(EPA)》签订;7 月 26 日,美国和欧盟就缓和紧张的贸易关系达成协议,美欧初步达成和解。就此,美国政策逐渐浮出水面。贸易摩擦与"零关税"政策都是"美国优先"的共同表现,是"逆全球化"的新发展。

2."逆全球化"产生的原因及本质

逆全球化产生的原因多种多样,根本原因是全球经济复苏乏力。2008 年经济危机后,世界经济并未真正从危机中走出来,无论是西方发达国家抑或是发展中国家和新兴经济体都如此。以中国为例,金融危机后,除 2010 年、2011 年 GDP 增速短暂回升外,其他年份 GDP 增速持续下滑,年均增速不足 10%。美国经济亦面临困境,经济发展缓慢,失业率持续不断上升,失业问题成为美国政府最为头疼的经济问题。其次,与当前全球经济利益分配有关。自 2008 年金融危机后,全球经济增速放缓,发达国家经济增速整体要低于发展中经济体和新兴经济体都如此。与此同时,在经济全球化发展过程中利益分配格局出现新变化,发展中国家逐渐成为经济全球化的主要利益获得者,而发达国家从中获利逐渐下降,这就使得发达国家整体上必然偏向于"逆全球化",以希望通过实施贸易保护政策获得更多经济利益。此外,发达经济体的"逆全球化"亦是大国博弈和争夺国际经贸领域话语权的重要一环。以美国为例,2018 年由美国率先发起的中美经贸摩擦,不但对中美经贸关系产生巨大影响,对世界经贸发展亦产生重大影响。关税贸易壁垒的重新应用以及知识产权贸易壁垒的应用,均对国际贸易产生了较大阻碍作用。然而通过对美国加征关税商品类别进行分析发现,加征关税商品大多乃《中国制造 2025》中重点扶持的产业,可见其主要目的并不在于减少贸易逆差,而是遏制中国制造业尤其是高端装备制造业的发展,阻止中国产业快速发展和在国际经贸治理中话语权的提升。

第三节　自由贸易政策

一、英国自由贸易政策

(一)英国自由贸易政策的兴起

英国自 18 世纪中叶开始进入工业革命,此时的英国"世界工厂"地位已经确立并获得巩固,重商主义的保护贸易政策便成为英国经济发展和英国工业资产阶级对外扩张的一大障碍。这时,英国工业资产阶级便要求在世界市场上进行无限制的自由竞争和自由贸易政策。因此,英国新兴的工业资产阶级迫切要求废除重商主义时代所制定的一些外贸政策和措施。在他们看来,英国产业革命的发展,必须自国外取得廉价的工业原料与粮食(廉价粮食是低工资的前提),而且英国的工业革命早于其他国家,其产品工美价廉,具有强大的国际竞争力,因而自由贸易对其较为有利。

（二）英国自由贸易政策的胜利

在 19 世纪 20 年代，以伦敦和曼彻斯特为基地的英国工业资产阶级开展了一场大规模的自由贸易运动。运动的中心内容是废除英国的谷物法。工业资产阶级经过不断的斗争，最后终于战胜了地主、贵族阶级，使自由贸易政策逐步取得胜利。

1. 废除谷物法

1938 年英国棉纺织业资产阶级组成"反谷物法同盟"（Anti-Cereal Law Alliance），展开了声势浩大的反谷物法运动。经过斗争，终于使国会于 1846 年通过废除谷物法的议案。

2. 逐步降低关税税率，减少纳税商品数目

经过几百年的重商主义实践，英国有关关税的法令达 1000 件以上。1825 年英国开始简化税法，废止旧税率，建立新税率。进口纳税的商品项目从 1841 年的 1163 种减少到 1853 年的 466 种，所征收的关税全部是财政关税，税率大大降低。

3. 废除航海法

英国的航海法是英国限制外国航运业竞争和垄断殖民地航运事业的政策。从 1824 年逐步废除，到 1849 年和 1854 年，英国的沿海贸易和殖民地航运全部向其他国家开放，至此，重商主义时代制定的航海法全部废除。

4. 取消特权公司

东印度公司对印度和中国贸易的垄断权分别于 1813 年和 1814 年被废止，从此对印度和中国的贸易开放给所有的英国人。

5. 对殖民地贸易政策的改变

在 18 世纪，英国对殖民地的航运享有特权，殖民地的货物输入英国享受特惠关税的待遇。1849 年航海法废止后，殖民地已可以对任何国家输出商品，也可以从任何国家输入商品，通过关税法的改革，废止了对殖民地商品的特惠税率。同时准许殖民地与外国签订贸易协定，殖民地可以与任何外国建立直接的贸易关系，英国不再加以干涉。

6. 与外国签订贸易条约

1860 年签订的英法条约，即《科伯登条约》。《科伯登条约》是以自由贸易精神签订的一系列贸易条约的第一项，列有最惠国待遇条款。在 19 世纪 60 年代，英国就缔结了 8 项这种形式的条约。在英国的带动下，19 世纪中叶，许多国家降低了关税，荷兰、比利时相继实行了自由贸易政策。

二、贸易自由化

"二战"爆发，世界经济陷入混乱，国际分工与国际贸易处于停顿。"二战"后，资本主义各国经济迅速恢复和发展，从 20 世纪 50 年代到 70 年代初期，出现了全球范围的贸易自由化（trade liberalization）。

（一）"二战"后贸易自由化的表现

1. 关税大幅度降低

关贸总协定成员内部大幅度降低了关税。从 1947 年到 1979 年，总协定缔约方的平均进口税率从第二次世界大战后初期的 50% 左右降到 5% 上下。1993 年乌拉圭回合谈

判的结果使发达国家和发展中国家平均降税 1/3,发达国家工业制成品平均关税水平降为 3.6% 左右。

欧共体对内取消关税,对外通过谈判达成关税减让协议,使关税大幅度降低。例如,欧共体原 6 国之间工农业产品的自由流通已于 1969 年完成,后加入的国家也已按计划完成,实现了成员方之间全部互免关税;欧共体与欧洲自由贸易联盟之间,到 1977 年实行工业品互免关税,从而建立起一个包括 17 国的占世界贸易总额 40% 的工业品自由贸易区;1975 年,欧共体同非洲、加勒比海和太平洋地区的 46 个发展中国家签订了洛美协定,规定共同体对来自这些国家的全部工业品和 96% 的农产品给予免税进口的待遇,之后又扩大到向 60 多个非、加、太的发展中国家提供免税进口待遇。

从 1971 年开始,20 多个发达国家对 170 多个发展中国家实施制成品和半制品的普惠制优惠关税待遇。

2. 非关税壁垒逐渐减少

二战后初期,发达国家对许多商品进口实行严格的进口限制、进口许可证和外汇管制等非关税壁垒措施。随着经济的恢复和发展,这些国家在不同程度上放宽了进口数量限制,到 20 世纪 60 年代初,西方主要国家间进口自由化率已达 90% 以上。中国内地与香港特别行政区经过多轮磋商,于 2003 年 6 月 29 日在香港达成《内地与香港关于建立更紧密经贸关系的安排》。《内地与香港关于建立更紧密经贸关系的安排》的总体目标是:逐步减少或取消双方之间实质上所有货物贸易的关税和非关税壁垒;逐步实现服务贸易的自由化,减少或取消双方之间实质上所有歧视性措施;促进贸易投资便利化。双方从 2004 年 1 月 1 日起开始实施《内地与香港关于建立更紧密经贸关系的安排》下货物贸易和服务贸易自由化的具体承诺;双方将通过不断扩大相互间的开放,增加和充实其内容。根据《内地与香港关于建立更紧密经贸关系的安排》,内地与港、澳之间要采取更优惠和自由化的措施,使参与各方实现优势互补,共同受惠。

(二)战后贸易自由化的特点

二战后的贸易自由化是在国家垄断资本主义日益加强的条件下发展起来的,它主要反映了垄断资本的利益,是世界经济和生产力发展的内在要求。它在一定程度上同保护贸易政策相结合,是一种有选择的贸易自由化。战后贸易自由化呈现出如下特点:

1. 发达国家之间的贸易自由化程度超过它们对发展中国家和社会主义国家的贸易自由化程度。发达国家根据关贸总协定等国际化多边协议的规定,较大幅地降低了关税和放宽了数量限制。但对发展中国家的一些商品,特别是劳动密集型产品仍征收较高的关税,并实行其他的进口限制;对社会主义国家征收更高的关税和实行更严格的非关税壁垒进口限制。

2. 区域性经济集团内部的贸易自由化程度超过了集团对外的贸易自由化程度。例如,欧共体内部取消了关税和数量限制,实行商品完全自由流通,对外则有选择地、有限度地实行部分的贸易自由化。

3. 不同商品的贸易自由化程度不同。工业制成品的贸易自由化程度超过了农产品的贸易自由化程度。在工业制成品中,机器设备的贸易自由化程度超过了工业消费品的贸易自由化程度,特别是所谓"敏感性"的劳动密集型产品,如纺织品、服装、鞋类、皮革制品和罐头食品受到较多的进口限制。

(三)战后贸易自由化的主要原因

美国在第二次世界大战后发展成为世界头号经济强国。为了对外进行经济扩张,美国积极主张削减关税、取消数量限制,成为贸易自由化的积极倡导者和推行者;西欧和日本的经济迅速恢复与发展,因而也有减少贸易壁垒的要求;发展中国家为了发展民族经济,扩大资金积累,也愿意通过减少贸易壁垒来扩大出口。

与此同时,《关税与贸易总协定》的签订有力地推动了贸易自由化。关贸总协定以公平贸易为己任,多边贸易谈判的进行和贸易规则的实施,不仅大幅度地削减了关税,而且在一定程度上限制了非关税贸易壁垒的使用。经济一体化组织的出现加快了贸易自由化的进程。各种区域性的自由贸易区、关税同盟、共同市场均以促进商品自由流通、扩大自由贸易为宗旨。跨国公司的大量出现和迅速发展促进了资本在国际上的流动,加强了生产的国际化,客观上要求资本、商品和劳动力等在世界范围内的自由流动。国际分工的广泛和深入发展、分工形式的多样化,使商品交换的范围扩大,在一定程度上促进了贸易自由化的发展。

第六章　关税与非关税措施

第一节　关税措施

一、关税的概念及主要种类

(一)关税的定义

关税(customs duties tariff)措施,按照狭义的理解,也叫关税壁垒,指国家通过海关对进口商品征收关税,以增加进口商品的成本,从而达到限制进口商品的目的。

关税是一个国家的海关对进出关境的货物和物品,向进出口商或物品所有者所征收的一种税收。

海关属于国家行政管理机构,其基本任务是根据本国法律、法规,监督进出境的货物、行李物品、邮递物件和其他物品合法进出境,征收关税,查禁走私,编制海关统计资料及办理其他海关业务。其中,征收关税是海关的一项重要职责。海关通常设置在边境、沿岸口岸或境内的水陆空国际交往的通道上。

关境是执行统一海关法的领土,是海关征收关税的领域,在一般情况下,关境和国境是一致的。但当有的国家设置自由港、自由贸易区时,关境则小于国境。有的国家缔结了关税同盟,当参加关税同盟的国家的领土成为统一关境时,关境大于各自的国境。

(二)关税的性质及特点

关税是税收的一种,是财政收入的来源之一,因而它同其他税收一样,具有强制性、无偿性和固定性。强制性是指国家凭借政治权力和法律征收,纳税人必须依法纳税,否则将受到法律制裁。无偿性是指征收关税后,其税款成为国家财政收入,不再直接归还纳税人,也无须给予纳税人任何补偿。固定性是国家通过法律事先规定征税对象和税率,征纳双方均不得随意变动。

关税是一种间接税,不同于以纳税人的收入和财产作为征税对象的直接税。关税是由进出口商缴纳的,但作为纳税人的进出口商可以将所缴纳的关税作为成本的一部分,分摊在商品的价格上,最终转移给消费者。

关税除了具有税收的一般特点以外,还是一种进行国际经济斗争和政治斗争的工具。因此,主权国家在一定条件下可以运用关税来调整本国和其他国家的经济贸易关系,从而影响政治关系。

（三）关税的作用

1. 增加财政收入

海关征收关税后即上缴国库，成为国家财政收入。在前资本主义时期和资本主义发展的初期，税源较少，各国财政收入的绝大部分来自关税。随着工商业的迅速发展，税源不断扩大，关税在财政收入中的比重逐渐降低，作用也随之减轻。现在只有少数财政极为困难的发展中国家仍把关税作为财政收入的重要来源。

2. 保护本国企业的市场

对进口商征收关税，增加了进口商品的成本，提高了进口商品的价格，可以削弱其与国内产品的竞争能力，保护本国企业生产的顺利进行。对出口商品征收关税，可以抑制这些商品的输出，防止本国资源的大量流失，保证本国国内市场的供应。

3. 调节本国供求状况与收支平衡

关税是一种经济杠杆。利用关税税率的高低和关税的减免，可以调节某些商品进出口量，保持市场供求平衡，稳定国内市场价格，保持国际收支平衡。当贸易逆差过大时，通过征收进口附加税，以减少进口数量和外汇支出，缩小贸易逆差。当贸易顺差过大时，通过减免关税，以扩大进口，缩小贸易顺差。

关税虽然具有以上诸种积极作用，但如果运用不当，也会产生消极作用。如果某些产品长期采取过度保护，就会使生产这类产品的企业缺乏国际市场的竞争压力而失去改进技术、提高劳动生产率的内在动力，长期落后于世界先进水平，在国际市场上缺乏竞争能力。

（四）关税的主要种类

关税种类繁多，按照不同的标准可以有多种分类。

1. 进口税

进口税（import duty）是进口国家的海关在外国货物和物品通过关境时，对本国进口商和物品所有者所征收的正常关税。

进口税是关税中最主要的税种之一，是执行关税保护职能的主要工具。所谓关税壁垒是指对进口商品征收高额的关税。

进口税通常分为最惠国税和普通税。最惠国税适用于与该国签订含有最惠国待遇条款的贸易协定的国家或地区的商品。普通税适用于与该国没有签订这种贸易协定的国家或地区所进口的商品。最惠国税税率比普通税税率低，两者的差幅相差往往很大。二战后，大多数国家已成为世界贸易组织的成员方，或者签订了双边的贸易协定，相互提供最惠国待遇，适用最惠国税税率。

2. 进口附加税

在征收正常关税后，又出于某种目的而额外征收的关税称为进口附加税（import surtaxes）。进口附加税不同于正常关税，一般是临时性措施。它通常是在一段时间内或发生特定情况时征收，主要针对个别国家的个别商品征收。

征收进口附加税的主要目的是：有效保护国内产业；应付国际收支危机，维持进出口平衡；对某个国家实行歧视或报复；抵制外国商品低价销售。

进口附加税最常见的种类是反倾销税(anti-dumping duty)和反补贴税(countervailing duty)。

(1)反倾销税。商品倾销是出口国的一种不公平的贸易行为。为了维护国际贸易的正常秩序,关税与贸易总协定允许进口国对倾销商品征收一笔进口附加税,其目的是保护进口国生产同类产品或相似产品的企业。

(2)反补贴税,又称抵消税或反津贴税,是对在生产、加工及运输过程中直接或间接地接受出口国政府或同业工会发给的任何奖金或补贴的进口商品所征收的一种进口附加税。征收的税额与其接受的补贴数额相等。其目的在于抵消进口产品所享受的补贴金额,使其不能在进口国市场上低价竞争,保护国内同类产业。

3. 普遍优惠制

普遍优惠制(generalized system of preference,GSP)简称普惠制,是发达国家对来自发展中国家的某些产品,特别是工业制成品和半制成品给予的一种普遍的关税减免的制度。

普惠制的基本原则是普遍的、非歧视的、非互惠的。所谓普遍的,是指所有的发达国家应给予所有的发展中国家出口的制成品和半制成品关税优惠待遇。所谓非歧视的,是指所有的发展中国家都应无歧视、无例外地享受普惠制待遇。所谓非互惠的,是指发达国家单方面给予发展中国家或地区出口产品关税的优惠待遇,而不要求发展中国家提供反向优惠。普惠制的目标是扩大发展中国家对发达国家工业制成品、半制成品的出口,增加发展中国家的出口收入,促进发展中国家的工业化,提高发展中国家的经济增长率。

普惠制是由各给惠国的普惠制方案构成的。这些方案是各给惠国和国家集团单独制定的,各有特色,不尽相同,但基本内容主要包括受惠国家和地区、受惠商品范围、关税削减幅度、保护措施和原产地规则。

给惠国出于保护本国产业的目的,其保护措施一般有以下几种:

(1)例外条款(escape clause)。当某种受惠商品的进口量增加到对本国同类产品或有竞争关系的商品生产者造成损害时,给惠国保留对该产品完全或部分取消关税优惠待遇的权利。

(2)预定限额(prior limitation)。给惠国预先规定一定时期受惠商品优惠关税进口限额,超过这一限额,则取消普惠制待遇,按最惠国税率征收。

(3)竞争需要标准(competitive need clause)。对来自受惠国的某种进口商品,如超过当年所规定的进口额度,则取消下一年度该种商品关税的优惠待遇。

(4)毕业条款(graduation clause)。给惠国认为受惠国的国民生产水平和某种产品出口竞争能力达到一定程度,符合毕业标准而取消对其所享受的普惠制待遇。毕业标准分为两种:产品毕业和国家毕业。1938年美国宣布对"亚洲四小龙"取消普惠制待遇。欧洲联盟1995年1月1日以来实施的新普惠制方案规定,如果某一国的某种产品对欧盟的出口超过普惠制项下总进口的25%,就达到产品毕业标准,需分阶段取消普惠制待遇。

原产地规则强调享受普惠制待遇的受惠产品必须原产于受惠国或在受惠国内经过实质性的加工和制作,以保证普惠制目标的实现和防止普惠制的滥用。原产地标准规定来自受惠国的受惠商品必须符合下列条件之一：一是不含任何进口成分，全部由受惠国生产、制造、加工的产品；二是含有进口成分，但经过实质性变化的产品。各国对实质性改变的标准分为两种：

（1）加工标准（process criterion）。加工标准是根据受惠国出口制成品的税则号和制成品的税则号有无变化来确定是否发生了实质性变化。一般来说，如果制成品的税则号与进口成分的税则号不同，即发生了实质性改变，该产品可享受关税优惠待遇。欧盟、瑞士、挪威、日本等国均采取这项标准。

（2）增值标准（value-added criterion），又称百分比标准。即根据进口成分或本国成分占出口商品价值的百分比来确定是否发生了实质性变化。澳大利亚、新西兰、加拿大、美国、俄罗斯、波兰、匈牙利和保加利亚等国均采用这一标准。

直接运输规则要求受惠国产品必须从受惠国直接运往给惠国，其目的是为了保证原产于受惠国的商品在运输途中不被伪装或再加工。因地理条件的限制或运输困难，受惠商品可以通过邻国领土转运，但必须在海关监督之下。

受惠国要享受普惠制待遇还必须向给惠国提供原产地证明书（Form A）。Form A要填写正确，符合要求。

我国自1979年开始享受普惠制待遇至今，给予我国普惠制待遇的国家有40个。

4. 出口税

出口税（export duty）是出口国家的海关在本国出口商品运出关境时，对本国出口商所征收的关税。在18世纪以前，出口税是最主要的一种关税，是一国财政收入的重要来源。但征收出口税，提高了本国产品在国外市场销售的价格，降低了出口商品的竞争能力，不利于出口的扩大，进而影响本国生产和经济发展。因此，目前大多数国家不征收出口税，只有少数发展中国家还征收少量的出口税。其税收的目的在于：增加本国财政收入；保护本国生产和市场；控制和调节某种商品的出口流量，保持国内外市场价格的稳定。

二、关税的征收

（一）关税的征收方法

关税的征收方法又称征收标准，一般来说，可分为从量税、从价税、复合税和选择税。

1. 从量税

从量税是以商品的重量、数量、容量、长度和面积等计量单位为标准计征的关税，其特点是：

（1）手续简便，无须审定货物的规格、品质、价格，便于计算。

（2）对廉价的进口货品抑制作用比较大，因单位税额固定，对质量次、价格低的低档商品进口与高档商品征收同样的关税，使低档商品进口不利。当国内价格降低时，因税额固定，税负相对增大，不利于进口，保护作用加强。因此，有的国家使用从量税，尤其被广泛使用于食品、饮料和动植物油的进口方面。美国约有33％的税目栏是适用从量关税的；挪威从量关税也占28％。

2. 从价税

从价税是以商品的价格为标准计征的关税。其特点是:

(1)从价税的征收比较简单,对于同种商品,可以不必因品质不同再详细分类。

(2)税率明确,便于比较各国税率。

(3)税收负担较为公平,因从价税额随商品价格与品质的高低而增减,较符合税收的公平原则。

(4)在税率不变时,税额随商品价格上涨而增加,既增加财政收入,又可起到保护关税的作用。

从价税虽已被世界各国广泛采用,但在征收从价税时,关键是要明确商品的完税价格,即经海关审定的作为计征关税依据的商品价格。各国有不同的海关估价,用以确定完税价格。

3. 复合税

复合税又称混合税,是对商品同时订立和征收从量税和从价税。混合税可分为两种:一种是以从量税为主,加征从价税;另一种是以从价税为主,加征从量税。

4. 选择税

选择税是对于一种进口商品同时规定从量税和从价税,征收时由海关选择征其中一种税,作为该商品的应征关税额。海关一般是选择税额较高的一种税收。在物价上涨时使用从价税,物价下跌时使用从量税。有的为了鼓励某种商品的进口,或给某个国家以优惠待遇,也会选择税额较低的一种关税。

(二)关税的征收依据

各国征收关税的依据是海关税则。海关税则(customs tariff)又称关税税则,是一国对进出口商品计征关税的规章和对进出口的应税与免税商品加以系统分类的一览表,海关凭此征收关税,是关税政策的具体体现。

海关税则一般包括两个部分:一部分是海关征税规章;另一部分是关税税率表。关税税率表主要包括三个部分:税则税号(tariff item),简称税号;货物分类目录(description of goods);税率(rate of duty)。

海关税则按税率和制定者不同进行分类。

按税率有无区别分为单式税则和复式税则。

1. 单式税则

单式税则(single tariff)又称一栏税则。这种税则,一个税目只有一个税率,适用于来自任何国家的商品,没有差别待遇。在资本主义自由竞争时期,各国都实行单式税则。到垄断资本主义时期,很多国家为了在关税上实行差别与歧视待遇,或争取关税上的互惠,都改单式税则为复式税则。现在只有少数发展中国家,如委内瑞拉、巴拿马、冈比亚等,仍实行单式税则。

2. 复式税则

复式税则(complex tariff)又称多栏税则。这种税则,一个税目有两个或两个以上的税率。对于来自不同国家的进口商品,适用不同的税率,以实行差别待遇和贸易歧视政策。许多发展中国家也实行复式税则。现在绝大多数国家都采用这种税则。这种税则可分为二栏、三栏、四栏不等。

按制定者的权限划分，可分为自主税则和协定税则。

1. 自主税则

自主税则（autonomous tariff）又称国定税则，是指一国立法机构根据关税自主原则单独制定而不受对外签订的贸易条约或协定约定的一种税率。

自主税则可分为自主单式税则和自主复式税则。前者为一国对一种商品自主地制定一个税率，这个税率适用于来自任何国家或地区的同一种商品；后者为一国对一种商品自主地制定两个或两个以上的税率，分别适用于来自不同国家或地区的同一种商品。自主复式税则又可分为最高和最低税则，前者适用于来自未与该国签订贸易条约或协定的国家或地区的商品；后者适用于来自与该国签订了贸易条约或协定的国家或地区的商品。

2. 协定关税

协定关税（conventional tariff）是指一国与其他国家或地区通过贸易与关税谈判，以贸易条约或协定的方式确定的关税税则。这种税则是在本国原有的国定税则以外，另外规定的一种税率。它是两国关税减让谈判的结果，因此要比国定税率低，某些协定税率不仅适用于该条约或协定的签字国，也适用于享有最惠国待遇的国家，对于没有减让关税的商品或不能享受最惠国待遇的国家，仍采用自主税则，这样形成的复式税则，叫作自主—协定税则或固定—税则。

三、关税的经济效应

关税的经济效应是指一国征收关税对其国内价格、贸易条件、生产、消费、贸易、税收、再分配及福利等方面所产生的影响。关税的经济效应可以从整个经济的角度来分析，也可以从单个商品市场角度来考察，前者属于一般均衡分析，后者为局部均衡分析。为了便于分析和理解，以下分析仅从局部均衡的观点分别讨论小国和大国征收关税所产生的经济效应。

（一）小国征收关税的经济效应

小国的特点是征收关税以后既不影响世界价格（因为国家很小），也不影响经济的其他部门（因为工业规模很小），就好像完全竞争的企业一样，只是价格的接受者。这样，该国征收关税以后，进口商品国内价格上涨幅度等于关税税率，关税完全由进口国消费者承担。

小国的关税均衡效应可以用图 6-1 来进行分析。假设 B 国为小国，其对商品 X 的供给、需求、贸易状况如图 6-1 所示。图中，横轴表示商品 X 的数量，纵轴表示商品 X 的价格，S_X 和 D_X 分别代表商品 X 的供给曲线和需求曲线，两线的交点 E 为没有贸易时孤立均衡点，P_E 为国内均衡价格。在自由贸易条件下，当不考虑运输成本时，国内价格等于国际价格 P_{X1}。在此价格下，该国对商品 X 的需求量为 AB，本国自行生产的数量为 AC，需进口的数量为 CB。S_F 为该国进口所面对的出口供给曲线，平行于横轴，弹性无穷大。若该国对商品 X 的进口征税额度为 T 的关税（税率为 T/OP_{X1}），则其进口面对的是包括关税在内的新的出口供给曲线 S_{F+T}，征收关税对国内经济产生了以下影响：

1. 价格效应(price effect)

这是指征收关税对进口国价格的影响。由于小国对商品的国际价格没有影响力,因此课征关税后,商品 X 的国际价格仍为 P_{X1},但其国内价格却升至 P_{X2};且 $P_{X2}=P_{X1}+T$,即小国征收关税使进口品及其进口替代品的国内价格提高了与所征税额相当的幅度。

2. 贸易条件效应(term of trade effect)

这是指征收关税对进口国贸易条件的影响。小国对进口商品征收关税使该商品的国内价格上升,从而使其国内生产扩张、消费减少、进口缩减。但小国进口量的减少并不会对国际市场的供求关系产生显著的影响,因而不能影响该商品的国际价格,故而小国的关税贸易条件效应并不存在。

3. 消费效应(consumption effect)

消费效应即征收关税对可进口品消费的影响。在图 6-1 中,某小国征收进口关税后,对可进口商品 X 的需求量因价格提高 AB 减至 JH,即减少 BN 数量的 X 商品消费。

4. 生产效应(production effect)

生产效应即征收关税对进口国进口替代品生产的影响。如图 6-1 所示,某小国征收进口关税后,由于进口品价格提高了等同于关税额的水平,因而刺激进口替代品的生产扩张,直至生产者价格达到($P_{X1}+T$)的水平,即进口替代品的产量由 AC 增至 GJ。所增加的 CM 数量的进口替代品生产乃关税的生产效应,又称替代效应(substitution effect)或保护效应(protection effect)。关税愈高,保护程度愈高。当关税提高 $P_{X1}P_E$,或更高时,即为禁止性关税。

5. 贸易效应(trade effect)

贸易效应即征税引起的进口量变化。征收关税后,由于生产增加、消费减少,所以导致进口数量 CB 减为 JH。其中减少的 BN 数量乃消费减少所致,减少的 CM 数量进口则由生产增加所致。因此,关税的贸易效应为消费效应和生产效应之和(见图 6-1)。

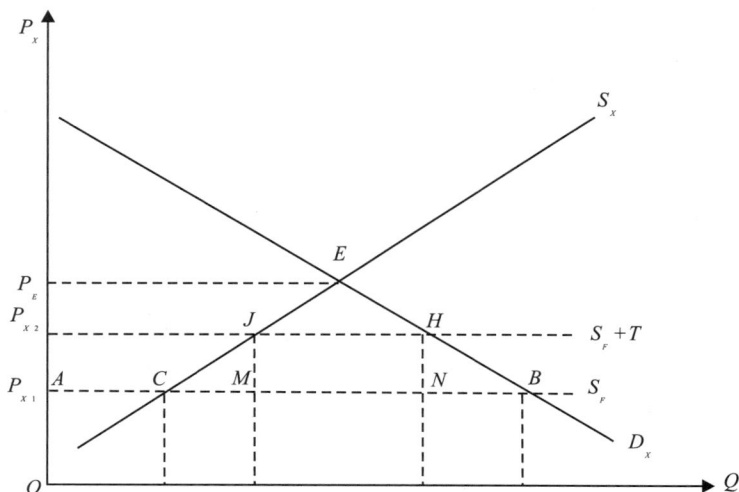

图 6-1 小国征收关税的经济效应

6. 财政效应（revenue effect）

财政效应即征收关税对国家财政收入发生的影响。如图 6-1 所示，某小国征收额度为 T 的关税后，政府取得了 $T \times JH = \square MJHN$ 的关税收入，使财政收入增加，此乃关税的财政效应。

7. 收入再分配效应（income-redistribution effect）

图 6-1 中，征税前，商品 X 的消费量为 AB，消费者剩余为 $\triangle RAB$；征税后，商品 X 的消费量为 GH，消费者剩余为 $\triangle RGH$，故消费者剩余减少了 $\square AGHB$。然而征收税收后，生产者由于增加 CM 的进口替代品生产而增加了 $\square AGJC$ 的生产者剩余，政府由于征收关税而增加了 $\square MJHN$ 的财政收入。$\square AGJC$ 和 $\square MJHN$ 实际上是社会收入由消费者增加消费负担而转移给生产者和政府的部分。

8. 福利效应（welfare effect）

根据以上的分析，征税后，消费者剩余减少 $\square AGHB$，其中 $\square AGJC$ 转移为生产者剩余增加的部分，$\square MJHN$ 成为政府的关税收入，余下的 $\triangle JMC$ 和 $\triangle HNB$ 是征税所导致的福利净损失（net welfare effect）或无谓的损失（deadweight loss），即关税的社会成本。$\triangle JMC$ 代表生产者的净损失，由增加 CM 数量的进口替代品生产使资源使用效率下降所致；$\triangle HNB$ 代表消费的净损失，是关税人为地抬高了进口品价格进而扭曲消费所产生消费效应的净损失。

以上所讨论的各种效应的大小，取决于征税商品的供给与消费弹性及关税税率高低。对于相同的关税税率，需求曲线愈富弹性，消费效应愈大；同样，供给曲线愈富弹性，生产效应愈大。因此，一国对某商品的供给与需求愈富弹性，关税的贸易效应愈大，而财政效应愈小。

关税的负担取决于进口需求与出口供给的弹性大小，弹性愈大者，关税的负担愈轻；弹性愈小者，关税的负担愈大。由于小国进口所面对的出口供给弹性无限大，因此小国课征进口关税，关税完全由其本国消费者负担，而关税收入全部由小国的政府所获得。

（二）大国征收关税时的经济效应

大国与小国征收关税最主要的差异在于大国征收关税可以影响世界市场的价格，进而带来贸易条件的变化，小国则不然，现用图 6-2 对大国征收关税进行局部均衡分析。图中，S_H 表示某大国商品 X 的国内供给曲线，$S_H + F$ 表示商品 X 的总供给曲线（由国内供给曲线和国外国际曲线合计而得），D_H 与总供给曲线 $S_H + F$ 相交于 B 点，价格为 P_h，该国对 X 商品的需求量为 AB，其中，AC 数量由国内生产者提供，CB 数量靠进口弥补。若该国对商品 X 征收额度为 T 的关税（税率为 T/OP_w），则对国内经济产生以下效果：

征税后，总供给曲线将上移为 $S_H + F + T$，D_H 与 $S_H + F + T$ 相交于 H 点，故国内价格升为 $P_{h'}$，该国对 X 商品的需求量为 GH，其中 GJ 数量由本国提供，JH 数量通过进口来确定。征税所致的消费者剩余损失为 $(a+b+c+d)$ 部分，其中 a 为生产者剩余增加的部分，c 为政府向国内消费者征收的关税收入，其余的 $(b+d)$ 部分为保护的成本或无谓的损失。但由于该国是大国，征收关税提高了国内价格，减少了消费和进口，使国际价格下

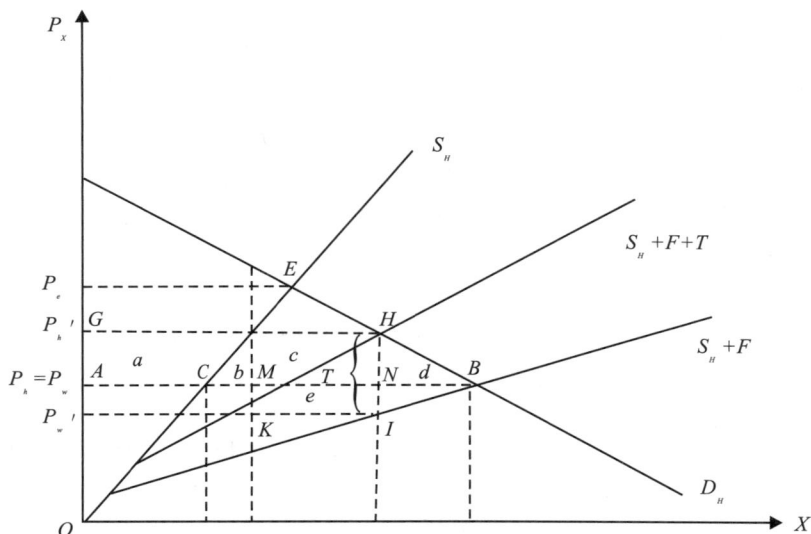

图 6-2 大国征收关税的经济效应

降(由 P_w 降至 $P_w{'}$),从而改善其贸易条件并从中获益,即政府从外国出口商间接获得了 □$MNIK$,即 e 部分的关税收入。因此,征收关税引起的福利净变动是$[e-(b+d)]$。如果贸易条件改善带来的利益大于保护的成本,即 e 大于$(b+d)$,则该国从征收关税中获益,福利增加;如果 e 小于$(b+d)$,则该国发生福利净损失;如果 e 等于$(b+d)$,则该国既未从征收关税中获利,亦未因征税而发生净损失。与小国相似,大国征收关税所产生的各种效应大小也取决于课税商品的供给和需求弹性及所征关税的高低。在一定的供给和需求条件下,一国政府可通过征收关税以使其福利最大化。

大国征收关税后,使其国内价格提高,并使国际价格下降,表示关税由进出口国共同负担。如图 6-2 所示,进口国消费者负担 $P_h{'}P_w$ 的关税,出口商负担 $P_wP_w{'}$ 的关税,关税额为 $T=P_h{'}P_w+P_wP_w{'}=P_h{'}P_w{'}$。而关税负担的大小,取决于进出口国进口需求与出口供给弹性的大小。进口需求弹性愈小,国内价格上涨幅度愈大,则进口国的关税负担愈重,出口国负担愈轻;出口供给弹性愈大,国际价格下跌幅度愈小,则出口国的关税负担愈轻,进口国的负担愈重。反之亦然。

通过以上对小国和大国征收关税的局部均衡分析可见,征收关税虽然使本国供应商受益并对政府有利,但却极大地损害了消费者福利,最终使社会遭受无谓的损失。降低关税,则会增进国民福利和消费者利益,而仅对相关的部分生产者及国库收入不利。况且,关税收入也不应该是政府财政收入的主要来源。在关税保护下的国内生产是低效率的生产,不利于资源的合理配置,因而也不应该长期对其提供保护。因此,除了在少数情况下,如进口大国能用关税影响进口货物的价格,使其从中得到的利益超过保护的成本时,或在本国经济存在着其他办法不能纠正的缺陷时,才能考虑采取征收关税的手段,否则应尽量实行自由贸易政策。

第二节　非关税措施

一、非关税壁垒的主要种类

非关税壁垒范围宽泛、形式多样、名目繁多，根据欧美等主要 WTO 成员贸易壁垒调查的实践，主要可以分为以下 13 类：通关环节壁垒、对进口产品歧视性地征收国内税费、进口禁令、进口许可、技术性贸易壁垒、动植物检验检疫措施、贸易救济措施（即包括对进口产品实施的反倾销、反补贴和保障措施）、政府采购中对进口产品的歧视、出口补贴、补贴、与贸易有关的投资措施、服务贸易市场准入及经营方面的壁垒、与贸易有关的知识产权。但目前使用比较多的主要有以下几种：

（一）进口配额

进口配额（import quotas）又称进口限制，是一国政府对一定时期内（通常为一年）进口的某些商品的数量或金额加以直接限制。在规定的期限内，配置以内的货物可以进口，超过配额不准进口，或者征收较高关税后才能进口。因此，进口配额是限制进口数量的重要手段之一。

进口配额主要有绝对配额和关税配额两种形式。

1. 绝对配额

绝对配额（absolute quotas），即在一定时期内，对某些商品的进口数量或金额规定一个最高限额，达到这个限额后，便不准进口。绝对配额按照其实施方式的不同，又有全球配额、国别配额和进口商配额三种方式。

（1）全球配额

全球配额（global quotas）又称总配额，是指对某种商品的进口规定一个总的限额，对来自任何国家或地区的商品一律适用。主管当局通常按进口商的申请先后或过去某一时期内的进口实际额发放配额，直至总配额发完为止，超过总配额就不准进口。例如，加拿大规定，从 1981 年 12 月 1 日起，对除皮鞋以外的各种鞋类实行为期 3 年的全球配额。第一年的配额为 3560 万双，以后每年进口量递增 3％。加拿大外贸主管当局根据有关进口商 1980 年 4 月 1 日—1981 年 3 月 31 日期间所进口的实际数量来分配额度，但对进口国家或地区不加限制。

由于全球配额不限定进口国别和地区，因而进口商取得配额后可从任何国家和地区进口。这样，邻近国家或地区因地理位置接近、交通便捷、到货迅速，处于有利地位。这种情况下进口国在限额的分配和利用上难以贯彻国别政策，因而不少国家转而采用国别限额。

（2）国别配额

国别配额（country quotas）是将总配额在各出口国家或地区之间进行分配，即政府将总配额分配到各个国家或地区的名下。为了区分来自不同国家的产品，在按国别配额进口时，进口商必须提供进口商品的原产地证明书。与全球配额不同的是，实行国别配额可以很方便地贯彻国别政策,具有很强的选择性和歧视性,进口国往往根据其与有关国家或地区的政治经济关系分别给予不同的额度。

一般来说,按照配额的分配由单边决定还是多边决定,国别配额可以进一步分为自主配额和协议配额。

①自主配额(autonomous quotas)又称单方面配额(unilateral quotas),是由进口国自主地、单方面强制规定在一定时期内从某个国家或地区进口某种商品的配额,而无须征求输出国家的同意。自主配额的确定一般参照某国过去一定时期内的出口实绩,按一定比例确定新的进口数量或金额。例如,美国就是采取自主配额来决定每年纺织品配额。此外,据统计,1991年欧共体各国对华单边配额达130多种,给我国的出口造成了严重的干扰和阻碍。

自主配额由进口国家自行制定,往往带有不公正性和歧视性。由于分配额度差异,易引起某些出口国家或地区的不满或报复,因而更多的国家趋于采用协议配额,以缓和进出口国之间的矛盾。

②协议配额(agreement quotas)又称双边配额(bilateral quotas),是由进口和出口两国政府或民间团体之间通过协议来确定配额。协议配额如果是通过双方政府协议达成,一般需要将配额在进口商或出口商之间进行分配,如果是双边民间团体达成的,应事先获得政府许可,方可执行。由于协议配额是双方协商决定的,因而较易执行。

目前,双边配额的运用十分广泛。以欧共体的纺织服装业为例,为了保护其日益失去竞争力的纺织服装业,欧共体对80%以上的进口贸易实行双边配额管理。我国纺织品和服装双边协议限制的对欧出口额,约占我国对欧出口总额1/4。

2. 关税配额

关税配额(tariff quotas),即对商品进口的绝对数额不加限制,而对在一定时期内,在规定配额以内的进口商品,给予低税、减税或免税待遇,对超过配额的进口商品则征收较高的关税,或征收附加税甚至罚款。

关税配额按征收关税的优惠性质,可分为优惠性关税配额和非优惠性关税配额。优惠性关税配额是对关税配额内进口的商品给予较大幅度的关税减让,甚至免税,超过配额的进口商品即征收原来的最惠国税率。欧共体在普惠制实施中所采取的关税配额就属此类。而非优惠性关税配额是对关税配额内进口的商品征收原来正常的进口税,一般按最惠国税率征收,对超过关税税额的部分征收较高的进口附加税或罚款。例如,1974年12月,澳大利亚曾规定对除男衬衫、睡衣以外的各种限制,凡是超过配额的部分加征175%的进口附加税。如此高额的进口附加税,实际上起到禁止超过配额的商品进口的作用。

关税配额与绝对配额的主要区别在于:绝对配额规定一个最高进口额度,超过就不准进口,而关税配额在商品进口超过规定的最高额度之后,仍允许进口,尽管超过部分被课以较高关税。可见,关税配额是一种将征收关税同进口配额结合在一起的限制进口的措施。两者的共同点是都以配额的形式出现,可以通过提供、扩大或缩小配额向贸易对方施加压力,使之成为贸易歧视的一种手段。比如,从1954年7月—1995年5月这段时间里,美国政府在未提供充分证据和未经充分磋商的情况下,先后两次扣减我国总量达252

万打的纺织品配额,严重损害了我国的利益。第二次世界大战以后,许多发展中国家也实行了进口配额制,其目的主要是限制非必需品及与本国产品相竞争的工业品输入、节约外汇开支、发展民族经济。

目前,如何使用配额是影响我国商品出口的一个大问题。一方面我国政府或民间团体要尽量争取更多的配额,并加强配额的管理和分配;另一方面也要用足用好这些配额。所谓用足配额,有几个方面要考虑。首先,在规定的期间内把受限制的商品的配额用足。如果进口配额制中规定了留用额(上一年未用完留下的额度)、预用额(借用下一年度的额度)和挪用额(别国转让给我国的额度),我们也应加以充分利用,使配额的利用率达到最高水平。其次,要做好商品的分类工作。由于有的国家对某些商品的分类并非十分明确严格,既可归入有配额限制或配额较少的类别,也可归入无配额限制或配额较宽裕的类别,我们应争取后一种结果,获得更多的配额,以扩大出口。所谓用好配额,是指合理地使用配额,尽量使配额带来最大利益。比如,面对有金额限制的配额就要在金额范围内争取增加出口数量,而面对有数量限制的配额,则要在数量范围内尽量多出口档次高、附加值高的产品,实现利润最大化。最后,应该看到,进口配额制作为数量限制的一种运用形式,受到了关贸总协定及世界贸易组织的反对。总协定曾规定禁止数量限制条款,几乎把它放到与关税减让同等重要的地位,因而不少国家转而采取"灰色区域措施",如自动出口配额限制等。

(二)"自动"出口配额制

"自动"出口配额制("voluntary" export quotas)又称"自动"出口限制("voluntary" export restrains),是指出口国家或地区在进口国的要求和压力下,"自动"规定某一时期内(一般为 3～5 年)某些产品对该国的出口限制。在该限制内自行控制出口,超过限制即禁止出口。

"自动"出口配额制和进口配额制虽然从实质上来说都是通过数量限制来限制进口,但仍有许多不同之处。这表现在:第一,从配额的控制方面看,进口配额由进口国直接控制进口配额来限制商品的进口,而"自动"出口配额制则由出口国直接控制配额,限制一些商品对指定进口国家的出口,因此是一种由出口国家实施的为保护进口国生产者而设计的贸易政策措施。由于出口国并非完全自愿控制他们的出口,所以在限制进口方面不如进口配额有效。第二,从配额表现形式看,"自动"出口限额制表面上好像是出口国自愿采取措施控制出口,而实际上是在进口国的强大压力下才采取的措施,并非出于出口国的自愿。进口国往往以某些商品的大量进口威胁到其国内某些工业,即所谓的"市场混乱"(market disruption)为借口,要求出口国实行"有秩序增长"(orderly growth),"自动"限制出口数量,否则将采取报复性贸易措施。第三,从配额的影响范围看,进口配额制通常应用于一国大多数供给者,而"自动"配额制仅应用于几个甚至一个特定的出口者,具有明显的选择性。那些未包括在"自动"配额制协定中的出口者,可以向该国继续增加出口,这样为其他国家取代部分主要供应国的出口和由第三国转口打开了方便之门。第四,从配额适用时限来看,进口配额制适用时限相对较短,往往为 1 年,而"自动"出口配额制较长,往往为 3～5 年。

"自动"出口配额制主要有两种形式：

1. 非协定的"自动"出口配额

它是指出口国政府并未受到国际协定的约束，自动单方面规定对有关国家的出口限额，出口商必须在向政府主管部门申请配额，领取出口授权书或出口许可证后才能出口；也有的是出口厂商在政府的督导下，"自动"控制出口。比如，1975年，在日本政府的行动指导下，日本6家大型钢铁企业将1976年对西欧的钢材出口量"自动"限制在120万吨以内，1977年又限制在122万吨。

2. 协定的"自动"出口配额

它是指进口双方通过谈判签订"自限协定"（self-restriction agreement）或"有秩序销售协定"（orderly marketing agreement），规定一定时期内某些商品的出口配额。出口国则据此配额发放出口许可证或实行出口配额签证制（export visa），自动限制商品出口，进口国则根据海关统计进行监督检查。"自动"出口配额大多属于这一种。比如，1957年，美国的纺织业因日本的纺织品输入激增而受到损害，要求日本限制其对美国出口，否则即实行更为严厉的进口限制。在强大的压力下，日本和美国签订了一个为期五年的"自动限制协定"，"自动"地把对美国的棉纺织品出口限制在2.55亿平方码之内，从而由美国在总协定之外，开创了第一个对纺织品出口进行限制的先例。

20世纪70年代以来，随着新保护主义的兴起，用启动出口限制进行保护的趋势日益加强，并表现出以下特点：一是受其影响的贸易覆盖率呈增长趋势。1970年代初期，自动出口限制协定还不到一打，到1980年，其数量增加到80个，如果把《多种纤维协定》下实施的自动出口限制包括进去，到20世纪末则总数已达200多个。同时，其贸易覆盖率在1980年代初期为5%～7%，到1986年，实施中的自动出口限制协议所影响的贸易额，约为世界贸易额的8%～10%。二是受自动出口限制影响的国家更多的为发展中国家，并有增长的势头。1987年，在实施中的99个自动出口限制协定中，影响到发展中国家出口的有50个。从自动出口限制影响的需求来看，欧共体是最主要的策略地，占55个，其次为美国，占32个。三是受自动出口限制影响的产品开始从农业、纺织品与服装等传统领域转移至钢铁、汽车及高新技术行业。比如欧共体不仅对来自日本的钢铁、汽车采用的"自动"出口限制，还对来自日本一半以上的高新技术电子产品实行"自动"出口限制。

"自动"出口限制之所以成为较流行的贸易保护措施，究其原因，与关贸总协定的有关条款和运行机制有直接关系。首先，由于关贸总协定缔约方的多边谈判已大大降低了关税，而传统的非关税贸易壁垒措施（如进出口数量限制、海关估价制度、进出口许可证制度等）也在多边谈判的基础上达成协议，它们的使用必然受到国际社会的监督。因此，要更有力地限制进口，必须转而寻求其他措施。其次，"自动"出口限制协定一般由两国政府部门采取不公开或半公开的方式私下达成，透明度很低。由于这种出口限制是"自愿"的，其法律地位不明确，处在不合法与合法之间的模糊区域，是"灰色区域措施"。最后，由于国际贸易中不断出现反补贴、反倾销指控，作为出口国，采用"自动"出口限制措施来解决争端比其他方法在经济上来得有利，且能不伤和气，继续发展与进口国的经贸关系。从进口国的角度看，选择"自动"出口限制比提高关税或实施配额能更好地避开关贸总协定的规则，依自己的意愿针对某个国家采取限制措施，而不涉及出口同类产品的其他国家，不必担心受到这些国家的报复而使本国的出口遭受损害。正因为如此,"自动"出口限制作为灰色区域措施的一种主要形式而迅速蔓延。

(三)进口许可证制

进口许可证制(import license system),是指一国政府规定某些商品的进口必须申领许可证,否则一律不准进口的制度。它实际上是进口国管理其进口贸易和控制进口的一种行政处理措施与直接干预。

1. 进口许可证按其是否有配额分

(1)有定额的进口许可证

即进口国预先规定有关商品的进口配额,然后在配额的限度内,根据进口商的申请对每笔进口货物发给一定数量或金额的进口许可证,配额用完即停止发放。可见这是一种将进口配额与进口许可证相结合的管理进口的方法,通过进口许可证分配进口配额。若为"自动"出口限制,则由出口国颁发出口许可证来实施。例如,德国对纺织品的进口便是通过有定额的许可证进行管理的。德国有关当局每年分三期公布配额数量,然后据此配额数量发放许可证,直到进口配额用完为止。

(2)无定额的进口许可证

这种许可证不与进口配额相结合,即预先不公布进口配额,只是在个别考虑的基础上颁发有关商品的进口许可证。由于这种许可证的发放权完全由进口国主管部门掌握,没有公开的标准,因此更具隐蔽性,给正常的国际贸易带来困难,起到更大地限制进口的作用。

2. 进口许可证按照其进口商品的许可证划分

(1)公开一般许可证

公开一般许可证(open general license,OGL)又称公开进口许可证、一般许可证或自动进口许可证。它对进口国别或地区没有限制,凡列明属于公开一般许可证的商品,进口商只要填写公开一般许可证后,即可获准进口。因此,这一类商品分类实际上是可"自由进口"的商品。填写许可证的目的不在于限制商品进口,而是在于管理进口。比如海关凭许可证可直接对商品进行分类统计。

(2)特种商品进口许可证

特种商品进口许可证(specific license,SL)又称非自动进口许可证,凡属于此项下的商品,进口商必须向政府有关当局提出申请,经政府有关当局逐笔审查批准后方能进口。特种进口许可证往往都指定商品的进口国别或地区。

进口许可证的使用已经成为各国管理进口贸易的一种重要手段。它便于进口国政府直接控制进口,或者方便地实行贸易歧视,因而在国际贸易中越来越被广泛地用作非贸易壁垒措施。有的国家为了进一步阻碍商品进口,故意制定烦琐复杂的申领程序和手续,使得进口许可证制度成为一种拖延和限制进口的措施。

鉴于国际贸易中许可证尚有存在的理由,比如进行某种商品的统计,或在进口配额制下分配或控制某种商品的进口总量,或确定商品的原产地,或区别对待进口商品等,完全取消进口许可证是不现实的,但为了防止进口许可证被滥用而妨碍国际贸易的正常发展,关贸总协定从肯尼迪回合开始对这一问题进行多边谈判,在东京回合达成了《进口许可证手续协议》,并于 1980 年 1 月 1 日开始生效,其目的是防止进口许可证的使用成为阻碍国家贸易发展的非关税壁垒。在此基础上,乌拉圭回合又对该协议进行了修订,加强了管理透明度与通报规定,达成了新的《进口许可证程序协议》,规定签字国必须承担简化许可证程序的义务,确保进口许可证本身不会构成对进口的限制,并保证进口许可证的实施具有透明性、公正性和平等性。新协议于 1995 年 1 月 1 日生效,对所有 WTO 成员国都具有约束力,因而成为通行的进口许可证国际规则。

(四)外汇管制

外汇管制(foreign exchange control)也称外汇管理,是指一国政府通过法令对国家结算和外汇买卖加以限制,以平衡国际收支和维持本国货币汇价的一种制度。

对外贸易与外汇有密切关系,出口可收进外汇,进口要付外汇,因而外汇管制必然直接影响到进出口贸易。进口外汇管制是限制进口的一种重要手段。

负责外汇管制的机构,一般都是政府授权的中央银行(如英国的英格兰银行),但也有些国家另设机构,如法国设立外汇管理局负责。一般来说,实行外汇管制的国家,大都规定出口商须将其出口所得外汇收入按官方汇率(official exchange rate)结售给外汇管理机构,而进口商也必须向外汇管理机构申请进口用汇。此外,外汇在该国禁止自由买卖,本国货币的携出入境也受到严格的限制。这样,政府就可以通过确定官方汇率、集中外汇收入、控制外汇支出、实行外汇分配等方法来控制进口商品的数量、品种和国别。例如,日本在外汇分配时趋向于鼓励进口高精尖产品和发明技术,而不是鼓励进口消费品。

外汇管制的方式比较复杂,一般可分为以下几种:

1. 数量性外汇管制

数量性外汇管制是指国家外汇管理机构对外汇买卖的数量直接进行限制和分配。一些国家实行数量性外汇管制时,往往规定进口商必须获得进口许可证后,方可得到所需的外汇。

2. 成本性外汇管制

成本性外汇管制指国家外汇管理机构对外汇买卖实行复汇率制(system of multiple exchange rates),利用外汇买卖成本的差异来间接影响不同商品的进出口,达到限制和鼓励某些商品进出口的目的。所谓复汇率,也称多重汇率,是指一国货币对外汇率有两个或两个以上,分别适用于不同的进出口商品。其作用是:根据出口商品在国际市场上的竞争力,为不同商品规定不同的汇率以加强出口;根据保护本国市场的需要,为进口商品规定不同的汇率以限制进口等。

3. 混合性外汇管制

混合性外汇管制指同时采用数量性和成本性外汇管制,对外汇实行更为严格的控制,以影响商品进出口。

4. 利润汇出限制

利润汇出限制是指国家对外国公司在本国经营获得的利润汇出加以管制。例如,德国对美国石油公司在德国赚钱后汇给其母公司的利润按累进制征税,高达 60%。再如,有的国家通过拖延批准利润汇出时间来限制利润汇出。

外汇管制是资本主义国家的国家收支和金融危机的产物。1931 年资本主义世界金融危机爆发后,为了维持和改善国际收支,许多资本主义国家实行了外汇管制,这种状况一直持续到第二次世界大战结束初期。进入 20 世纪 50 年代后半期后,发达国家的外汇收支有了很大的改善,逐步放宽了外汇管制,乃至陆续取消了外汇管制,实行货币自由兑换。近些年来,国际金融形势动荡不安,一些国家出现了外汇不足,外汇管制又有逐步加强之势。一般说来,一国外汇管制的松紧,主要取决于该国的经济、贸易、金融及国际收支状况。一般情况是,工业发达国家外汇管制较松,发展中国家的外汇管制则松紧不一,从紧者居多。

关贸总协定也涉及外汇管制问题。它规定,一国实施外汇管制应遵循适度、透明和公正的原则。缔约国实行外汇管制,不得通过控制外汇使用来限制商品的进口数量、种类和国别,从而妨碍自由。另外,各缔约国应加强同国际货币基金组织的合作,协调处理有关国际收支、货币储备及外汇安排等问题。

第二次世界大战后初期,许多西方国家由于国际收支长期失衡,黄金外汇不足,不得不实行外汇管制。20 世纪 50 年代后半期,一些主要发达国家的国际收支得到了改善,都逐步放宽了外汇管制,最后实行了货币的自由兑换。我国是发展中国家,长期以来对外汇实行较为严格的集中管理、统一经营的方针。但是随着改革开放的不断深入,我国的外汇管制逐渐朝宽松的方向前进,从外汇统收统支到外汇留成制,再到银行结汇售汇制,并实现了人民币在经常项目下的可自由兑换,为人民币的完全可自由兑换打下了基础。同时,在汇率方面,实行汇率并轨,建立了以市场供求为基础的、参考一篮子货币进行调节、有管理的浮动汇率制,并成立了全国统一的外汇市场。这些改革使我国外汇管制体制逐步向国际惯例靠拢。但也要看到,我国外汇管理仍然管得过多,政策法规的统一性和透明性仍不够高。根据关贸总协定及现在的世界贸易组织关于外汇管理要适度、透明和公正的原则,我们仍然有许多工作要做。

（五）进口押金制

进口押金（advance deposit）制又称进口存款制或进口担保金制,是指进口商在进口商品前,必须预先按进口金额的一定比率和规定的时间,在指定的银行无息存储一笔现金的制度。这种制度无疑加重了进口商的资金负担,起到了限制进口的作用。它同外汇管制操作所遵循的理论如出一辙,即设法控制或减少进口者手中的可用外汇,来达到限制进口的目的。例如,意大利政府从 1974 年 5 月—1975 年 3 月曾对 400 多种进口商品实行进口押金制度。它规定,无论进口商从什么国家进口商品,都必须预先向中央银行缴纳相当于货值一半的现款押金,无息冻结半年。据估计,这项措施相当于征收 5% 以上的进口附加税。又比如巴西政府规定,进口商必须预先缴纳与合同金额相等的为期 360 天的存款才能进口。

进口押金制对进口的限制有很大的局限性。如果进口商以押款收据作担保,在货币市场上获得优惠利率贷款,或者国外出口商为了保证销量而愿意为进口商分担押金金额时,这种制度对进口的限制作用就微乎其微了。

（六）最低限价制和禁止出口

最低限价（minimum price）制,是指一国政府规定某种进口商品的最低价格,凡进口商品的价格低于这个标准,就加征进口附加税或禁止进口。例如,1985 年智利对绸胚布进口规定了每千克 52 美元的最低限价,低于这个限价,就将征收进口附加税。这样,一国便可有效地抵制商品进口或以此削弱进口商品的竞争力,保护本国市场。美国为抵制欧洲、日本等国的低价钢材和钢制品的进口,在 1997 年制定实施了启动价格制(trigger price mechanism,TPM),其实这也是一种最低限价制。它规定了进口到美国的所有钢材及部分钢制品的最低限价,即启动价格。当商品进口价低于启动价格时必须加以调整,否则就接受调查,并有可能被征收反倾销税。以后,欧共体步美国后尘,也对钢材及钢制品实行启动价格制。

欧共体为保护其农产品而制定的"闸门价"(sluice gate price)是另一种形式的最低限价。它规定了外国农产品进入欧共体的最低限价,即闸门价。如果外国产品的进口价低于闸门价,就要征收附加税,使之不低于闸门价,然后在此基础上再征收调节税。我国农产品对欧出口就深受闸门价的影响。以冻猪肉为例,去骨分割冻猪肉是我国一项传统出口产品,在欧洲国家十分畅销。1983 年欧共体规定了其闸门价每吨 1800 美元,调节税每吨 780 美元,而当时欧共体内销售价只有 2500 美元。由于进口成本远超过市场价格水平,中国冻猪肉于 1983 年全部退出欧共体市场。仅"闸门价"这一项农产品贸易壁垒措施,就使我国冻猪肉出口每年损失 6000 万美元。又比如,正当我国冻鸡肉对欧出口稳步上升时,欧共体于 1991 年 4 月大幅度提高冻鸡肉的闸门价、附加税和调节税,导致鸡肉的进口成本从原来每吨 1337 美元上升到 1826 美元。这样,我国冻鸡肉对欧出口业务被迫中断,造成每年数百万美元的出口损失。

禁止出口(prohibitive import)是进口限制的极端措施。当一国政府认为一般的限制已不足以解救国内市场受冲击的困境时,便直接颁布法令,公开禁止某些商品的进口。仍以欧共体为例,1975 年 3 月,欧共体决定自 1975 年 3 月 15 日起,禁止 3 千克以上的牛肉罐头及牛肉下水罐头从欧共体以外的市场进口。

一般而言,在正常的经贸活动中,禁止进口的极端措施不宜贸然采用,因为这极可能引发对方国家的相应报复,从而酿成愈演愈烈的贸易战,这对双方的贸易发展都无好处。至于一个国家也可能因政治原因而实施贸易禁运,这即使在冷战后的今天也屡见不鲜,则又另当别论。

(七)国内税

国内税(internal taxes)是指一国政府对本国境内生产、销售、使用或消费的商品所征收的各种税收,如周转税、零售税、消费税、销售税、增值税等。任何国家对进口商品不仅要征收关税,还要征收各种国内税。

在征收国内税时,对国内外产品实行不同的征税方法和税率,以增进进口商品的纳税负担,削弱其与国内产品竞争的能力,从而达到限制进口的目的。办法之一是对国内产品和进口产品征收差距很大的消费税。例如,美国、日本和瑞士对进口酒精饮料的消费税都大于本国制品。

国内税的制定和执行完全属于一国政府,有时甚至是地方政府的权限,通常不受贸易条约与协定的约束,因此把国内税用作贸易限制的壁垒,会比关税更灵活、更隐蔽。

(八)进出口的国家垄断

进出口的国家垄断(state monopoly)也称国营贸易(state trade),是指对外贸易中,某些商品的进出口由国家直接经营，或者把这些商品的经营权给予某些垄断组织。经营这些受国家专控或垄断的商品的企业，称为国营贸易企业（state trading enterprises）。国营贸易企业一般为政府所有，但也有政府委托私人企业代办。

各国国家垄断的进出口商品主要有四大类。第一类是烟酒。由于可以从烟酒进出口垄断中取得巨大财政收入，各国一般都实行烟酒专卖。第二类是农产品。对农产品实行垄断经营，往往是一国农业政策的一部分，这在欧美国家最为突出。如美国农产品信贷公司是世界上最大的农产品贸易垄断企业，对美国农产品国内市场价格能保持较高水平起到了重要作用：当农产品价格低于支持价格时，该公司就按支持价格大量收购农产品，以维持价格水平，然后，以低价向国外市场大量倾销，或者"援助"缺粮国家。第三类是武器。它关系国家安全与世界和平，自然要受到国家专控。第四类是石油。它是一国的经济命脉，因此，不仅出口国家，而且主要的石油进口国都设立国营石油公司，对石油资源进行垄断经营。

关于国营贸易企业，《关贸总协定》第 17 条规定，它们在购买和销售时，应只以商业上的考虑（包括价格、质量、货源、推销及其他购销条件）为根据，并按照商业惯例对其他缔约国提供参与购买或销售的适当竞争机会，不得不实行歧视政策。该条款旨在防止国营贸易企业利用其特殊的法律地位，妨碍自由贸易政策的实施。

（九）歧视性政府采购政策

歧视性政府采购政策（discriminatory government procurement policy），是指国家通过法令和政策明文规定政府机构在采购商品时必须优先购买本国货。有的国家虽未明文规定，但优先采购本国产品已成惯例。这种政策，实际上是歧视外国产品，起到了限制进口的作用。

美国从 1933 年开始实行，于 1954 年和 1962 年两次修改的《购买美国货物法案》是最为典型的政府采购政策。该法案规定，凡是美国联邦政府采购的货物，都应该是美国制造的，或是用美国原料制造的。凡商品的成分有 50％以上是国外生产的就是外国货。以后又作了修改，规定只有在美国自己生产数量不够或国内价格过高，或不买外国货有损美国利益的情况下，才可以购买外国货。显然，这是一种歧视外国产品的贸易保护主义措施。该法案直到关贸总协定的"东京回合"，美国签订了政府采购协议后才废除。英国日本等国家也有类似的制度。

（十）海关程序

海关程序（customs procedures）是指进口货物通过海关的程序，一般包括申报、征税、查验及放行四个环节。

海关程序本来是正常的进口货物通关程序，但通过滥用却可以起到歧视和限制进口的作用，从而成为一种有效的、隐蔽的非关税贸易壁垒措施，这可以体现在以下几个方面：

1. 海关对申报表格和单证进口作出严格要求

如要求进口商出示商业发票、原产地证书、货运提单、保险单、进出口许可证、托运人报关清单等，缺少任何一种单证，或者任何一种单证不规范，都会使进口货物不能顺利通关。更有甚者，有些国家故意在表格、单证上做文章。如法国强行规定所提交的单据必须是法文，有意给进口商制造麻烦，以此阻碍进口。

2. 通过商品归类提高税率

即海关武断地把进口商品归在税率高的税则项下,以增加进口商品关税负担,从而限制进口。例如,美国海关在对日本产卡车的驾驶室和底盘进行分类时,把它从"部件"类归到"装配车辆"类,其进口税率就相应地从 4％提高到 25％。又如,美国对一般的打字机进口不征关税,但将它归类为玩具打字机时,就要开征 35％的进口关税。不过,为大多数国家采用的《布鲁塞尔税则目录》比较完善,一般产品该在哪个税则下都比较清楚,因此,利用产品分类来限制进口的作用毕竟有限。

3. 通过海关估价制度限制进口

海关估价制度(customs valuation system)原本是海关为了征收关税而确定进口商品价格的制度,但在实践中它经常被用作一种限制进口的非关税壁垒措施。进口商品的价格可以有多种确定方法,如成交价,即货物出售给进口国后经调整的实付或应付价格;外国价,即进口商品在其出口国国内销售时的批发价;估算价,即由成本加利润推算出的价格;等等。不同计价方法得出的进口商品价格高低不同,有的还相差甚远。海关可以采用高估的方法进行估价,然后用征从价税的方法征收关税。这样一来,就可以提高进口商品的应税税额,增加其关税负担,达到限制进口的目的。在各国专断的海关估价制度中,以"美国售价制"最为经典。

美国售价制(American selling price system),是指美国对其本国商品竞争激烈的进口商品(如煤焦油产品、胶底鞋类、蛤肉罐头、毛手套等)按美国售价(即美国产品在国内自由上市时的批发价格)征收关税,使进口税率大幅度提高。由于受到其他国家的强烈反对,美国不得已在 1981 年废止了这种估价制度。

为了消除各国海关估价制度的巨大差异,并减少其作为非关税壁垒措施的消极作用,关贸总协定于"东京回合"达成了《海关估价守则》,形成了一套统一的海关估价制度。随着乌拉圭回合多边贸易谈判的结束,WTO 的《海关估价协议》代替了原来的 GATT《海关估价守则》而开始生效实施,但《海关估价协议》仍沿用了《海关估价守则》的基本内容,并使之进一步具有可操作性。《海关估价协议》规定,海关估价的基础应为进口商品或相同商品的实际价格,而不得以本国产品价格或以武断、虚伪的价格作为计征关税的依据。并且规定,"实际价格"是指,在进口国立法确定的某一时间和地点,在正常的贸易过程中,在充分竞争的条件下,某一商品或相同商品出售的价格。协议还明确规定六种估价方法应按顺序实施,并对不得采用的估价作了限制。该协议的目的是要制定一个公正、统一和中性的海关估价制度,使之不能成为国际贸易发展的阻碍。

4. 从进口商品查验上限制进口

海关查验货物主要有两个目的:一是看单据是否相符,即报关单是否与合同批文、进口许可证、发票、装箱单等单证相符;二是看单货是否相符,即报关内容是否与实际进口货物相符。为了限制进口,查验的过程可以变得十分复杂。一些进口国家甚至改变进口关道,即让进口商品在海关人员少、仓库狭小、商品检验能力差的海关进口,拖延商品过关时间。例如,1982 年 10 月,为了限制日本等主要出口国向法国出口录像机,法国政府规定所有录像机都要彻底检查,每个包装箱都要打开,认真校对录像机序号,查看使用说明书是否有法文,检查是否所报原产地生产等。普瓦蒂埃是个距法国北部港口几百英里的内地小镇,海关人员很少、仓库狭小,难以应付大量堆积如山的待进口的录像机进入法国市场,故进口量从原来的每月6.4万多台下降至每月不足1万台。也有的海关,对有淡旺季的进口商品进行旷日持久的检查,故意拖延其销售季节,从而限制了进口。

（十一）技术性贸易壁垒

技术性贸易壁垒（technical barriers to trade，TBT）,是指一国或地区以维护国家或地区安全、保障人民健康、保护动植物健康和安全、保护环境、防止欺诈行为、保证产品质量等为理由,制定一些复杂、苛刻且经常变化的技术标准、卫生检疫以及商品包装和标签规定等措施,从而提高产品的技术要求,增加进口的难度,最终达到限制外国商品进入、保护市场的目的。

WTO《技术性贸易壁垒协议》将技术性贸易壁垒分为技术法规、技术标准和合格评定程序。

按照该协议的定义,技术法规是规定产品特性或与其有关的加工与生产方法,包括适用的管理条款并强制执行的文件;技术标准是经公认机构批准的、一种自愿的非强制性的产品标准。可见技术法规与技术标准性质不同,其关键的区别是前者具有强制性,而后者是非强制性的。

合格评定程序是指任何用于直接或间接确定产品是否符合技术法规或标准有关要求的程序。它包括产品认证和体系认证:产品认证主要指产品技术规定或标准的规定,体系认证是指确认生产或管理体系符合相关规定。当代最流行的国际体系认证有ISO9000质量管理体系认证和ISO14000环境管理体系认证。

综观西方发达国家的技术性贸易壁垒,其限制进口产品方面的技术措施主要有以下几个方面:

1. 严格繁杂的技术法规和技术标准

利用技术标准（technical standard）作为贸易壁垒具有非对等性与隐蔽性。在国际贸易中,发达国家是国际标准的制定者,而发展中国家往往是国际标准的执行者。发达国家凭借着它们在技术上的优势,制定较高的技术标准,而且这些标准经常变化,使得发展中国家的出口厂商要么无从知晓、无所适从,要么为迎合其标准就要付出较高的成本,从而失去产品在国际市场上的竞争力。

欧盟是目前世界上技术性贸易壁垒最多、要求最严、保护程度最高的地区,其工业标准就不下10万种。进入欧盟市场的产品至少应该满足以下三个条件之一:一是符合欧洲标准EN,取得欧洲标准化委员会CEN认证标志;二是取得欧盟安全认证标志CE;三是取得ISO9000合格证书。不仅如此,欧盟成员国也有各自的标准。如德国就有自己的1.5万个标准。

2. 严格的卫生检疫制度

卫生检疫标准（health and sanitary regulation）主要适用于农副产品及其制品。各国在卫生检疫方面的规定越来越严,对要求卫生检疫的商品也越来越多。如美国规定其他国家或地区输往美国的食品、饮料、药品及化妆品,必须符合美国《联邦食品、药品及化妆品法》（*The Federal Food，Drug and Cosmetic Act*）的规定。其条文还规定,进口货物通过海关时,需由食品药物管理署（Food and Drug Administration，FDA）检验,如发现与规定不符,海关将予以扣留,有权进行销毁,或按规定日期装运再出口。日本对我国出口的大米进行检测的农药残留限制量标准的个数迅速增加。1994 年的检测项目还只有 56 项,1995 年则增加到 64 项,1996 年 81 项,1997 年 91 项,1998 年则达到 104 项。

3. 严格的商品包装和标签规定

商品包装和标签的规定(packing and labeling regulation)适用范围很广。许多国家对在本国市场销售的商品订立了种种包装和标签的条例,这些规定内容繁杂、手续麻烦,出口商为了符合这些规定,不得不按规定重新包装和改换标签,费时费工,增加商品的成本,削弱了商品的竞争力。以法国为例,法国根据 1975 年 12 月 31 日颁布的第 75-1349 号法规,宣布所有商品的标签、广告传单、使用手册、保修单及其说明材料都要强调性地使用法文,加拿大政府于 1998 年 11 月决定,从 1996 年 6 月 1 日开始,对所有来自我国输出到加拿大商品的货物木质包装不得带有树皮,不能有直径大于 3 毫米的虫蛀洞,必须对木质包装进行烘干处理,使木质材料的含水量低于 20%。

西方国家日益盛行的技术性贸易壁垒正在成为影响我国越来越多产品出口的重要因素。据有关部门的调查结果表明:2000 年我国约有 2/3 的进出口企业受到外国技术性贸易壁垒的影响,影响当年出口总额的 1/4,造成直接和间接经济损失约 110 亿美元。我国出口商品中经常遇到的技术性贸易壁垒主要有:食品中的农药残留量、陶瓷产品的含铅量、皮革的 PCD 残留量、烟草中的有机氯、机电产品玩具的安全、汽油的含铅量、汽车的排放标准、包装材料的可回收性、纺织品染料指标、保护臭氧层的受控物质等。目前我国大约有 70%～80% 的工业标准低于国际上或发达国家的标准。进入 21 世纪以后,世界贸易壁垒的 80% 属于技术性贸易壁垒,目前,技术性贸易壁垒已经取代反倾销,成为我国出口面临的第一大非关税壁垒。我国近年受反倾销措施影响的出口额仅占全年额的 1% 左右,而受技术贸易措施影响的出口额已经超过 25%。

二、反倾销、反补贴与保障措施

(一)反倾销

1. 反倾销简介

随着关税的降低和非关税壁垒的减少,尤其是配额以及许可证的限制使用,反倾销措施已经逐渐演化为世界各国最普遍使用的维护公平贸易环境、抵制不公平竞争的重要手段之一,但是反倾销带来的负面影响也是深远的,损失难以估算。不管是实施反倾销的还是被实施的国家,反倾销领域实际已经成为它们争夺国际市场的角斗场了。面对世界经济激烈竞争的形势、国际社会产业斗争的日益升温,以及我们承担的产业经济安全任务的加重,我们必须明确目标,提出对策。

(1)倾销和反倾销

倾销是指以低于正常价值的价格到另一国国内市场销售的行为。倾销分为偶然性倾销、掠夺性倾销和连续性倾销。

反倾销是指进口产品以倾销方式进入国内市场,并对已经建立的国内产业造成实质性损害或者产生实质性损害的威胁,或者对建立国内产业造成实质性障碍,采取反倾销措施。

（2）倾销的经济效应

对于进口国来说，影响是十分直接的。当倾销产品进入国内市场之后，由于其价格低廉，消费者转而购买进口产品，造成进口国同类产品和生产的企业失去国内市场，利润下降，甚至倒闭破产。但是另一方面也给进口国带来一定的好处，进口国的消费者以更加便宜的价格购买商品，减少了负担和开支。总体来看，倾销对进口国带来的好处小于遭受的损失。

对于出口国经济，好处自然不用说。但是从长远来看，若采取恶意倾销手段，一旦进口国采取反倾销措施，则出口国会因无力继续倾销，而很可能失去原来的国外市场。

2. WTO 的反倾销机制

目前 WTO 的反倾销法律文本仍然不健全，关贸总协定和世贸组织有关反倾销规定的一些漏洞也一直被一些国家和地区看作一种战略来使用，这也给一些国家或地区滥用反倾销规定提供了方便。WTO 的反倾销规定主要包括四个部分：

（1）对倾销的认定

关贸总部协定的乌拉圭回合之后，关于反倾销的规定签署在《执行 1994 年关贸总协定第六条的协议》中，世贸组织诞生后，这一规定成为世贸组织《反倾销守则》（以下简称《守则》）的重要内容，WTO 对于倾销的认定实际上存在着双重标准：价格倾销，即对外出口价格低于出口国内市场价格；成本倾销，即在出口市场上以低于成本的价格出售。

根据关贸总协定（以下简称 CATT）第 6 条的规定，倾销是指把产品的正常价值同出口的价格做比较，如出口价格低于正常价值，即可确定倾销。所谓正常价值通常指"旨在供出口国国内消费的相同产品在正常贸易过程中的可比价格"。

由此可以看出，GATT 最初的倾销认定是以价格倾销为基础的，而将成本倾销写入《守则》的最初倡导者是美国。在 GATT 的东京回合中由于很多国家的反对，美国的倡议最初并未如愿，但在以后的乌拉圭回合中，美国联合一些反倾销积极的国家和区域组织，使该条款终于加进了 WTO 规则中，《守则》第 2 条第 2 款有"低于成本价格销售"的认定方法，规定：凡在进口国国内市场上以低于"相同产品的单位平均生产成本（含固定和可变成本）加上销售与一般管理费用的价格出售者，可以按不在正常贸易过程中对待"。其要害在于：只要确定"低于成本销售"就可以直接认定为倾销，不需同出口价格做比较，该规定背离了国际贸易中以价格比较认定倾销的常规模式，大大放宽了认定倾销的标准，有利于美国等经济发达的国家利用反倾销实行贸易保护。

（2）对损害的认定

按 GATT 和 WTO 的规则，在反倾销调查中，进口有关当局不仅要证明倾销存在，还须认定进口国相关产业因此受到严重影响而遭到损害时，才允许进口国使用反倾销税，WTO 的标准含糊而灵活，这使进口国可以随意制定损害的标准。首先是对进口影响的评估问题，WTO 反倾销协议的第 3 条第 1 款和第 2 款规定：要查清倾销产品的进口数量和对进口国国内相同产品价格的影响，并且强调要兼顾所有经济因素，综合评估。若被诉倾销产品从数国进口，WTO 反倾销协议第 5 条和第 8 条规定：倾销幅度少于 2%，从某国进口的产品数量在总进口量中低于 3%，即可忽略不计。同时第 3 条第 3 款还规定：只有在来自每一国家进口产品的倾销幅度和进口都是不能忽略不计以及累计评估根据进口产品之间、进口产品与国内产品之间的竞争条件是恰当的情况下,方可对进口产品的影响进行累计评估。

其次,关于倾销与进口国受损害关系,按照《关税及贸易总协定 1994》第 6 条的规定,进口国有关当局必须要证明进口产品的倾销与国内产业受损害有因果关系,方可对进口产品征收反倾销税,此种因果关系说,历来可分为"主要原因说"和"原因之一说"两种主张。前者坚持只有在证明倾销就是造成损坏的主要原因时,才可对倾销产品征收反倾销税。后者则认为只要倾销是造成损害的主要原因之一时,因果关系即告成立,无须证明倾销是造成损害的主要原因,也不必对导致损害的其他原因如通货膨胀、商业周期等进行调查,美国对中国浓缩果汁的倾销起诉就是持这种态度,而《守则》对此问题也采取了折中的立场,第 3 条第 5 款关于因果关系的规定并未要求倾销是造成损害的主要原因,实际上,GATT 和 WTO 规则中对损害的界定,放宽了判别的标准,使进口国国内行业更容易获得支持定案的依据。

(3)非市场经济问题

国际贸易规则是西方国家在数百年的贸易发展中逐步形成,这些规则发展到今天仍然存在着对发展中国家的不公平的条款,有些甚至带有歧视性,但它们都披着"合法"的外衣。WTO《反倾销协议》认为,确定来自非市场经济国家的进口价格比较,是存在特殊困难的,因为这些国家对贸易实行全面的或者大范围垄断且国内价格由政府制定。因而《守则》第 2 条第 7 款针对非市场经济国家规定:WTO 成员可以将其市场上相同产品的价格,或以产自另一个国家(第三国)的相似产品价格为基础确定的产品价值,作为从这个国家进口的正常价值,只要有任何一个特定的案例中确定正常价值所使用的方法是适当的而不是不合理的,这种确定就是有效的。该条款造成了对所谓非市场经济国家实行反倾销措施时,允许使用较宽的标准,事实上对这些国家的一些不公待遇。首先,寻找一个同倾销国经济发展水平相当的第三国作为替代国,实际是不可能的,因为目前在世界上还没有在生产条件、技术水平、原材料使用等方面完全相同的两个国家,因此也不可能做到公平的选择。例如在一起针对我国生产的蘑菇倾销案中,美国商务部竟然选用印度尼西亚在空调条件下生长的蘑菇作为我国在自然条件下生长的蘑菇的替代经济,不肯从中扣除空调费用,以此裁定我国蘑菇出口构成倾销。其次,进口国中不可避免地要利用第三国来大做文章提高倾销幅度造成倾销的认定,一些国家有时也会利用第三国为替代国借以说明自己反倾销税率之低。

(4)争端解决机制

《守则》第 17 条规定了因反倾销而引起的贸易争端的解决方法。其中第 17 条第 1 款"争端解决谅解"还规定了对反倾销案处理的具体途径。欧盟是 WTO 争端解决机制的最主要使用方,自 1995 年 WTO 成立以来欧盟共向争端解决机制提出了 40 起申诉,占申诉总数的 1/4 多,由于欧盟产业界在提供信息和数据等方面积极配合,欧盟的案件多数得到了圆满的解决。

但争端解决机制也再次体现了《守则》的漏洞和被少数国家操纵的事实,如在第 17 条第 6 款关于争端解决程序上,WTO 听取了美国和欧盟的意见,对反倾销行动规定的审查标准不严格,这极大地限制了专家小组裁定案件的能力。该条文规定各专家组要较多地尊重进口国行政当局的决定和实施性立法。这为《守则》的多种解释留有余地。

（二）反补贴

反补贴协议规定，只有在补贴进口确实造成损失、二者之间有因果关系的情况下，反补贴调查机关才可以采取反补贴措施。补贴进口对申请方的国内产业是否造成损害，应依据反补贴措施调查程序确定。

对于禁止性补贴和可诉补贴可以采取的措施，反补贴协议规定了两种措施：一种是向世界贸易组织申诉，通过世界贸易组织的争端解决机制经授权采取反补贴措施；另一种是进口成员国根据国内反补贴法令通过调查征收反补贴税。对于特定补贴在进口成员方国内市场的影响，只能采取其中一种方法，以下主要介绍通过世界贸易组织争端解决机制采取的措施。

1. 针对禁止性补贴的反补贴措施

当世界贸易组织成员方有理由相信另一成员方实施或维持禁止性补贴，即可提出磋商要求，另一成员方应尽快磋商，双方应在 30 天内达成协议。如果双方未达成协议，任何一方均可以诉诸世界贸易组织争端解决机制，要求成立专家小组，专家小组应自成立和授权之日的 90 天内提出最终报告并向所有成员方散发；争端解决机制应与专家小组报告散发之日的 20 天内通过专家小组报告，除非当事人上诉或者争端解决机制成员协商一致不予通过。对于任何上诉，世界贸易组织的上诉机构应自通知上诉之日后的 30 天内作出决定，最长不超过 50 天。上诉机构的报告是终局的，除非争端解决机制在报告发给各成员之日起的 20 天内协商一致不同意通过上诉报告。如果争端解决机制通过的报告或建议在规定的时间内未被执行，应向申诉方授权采取相反的措施。

2. 针对可诉补贴的反补贴措施

当受到不利影响的成员方提出磋商请求时，补贴成员方应尽快进行磋商并应在 60 天内达成双方均可接受的解决办法。如果未有解决办法，任何一方均可诉诸争端解决机制，要求成立专家小组。专家小组应自成立后的 120 天内向所有成员提交报告。专家小组报告自提交之日起 30 天内由争端解决机制通过，除非一方提出上诉或争端解决机制协商一致决定不通过该报告。上诉机构应自收到上诉之日的 60 天内作出裁决报告，最迟不得超过 90 天。除非争端解决机制在收到报告后 20 天内协商一致决定不通过报告，否则报告应被通过而且争端各方应无条件接受。当报告被通过之日后的 6 个月内实施补贴的成员方既未消除不利后果和撤回补贴，而且也未达成任何补偿协定，则争端解决机制应授权申诉方采取与不利后果的程度和性质相当的反补贴措施。

针对禁止性补贴与可诉补贴的反补贴措施，其主要区别在于针对禁止性补贴的反补贴措施，不要求证明损害程度，在时限程序上规定很短，而针对可诉补贴的反补贴措施要求证明损害，在时限程度上相对要长。

3. 针对不可诉补贴的反补贴措施

对于不可诉补贴，反补贴协议通常不予干涉。但是对于专向性的不可诉措施，应通知补贴与反补贴措施委员会，一旦这些措施被认为与协议规定的标准不符，就可能被视为可诉的补贴；而且，即使某种补贴符合协议规定的不可诉补贴标准，但若该专向性的不可诉补贴对其他成员方造成无可挽救的不利影响，则应进入磋商程序，如果双方在 60 天内未达成协议,则可将纠纷提交给补贴与反补贴措施委员会。补贴与反补贴措施委员会应在120天内作出裁决,如果裁决在6个月内未得到执行,补贴与反补贴措施委员会可以授权申诉方采取与不利后果的程度和性质相当的反补贴措施。

(三)保障措施

世界贸易组织主张各成员方实行贸易自由化,逐步开放货物及服务市场,促进国际贸易和世界经济的发展。但对贸易自由化的风险也相应地制定了一系列例外条款和协议加以防范,允许成员方建立自己的符合世界贸易组织规范的保障机制,对本国产业实行合理与适度的保护,世界贸易组织《保障措施协议》(Agreement on Safeguards)规定的保障措施制度就是其中之一。

1. 保障措施的基本概念

在公平贸易的条件下,由于关税减让等承诺的存在可能导致某种产品对某一世界贸易组织成员方绝对或相对的进口刺激,从而对该成员方与之相似或直接竞争的进口采取数量限制、提高关税等措施,以便国内受到影响的产业进行调整,适应新竞争。数量限制或增加关税的措施,可以单独使用,也可以两者并用。

保障措施是世界贸易组织规则允许的保护国内产业的一种行政措施,是成员方政府依法维护本国产业利益的重要手段。其目的是允许任何一个成员方在特定的紧急情况下,为保障本国经济利益,对因履行协议所造成的严重损害进行补救,或避免严重损害威胁可能产生的后果。

2. 世界贸易组织《保障措施协议》产生的背景

关于保障措施的规定最早见诸1947年《关贸总协定》第19条。由于关贸总协定缔约国履行降低关税和取消其他贸易壁垒的义务,加剧了产业部门的竞争,尤其是某些工业和农业部门,即使关税减让分阶段实施,短期内仍难以适应新的竞争环境。为使受到影响的产业适应新的竞争,《关贸总协定》第19条规定,当一缔约国发现由于关税减让等原因,导致某一产品进口激增,以致对其国内生产者产生或即将产生严重损害时,该缔约国当局可对该进口采取保障措施。设置保障措施的目的是为受到影响的产业提供适应新竞争的时间,防止由于关税减让导致的急剧增加的进口对国内经济造成的混乱。后来演变为针对急剧增加的进口给国内产业造成损害的临时救济,逐渐成为维护国内产业利益的保护措施。

关税总协定对保障措施的规定只是框架性的,对其适用条件和磋商程序的规定相对较为简单、模糊。同时《关税总协定》中保障措施的实施应基于最惠国待遇的原则。但许多发达国家采取了诸如自愿出口限制或有秩序的市场安排等灰色区域措施,且这种逃避关贸总协定保障措施义务的灰色区域措施在不断增多。为防止缔约国滥用保障措施条款,阻止灰色区域措施的蔓延,完善和强化关贸总协定的保障机制,乌拉圭回合把保障措施列为谈判的重要议题之一,在总结各缔约国使用保障措施几十年经验的基础上,最终达成了一个综合性的《保障措施协议》。

《保障措施协议》由14个条款和1个附件组成,包括:总则、条件、严重损害或受到威胁的确定、保障措施的实施、对发展中成员的特殊待遇、磋商与争端解决等内容。它涵盖了实质规则和程序规则,使《关贸总协定》第19条具有更强的可操作性,减少了随意性。

3. 保障措施的性质

从性质上看,保障措施是整个世界贸易组织体制中的一个例外,它为成员方提供了免除义务的条件和程序。保障措施意在协调两个相互冲突的目标:在推进成员方贸易自由化的进程中,兼顾成员方的经济主权,使之在必要时可以适度维护自己的经济利益和经济安全;在谋求成员方对开放市场、自由贸易最大限度承诺的同时,给成员方适度背离义务的宽容。

4. 保障措施的特点

世界贸易组织确立的允许其成员方在特定条件下采取的贸易补救措施,主要包括保障措施和反倾销、反补贴三种。可以说,它们已经成为世界贸易组织及其成员方维护对外贸易秩序和公平竞争的重要法律依据和手段。保障措施的特殊性在于它是世界贸易组织成员方在公平贸易条件下保护国内产业的重要手段。与反倾销只针对不公平贸易中特定国家的产品不同,它所针对的是公平贸易条件下所有国家的同类产品。同时,当一成员方限制进口以保障其国内产业时,原则上必须给予因此而利益受到影响的成员方相应的补偿。保障措施一般是在防止或补救严重损害并帮助有关企业进行调整的必要限度内实施,因此又被称为国际多边贸易的"安全阀"。

一般来说,采取保障措施的程序是由生产有关产品并受到进口不利影响的产业部门启动的。该产业部门要注意观察进口的流向和产业自身的情况,若它认为需要采取保障措施,而且符合上述前提条件,就可以要求政府启动保障措施程序。

只有在经过规定的调查程序,确认进口增长正在对生产同类或直接竞争产品的国内产业造成严重损害或严重损害的威胁后,一成员方才可以采取保障措施;未经进口方主管机关调查的国内产业,对之不得采取保障措施。

由于保障措施针对的是公平的外国竞争并且实施保障措施的决策层次较高(有些过激是由总统决定),而且适用条件要比反倾销措施严格,因此,各国一般不轻易采取。世界范围内保障措施方案的数量远不如反倾销多,就说明了这一点。

5. 保障措施与反倾销措施的异同点

保障措施与反倾销措施都是世界贸易组织规则允许的贸易补救措施,它们既有共同点,也有不同之处。

(1)保障措施与反倾销的共同点

①均是为保护同内产业而采取的行政措施;

②均是针对进口产品(过量或倾销)而采取的行政措施;

③均是以(大部分)国内相关产业受到损害并与进口产品有因果关系时(保障措施:损害是由有关进口产品的大量增加造成的;反倾销:损害是由有关进口产品倾销造成的)才能采取行政措施。

(2)保障措施与反倾销的不同点

①反倾销针对的是来自特定国家或地区的某种产品;而保障措施仅针对特定产品,而不针对具体国家、地区和公司。

②当一成员方限制进口以保护其国内产业而采取保障措施时,原则上必须给予受到影响的其他成员相应的补偿,不能达成协议时,受影响的成员方还可以采取报复措施;而

当一成员方对另一成员方进口产品采取反倾销措施时,不必给予相应的补偿。

③一成员方若决定采取保障措施,该成员必须与有重大出口利益的成员方进行磋商;反倾销措施无此规定。

④保障措施针对的是公平的贸易行为,反倾销针对的是不公平的贸易行为。

⑤在调查程序方面,保障措施需要对国内产业受到损害的情况进行调查;反倾销需要对进口产品的倾销幅度和国内产业损害程度两方面进行调查。

第七章 区域一体化理论

区域经济一体化始于第二世界大战后,20 世纪 50 年代和 60 年代出现的大批经贸集团,70 年代到 80 年代初期处于停顿状态,80 年代后期又掀起世界范围经贸集团化的高潮,90 年代开始,世界各地区域一体化呈现快速发展的态势。目前,各种类型的区域经济一体化组织遍布世界各地,对世界政治经济格局产生了多方面、多层次的影响。区域性自由贸易与经济合作已成为当今国际贸易发展的趋势之一。

第一节 区域经济一体化概述

一、区域经济一体化的含义

所谓区域经济一体化(regional economic integration),是指区域内两个或两个以上的国家或者地区,通过制定共同的经济贸易政策措施,消除相互之间阻碍要素流动的壁垒,实现成员国的产品甚至生产要素在本地区内自由流动,从而达到资源优化配置,促进经济贸易发展,最终形成一个超国家的和经济贸易高度协调统一的整体。区域经济合作往往要求参加一体化的国家或地区让渡部分国家主权,由一体化合作组织共同行使这一部分主权,实行经济的国际干预和调节。

二、区域经济一体化的形式

区域经济一体化包括不同的类型和不同的程度,无论从内容还是层次来看差异都很大。从不同角度考虑可以分为不同的类型。

(一)按一体化的程度划分

1. 优惠贸易安排

优惠贸易安排(preferential trade arrangements)是指成员国之间通过协定或其他形式,对全部或部分商品规定特别的关税优惠,也可能包含小部分商品完全免费的情况。这是经济一体化的最低级和最松散的一种形式。战后初建的东南亚国家联盟就属于此种形式的一体化组织。

2. 自由贸易区

自由贸易区(free trade area)形式的区域经济一体化是一种区域内的自由贸易,它是指各成员国之间相互取消关税及进口数量限制,使商品在区域内完全自由流动,但各成员国仍保持各自的关税结构,按照各自的标准对非成员国征收关税。这是一种松散的经济一体化形式,其基本特点是用关税措施突出了成员国与非成员国之间的差别待遇。例如1960 年成立的欧洲自由贸易联盟和 1994 年 1 月 1 日建立的北美自由贸易区就是典型的自由贸易区形式的区域经济一体化。

3. 关税同盟

关税同盟(customs union)是指各成员国之间不仅取消关税和其他壁垒,实现内部的自由贸易,还取消了对外贸易政策的差别,建立起对非成员国的共同关税壁垒。其一体化程度比自由贸易区更进一步。它除了包括自由贸易区的基本内容外,而且成员国对同盟外的国家建立共同的、统一的关税税率。结盟的目的在于参加国的商品在统一关境内的市场处于有利地位,排除非成员国商品的竞争,它开始带有超国家的性质。世界上最著名的关税同盟是比利时、卢森堡和荷兰组成的关税同盟。比利时和卢森堡早在 1920 年就建立了关税同盟,第二次世界大战中,荷兰加入比卢关税同盟,组成比卢荷关税同盟。

4. 共同市场

共同市场(common market)是指除了在成员国内完全废除关税与数量限制并建立对非成员国的共同关税壁垒外,还取消了对生产要素流动的各种限制,允许劳动、资本在成员国之间自由流动,甚至企业主可以享有投资开厂办企业的自由。欧洲经济共同体在 80 年代接近发展到这一水平。

5. 经济同盟

经济同盟(economic alliance)是指成员国之间不但商品与生产要素可以完全自由流动,建立对外统一关税,而且要求成员国制定并执行某些共同经济政策和社会政策,逐步消除各国在政策方面的差异,使一体化程度,从商品交换,扩展到生产、分配乃至整个国家经济,形成一个庞大的经济实体。如 1991 年已解散的经济互助委员会。

6. 完全经济一体化

完全经济一体化(complete economic integration)是区域经济一体化的最高形式。完全经济一体化不仅包括经济同盟的全部特点,而且各成员国还统一所有重大的经济政策,如财政政策、货币政策、福利政策、农业政策,以及有关贸易及生产要素流动的政策,并由相应的机构(如统一的中央银行),执行共同的对外经济政策。这样,该集团相当于具备了完全的经济国家地位。

完全经济一体化和以上几种一体化形式的主要区别在于:它拥有新的超国家的权威机构,实际上支配着各成员国的对外经济主权。1993 年欧洲统一大市场以及欧洲联盟的建立,就标志着欧共体迈进了完全经济一体化的阶段。

以上六种经济一体化形式,虽然依次反映经济一体化的逐级深化,但一体化的不同层次并不意味着不同的一体化集团必然从现有形式向高级形式发展和过渡。也就是说,阶段之间不一定具有必然过程。此外,一体化目标有高有低,结合范围有广有狭,但是都涉及成员国将局部权力让渡给共同体的问题。权利让渡的程度,一般都取决于一体化目标的高低。

区域经济一体化的类型与特点如表 7-1 所示。

表 7-1 区域经济一体化的类型与特点

政策 类型	自由贸易	共同对外关税	生产要素流动	共同的经济政策 （货币、财政等）	建立统一的超国家经济机构
自由贸易区	√	×	×	×	×
关税同盟	√	√	×	×	×
共同市场	√	√	√	×	×
经济同盟	√	√	√	√	×
完全经济一体化	√	√	√	√	√

（二）按一体化的范围划分

按参加经济一体化的范围，可将区域经济一体化划分为：

1. 部门一体化

部门一体化（sectoral integration），指区域内各成员国的一种或几种产业（或商品）的一体化。如 1952 年建立的欧洲煤钢共同体与 1958 年建立的欧洲原子能共同体均属此类。

2. 全盘一体化

全盘一体化（overall integration），指区域内各成员国的所有经济部门加以一体化，欧洲经济共同体（欧洲联盟）就属此类。

（三）按参加国的经济发展水平划分

按参加国的经济发展水平划分，可将经济一体化分为：

1. 水平一体化

水平一体化（horizontal integration），又称横向一体化，是由经济发展水平相同或接近的国家所形成的经济一体化形式。从区域经济一体化的发展实践来看，现存的一体化大多属于这种形式，如欧洲经济共同体（欧盟）、中美洲共同市场等。

2. 垂直一体化

垂直一体化（vertical integration），又称纵向一体化，是由经济发展水平不同的国家所形成的一体化。如 1994 年 1 月 1 日成立的北美自由贸易区，将经济发展水平不同的发达国家（美国、加拿大）和发展中国家（墨西哥）联系在一起，使建立自由贸易区的国家之间在经济上具有更大的互补性。

第二节 经济一体化理论

一、关税同盟理论

关税同盟理论是由美国经济学家范纳和利普西提出的。按照他们的说法，完全形态的关税同盟应具备三个条件：(1)完全取消各参加国之间的关税；(2)对来自成员国以外地区的进口设置统一的关税；(3)通过协商方式在成员国之间分配关税收入。因此,关税同盟有着互相矛盾的两种职能：对成员国内部是贸易自由化措施,对成员国以外则是差别待遇措施。关税同盟理论主要研究关税同盟形成后,关税体制的变更(对内取消关税,对外设置共同关税)对国际贸易的静态和动态效果。

(一)关税同盟的静态效果

关税同盟的静态效果主要是指贸易创造效果和贸易转移效果。

所谓贸易创造,是指由于关税同盟内实行自由贸易后,产品从成本较高的国内生产转往成本较低的成员国生产,从成员国的进口增加,从而得以"创造"出新的贸易。其效果是：(1)由于取消关税,成员国由原先生产并消费本国的高成本、高价格产品,转向购买成员国的低价格产品,从而使消费者节省开支,提高福利。(2)提高生产效率,降低生产成本。从一国看,以扩大的贸易取代了本国的低效率生产；从同盟整体看,生产从高成本的地方转向低成本的地方,同盟内部的生产资源可以重新配置,改善了资源的利用。

所谓贸易转移,是指一国的进口从一个非同盟的低成本国家被另一关税同盟国的高成本国家所代替,从而使得贸易对象发生"转移"。其效果是：(1)由于关税同盟,阻止从外部低成本进口,而以高成本的供给来源代替低成本的供给来源,使消费者由原来购买外部的较低价格产品转向购买成员国的较高价产品,增加了开支,造成损失,减少福利。(2)从全世界的角度看,这种生产资源的重新配置导致了生产效率的降低和生产成本的提高。由于这种转移有利于低效率生产者,使资源不能有效地分配和利用,使整个世界的福利水平降低。

为了便于理解贸易创造与贸易转移两个概念,下面引用英国经济学家利普西在其著名的论文《关税同盟理论的综合考察》中的例子加以说明(见图7-1)。

现在假定在一定的固定汇率下,X商品的货币价格(假定价格等于成本)在A国为35美元,在B国为26美元,在C国为20美元,并假定A、B两国结成关税同盟,互相取消关税。在图中,假定缔结关税同盟前,A国凭借保护性关税,自己生产X商品。在这种情况下,为了阻止价格最低的(20美元)来自C国的进口,就需要征收75%以上的关税,现假定关税为100%。当A国与B国结成关税同盟,互相取消关税后,X商品的价格从以前的35美元降低到26美元。不言而喻,A国必须停止X商品的生产(在成本可变的情况下,必须把生产压缩到成本为26美元才合算)。这时A、B两国都要凭借保护才能阻止来自C国的进口。也就是说,缔结关税同盟以前,因为A、B两国设有保护关税,A、B、C三国都生产X商品,三国之间的贸易被关税隔断了。

而在缔结关税同盟之后,则创造出了从B国向A国出口的新的贸易和国际分工(专业化),这就是所谓的贸易创造效果。这时,A国可以用较低的价格(以前35美元,现在26美元)买到X商品,从而提高了福利。从A、B两国整体情况来看,由于生产从高成本转向低成本,节省了资源,因而能够提高福利。对C国来说,因为它原来就不与A、B两国发生贸易关系,所以仍和以前一样,没有什么不利；而如果把关税同盟国增加收入、增加进口的动态效果计算进去,C国也会有利可得。因此,对整个世界是有利的。也就是说,建立关税同盟后,关税同盟与外部关系未变,但在同盟内实现了生产的专业化和自由贸易。

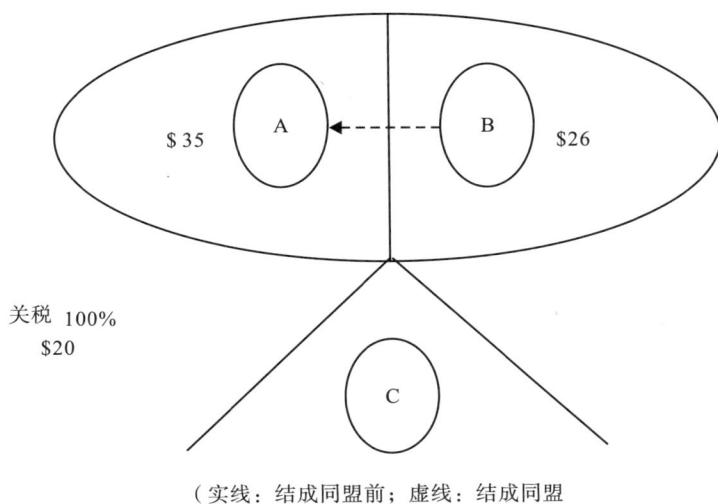

（实线：结成同盟前；虚线：结成同盟

图 7-1 贸易创造效应

三国之间本来没有贸易关系,而关税同盟在其内部创造和扩大了贸易。从这个意义上讲,关税同盟推动了贸易自由化的发展。

在图 7-3 中,假定缔结关税同盟前 A 国不生产 X 商品,而采取自由贸易,无税(或关税很低)地从国外进口,则当然是从成本最低的供应国 C 国以 20 美元的价格进口。而在同 B 国缔结关税同盟后,A 国将从 B 国花 26 美元进口。现假定 A、B 两国的关税同盟按照 C 国 20 美元与 B 国 26 美元的差距征收 30％以上的统一进口关税,则共同关税阻碍了

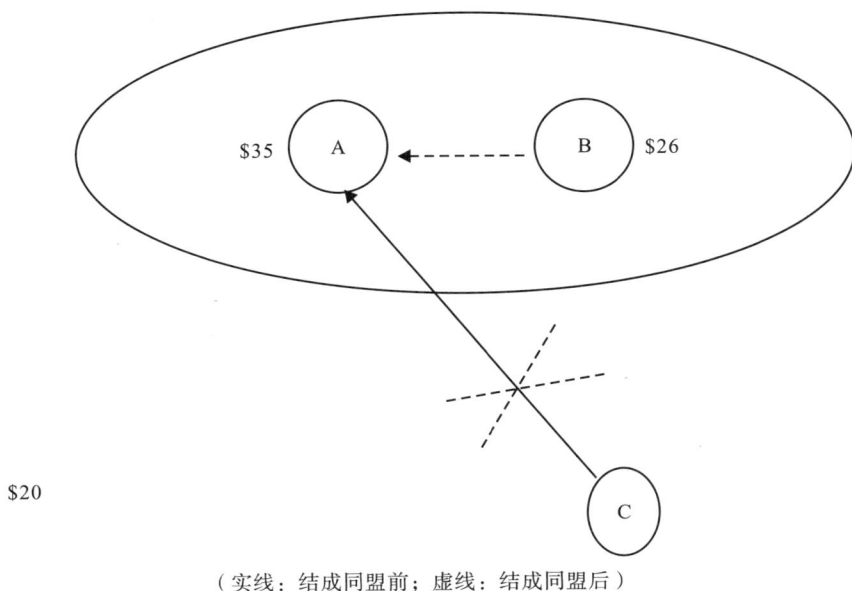

（实线：结成同盟前；虚线：结成同盟后 ）

图 7-2 贸易转移效应

从低价格(20美元)的C国进口,保护了B国(26美元)低效率、高成本的生产,使B国X商品在A国获得市场。这意味着关税同盟保护了落后工业,出现了贸易转移效果。显然,这是一种贸易保护的倾向,并因不能有效地分配资源而使整个世界(包括B国在内)福利降低。前面假定A国在缔结关税同盟之前是无税的,即使是有税的(例如在C国20美元与B国26美元之间的30%范围内,假定是20%),结果是一样的。这是因为,A国的进口还是从结盟前的较低的供给来源(24美元)转向了现在较高的供给来源(26美元)。因此,贸易转移效果必然表现为贸易保护的加强。

可见,关税同盟以两种相反的方式影响贸易和福利。如果说贸易创造代表利益,那么贸易转移所增加的成本便是代价。结成关税同盟是获得净利益还是带来损失,取决于贸易创造和贸易转移影响的大小。而贸易创造和贸易转移对经济福利影响的大小,又取决于进口需求弹性和成员国与非成员国之间的成本差异。一般来说,一国进口需求的价格弹性越大,与成员国的成本差异越大,贸易创造就越大,关税同盟所带来的收益就越大;相反,一国进口需求的价格弹性越小,与成员国的成本差异越小,而与非成员国的差异越大,关税同盟带来的损失就越大。

(二)关税同盟的动态效果

关税同盟还具有动态经济效果,即刺激各成员国的经济增长,并带来国民收入的持续增长。这些动态效果会通过一系列渠道表现出来。

1. 获得规模经济效益

规模经济效益是指当企业规模扩大到一定程度时,单位产品生产成本下降。美国经济学家巴拉萨认为,关税同盟可以使生产厂商获得重大的内部与外部经济利益。内部规模经济主要来自对外贸易的增加,以及随之带来的生产规模的扩大和生产成本的降低。外部规模经济则来源于整个国民经济或一体化组织内的经济发展。国民经济各部门之间是相互关联的,某一部门的发展可能在许多方面带动其他部门的发展;同时,区域性的经济合作还可导致区域内部市场的扩大,市场扩大势必带来各行业的相互促进。也就是说,建立关税同盟,将使各成员国的国内市场联结成统一的区域市场,而更大的区域市场将增加在经济范围内或产业范围内实现规模经济的机会,这就有利于推动企业生产规模和生产专业化的扩大。而且通过一体化区域合作和市场扩大也有助于基础设施(如运输、通信网络等)实现规模经济。这些对于小国尤为明显。例如,比利时、荷兰等欧洲小国在没有加入欧盟之前,一些主要工业部门的工厂规模就已经可以和美国的规模相比,它们可以通过为国内市场生产及提供出口而享受规模经济的好处。

2. 加强市场竞争,推动利益增长

区域经济一体化组织的建立,摧毁了原来各国受保护的市场,提高了市场的竞争性。市场竞争将增强比较价格作为相对稀缺性指标的可靠性,从而导致市场效率和透明度的提高,并促进资源配置效率改善。即使在寡头或垄断市场结构下,在产品差异和规模经济存在的条件下,广大市场范围所增强的竞争将限制或削减相互串通或其他滥用市场力量所带来的社会成本。竞争还将刺激公司改组和产业合理化,推动先进技术的广泛使用,从而将促进现代化的进一步发展,这些自然有助于提高经济效率和增进社会利益。

西托夫斯基认为,竞争加强是欧洲经济共同体最重要的影响。他认为关税同盟建立后,促进了商品流通,可以加强竞争、打破独占,经济福利因此提高。这是因为高关税会促进垄断,使一两家大公司统辖为数较多而效率较低的小生产者,它们宁愿用高价来排挤小企业而不肯提高产量。如果关税较低,大公司则不得不进行竞争,小企业也会联合、合并,提高效率。但是有些学者对此持相反的看法,认为区域经济一体化的发展,使贸易壁垒消除,内部市场扩大,易于获取生产的规模经济,从而产生独占,导致效率和福利下降。

3. 刺激投资

通过多国协定的约束,区域经济一体化扩大了市场规模,改善了投资环境。这样,它对成员国内部的投资和非成员国的投资者都大大加强了投资吸引力。关税同盟从以下几个方面使投资增加:(1)关税同盟成立后,成员国市场变成统一的大市场,需求增加,从而使企业投资增加。(2)商品的自由流通,使同行业竞争加剧。为了提高竞争能力,厂商一方面必须扩大生产规模,增加产量,降低成本。另一方面必须增加投资,更新设备,提高装备水平,改进产品质量,并研制新产品,以改善自己的竞争地位。(3)由于关税同盟的成员国减少了从其他国家的进口,迫使非成员国为了避免贸易转移的消极影响,到成员国内进行直接投资设厂,就地生产,就地销售,以避免强加在非同盟国产品上的贸易壁垒。这就是所谓的关税工厂(tariff factory)。这一点被认为是欧洲经济共同体成立后,美国到欧共体国家投资激增的主要原因。

更大区域的市场以各种形式所增加的投资机会,也会提高创新的利润率,因为研究与发展的固定成本将在更广的市场范围内加以分散,并促进规模经济的实现;同时,竞争引起的公司改组、合理化、现代化和技术改进将进一步提高投资的水平和效率。

但是,也有一些学者认为,关税同盟建立后,由于受贸易创造效果影响的产业会减少投资,且外部资金投入会使成员国的投资机会减少等原因,关税同盟内部的投资不一定会增加。

4. 促进生产要素的自由流动

关税同盟成立后,市场趋于统一,生产要素可以在成员国间自由流动,提高了要素的流动性,劳动力和资本从边际生产力低的地区流向边际生产力高的地区。劳动力的自由流动,有利于人尽其才,增加就业机会,提高劳动者素质。自然资源的流动能使物尽其用。关税同盟还能促使企业家精神在成员国之间传播和发扬。这些都将使生产要素配置更加合理,要素利用率提高,降低了要素闲置的可能性,从而有益于生产资源的最佳配置。

日本通产省的《通商白皮书(1991年度)》就区域经济一体化趋势在经济上所引起的正负两方面的效果列表加以说明,参见表7-2。

表 7-2　区域经济一体化的效果

区域外与区域内国家贸易影响的效果	积极效果	1. 区域内经济增长的提高,对第二次贸易扩大的效果	贸易扩大效果(域内)	区域各国贸易量增加
			域内规模经济效益的提高	由于市场扩大,规制的标准化,实现市场份额的稳定
			促进竞争的效果	区域内输入的优惠,加强了对外来输入品的竞争
			技术、产业网络等利用的可能性增大	
		2. 交易成本降低的效果		由于区域内各国的规制、基准等的标准化和简化,当区域外向域内输出时,也可因手续简化而使成本降低
	消极效果	3. 贸易转换效果		域外的输入品由相对价廉的域内国的输入品所代替
		4. 交易条件效果(在大国参加区域性集团的情况下)		在区域外国的输入减少的条件下,该区域外国的商品就会因滞销而价格下落,从而使该区域外国的交易条件恶化
		5. 调整障碍效果(在关税同盟条件下)		随着同盟各国外贸政策的统一,区域外国很难获得同样的补偿
其他对区域集团内国家所受影响的效果		6. 投资转移效果		由于投资区域外转为投资区域内
		7. 区域性集团内经济结构调整效果		由于区域内各国竞争加强,就要求产业结构的调整
		8. 关税收入减少		区域内各国关税税率降低后,关税收入因此降低
		9. 行政性成本降低		由于政策、制度废止和简化,使成本降低

资料来源:孙执中.论经济区域一体化对经济增长的影响[J].世界经济,1992 年第 10 期

二、协议性国际分工原理

协议性国际分工原理是由日本教授小岛清提出的。他认为在经济一体化组织内部如果仅仅依靠比较优势理论进行分工,不可能完全获得规模经济的好处,反而会导致各国企业的集中和垄断,影响经济一体化组织内部分工的和谐发展和贸易稳定。因此,必须实行协议性国际分工,使竞争性贸易的不稳定性尽可能保持稳定,并促进这种稳定。

所谓协议性国际分工,是指一国放弃某种商品的生产并把国内市场提供给另一国,而另一国则放弃另外一种商品的生产并把国内市场提供给对方,即两国达成互相提供市场的协议,实行协议性分工。协议性分工不能指望通过价格机制自动地实现,而必须通过当事国的某种协议来加以实现,也就是通过一体化的制度把协议分工组织化。像拉美中部共同市场统一产业政策,由国家间的计划决定的分工,就是典型的协议性国际分工。

协议性国际分工原理建立在成本长期递减理论的基础上。如图 7-3 所示的 A 国和 B 国 X、Y 两种商品的成本递减曲线,其中纵轴表示两国分别生产两种商品时的成本。现假定 A 国和 B 国达成互相提供市场的协议,A 国要把 Y 商品的市场、B 国要把 X 商品的市

场,分别提供给对方,即 X 商品全由 A 国生产,并把 B 国 X_2 量的市场提供给 A 国;Y 商品全由 B 国生产,并把 A 国 Y_1 的市场提供给 B 国。两国如此进行集中生产,实行专业化之后,如图中虚线所示,两种商品的成本都明显下降。但这仅仅是每种商品的产量等于专业化前两国产量之和的情况,如果同时考虑随着成本的下降所引致的两国需求的增加,实际效果将更大。

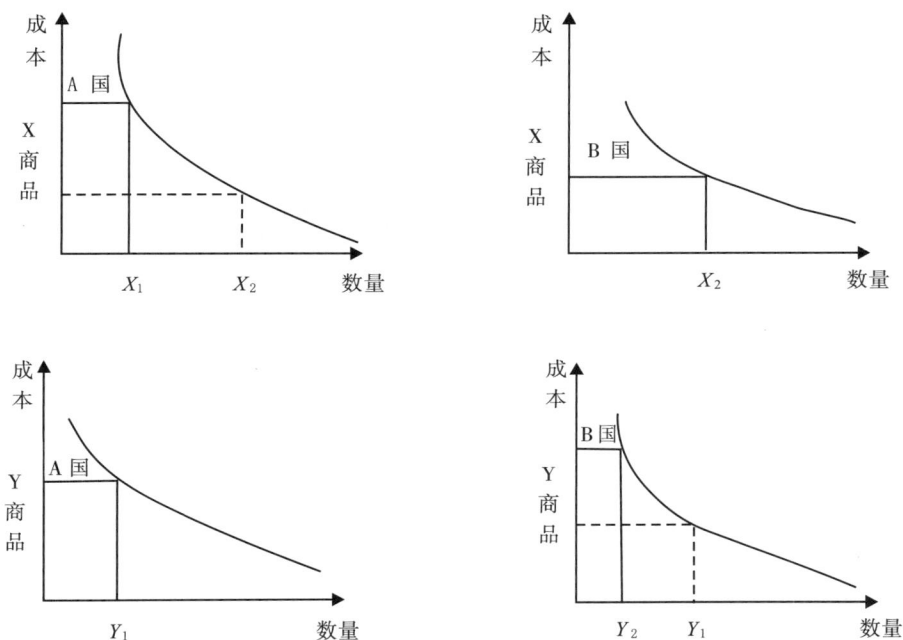

图 7-3 协议性国际分工

应该注意到以上的分工方向,并不是因为 X 商品在 A 国的成本较低,Y 商品在 B 国的成本较低,即不是由比较成本的价格竞争原理决定的。从图中可以看到,X 商品在 A 国的成本较高,Y 商品的成本两国相同。这就是说,尽管 X 商品与比较优势的竞争原理所指示的方向相反,Y 商品两国成本相同,但是若能互相提供市场,先进行分工,就可以实现规模经济,互相买到低廉的商品。

此外,还有一点应该注意。如果与图 7-3 所示的情况相反,即 A 国对 Y 商品实行专业化,B 国对 X 商品实行专业化,也可以获得分工的益处。但由于新的分工使 Y 商品的成本与图示相比没有多大变化,而 X 商品专业化后的成本则高于图示的成本,因而其分工的益处要小于图示中所得到的益处。这是因为,图 7-3 中,对 Y 商品来说,两国成本曲线基本相同,初期生产量小的 A 国虽然成本较高,但是它的成本递减率很大,随着生产规模的扩大,成本越来越低。

由上面的分析可以看到,为了互相获得规模经济的好处,实行协议性国际分工是非常有利的。但达成协议性国际分工还必须具备下列条件:

(1)参加协议的国家生产要素禀赋比率没有多大差别,工业化水平和经济发展水平相近,因而协议性分工的对象商品在哪个国家都能进行生产。

（2）作为协议分工对象的商品，必须是能够获得规模经济的商品，一般是重工业、化学工业的商品。

（3）每个国家自己实行专业化的产业和让给对方的产业之间没有优劣之分，否则不容易达成协议。这种产业优劣主要决定于规模扩大后的成本降低率和随着分工而增加的需求量及其增长率。

上述三个条件表明，经济一体化必须在同等发展阶段的国家之间建立，而不能在工业国与初级产品生产国这种发展阶段不同的国家之间建立；同时也表明，在发达工业国家之间，可以进行协议分工的商品范畴较广，因而利益也较大。另外，生活水平和文化等较为类似的地区容易达成协议，并且容易保证相互需求的均等增长。

第三节　区域一体化的发展现状与趋势

区域经济一体化是第二次世界大战后世界经济发展中出现的新现象。最早成立的一体化组织是 1949 年 1 月成立的"经济互助委员会"，简称经互会（CMEA）。经互会是由苏联发起，同保加利亚、匈牙利、波兰、罗马尼亚、捷克斯洛伐克 6 个国家组成。后来，民主德国、蒙古、古巴、越南相继加入，成为由 10 个国家组成的跨地区的经济一体化组织。经互会成立的目的是在平等互利的基础上实行经济互助、技术合作和经济交流，以促进成员国经济的发展。其实质上是其他国家经济与苏联经济的一体化。随着苏联的解体和东欧的剧变，该组织于 1991 年 6 月宣布解散。在经互会成立之后，西欧发达资本主义国家也开始在 20 世纪 50 年代末建立区域经济一体化组织。20 世纪 60 年代，区域经济一体化在世界各地广泛发展。70 年代中期到 80 年代中期，西方发达国家正处于滞涨阶段，其一体化程度相对缓慢。而发展中国家的经济一体化大多遭受挫折，一些组织中断活动和解体。但是，80 年代中期以后，全球的经济一体化进程出现新的高潮，且有进一步发展壮大的趋势。

目前，世界经济中已有数十个各种类型的区域经济一体化组织。不仅发达国家无一例外地卷入了组建区域经济一体化的新浪潮，而且广大发展中国家出于发展本国或本地区经济和共同对付发达国家经济剥削的需要，也纷纷组建、巩固和发展自身的区域经济合作组织。一些重要的经济一体化组织简况见表 7-3。

经济一体化滚雪球式地扩大，目前正进一步向着"洲际一体化"方向发展。欧洲将成为世界上最先建立全洲性经济共同体的地区。自法国、联邦德国、意大利、荷兰、比利时、卢森堡 6 国政府于 1957 年 3 月签署《欧洲经济共同体条约》（又称《罗马条约》），并于 1958 年在布鲁塞尔正式成立西欧共同市场以来，随着英国、丹麦、爱尔兰、希腊、西班牙、葡萄牙、奥地利、瑞典、挪威、芬兰的先后加入，这个一体化组织逐渐发展壮大，规模不断扩大，并两度易名（先发展为"欧洲共同体"，后又定名"欧洲联盟"），成为一个强大的经济和政治实体，在国际生活中发挥着日益重大的影响。西欧共同市场建立的最初动机只是建立一个区域性的关税同盟和农业共同市场，但该组织成立以来，经济一体化在广度和深度上不断发展。先在一体化组织内部取消了工业品进口税与限额，实现了对外统一关税。

紧接着又实施了共同农业政策,实行统一的农产品价格管理制度,并进一步实行农产品出口补贴制度和设立欧洲农业指导和保证基金,促进农业的机械化和现代化。进入 20 世纪 90 年代以来,欧共体的影响更为巨大。1991 年 12 月各成员国通过的《马约》又提出了实现真正的、全面的欧洲统一的新目标,其中包括:建立欧洲货币体系,并设立欧洲货币单位,成员国之间实行固定汇率,对外实行联合浮动,并建立欧洲货币基金,使得欧共体成为相对稳定的货币区;加强政治一体化的进程,组成统一的政治联盟,例如建立欧洲会议,实行防务合作的军事体制,经常磋商和协调对重大国际问题的立场等等。1993 年 1 月 1 日起,欧共体内部大市场正式开始运行,除人员流动略有限制外,商品、资本、劳务已实现在区内的完全自由流通。统一市场的建立,不仅提高了个别企业的规模经济,而且提高了竞争程度,增加了整个一体化组织的经济效益。

表 7-3　世界重要经济一体化组织概览

名称	现有成员国(地区)	总部(常设机构)所在地	成立时间
欧洲自由贸易联盟	奥地利、挪威、瑞典、冰岛、芬兰、列支敦士登	日内瓦	1960.1
比荷卢经济联盟	比利时、荷兰、卢森堡	布鲁塞尔	1960.11
欧洲共同体(欧洲联盟)	爱尔兰、比利时、丹麦、德国、法国、荷兰、卢森堡、葡萄牙、西班牙、希腊、意大利、英国、奥地利、瑞典、芬兰、马耳他、塞浦路斯、波兰、匈牙利、捷克、斯洛伐克、斯洛文尼亚、爱沙尼亚、拉脱维亚、立陶宛、罗马尼亚、保加利亚、克罗地亚	布鲁塞尔	1958（1994.1.1）
维谢格拉德集团	匈牙利、波兰、捷克、斯洛伐克	维谢格拉德	1991.2
黑海经济合作区	希腊、阿尔巴尼亚、罗马尼亚、保加利亚、俄罗斯、乌克兰、摩尔多瓦、亚美尼亚、阿塞拜疆、格鲁吉亚、土耳其	伊斯坦布尔	1993.9
独联体经济联盟	亚美尼亚、白俄罗斯、哈萨克斯坦、俄罗斯、乌兹别克斯坦、吉尔吉斯斯坦、摩尔多瓦、塔吉克斯坦、阿塞拜疆	莫斯科	1993.9
欧洲经济区	爱尔兰、比利时、丹麦、德国、法国、荷兰、卢森堡、葡萄牙、西班牙、希腊、意大利、奥地利、挪威、瑞典、冰岛、芬兰		1994.11
经济合作组织	土耳其、巴基斯坦、伊朗、阿富汗、阿塞拜疆、哈萨克斯坦、乌兹别克斯坦、吉尔吉斯斯坦、土库曼斯坦、塔吉克斯坦	德黑兰	1985
东南亚联盟	印度尼西亚、马来西亚、新加坡、菲律宾、泰国、文莱、越南、老挝、缅甸、柬埔寨	雅加达	1967.8
海湾合作委员会	阿联酋、阿曼、巴林、卡塔尔、科威特、沙特	利雅得	1981.5

续表

名称	现有成员国(地区)	总部(常设机构)所在地	成立时间
南亚合作联盟区域	孟加拉国、不丹、印度、马尔代夫、尼泊尔、巴基斯坦、斯里兰卡	加德满都	1985.12
阿拉伯合作委员会	埃及、约旦、伊拉克、也门	安曼	1989.2
阿拉伯马格里布联盟	阿尔及利亚、利比亚、毛里塔尼亚、摩洛哥、突尼斯	摩洛哥	1989.2
西非经济共同体	贝宁、布基纳法索、科特迪瓦、马里、毛里塔尼亚、尼日尔、塞内加尔	瓦加杜古	1973.4
西非国家经济共同体	上行7国,以及多哥、佛得角、冈比亚、几内亚比绍、几内亚、加纳、利比里亚、尼日利亚、塞拉利昂	阿布贾	1975.5
南部非洲发展协调会	安哥拉、博茨瓦纳、津巴布韦、莱索托、马拉维、莫桑比克、纳米比亚、斯威士兰、坦桑尼亚、赞比亚	哈博罗内	1980.4
东部和南部非洲优惠贸易区	上行8国(不含博茨瓦纳、纳米比亚),以及埃塞俄比亚、布隆迪、吉布提、科摩罗、肯尼亚、卢旺达、毛里求斯、索马里、苏丹	卢萨卡	1981.12
中非国家经济共同体	布隆迪、赤道几内亚、刚果、加蓬、喀麦隆、卢旺达、扎伊尔、中非圣多美和普林西比、乍得	利伯维尔	1983.10
安第斯集团	秘鲁、玻利维亚、厄瓜多尔、哥伦比亚、委内瑞拉	利马	1969.10
加勒比共同体	巴巴多斯、安提瓜和巴布达、巴哈马、伯利兹、多米尼加联邦、格林纳达、圭亚那、圣卢西亚、圣基茨和尼维斯联邦、牙买加、圣文森特与格林纳丁斯、特立尼达和多巴哥、蒙特塞拉特	乔治敦	1983.10
拉丁美洲一体化协会	阿哥廷、秘鲁、玻利维亚、厄瓜多尔、哥伦比亚、墨西哥、委内瑞拉、乌拉圭、智利	塞得维的亚	1981.3
北美自由贸易区	美国、加拿大、墨西哥	墨西哥城	1992.12
中美自由贸易区	萨尔瓦多、洪都拉斯、危地马拉、尼加拉瓜	圣萨尔瓦多	1993.2
澳新自由贸易区	澳大利亚、新西兰	堪培拉	1990.7
亚太经济合作区*(亚太经合组织)	日本、中国、韩国、新加坡、印度尼西亚、马来西亚、泰国、菲律宾、文莱、越南、墨西哥、加拿大、美国、澳大利亚、智利及中国香港、中国台湾	堪培拉	1994.11

　　* 严格地讲,亚太经合组织并不是一种一体化形式。但是,它确实具有发展成一种松散的一体化形式的趋势,加之它与中国的对外贸易发展有着直接的关系,故一并列出。

　　经济学家塞克奇尼估计,1992 年欧洲商品市场统一后,可能产生的经济利益约占欧共体 12 国全部国民生产总值的 6% 左右,其中 0.2% 来自取消贸易障碍,2.2% 来自专业化分工和生产发展,2.1% 来自规模经济,还有 1.0% 就来自竞争的加强。欧共体也加强了与东欧国家的经济合作。它与波兰、匈牙利、捷克斯洛伐克签署协定,双方建立了联系国关系。1995 年 2 月 1 日,欧洲联盟与捷克、斯洛伐克、罗马尼亚、保加利亚四国签订"欧洲协定"正式生效。根据该协定规定,双方在协定生效后 5～10 年内,逐步相互取消关税及其他贸易壁垒,同时在一定限度内实现人员和资本的自由流动。该协定将使中东欧国家完全融入欧洲一体化进程,为它们日后正式加入欧盟创造了条件。1999 年 1 月,欧洲单一货币——欧元进入实施阶段。2002 年 1 月 1 日,欧元开始进入流通,并与各成员国货币共同流通。2002 年 3 月 1 日,欧盟各成员国货币完全退出了流通,欧盟单一货币区正式成立。在此基础上,欧盟早在 2000 年的尼斯会议上,正式决定欧盟的"东扩"计划,2002 年 12 月 13 日,欧盟哥本哈根首脑会议闭幕,同时宣布与东欧的 10 个国家就加入欧盟的谈判结束,并于 2004 年 5 月 1 日起正式成为欧盟成员国。2004 年 10 月,欧盟 25 个成员国的领导人在罗马签署了欧盟历史上的第一部宪法条约,标志着欧盟在推进政治一体化方面又迈出重要的一步。2007 年 1 月 1 日,罗马尼亚和保加利亚正式成为欧盟成员国。这是欧盟历史上第六次扩大。2013 年 7 月 1 日,克罗地亚正式成为欧盟第 28 个成员国。2018 年 6 月 26 日,英国女王伊丽莎白二世批准脱欧法案成为法律,允许英国退出欧盟。另外,阿尔巴尼亚、黑山、塞尔维亚、马其顿即将加入欧盟。欧盟 2017 年 GDP 总值 17.278 万亿美元,人均 GDP 33715 美元。欧盟已成为目前世界上生产国际化、经济贸易一体化程度最高、影响最大的一体化组织。

　　美洲可能是世界上第二个实现"洲际经济一体化"的地区。战后相当长一段时间,美洲的国际经济一体化发展极不平衡,南美发展较快,1960 年形成了拉丁美洲自由贸易协会和中美洲共同市场两个一体化组织,而北美的美国、加拿大等国对此并不热心。但是,80 年代中期以来,随着世界经贸格局的重大变化,这种状态发生了巨大的转变。在美国的积极活动和推动下,美加两国于 1989 年 1 月 1 日起正式执行《美加自由贸易协定》。其后,美、加、墨三国首脑于 1992 年 12 月 17 日签署了《北美自由贸易协定》,这成为美洲经济一体化的一个重要里程碑。该协定设计三国之间的商品、服务贸易和投资自由化,知识产权保护,贸易争端的解决等内容,后来应美方的要求又加上了有关劳工和环境保护的补充规定,其中心内容是经过 15 年的过渡期最终建成包括三国在内的"北美自由贸易区"。该协定已于 1994 年 1 月 1 日正式开始生效执行。北美自由贸易区的建立是发达国家和发展中国家在区域经济合作组织内实行垂直性国际分工的一种新的尝试,是南北合作的一种新的尝试。尽管墨西哥和美加之间经济发展水平相差甚远,其政治、法律、文化等社会环境不同,北美自由贸易区在运行的过程中也产生了一些困难,但总体运行效果一直是朝着良好的方向发展。经过 8 年多的努力,北美自由贸易区已经基本实现了自由贸易区的目标,总体上取消了关税与非关税壁垒,实现了商品和投资的自由流动。

　　1994 年 12 月,美洲 34 国领导人在美国迈阿密举行 27 年来的首次美洲国家首脑会议。根据会议上达成的协议,美洲各国将于 2005 年前完成关于建立"美洲自由贸易区"的谈判。为此,各国首脑还签署了《原则宣言》和《行动计划》。目前,由于如巴西等拉美国家与美国在建立自由贸易区的问题上存在较大分歧,谈判遇到了前所未有的困难,谈判进度受到遏制。作为替代模式,一些国家纷纷与美国展开了多边、双边自由贸易谈判。

此外,美欧还可能建立起跨大西洋自由贸易区。建立跨大西洋自由贸易区的构想由来已久。早在 20 世纪七八十年代,美国国会领导人,如艾尔·厄尔曼和比尔·布雷德利,就曾提议过建立某种形式的美国和欧共体之间的自由贸易协定。冷战结束后,世界格局发生了重大变化,欧美关系面临新的调整,美国提出了"新大西洋主义",此后,加强欧美之间的经济联系备受关注。1991 年《华沙条约》解散后,美国国务卿贝克与欧洲委员会主席迪洛斯开始就新型的跨大西洋合作交换了意见。90 年代中期,建立跨大西洋自由贸易区的提议进入了紧锣密鼓的阶段,1994 年 12 月在马德里会议上,美国总统克林顿、西班牙首相冈萨雷斯和欧盟委员会主席桑特签署了《跨大西洋新纲要》,并就建立跨大西洋自由贸易区进行了讨论。北美自由贸易区的其他成员国也都表示与欧洲伙伴共同推进贸易自由化。1998 年 3 月 11 日,欧盟委员会通过了一项决议,准备就建立一个新的跨大西洋市场与美国谈判,同年 5 月,欧委会副主席在华盛顿发表的讲话中再次提出建立大西洋市场的建议,并对谈判提出了初步设想。跨大西洋贸易与投资伙伴协定(TTIP)即美欧双边自由贸易协定,于 2013 年 6 月启动。由于遭到欧盟内部的激烈政治反对和英国公投退欧影响,2016 年后谈判陷入停滞。议题涉及服务贸易、政府采购、原产地规则、技术性贸易壁垒、农业、海关和贸易便利化等。

按双方设计的目标,TTIP 将是一个全面、高水平的自贸协定,谈判内容包括取消所有产品的关税,实现最高水平的服务和投资自由化,减少和取消规制性障碍和非关税壁垒,制定面向 21 世纪的贸易新标准和新规则。美欧经济总量、外贸总额和人口规模分别约占世界的 45%、28% 和 12%。从经济规模看,TTIP 一旦建成,将成为全球最大的自贸区,对全球政治经济格局演变、经贸规则制定带来重要影响。

与欧美区域经济一体化进程蓬勃发展形成鲜明对照的是,亚洲地区的经济一体化进程明显滞后,亚太经合组织的建立由于历史和现实的原因,长期停留在论坛构想之中。不过近几年它同样明显加快了前进的步伐。1989 年由澳大利亚倡议召开的首次部长级会议,以及 1992 年 9 月第四届曼谷部长级会议决定在新加坡成立常设秘书处,拉开了亚太地区经济合作的序幕。1994 年 11 月在印度尼西亚茂物举行了第六届部长级会议和第二次成员首脑非正式会议,发表了《茂物宣言》,确定了发达成员在 2010 年前,发展中成员在 2020 年前实现区域内贸易和投资自由化的构想。各成员一直同意在人力资源、基础设施建设、科学与技术、环境保护、中小企业发展和公共部门的参与等方面加强合作。1995 年 11 月的大阪会议上,亚太经合组织成员通过了《大阪宣言》和《行动议程》,提出了九大原则作为实现贸易与投资自由化的基础,以便实现长远目标。亚太经合组织的 18 个成员都做出了加快合作进程的承诺。如日本从 1996 年 4 月而不是从 1998 年起即开始降低 697 种商品的关税,这些商品主要包括纺织产品、化工产品、钢铁和有色金属材料以及主要从亚太经合组织成员进口的价值约为 100 亿美元的产品。此外,日本还将采取其他 50 项关于放宽规章制度方面的技术措施。大阪《行动议程》的通过和实施,标志着亚太经合组织由摇摆的阶段进入务实行动的阶段。

然而,亚太地区要实现其合作目标,障碍依然很多,路途还很长远。亚太地区广大,各国(地区)经济政治制度差异很大,这就决定了这种经济合作不可能像欧洲联盟和北美自由贸易区那样紧密,而只能是一种建立在共同利益上的松散合作。与此相对应,次区域经济合作就非常活跃,其中影响较大的主要有两个。其一是澳新自由贸易区。从 20 世纪60 年代中期起,这个贸易区内已经取消商品关税,1980 年 7 月 1 日起又取消关税配额和进口许可证制度,形成了一个比较完善的自由贸易区。另一个是东南亚经济联盟(以下简称"东盟")。东盟与 1967 年 8 月在曼谷成立,当时仅包括印度尼西亚、马来西亚、新加坡、泰国、菲律宾 5 个国家,其后文莱于 1985 年,越南于 1995 年,缅甸和老挝于 1997 年,柬埔寨于 1999 年相继加入,使东盟成为拥有 10 个成员国的区域经济一体化组织。1991 年 10月东盟六国达成关于 15 年内将其建成自由贸易区的协议,1994 年又决定将提前 5 年于2003 年建成自由贸易区,1998 年在越南召开的东盟首脑会议上又确定将自由贸易区提前到 2002 年。2002 年 1 月 1 日,东盟自由贸易区宣告成立。

此外,南亚各国在 1985 年也创立了南亚区域合作联盟。1990 年 11 月在马尔代夫举行了第五届南亚区域合作联盟首脑会议,并通过了《马累宣言》。1993 年 4 月 11 日在达卡会议上,各国首脑签署了《南亚优惠贸易安排》,承诺会员国之间进口商品时,可以享受10%的关税优惠待遇。不过,南亚诸国产业结构趋同,产品相互竞争的可能性远大于相互间的互补性,加之经济发展程度较低,短期内难以大力调整产业结构,这在一定程度上影响了区域经济合作的深化。

2005 年 5 月 28 日,文莱、智利、新西兰、新加坡四国协议发起跨太平洋伙伴关系,签订并生效的经贸协议,成员之间彼此承诺在货物贸易、服务贸易、知识产权以及投资等领域相互给予优惠并加强合作。协议采取开放的态度,欢迎任何 APEC 成员参与,非APEC 成员也可以参与。该协议的重要目标之一就是建立自由贸易区。2009 年 11 月,美国正式提出扩大跨太平洋伙伴关系计划,澳大利亚和秘鲁同意加入。美国借助 TPP 的已有协议,开始推行自己的贸易议题,全方位主导 TPP 谈判。自此跨太平洋战略经济伙伴关系协议,更名为跨太平洋伙伴关系协议,开始进入发展壮大阶段。

2016 年 2 月 4 日,在新西兰奥克兰,由 TPP 12 个成员国代表参加的签字仪式,《跨太平洋伙伴关系协定》(TPP)正式签署。2017 年 1 月 23 日,美国总统唐纳德·特朗普在白宫签署行政命令,标志美国正式退出跨太平洋伙伴关系协定(TPP),特朗普政府将与美国盟友和其他国家发掘双边贸易机会。2017 年 11 月 11 日,日本经济再生担当大臣茂木敏充与越南工贸部长陈俊英在越南岘港举行新闻发布会,两人共同宣布除美国外的 11 国就继续推进 TPP 正式达成一致,11 国将签署新的自由贸易协定,新名称为"全面且先进的TPP"(CPTPP,Comprehensive Progressive Trans-Pacific Partnership)。

在非洲,1964 年成立了中非关税和经济同盟,1967 年成立了东非经济共同体。近几年来,非洲大陆各种一体化组织发展迅速。据不完全统计,全非已有 40 多个地区性经济合作组织和 8 个经济一体化组织。1991 年 6 月,非洲 32 个国家的元首、政府首脑及其代表签署了建立"非洲经济共同体"的条约,规定到 2025 年间,分六个阶段逐步建成一个"非洲经济共同体",最终在非洲实现商品、资金和劳务的自由流动,并建立统一的中央银行,发行非洲统一货币。当然,由于历史、政治和经济等方面的诸多原因,其实际进程可能较为艰难坎坷。但面临着沦为"第四世界"的巨大压力和其他地区经济集团化的严峻挑战,到 21 世纪初,"非洲经济圈"的建设有可能获得比较顺利的发展。

目前,中亚和独联体国家的一体化也在迅速发展。苏联在解体后四分五裂,却依然建立起独联体,这本身就说明在经济一体化的世界潮流中,大多数苏联加盟共和国同意需要某种一体化形式来加强彼此间的经济联合。但从长远来看,"独联体"这种形式还不足以帮助它们解决各自的经济问题,因而它们会参与其他各种形式的地区经济一体化。其中俄罗斯联邦共和国在将来的世界经济合作中,较大可能是其亚洲部分进入东亚经济集团或西大西洋经济区,其欧洲部分和另外一起地处欧洲的独立共和国逐步纳入欧洲经济圈。而中亚的一些独立共和国将进而参加土耳其、伊朗等筹划的黑海和里海经济区,如 1992 年成立的"黑海经济合作区"。此外,西亚经济合作运动一度陷入沉默,近年来又发出新的声音。例如海湾合作委员会各国于 1992 年达成协议,宣布从 1993 年起建立共同市场,统一进口关税,以保证进口货物在沙特、科威特、巴林、卡塔尔、阿曼和阿联酋六国间的自由流动。不过要看到,西亚地区多为阿拉伯国家,在经济上与北非的阿拉伯国家关系密切,与欧洲国家有着传统的经济联系。所以,西亚各国在未来的经济一体化进程中,一种可能是加强区域内的合作;另一种可能则是"各奔前程",各自向欧洲经济区和非洲经济区靠拢。

由此可见,区域经济一体化已是全球性的浪潮。这一方面反映了国际分工在当代的深化,各国(地区)之间的经济关系日益紧密,生产和消费越来越超越国界走向国际化,各国(地区)经济各自为政的局面已成过去,国家之间、地区之间经济联系越来越需要更多的协调及相应的制度安排;另一方面,它又反映了多边自由贸易体制正面临巨大挑战及区域性贸易保护主义抬头的一种倾向。

区域经济一体化的现状和趋势发展表明,这种经济形式对成员国的经济发展和外贸推动是利大于弊,同时使得非成员国的对外贸易面临着目前国际规则认可的新的障碍和限制,因此一国单枪匹马地参与国际竞争将会困难重重。这就启示我们,我国应当采取积极的态度去参与多种松散形式的国际经济合作,并且努力创造条件,为我国将来进入某个或某些一体化经济组织打下扎实的基础。

第八章　GATT 与 WTO

第一节　贸易条约与协定的种类

贸易条约与协定(commercial treaties and agreements),是两个或两个以上的主权国家为确定彼此的经济关系,特别是贸易关系方面的权利和义务而缔结的书面协议。

贸易条约又称通商航海条约,它涉及国家主权和经济利益的重大问题,必须以国家或者国家首脑名义签署并经所在国法律程序审批。

贸易协定一般具有涉及面比较窄、内容比较具体、无须法律程序审批等特点。它只需两国外贸部一级官员签署即可。

一、贸易条约与协定的结构

贸易条约与协定一般由序言、正文和结尾三个部分组成。

序言通常载明缔约双方发展经济贸易关系的愿望及缔约条约或协定所遵守的原则。

正文是贸易条约和协定的主要组成部分,它是有关缔约各方权利与义务的具体规定。不同种类的贸易条约与协定,其正文所包括的条约和内容有所不同,如通商航海条约、贸易协定等的主要内容通常在有关条约或协定的正文中予以规定。

结尾包括条约与协定生效、有效期、延长或废止的程序、份数、文字等内容,还有签订条约与协定的地方及双方代表签字。

缔约条约与协定的地点对于需要经过批准的条约与协定有特殊意义,如果条约是在一方首都签订的,按惯例批准书就应在对方国家的首都交换;贸易条约与协定一般以缔约方的文字写成并且规定两种文本具有同等效力。

二、贸易条约与协定通常适用的法律条款

(一)最惠国待遇条款

最惠国待遇条款(most-favored nation treatment)是贸易条约与协议中的一项重要条款。它是指如果一方给予任何第三国的一切特权、优惠和豁免,同样给予缔约国另一方。它的基本要求是缔约国一方在缔约国另一方享有的不低于第三国享有的待遇。

最惠国待遇的形式有两种:有条件的最惠国待遇和无条件的最惠国待遇。有条件的

最惠国待遇是指如果一方给予第三国的优惠待遇是有条件的,则要求另一方必须提供同样的补偿才能享受这种待遇。由于它是美国首先提出来的,因此又称为美式最惠国待遇。无条件的最惠国待遇是指缔约国一方现在和将来给予第三国的一切优惠待遇,立即无条件、自动地、无补偿地适用于对方;由于它首先被英国采用,故又称为欧式最惠国待遇。现在的国际贸易条约与协定一般多采用无条件的最惠国待遇。

最惠国待遇的适用范围很广,通常包括以下几个方面:一是有关进出口、过境商品的关税及其他各国捐税;二是有关商品进出口、过境、过仓和换船方面的海关规则、手续费和费用;三是进出口许可证的发给及其限制措施;四是船舶驶入、驶出、停泊时的各种税收、费用和手续;五是关于移民、投资、商标、专利及铁路运输方面的待遇。最惠国待遇最主要的适用对象是进出口商品的关税待遇。

（二）国民待遇条款

国民待遇条款(national treatment)是法律待遇条款的一种。它的基本含义是:缔约国的一方根据条约规定,应将本国公民享有的权利和优惠扩及缔约国对方在本国境内的公民。根据国民待遇原则,缔约国一方的公民在缔约国另一方可以享有与该国公民同样的待遇。

国民待遇条款一般适用于外国公民的私人经济权利、外国产品所应缴的国内捐税、利用铁路运输和转口过境条件、船舶在港口的待遇、商标注册、著作权发表及发明专利权的保护等。但是,国民待遇条款的适用也是有一定的范围的,并不是将本国公民所享有的一切权利都包括在内,例如,沿海航行权、领海捕鱼权、购买土地权等,通常都不包括在国民待遇条款范围之内。

三、贸易条约与协定的种类

贸易条约与协定根据缔约国的多少可分为双边和多边两种,由两个主权国家缔结的条约称为双边条约;由两个以上主权国家缔结的条约称为多边条约。从内容而言,贸易条约与协定有各种不同的名称,如通商航海条约、贸易协定、贸易协定书、支付协定、贸易与支付协定、国际商品协定和销售公约等。现仅就常见的几种,分别介绍如下:

（一）通商航海条约

通商航海条约(treaty commerce and navigation)又称为通商条约、友好通商条约,它是全面规定两国之间经济、贸易关系的条约,其内容比较广泛,常涉及缔约国在经济和贸易关系中的各个问题。

一般来说,这种贸易条约的正文一般包括以下几个方面内容:关于缔约国双方的进出口商品的关税和通关待遇问题;关于缔约国双方公民和企业在对方国家所享有的经济权益;关于船舶航行和港口使用问题;关于铁路运输和过境问题;关于知识产权保护问题;关于进口商品的国内捐税问题;关于知识产权保护问题;关于进口商品的国内捐税问题;关于进出口的数量限制问题;关于仲裁裁决的执行问题;其他问题。

（二）贸易协定

贸易协定(trade agreement)是两国(地区)或两个以上国家(地区)之间调整它们相互的经济贸易关系的一种书面协议。其特点是对缔约国之间的贸易关系往往规定得比较具体,有效期一般较短,签订的程序也比较简单,一般只需签字国的行政首脑或其代表签署即可生效。

贸易协定的主要内容通常包括:最惠国待遇条款的规定、进出口商品货单和进出口贸易额的规定、作价原则和使用货币的规定、支付和清算办法的规定、优惠关税的规定以及其他事项的规定。对于贸易额和双方进出口货单的规定,往往不是硬性的,在具体执行时可以协商与调整。

贸易议定书(trade protocol)是指缔约国就发展贸易关系中某项具体问题所达成的书面协议。这种贸易议定书往往是对贸易协定的补充,是其进一步的解释或者修改。有的贸易议定书是作为贸易协定的附件,有的则不作为附件。此外,在签订长期贸易协定时,关于年度贸易的具体事项,往往通过议定书的方式加以规定。贸易议定书的签订程序和内容比贸易协定更加简单,一般经签字国有关行政部门的代表签署后即可生效。

(三)支付协定

支付协定(payment agreement)是两国间关于贸易和其他方面债权债务结算方法的书面协议。支付协定是在外汇管制条件下,各国之间的货币不能自由兑换,因此结算只能在双边基础上进行。同时由于货币不能自由兑换,使得一国所持的债券也不能用来抵偿对第三方的债务。基于上述原因,两国之间需要通过缔结支付协定的办法来解决双方之间债权与债务问题。支付协定的主要内容有:清算机构的规定、清算账户的规定、清算项目与范围的规定、清算货币的规定、清算方法的规定以及清算账户差额处理的规定等。

1929—1933 年世界经济危机发生后,签订支付协定的国家日益增多,其中绝大部分是双边支付协定。但自 1958 年以来,发达资本主义国家相继实行货币自由兑换政策,放松外汇管制,双边支付清算逐步被多边支付清算所代替,如欧洲支付同盟等。至于一些仍然实行外汇管制的发展中国家,有时要需要用支付协定来清算对外债务和债权。

(四)国际商品协定

国际商品协定(international commodity agreement)是指某项商品的主要出口国和进口国之间为了稳定该项商品价格和保证供销等目的所缔结的政府间的多边协定。国际商品协定主要有以下几种形式:

1. 多边合同

指由商品的主要出口国与若干个主要进口国之间签订的确定其在一段时期内保持稳定的买卖关系的长期购销合同。在这种形式的协定中,规定该项购销商品的最高价格和最低价格以及商品的配额。当市场价格超过了该项商品的最高价格时,在规定的配额内,进口国仍然要按最低价格向出口国购买该项商品。例如《国际小麦协定》。

2. 出口限额

指以出口配额方式,通过对某项商品的出口数量限制来稳定商品的市场供应量,维持商品价格的协定。例如《国际糖协定》。

3. 缓冲存储

指根据协定而建立的缓冲存储机构,存储物包括该项商品和现金。在这种协定中,对协定项下的商品规定最高限价和最低限价;当市场价格上涨超过其最高限价时,在市场上抛售缓冲存储的商品,使价格稳定;当市场价格下跌到最低限价以下时,利用缓冲存储中的现金在市场上收购商品,使价格稳定。例如《国际咖啡协定》。

第二节　GATT

一、GATT 产生的历史背景及过程

(一)经济危机导致各工业国的经济下降

1929—1933 年,资本主义世界爆发了严重的经济危机。这次危机使得资本主义各主要国家的经济受到严重打击。据统计,美国经济水平下降 55%,德国经济水平下降 36.2%,英国经济水平下降 23.8%。贸易量下降更为严重:德国下降 76%,美国下降 70%,法国下降 66%,英国下降 40%。资本主义各国家之间的矛盾加剧。

(二)贸易保护主义的恶果引起各国的反思

"二战"期间,各国以邻为壑,高筑关税,到 1948 年,发达国家的工业品关税税率已达 40%,限制了贸易的发展。人们认为大萧条产生了经济不稳定的环境,有利于军事独裁的兴起,阻止战争的最好办法是自由贸易,从而推动和引导世界走向经济繁荣、政治稳定、自由和民主。

(三)各国迫切希望发展经济

"二战"后,无论是战胜国还是战败国都面临着缓和国际、国内矛盾,发展经济的任务。战争结束之前,这种愿望就已表现出来,其中,美国最为突出。1944 年 7 月,"二战"还没结束,美国就召集盟国的代表在新罕布什尔州的布雷顿森林城举行了"布雷顿森林会议",会议形成了"布雷顿森林协定",协定决定建立旨在鼓励自由贸易和经济发展的三个国际性的机构,即国际货币基金组织(IMF)、世界银行即国际复兴开发银行(IBRD)和世界贸易与关税组织。1947 年 10 月在哈瓦那举行的联合国贸易与就业会议审议通过了《国际贸易组织宪章草案》(哈瓦那大宪章),但是这个宪章没有被多数签字国政府批准,致使世界贸易组织流产。

《国际贸易组织宪章草案》曾分别于 1946 年 10 月和 1947 年 4 月两次在日内瓦会议上进行修改,在两次日内瓦会议期间,美国邀请了 23 个国家和地区的代表举行了关税减让和多边谈判,并签署了《关税与贸易总协定》。10 月 3 日又签署了《关于协定临时适用协定书》,决定《关税与贸易总协定》于 1948 年 1 月 1 日起生效。于是,关贸总协定(GATT)产生了。

到 2002 年年底,GATT 的正式成员方已经由最初的 23 个增加到 134 个,这些成员方中有发达国家,也有相当数量的发展中国家。GATT 成员方的贸易总额占全世界贸易总额的 90%以上。

二、GATT 的宗旨和职能

(一)GATT 的宗旨

在 GATT 正式文本的序言中,明确地提出了 GATT 的宗旨是:缔约各国政府在处理它们的贸易和经济事务的关系方面,应以提高生活水平、保证充分就业、保证实际收入和有效

需求的巨大持续增长、扩大世界资源的充分利用以及发展商品生产与交换为目的,希望达成互惠互助协议,导致大幅度地削减关税和其他贸易障碍,取消国际贸易中的歧视待遇。

从这段文字规定来看,GATT 希望通过降低关税和取消非关税壁垒,实现促进世界经济的繁荣和福利的提高。但实际上,由于世界各国经济发展不平衡,决定了各国在世界贸易中的不同地位,关贸总协定在很大程度上被美国所控制,成为经济大国争夺世界市场和霸权的场所。只要世界还存在不公平贸易秩序,GATT 的宗旨就不可能得到全面实现。

(二)GATT 的职能

1. 谈判职能

GATT 为成员方多边贸易谈判搭建谈判平台,组织多边贸易谈判。GATT 成立以来,先后组织了 8 轮谈判。

2. 制定贸易规则职能

GATT 形成了一套国际贸易政策和措施的规章,是成员方制定和修改对外贸易政策和措施的主要法律依据。同时,GATT 还确定了有关国际贸易整个各项基本原则,在多边谈判中又达成了一系列协议,这些原则和协议对各成员方具有一定约束力,在一定程度上,促进了国际贸易行为的规范化。

3. 协调和解决贸易争端职能

GATT 通过组织多边贸易谈判,采取磋商、调节的方法,达成协议,解决贸易争端。争端的解决,有利于缓解成员方之间的矛盾和摩擦,对促进成员方之间的贸易和友好关系的发展具有重要作用。

三、GATT 的组织机构

GATT 只是一个"协定",本无组织机构,但随着贸易形势的发展和需要,在 GATT 的基础上逐渐形成了一个临时性的准国际组织。其最高权力机构是缔约成员大会,一般每年召开一次会议,讨论和决定有关重大事项,在"两会"期间,由理事会负责处理日常和紧急事务。理事会下设各种委员会,如国际收支委员会、关税减让委员会、补贴和反补贴委员会、反倾销委员会、进口许可证手续委员会、海关估价委员会、技术贸易委员会、政府采购委员会、民用航空交易委员会等。GATT 常设机构是秘书处,秘书处负责上述各项会议的准备、记录和报告的编写工作,负责进行 GATT 需要的各项调查,并负责与各缔约方联络。

四、GATT 的主要内容和基本原则

(一)主要内容

1. 序言部分

内容包括:发起国(地区)23 个(按英文字母顺序排列);总协定的宗旨及其实现手段——削减关税;声明各方代表经过谈判达成如下协议,指明 GATT 是政府行为,区别于非官方文件。

2. 正文分四部分

第一部分,包括第 1 条、第 2 条,最惠国待遇和减让表是核心部分。第二部分,包括第 3 条至第 23 条,主要是国民待遇、过境自由、反倾销、反补贴、海关估价、原产地标记、一般

例外外汇安排、补贴等具体原则和内容。第三部分,包括第 24 条至第 35 条,主要包括适用的领土范围,有关过境贸易、关税联盟和自由贸易区的规定,缔约方联合行动的规定,有关决策原则的规定,加入和退出的规定等内容。第四部分,第 36 条至第 38 条,主要是对经济落后国家优惠的规定。

3. 附件和暂时适用议定书

附件主要是对条款做出一些解释、说明和补充。暂时适用议定书主要规定了各地预防应全面实施第一部分和第三部分,并在各国现行法律许可的范围内实施第二部分。

在第 8 轮的乌拉圭回合谈判中,根据形势发展需要,对 GATT 的有关内容进行了修改,修改后的协定称为《1994 年关税与贸易总协定》。

(二)基本原则

1. 非歧视原则(non-discrimination)

该原则是 GATT 最重要的原则,是关贸总协定的基石。这一原则的含义是:任一缔约方在实施某种限制性或某种禁止性措施时,不得不对其他缔约方实行歧视性差别待遇。这一原则主要体现在最惠国待遇条款和国民待遇条款上。

(1)最惠国待遇条款

这一条款规定,每一个缔约方在进出口方面,必须以相等的方式对待所有其他成员方,而不应采取歧视待遇。也就是说,一个缔约方给予任何一方的贸易优惠,同时应无条件地适用于所有其他成员方,不得实行歧视性差别待遇。GATT 第 1 条规定:"缔约方对来自或运往其他国家的产品所给予的利益、优待、特权或豁免,应当立即无条件地给予来自或运往所有其他缔约方的相同产品。"显然,这一条款的实行是无条件的。

(2)国民待遇条款

这一条款规定,每一个缔约方对进口任一缔约方的产品,无论是在国内税收方面,还是在销售、购买、运输等方面,都应享有与国内产品同等待遇,不应受到歧视。也就是说,其他成员方的商品进入本国市场后,应与本国商品适用同样的法律、法规,实行公平竞争,不得对外国同类商品增加各种费用和实施限制性措施。GATT 第 3 条规定:"一缔约方领土的产品输入到另一缔约方领土时,不应对它直接或间接征收高于相同的国内产品所直接或间接征收的国内税或其他国内费用。"这一条款保证了进口产品与国内产品在国内市场上享受同等待遇。

2. 关税保护与关税减让原则(tariff protection and concession)

关税保护原则是指以关税作为唯一保护手段的原则。1994 年的 GATT 规定,允许对国内工业进行保护,但保护的手段主要是通过关税的方式进行,而不能采取数量限制、行政手段等非关税手段来进行。GATT 规定:只能通过关税来保护本国工业;缔约方有义务实行关税减让。关税减让是 GATT 的主要宗旨,多边贸易谈判是实现关税减让的主要途径。关税减让原则是缔约方之间相互约束关税减让水平,即各缔约方彼此做出互惠与平等的让步,达成关税减让表协议的原则。关税减让表规定的税率的减让,任何缔约方无权单方面予以改变,三年内不得随意提高。如要提高,必须与当初进行谈判的国家协商,而且要用其他产品税率减让来补偿。

GATT 还对实施上述原则做出灵活的规定:如果有关产品进口剧增,使进口国的同类产品受到重大损害或重大威胁时,该进口国可与有关缔约方重新谈判,在给予对方适当补偿后,可修改或撤销原来的关税减让承诺;发展中国家为了保护其国内工业和农业,如果税率减让不利于它们的国际收支平衡时,可在关税保护方面免除上述原则的使用。但是,只能是暂时的,如果滥用,其他缔约方可以采取报复措施。

3. 透明度原则(transparency)

透明度原则要求,缔约方应对一切涉及贸易的政策和规则在全国统一实施并做到透明。也就是说,缔约方的所有与进口贸易和服务贸易有关的政策法规,除违反公共利益和损害正当商业利益的机密之外,原则上都应当提前公布,以使其他缔约方有一定时间来熟悉它。GATT 第 10 条规定,缔约方有效实施的关于海关对产品的分类或估价,关于税捐或其他费用的征收率,关于对进口货物及其支付转账的规定、限制和禁止,以及关于影响进出口货物的销售、分配、运输、保险、仓储、检验、展览、加工、混合或使用的法令、条例与一般援用的司法判决及行政决定,都应迅速公布,以使其他缔约方政府及贸易商熟悉它们。一缔约方政府或政府机构与另一缔约方政府或政府机构之间的影响国际贸易政策的规定,也必须公布。

4. 磋商调节原则(negotiation and coordination)

磋商调节原则要求,缔约方之间如果发生贸易冲突或贸易摩擦时,各方应本着磋商一致的原则达成协议,解决它们之间的贸易争端。为此,GATT 规定了磋商调节和解决贸易争端的程序和办法。这项原则并不要求贸易争端的当事方严格按照 GATT 的规定来解决贸易争端,而是在于寻求当事各方均能接受的解决争端的办法,目的是通过磋商,调节、保持缔约方之间的权利与利益的平衡。

5. 其他原则

除了上述 4 项主要原则以外,GATT 还规定了其他一些原则。

(1)一般取消数量限制原则

GATT 规定,任何缔约方除征收税捐或其他费用外,不得通过设立或维持配额、进出口许可证或其他措施来限制或禁止其他缔约方领土的产品输入,或向其他缔约方领土输出或销售出口产品。

(2)禁止倾销和限制出口补贴的公平贸易原则

GATT 规定,禁止缔约方在出口方面实行倾销,并授权缔约方在某项工业由于倾销受到重大损害或重大威胁时,可实行反倾销,征收反倾销税。GATT 对出口补贴做出某些限制,同时授权缔约方在因对方出口补贴而对国内工业造成重大损害或重大威胁时,可实行反补贴,征收反补贴税。

(3)对发展中国家特殊优惠待遇原则

GATT 规定,对发展中国家的贸易与经济,尽量给予关税和其他方面的特殊优惠待遇。这些规定主要体现在 GATT 的第 18 条、第 36 条、第 37 条、第 38 条以及"东京回合"通过的"授权条款",包括普通优惠制、优惠的关税安排、对最不发达国家的特殊待遇等。

五、GATT 谈判概况

GATT 运行 47 年,先后启动了 8 轮多边谈判,现对各轮谈判情况简要介绍如下。

(一)第1轮多边贸易谈判

第1轮谈判是1947年4月至10月在瑞士日内瓦举行的,中国参加了此轮谈判。通过谈判,共达成123项双边关税减让商品45000项,使占资本主义国家进口值54%的商品平均降低关税35%。

(二)第2轮多边贸易谈判

第2轮谈判是1949年4月至10月在法国安纳西举行的,中国参加了此轮谈判。通过谈判,共达成147项双边关税减让协议,涉及关税减让商品5000项,使应征关税进口值56%的商品平均降低关税35%。

(三)第3轮多边贸易谈判

第3轮多边贸易谈判是1950年9月至1951年4月在英国的托尔基举行的。通过谈判,共达成150项双边关税减让协议,涉及关税减让商品8700项,使应征关税进口值11.7%的商品平均降低关税26%。

(四)第4轮多边贸易谈判

第4轮多边贸易谈判是1956年1月至6月在瑞士日内瓦举行的。由于美国国会对其政府授权有限,影响了这次谈判。通过谈判,涉及关税减让商品3000项,使应征关税进口值16%的商品平均降低关税15%。

(五)第5轮多边贸易谈判

第5轮多边贸易谈判是1960年9月至1961年7月在瑞士日内瓦举行的。通过谈判,涉及关税减让商品4400项,使应征关税进口值20%的商品平均降低关税20%。由于此次谈判是美国国务卿狄龙发起的,所以也叫"狄龙回合"。

(六)第6轮多边贸易谈判

第6轮多边贸易谈判是1964年5月至1967年7月在瑞士日内瓦举行的。通过谈判,涉及关税减让商品60000项,使工业品进口关税税率平均降低35%,影响了400亿美元的进口额。此次谈判还通过了第一个《国际反倾销法》。此次谈判也叫"肯尼迪回合"。

(七)第7轮多边贸易谈判

第7轮多边贸易谈判是于1973年9月至1979年4月举行的。先是在日本东京召开的部长级会议上通过"东京宣言",后又改在日内瓦进行,所以又叫"东京回合"。又因为它是美国总统尼克松发起的,所以也称为"尼克松回合"。通过谈判,涉及关税减让商品27000项,价值达3000亿美元贸易额。关税进一步下降,美国的关税平均下降30%~35%,欧共体关税平均下降25%,日本关税平均下降50%。此次谈判还涉及降低非关税壁垒议题。

(八)第8轮多边贸易谈判

第8轮多边贸易谈判是1986年9月15日至1993年12月15日在乌拉圭首都埃斯特角举行的,称为"乌拉圭回合",具体情况将在下文中阐述。

六、乌拉圭回合多边贸易谈判

(一)乌拉圭回合背景

GATT第7轮"东京回合"谈判之后,为了发动新一轮多边贸易谈判,GATT于1985

年 9 月召开特别缔约方大会,与会代表认为,新一轮谈判的宗旨应该是遏制和消除贸易保护主义,维护和加强国际多边贸易体制,改善国际贸易关系,促进贸易自由化的发展。会议的中心议题集中在是否应将服务贸易纳入国际多边贸易体制以及服务贸易与传统贸易的关系上。经过各方反复协商并达成的协议,宣告新一轮谈判筹备工作开始。

1985 年 11 月底,GATT 召开第 41 届缔约方大会,正式成立新一轮谈判筹备委员会。筹委会用了 4 个月时间完成了对新一轮谈判可能涉及的 30 多个议题的审议工作,草拟了《乌拉圭回合部长会议宣言》。

1986 年 9 月 15 日,在乌拉圭的埃斯特角举行关贸总协定缔约方部长级会议,会议决定发动第 8 轮多边贸易谈判,即乌拉圭回合多边贸易谈判,简称"乌拉圭回合"。

(二)乌拉圭回合概况

乌拉圭回合规模最大,有 123 个成员参加;时间最长(1986 年 9 月—1993 年 12 月),历时 7 年半。谈判原定于 1990 年 12 月结束,后来因为美国与欧共体之间在农产品补贴上的分歧、发达国家与发展中国家在纺织品谈判和保证条款方面的矛盾,以及各缔约方在知识产权方面的不同意见,使谈判延长至 1993 年底结束。1986 年 9 月 15 日—20 日,在乌拉圭的埃斯特角举行的关贸总协定缔约方部长级会议上,通过了《乌拉圭回合部长宣言》。该宣言提出的乌拉圭回合的目标是:制止和扭转贸易保护主义,消除贸易扭曲现象;维护 GATT 的基本原则和促进 GATT 的目标——建立一个更加开放的、具有生命活力和持久的多边贸易体制。为了实现这一目标,要求各缔约方进一步放宽和扩大世界贸易,减少和取消关税,限制和降低关税壁垒;加强 GATT 的作用,把更大范围的世界贸易置于统一的、有效的和可实施的多边规则之下;增强关贸总协定体制的适宜性,加强 GATT 与有关国际组织的联系;促进国内和国际合作行动,努力改善国际货币体制的职能,促进金融和实际投资源向发展中国家流动等。

该宣言提出的主要议题共 15 个,分"货物贸易"和"服务贸易"两个谈判组对这些议题进行谈判。主要内容包括:

1. 货物贸易部分

本部分包括 14 个议题:①关税;②非关税措施;③热带产品;④自然资源产品;⑤纺织与服装;⑥农产品;⑦关贸总协定条款;⑧保障条款;⑨多边贸易谈判协议和安排;⑩补贴与反补贴;⑪争端解决;⑫与贸易有关的知识产权问题;⑬与贸易有关的投资措施;⑭关贸总协定体制的作用。

2. 服务贸易部分

通过谈判制定服务贸易的多边谈判原则和规则的框架,包括各个部门制定可能的规则,并把扩大服务贸易作为促进贸易伙伴经济发展和发展中国家经济发展的手段。

七、"最后文件"的主要内容

通过谈判,包括中国在内的 117 个国家和地区的代表在日内瓦一致通过了乌拉圭回合"最后文件"。1994 年 4 月 15 日,各参加方在摩洛哥马拉喀什举行部长级会议,签署了"最后文件",形成《乌拉圭回合多边贸易谈判成果的最后文件》,即《1994 年关贸总协定》。该文件涉及 21 个领域、28 个协议,从内容上可以分为三类:第一类是对原有的关贸总协定和货物贸易规则的修改;第二类是新制定的规则、规范和贸易有关的新问题;第三类是体制建设问题,最重要的是建立世界贸易组织取代关贸总协定。具体内容包括:

（一）市场准入方面

市场准入问题的核心是关税问题。关税减让是历来多边贸易谈判的主要议题。乌拉圭回合谈判在关税减让方面取得了更大进展。各缔约方平均降低关税近40%,涉及的商品贸易额达1.2万亿美元,并在20个产品部门实行了零关税。发达国家的关税税目约束比例由乌拉圭回合前的8%扩大到97%,发展中国家同期的税目约束比例由21%增加到65%。所有参加方农产品的非关税措施全部予以关税化,并进行约束和削减。2001年以前对现行关税应削减36%,发展中国家可削减24%。对于需要关税化的农产品必须承诺相当于国内消费量3%～5%的最低市场准入量。对农产品产生影响的国内支持措施减少20%,出口补贴削减36%,发展中国家可削减24%。出口补贴的承诺应适用特定的产品,如小麦和面粉、粗粮、油籽、脱脂奶粉、食糖等。

（二）服务贸易方面

乌拉圭回合达成了《知识产权协定》。《服务贸易总协定》由框架协议条款、部门协议和附录、各国市场准入承诺单三个部分组成。内容涉及150多种服务。框架条款规定了适用于所有成员方的基本义务;各国市场准入承诺单规定了各国具体承担的义务及履行的时间表;附录中阐述了各个服务部门的特点情况。

该协定允许各缔约方根据本国情况逐步地开放服务部门,允许发展中国家有更大的灵活性。

（三）知识产权方面

乌拉圭回合达成了《服务贸易总协定》。世界各国在保护和实施知识产权方面存在很大差别,缺乏一个国际统一的、有效的保护知识产权的规定。为此,《知识产权协定》在GATT和有关的知识产权规定原则基础上提出了更为完整的保护措施,并规定了各种缔约方过渡时间表。

《知识产权协定》的主要内容包括序言和7个部分,共73条。第1部分为总则和基本原则,第2部分为知识产权适用范围和标准;第3部分为知识产权的实施;第4部分为获取和维持知识产权及其有关程序;第5部分为争端的防止和解决;第6部分为过渡性安排;第7部分为机构设置和最后条款。该协定规定的目标是:为了减少国际贸易中的不公平和障碍,考虑到有必要加强对知识产权的充分有效保护,确保实施知识产权的措施及程序对合理贸易不造成障碍。该协定的基本原则包括最低保护标准原则、国民待遇原则和最惠国待遇原则、透明度原则等;保护的范围和标准包括版权及相关权利、商标、原产地标志、工业品外观设计。专利、集成电路的设计、商业秘密和许可合同中限制性条款的控制;知识产权实施的具体措施主要有民事和行政程序措施、司法当局有权采取的临时措施、海关实施的边境措施、刑事程序等;知识产权的获得和保持程序规定知识产权的获得以授予或注册为准,并规定了授予和注册程序;争端的防止和解决要求缔约方按照GATT透明度原则及时公布涉及知识产权保护的有关法律、条例、司法规定、行政规定,遵守GATT的有关规定解决争端;过渡安排规定了本协议实施的过渡期;机构安排和最后条款规定建立知识产权委员会,对本协定的实施进行监督,缔约方应在国内设立联系处。

(四)投资措施方面

乌拉圭回合达成了《与贸易相关的投资措施协定》。该协定主要规范各成员方的投资措施,使之符合关贸总协定自由贸易精神。鉴于各成员方的投资环境及由此引起的投资措施的差异,该协定附有一个不符合关贸总协定投资措施的说明目录,符合目录要求的被视为允许。

(五)争端解决方面

"最后文件"改进和完善了 GATT 原有的争端解决机制,要求建立一个统一的争端解决机制,以防止各成员国采取与 GATT 不相符合的、单方面贸易报复做法。

(六)组织机构方面

"最后文件"决定建立一个具有法人资格的世界贸易组织,以取代 GATT。

(七)《原产地规则协定》方面

对于商品产地的衡量,主要分两类:一种是完全的原产地产品;另一种是非完全原产地产品。随着国际分工的不断深化,越来越多的企业将产业链延伸到海外,对于含有进口成分的产品"国籍"的确定,原产地规则中只是笼统地将对产品进行了最后的实质性加工的国家确定为该产品的原产地。各国在具体执行中主要采用两种标准:加工标准和百分比标准。欧盟、日本等国采取的是加工标准,即只要加工后的制成品与原来进口的原料和零部件的税号不同,就可以认定为发生了实质性变化,该产品的产地就被认定为是加工地。我国目前也采取这一标准。美国、加拿大、澳大利亚等国采取的是百分比标准。通过使用进口成分(或本国成分)占成品价值的百分比来确定其是否达到实质性变化的标准,各国具体确定的百分比是不同的,美国规定本地成分不得低于出口商品价值的 35%。

第三节　WTO

一、世界贸易组织产生的背景

世界贸易组织(World Trade Organization,简称 WTO),是根据乌拉圭回合多边贸易谈判达成的《建立世界贸易组织协定》而建立的正式的国际经济组织。

世界贸易组织的前身是 GATT。由于 GATT 在法律地位、职能范围、管辖内容和运行机制等方面的局限性,使它越来越不适应国际贸易的发展。因此早在 20 世纪 50 年代后期,联合国经社理事会曾提出在联合国主持下建立国际贸易组织的构想,20 世纪 60 年代、70 年代、80 年代,建立世界贸易组织的呼声从未停止过。乌拉圭回合多边贸易谈判以来,建立国际贸易组织的问题更加引起普遍关注。乌拉圭回合谈判后期,许多实质性重要议题已基本达成协议,如何执行这些协议、采取何种组织框架是成员国方更加关心的议题。欧共体、加拿大、瑞士、美国等先后提出方案,经过多次谈判,1991 年 12 月 20 日在乌拉圭回合谈判中正式形成建立"多边贸易组织"的决定。1994 年 4 月马拉喀什部长会议签署了乌拉圭回合文件和《建立世界贸易组织协定》,并决定于 1995 年 1 月 1 日正式生效,世界贸易组织就这样诞生了。

二、《建立世界贸易组织协定》的主要内容与基本原则

《建立世界贸易组织协定》由序言、条款和附件组成。主要规定了 WTO 的宗旨和目标、职能、组织机构及法律地位等内容。

1. 宗旨和目标

在序言中,对 WTO 的宗旨做出明确规定;各成员方在发展贸易和经济时,应力求提高生活水平,保证充分就业,大幅度提高实际收入和有效需求,扩大货物和服务的生产和贸易;为了实现可持续发展,扩大对世界资源的充分利用,保护和维持环境,并以符合不同经济发展水平下各自需要的方式采取相应措施,进一步做出积极的努力,保证发展中国家的利益;建立开放的、有活力的和永久性的多边贸易体系来巩固关贸总协定以往为贸易自由化做的努力和乌拉圭回合多边贸易谈判的所有成果。

2. 职能

(1)管理监督职能

管理和监督各成员方达成的协议与安排的贯彻和实施,并为执行上述各项协议提供统一的体制框架,以保证世界贸易组织宗旨和目标的实现。

(2)谈判职能

为多边谈判提供场所和论坛,并为多边谈判的结果提供框架。

(3)解决贸易争端职能

按有关诉讼程序提起诉讼,解决贸易争端。

(4)监督和审议职能

监督和审议成员的贸易政策和规章,促进贸易体制一体化。

(5)协调职能

协调 WTO 与其他世界组织的关系,保证全球经济决策的一致性。

3. 组织机构和法律地位

WTO 不同于 GATT,它是一个世界性的法人组织,有一整套的组织机构。

(1)部长会议

部长会议是最高权力机构,它是由各成员代表组成,至少每 2 年召开一次会议,其职责是履行 WTO 的职能并为此采取必要行动。

(2)总理事会

总理事会是部长会议下设机构,由各成员方代表组成,在部长会议休会期间代行其职能。总理事会下设争端解决机构、贸易政策机构、评审机构及其他附属机构,如货物贸易理事会、服务贸易理事会、知识产权理事会。

(3)理事会

理事会是总理事会附属机构,包括货物贸易理事会、服务贸易理事会和知识产权理事会。货物贸易理事会负责各项货物贸易协议的执行;服务贸易理事会监督服务贸易协议的执行;知识产权理事会监督与管理有关的知识产权协议的执行。

第二篇　实务部分

第九章　进出口交易的磋商
与合同的订立

第一节　进出口交易磋商的形式和内容

一、出口交易磋商的形式和内容

出口交易磋商（export business negotiation），即出口合同磋商（export contract nego-tiation），是指出口企业为出售某项货物与国外客户就各项交易条件进行洽商，以期达成协议的过程。交易磋商是以成立合同为目的的，一旦双方就各项交易条件达成一致，买卖合同即告成立。交易磋商的过程也就是合同订立的过程；磋商是合同的根据，合同是磋商的结果。交易磋商决定交易的成败和合同质量的高低，它直接关系到外资企业的经济利益。可以说，交易磋商是进出口活动中最重要的环节。所以，在实际工作中，有关业务人员必须认真对待。

交易磋商是一项政策性、策略性和技术性都很强的工作。它要求从事此项工作的人员具有良好的政治素质、较高的政策水平、外贸专业知识和娴熟的谈判技巧，并具有高度的责任心和认真踏实的工作作风。只有这样，才能高质量地达成交易。

出口交易磋商的形式可分为口头和书面两种。口头磋商包括由出口企业邀请国外客户来访，参加各种商品交易会（如广交会、小交会），以及由我方派遣出国推销人员、贸易代表团（组），或委托驻外机构、海外企业代为在当地洽谈等面对面的磋商。通过电话洽谈，也属口头磋商形式。书面磋商系通过双方交换信件、电报、电传（TELEX）或电子邮件进行磋商。目前，较多企业使用传真（FAX）和电子邮件进行洽谈。但应注意，传真件会褪色，不能长期保存，而且容易作伪；传真件是否可作为法律上有效的书面文件，当前各国法律尚无定论。至于电子邮件可否作为有效书面文件，其法律性质迄今在国际范围内也有待明确。因此，如通过交换传真或电子邮件达成交易，有关当事人必须以信函补寄正本文件或另行签订合同书,以掌握合同成立的可靠依据。[①]

交易磋商的内容,以货物的品质(质量)、数量、包装、价格、交货和支付条件为主要内容,但通常也涉及检验、索赔、不可抗力和仲裁条件等其他内容。之所以说货物的品质等前六项为主要内容或主要交易条件,是由于买卖双方欲达成交易、订立合同,必须至少就这六项交易条件进行磋商并取得一致意见。因为,这六项条件是成立买卖合同所不可缺少的交易条件,特别是检验、索赔、不可抗力和仲裁,虽非成立合同所不可缺少的内容,但是为了提高合同质量,防止和减少争议的发生以及便于解决可能发生的争议,买卖双方在交易磋商时也不容忽视。

为了简化交易磋商内容、加速磋商的进程,以节省磋商的时间和费用,精明的进出口商往往在正式进行磋商交易之前,先与对方就"一般交易条件"达成协议。

所谓"一般交易条件"(general terms and conditions),是指由出口商与经销商为购买货物而拟订的一套共性的交易条件。出口商所拟订的一般交易条件,有的称为"一般销售条件"(general conditions of sales);进口商所拟定的一般交易条件,有的称为"一般购货条件"(general conditions of purchase)或"订购条件"(conditions of order)。名称不同,实质相同。

一般交易条件应按所经营的商品大类(如轻工业品、粮油产品、机械等)或按商品品种(如棉布、呢绒、真丝织物、人造丝织物等),分别予以拟订。因此,有的外资企业由于其所经营的商品范围较广,而有必要按不同大类/品种拟订数套一般交易条件。一般交易条件的内容,虽各有不同,但就我出口企业所拟订的一般交易条件而言,通常包括以下几方面:(1)有关预防和处理争议的条件(如关于货物检验、索赔、不可抗力和仲裁的规定);(2)有关主要交易条件的补充说明(如品质机动幅度、数量机动幅度、允许分批/转运、保险金额、险别和适用的保险条款、信用证开立的条件和到期日、到期地点的规定);(3)个别的主要交易条件(如通常采用的包装方法、凭不可撤销即期信用证支付的规定)等。

一般交易条件大都印在由进口商或出口商自行设计和印刷的销售合同或购货合同格式的背面或格式正面的下部。有的则将其拟订的一般交易条件单独印刷成文,以供分发给可能与之交易的客户之用。因此,一般交易条件也称格式条款。

为了使一般交易条件能适用于日后所订立的所有合同,我出口企业通常在与国外客户建立业务关系之初,即将印有一般交易条件的销售合同(确认书)格式或单独印制的文件送交有关客户,要求其阅读,并以书面确认同意在今后交易中采用我方的一般交易条件。只有在实际交易前,事先得到对方对由我方提出的一般交易条件的确认,才能对双方日后订立的合同具有约束力。如果事先不取得对方的同意,在具体交易达成后,再向对方提出我方所拟订的一般交易条件,将有可能被对方以我方提出新的、

---

① 《中华人民共和国合同法》第 11 条规定:"书面形式是指合同书、信件和数据电文(包括电报、电传、传真、电子数据交换和电子邮件)等可以有形地表示所载内容的形式。"此项规定与目前各国法律和《联合国国际货物销售合同公约》的有关规定不尽一致。在现阶段,我国企业与外商以书面形式订立合同时,除合同书、信件、电报、电传外,如采用其他数据电文,应持谨慎态度。

额外的交易条件为由而加以拒绝,甚至否定已成立合同的有效性,并由此造成经济损失。

印刷在销售合同(确认书)格式上的一般交易条件,虽然适用于所有合同,但这并不是说,在日后具体交易中,不得对一般交易条件中的任何规定作任何变更。与此相反,在磋商具体交易时,买卖双方完全可以根据交易的实际需要,提出与一般交易条件不同的条件。在此情况下,双方在具体交易中洽谈同意的条件,其效力将超越一般交易条件中所规定的条件。例如,一般交易条件中规定:支付方式为"凭不可撤销即期信用证",经双方洽商后支付方式为"D/P即期",则合同条款以后者为准。这是由于根据法律原则,事后协议可改变或否定印刷条款。我国《合同法》第41条明确规定:格式条款与非格式条款不一致的,应当采用非格式条款。

二、进口交易磋商的形式和内容

进口交易磋商是决定进口业务经济效益的重要因素。进口合同磋商的形式和内容虽与出口合同磋商基本相同,但由于在进口业务中,进口人所处地位与出口人不同,因此,对磋商形式和内容各个环节的掌握、应注意的事项等存在着不同。

第二节　进出口磋商的程序

买卖双方交易磋商的程序,一般来说,从询价开始,经过发盘、还价、接受几个环节,最后达成交易。

一、询价

(一)询价的含义

询价(inquiry),也称询盘,是指交易的一方欲出售或购买某种货物,向另一方发出的探询买卖该项货物有关交易条件的一种口头或书面的表示。询价又称磋商邀请(invitation to treat),或者称为要约邀请。我国《合同法》第2章第15条规定:"要约邀请是希望他人向自己发出要约的意思表示。寄送的价目表、拍卖公告、招标公告、招股说明书、商业广告等为要约邀请。"询价以发出人的地位不同,可分为两种:

1. 买方发出询价,也称邀请询价(invitation to make an offer)。例如,国外客户给我纺织品进出口公司来电:"请报南山府绸(炼)33×49,1000千克,5/6月份装运,FOB大连"(PLEASE OFFER NANSHAN PONGEE 33×49,1000kg,5/6 SHIPMENT FOB DALIAN)。

2. 卖方发出询价,也称邀请递价(invitation to make a bid)。例如,我粮油进出口公司向日本某客户发出询价:"可供中国东北大豆,请递价"(CAN SUPPLY NORTHEAST SOYBEAN PLEASE BID)。

RODO LIMITED
HARTSHEAD WORKS LANGHAM STREET
ASHTON-UNDER-LYNE LANCS OL7 9EQ
May 19，2019

Dear Sirs,

We are pleased to note from your fax of May 16 that as exporters of sporting goods，you are interested in establishing business relations with us，which is also our desire.

At present，we are in the market for rubber boots，and shall be glad to receive your best quotations for them，with indications of packing，for July shipment，CIF Southampton.

We await your early reply.

Your faithfully,

(二)询价应注意的问题

1. 询价虽然同时可向一个或几个交易对象发出,但不应在同时期集中对外询价,以防止暴露我销售或购买心切。

2. 在询价时,不仅限于询问价格,也可以询问其他交易条件。

3. 询价是交易磋商的第一步,在法律上对询价人和被询价人均无约束力,即买方询价后无购买货物的义务和卖方询价后无出售货物的责任。但是在交易习惯上,应该避免出现只询价不购买或不售货的现象,以维护企业的信誉。

4. 被询价人可以及时发盘回答询价,也可以拖延一段时间发盘,还可以拒绝回答询价。不过在交易习惯上要尊重对方,无论是否出售或购买均应以及时回复为宜。

5. 询价虽然对双方无约束力,但是双方在询价的基础上经过多次磋商,最后达成交易,如履约时发生争议,那么原询价的内容也成为磋商成交文件的不可分割部分,同样作为处理争议的依据。

二、发盘

发盘(offer),又称发价,是指交易的一方向另一方提出一定交易条件,并愿意按照提出的交易条件达成买卖该项货物的交易、签订合同的一种口头或书面的表示。《联合国国际货物销售公约》第14条对发盘的定义为:"向一个或一个以上特定的人提出的订立合同的建议,如果十分确定并且表明发盘人在得到接受时承受约束的意旨,即构成发盘。"

May 21，2019

Dear Sirs，

We thank you for your enquiry of May 19 and are pleased to send you our quotation for the goods you required as follows：

Commodity：Rubber Boots

Packing：in cuts

Quantity：3360 pairs

Price：U. S $4. 300 per pair CIF SOUTHAMPTON

发盘通常由卖方发出,习惯上称为卖方发盘(selling offer)。例如,"可供青岛柞丝绸450 千克,28.5×49,每千克 8 美元,FOB 青岛,5/6 月装运,不可撤销即期信用证付款"(CAN SUPPLY TSINGTAO PONGEE 28.5 × 49 PER KG USD 8.00,450KG FOB QINGTAO,5/6 SHIPMENT IRREVOCABLE SIGHT L/C)。

买方主动发盘,习惯上称为买方发盘(buying offer)。例如,"订货,大同煤干态发热量 6900 大卡以上,每千克水分 8% 以上,50000 公吨,5/6 月份装运,每公吨 FOB 秦皇岛45 美元,不可撤销即期信用证支付,5 日内复到有效。"(Order Da Tong steam coal thermal value 6900 keal/kg Water 8% per kg 50000m/t FOB Qinhuangdao per M/T USD 45. MAY/JUNE shipment irrevocable sight L/C reply here 5th.)。

三、还价

还价(counter offer)是指受价人收到发盘之后,对发盘表示接受,但对发盘的内容不同意或完全不同意,向发盘人提出修改建议或新的限制性条件的口头或书面的表示。

在交易磋商中,还价是对原发盘的拒绝,是一项新的发盘,原发盘即行失效;还价是有约束力的新的一项发盘。

May 23，2019

Dear Sirs，

We thank you for your fax of May 21 offering us 3360 pairs of rubber boots.

In reply，we regret to inform you that your clients find your price much too high. Information indicates that the same goods made in other countries have been sold here at a level about 8% lower than that of yours.

We do not deny that the quality of your products is slightly better，but the difference in price should，in no case，be so big. To set up the trade, we have to ask you to consider if you can make a reduce in your price，say 5%.

We are looking forward to your early reply.

Yours sincerely，

在进出口业务中,买卖双方不仅就价格进行还价、再还价的多次磋商,而且也可以就装运期、支付方式等其他交易条件进行磋商,所以掌握和使用好还价具有很重要的意义。因此,我们在还价时应注意以下问题:

1. 要识别还价的形式,有的明确使用"还价"字样,有的则不使用。

2. 接到还价后,要与原发盘进行核对,找出还价中提出的新内容,然后结合市场变化情况和我们的销售意图,认真予以对待。

3. 还价是对发盘的拒绝,原发盘人可以就此停止磋商。如果原发盘人继续与受盘人进行还价或再还价,一旦达成协议,在履约中发生争议,所有交易磋商全过程的函电或谈判记录即为解决争议的依据。

4. 在表示还价时,一般只针对原发盘提出不同意或需要修改的部分,已同意的内容在还价中可以省略。

下面是一个反还价的例子。

May 23, 2019

Dear Sirs,

We learn from your fax today that our price is found to be on the high side.

Much as we would like to cooperate with you in expanding sales, we regretful for that we just cannot see our way clear to entertain your counter-offer, as the price we quoted is quite realistic. In fact we have received lots of orders from various sources at all level.

If you see any chance to do better, please let us know. On account of a limited supply available at present, we would ask you to act quickly.

Yours faithfully,

四、接受

接受(acceptance)在法律上称为承诺,它是指受盘人在发盘有效期之内无条件同意发盘的全部内容,并愿意签订合同的一种口头或书面的表示。接受可以由卖方表示,也可以由买方表示。例如,"你 10 日电接受(YC 10th accepted)"。

May 23, 2019

Dear Sirs,

We have received your fax of May 21, 2019.

After due consideration, we have pleasure in confirming the following offer and accepting it:

Commodity: Rubber Boots

Packing: in cuts

Quantity: 3360 pairs

Price: U. S $ 4. 300 per pair CIF SOUTHAMPTON

Price:100% by irrevocable L/C payable by draft at sight in our favor for the full invoice value.

Please send us a contract and thank you for your cooperation.

Yours sincerely,

五、签订合同

签订合同（to sign a contract）是指买卖双方经过交易磋商，一方的发盘或还价被另一方无条件地接受后，交易即为达成，合同即告成立，双方就此应承担各自的责任。买卖双方为了明确双方的权利和义务，以书面的形式将它确定下来，经过双方签字，各执一份，据以执行，这种做法即为签订合同。

上述五个环节是交易磋商的一般程序，在具体业务中，并非每笔业务的交易磋商都须经过这五个环节，有的从询价经发盘到接受，只经三个环节交易即达成；还有的一方发盘即被另一方接受。但是作为合同的成立，必须有发盘和接受两个环节，因此，发盘和接受是合同达成的两个要素。英美法认为合同成立要有对价、发盘（要约）和接受（承诺）三个要素。

第三节　发盘和接受的惯例及约定

正如上述，发盘和接受是构成合同成立的两个要素，本节着重从法律上的概念及应注意的问题再做进一步解释。

一、发盘

《联合国国际货物销售合同公约》第 14 条对发盘的解释为："向一个或一个以上特定的人提出的订立合同的建议，如果十分确定并且表明发盘人在得到接受时承受约束的意旨，即构成发盘。"从上述发盘定义中可以看出，凡是发盘，对发盘人即有约束力。

（一）构成发盘的条件

构成发盘的条件主要包括如下四种：

1. 发盘必须向特定人发出

凡是发盘必须指明特定的受盘人，被指明的特定受盘人可以是一个或一个以上。这一点，发盘区别于向社会广大公众发出的广告。

2. 发盘必须是订立合同的建议

所谓订立合同的建议，是指发盘人应该具有与受盘人达成交易、订立合同的诚意。

3. 发盘的内容必须是十分确定的

所谓十分确定（sufficiently definite）是指发盘必须列明货物品名、价格、数量或者确定价格或数量的方法。按照《联合国国际货物销售合同公约》第 14 条的规定，发盘只要具备上述三个内容，就符合"十分确定"的要求，至于其他没有列明的主要交易条件，则可以根据《联合国国际货物销售合同公约》的有关规定解释。但是，上述"十分确定"的三个条件只是最低要求。在我们的实际业务中，一项交易如果只按这三个条件而不提及其他，很容易给履行合同带来困难，也容易产生纠纷。为了慎重起见，在我们对外报价时，应该将货物品名、规格、数量、价格、包装、交货期和支付方式等列明。

4. 发盘必须送达受盘人

发盘在送达受盘人之前,即使受盘人已获悉该发盘,他也不能接受该项发盘。送达(reaches)是指将发盘内容通知特定的受盘人或送交受盘人,送达标志是将发盘送交特定受盘人的营业场所或通讯地址,如无营业场所或通讯地址,则送交受盘人惯常居住地。我国《合同法》第2章第16条规定:"要约到达受要约人时生效。"该法还规定:"采用数据电文形式订立合同,收件人指定特定系统接受数据电文的,该数据电文进入该特定系统的时间,视为到达时间;未指定特定系统的,该数据电文进入收件人的任何系统的首次时间,视为到达时间。"

我国《合同法》第2章第14条规定:"要约是希望和他人订立合同的意思表示,该意思表示应当符合下列规定:(1)内容具体确定;(2)表明经受要约人承诺,要约人即受该意思表示约束。"

(二)发盘的撤回和修改

发盘的撤回和修改(withdrawal and modification)是指发盘人向受盘人提出的一种肯定的表示。对这种肯定的表示能否在有效期内撤回和修改,《联合国国际货物销售合同公约》第15条作了如下规定:"(1)发盘于送达被发盘人时生效。(2)一项发盘,即使是不可撤销的,得以收回,如果撤回通知于发盘送达被发盘人之前或同时送达被发盘人。"按照上述规定,一项发盘是被送达被发盘人时才发生效力。因此,在被发盘人接到该项发盘之前,发盘人可以用更为迅速的传递方式,声明撤回和修改发盘的内容。只要该项声明是早于或与发盘同时送达被发盘人,撤回和修改即可生效。我国《合同法》也作出与《联合国国际货物销售合同公约》相同的规定。

(三)发盘的撤销

英美法系国家和大陆法系国家的法律将发盘的撤回和撤销作为同一个概念对待。其实二者是有很大差别的:所谓发盘的撤回(withdrawal),是指发盘人对其发盘的通知在送达受盘人之前是否可以更改或取消。所谓发盘的撤销(revocation),是指发盘人将发盘已送达到受盘人之后能否取消。关于发盘的撤销,国际上有不同的解释:英国法律认为,即使是在有效期内的发盘,对发盘人在原则上是无约束力的,在收到受盘人接受通知前,可以随时撤销或修改其发盘内容,但对经签字、蜡封,经证人证明和有对价的发盘,在规定有效期内无权撤销。美国法律认为,除非受盘人已向发盘人支付一定对价费用,使发盘保留到某时有效外,通常发盘人可以随时撤销发盘。这种规定对受盘人来说是缺乏保障的,因此,他们也在考虑修改上述规定。如美国《统一商法典》规定,在货物买卖中,在一定条件下,可以承认无对价的发盘在有效期限内不得撤销,条件是:第一,发盘人必须是商人;第二,有效期不得超过三个月;第三,发盘须以书面做成,并经发盘人签字。德国、意大利、法国等国家法律认为:一项发盘在其有效期限内是有约束力的,不能任意撤销。如无有效期内的发盘则按通常情况在可望得到答复以前不能撤销,如果撤销,由于被发盘人善意信赖发盘,并为履约做了一些准备,则发盘人应对由此而造成的损失承担赔偿责任。

由于各国法律在对待发盘有效期内是否可以撤销的问题上存在不同解释,这就形成了法律冲突,有碍于国际贸易发展。为了解决这个法律冲突,《联合国国际货物销售合同公约》第16条对上述问题作了如下规定:"(1)在订立合同之前,发盘得予以撤销,如果撤销通知于被发盘人发出接受通知之前送达被发盘人。(2)但在下列情况下,发盘不得撤销:(a)发盘写明接受发盘的期限或以其他方式表示发盘是不可撤销的;或(b)被发盘人有理由信赖该项发盘是不可撤销的,而且被发盘人已本着对该项发盘的信赖行事。"

我国《合同法》第2章第18条规定:"要约可以撤销。撤销要约的通知应当在受要约人发出承诺通知之前到达受要约人。"该法第19条规定"有下列情形之一的,要约不得撤销:(1)要约人确定了承诺期限或者以其他形式明示要约不可撤销;(2)受要约人有理由认为要约是不可撤销的,并已经为履行合同做了准备工作"。要约的内容中规定了承诺期限,可以视为在规定期限内要约人放弃了撤销权利,以其他形式明示要约不可撤销是指要约人在要约中有"不可撤销"文字,明示要约人放弃了撤销权,因此,在要约人放弃撤销权的情况下,要约人是不能撤销要约的。

在要约没有规定承诺期限或者没有以其他明示形式表明要约不可撤销,但从要约的内容中可以推断出要约人不撤销要约的意思表示的情况下,如果受要约人为履行合同做了准备工作,如买方是受要约人,已经申请开立信用证或在FOB条件下,买方已办理订舱手续等,要约人也不能撤销要约,其理由是:(1)要约的内容经推断要约人已经放弃了撤销权,即使要约人内心并无放弃撤销权的意思,要约人也要对自己的要约意思表达不清的后果负责;(2)受要约人已经为履行合同做了准备工作,如果要约人撤销要约,受要约人为做准备工作所付出的代价,显然要受到损失。

(四)发盘的失效

按照我国《合同法》第2章第20条的规定:"有下列情形之一的,要约失效:

1. 拒绝要约的通知到达受要约人;

2. 要约人依法撤销要约;

3. 承诺期限届满,受要约人未做出承诺;

4. 受要约人对要约的内容做出实质性变更。"即国际贸易中的还价,也可以使发盘失效。

发盘的失效即发盘的消灭是指发盘丧失了对发盘人和受盘人的法律约束力,发盘失效后,发盘人如果还想与受盘人订立合同,只能重新发盘;发盘失效后,被发盘人又向发盘人表示承诺,也不能导致合同成立。受盘人在拒绝发盘后,如果表示后悔,可以向发盘人发出撤回拒绝的通知,但该通知必须于拒绝发盘的通知到达发盘人之前或者同时到达,才能发生撤回拒绝发盘的效力。

(五)发盘应该明确和注意的问题

1. 对外发盘应该按《国际贸易法》办事

我国有关法律规定,凡我国缔约和参加与国际货物买卖合同有关的国际公约,除保留条款外,应该适用国际条约规定。因此,在我国的进出口业务中,凡与缔约国之间的贸易,对于发盘能否撤销的问题应按《联合国国际货物销售合同公约》的规定处理,即凡对外报价,并规定有效期限的,在有限期限内不得撤销。这对于稳定客户经营我国出口商品的信心和发展我国出口贸易是有利的。如果对外报价未规定具体的有效期限,则可参照国际贸易习惯,应视为合理时间(reasonable time)内有效,并在被发盘人接受之前,我方可以通知撤销。如果一项发盘规定了具体有效期限,按照规定不能随意撤销。

2. 要正确掌握和理解发盘的有效期

根据各国法律规定和国际贸易习惯,每一个发盘都应该有一个有效期限,但有关法律和惯例并不要求一定明确规定一个具体的有效期限。如果发盘中规定了具体有效期,应在规定的期限内有效;如未规定有效期限,则应在合理时间内有效。《联合国国际货物销售公约》第18条第(2)款规定:"如未规定时间,在一段合理时间内,未曾送达发盘人,接受就成为无效,但须适当地考虑到交易情况,包括发盘人所使用的通讯方法的迅速程度。"为了避免双方产生误解,一般都应规定一个具体有效期限。在规定有效期时,一是要根据货物情况、市场情况和双方的距离以及通讯方式等,慎重而合理地作出规定;二是要考虑国外法律的不同规定和所在国与我国处于的地理位置和时差,明确规定有效期限的起止日期和到期地点。例如,我方时间×月×日复到(reply here ×/× our time)或我方时间 5日内有效(subject to 5th reply here our time)。该时间的起算,根据《联合国国际货物销售公约》的解释:从发盘人电报交发时刻或信上载明的发信日期起算,如信上未载明发信日期,则从信封上所载日期起算。发盘人以电话、电传或其他快速通讯方法规定的接受期间,从发盘送达被发盘人时起算。我国《合同法》第2章第24条也作出了同样规定:"要约以信件或者电报作出的,承诺期限自信件载明日期或者电报交发之日开始计算。信件未载明日期的,自投寄该信件的邮戳日期开始计算。要约以电话、传真等快速通讯方式作出的,承诺期限自要约到达受要约人开始计算。"

3. 发盘要慎重,不能盲目对外报价

在我们对外磋商时,究竟用发盘还是询价,一定要根据磋商交易的实际情况、市场变化和被发盘人的特点来灵活运用。询价和发盘的主要区别是二者的法律效力不同。发盘具有法律约束力,易引起被发盘人的注意,有利于迅速达成交易,但缺乏灵活性。在发盘时,一旦市场情况估计有误,发盘内容不当,容易陷入被动局面。特别是不宜千篇一律地对外发盘,这会暴露急于购买或销售的心理,对发盘人不利。询价不具有法律约束力,或因保留了最后确认权,所以当情况有变化时,可以修改交易条件或不确认,比较灵活,有充分的回旋余地。正因为如此,被发盘人往往不予重视,不易迅速达成交易。

4. 要掌握发盘的技巧和策略

发盘人为了了解市场情况可以对外询价,将市场情况摸清后,可以根据情况再对外发盘,争取有利条件成交。摸清对方的底数,做到适时成交。

5. 要正确掌握和区分发盘的分类方法

我国的长期贸易习惯将发盘分为实盘和虚盘,而《联合国国际货物销售公约》将发盘分为两种:一种是不可撤销的发盘(irrevocable offer);另一种是可撤销的发盘(revocable offer)。无论是可撤销的发盘或不可撤销的发盘对发盘人来说均有约束力,只不过前者约束力更大一些。另外,根据《联合国国际货物销售公约》的规定,交易磋商程序一般包括邀请发盘、发盘、还价和接受几个环节。所以邀请发盘(invitation to make an offer)不能按发盘的条件去解释。过去我们在实际业务中,常将"邀请发盘"称为"虚盘",今后应尽量避免使用"实盘"与"虚盘"等词语。在对外磋商交易时,尽量争取按《联合国国际货物销售公约》规定的发盘分类方法去解释。

我们在对外发盘时,除采用谈判和函电方式以外,还可采用固定的书面格式,如采用报价单、价格表和形式发票等方式对外发盘。

（1）报价单（quotation sheet），是出口人事先印好的固定格式，其中包括货物名称、品质规格、数量、包装、单价、交货期、支付条件、备注等项目，并留有空白地方，供出口人在报价时填写。报价单多适用于规格复杂或花色品种繁多的货物，如机械零配件、轻工日用品、纺织品、五金工具等。这些货物使用电报发盘则费用较高，且不易说明问题。采用固定格式的报价单，可避免上述弊端。报价单不是向特定人发出的，属于邀请发盘，对发盘人和受盘人均无约束力。

（2）价格表（price list），也称价目表，是出口人印好的固定格式，其中包括货物名称、品质规格和单价等项目。价格表多适用于轻工日用品的交易，由出口人定期寄送给国外客户，供国外商人订货时参考。价格表除买卖双方另有规定外，一般不具有约束力。

（3）形式发票（pro forma invoice），也称预开发票，是出口人事先印好的固定格式。目前有些国家，特别是一些亚非地区的国家，为了管制进口，严格控制外汇支出以及掌握出口人和出口国，常明文规定：进口商必须凭外国出口人提供的形式发票才能申请进口许可证或以形式发票办理进口报关和接货手续。为了适应这一情况，在实际业务中可以用形式发票对外报价，但其不能作为出口人结汇的单据。形式发票的格式与商业发票的格式相似，主要内容包括：发票抬头人的名称和地址、货物名称和数量、规格、包装、单价、总值、交货期以及支付方式等项目。此外，在形式发票中，一般还规定有效期，并列有"以我最后确认为准"或"仅供申请进口许可证之用"等文字。由此可见，形式发票一方面内容明确、条件完整，并规定了有效期；另一方面它又规定有以出口人"最后确认为准"的保留条件，因此，从法律观点分析，形式发票是无约束力的，但在实际业务中，我们应考虑到需要形式发票的客户大多是发展中国家的商人。为了加强同这些国家的贸易往来，凡凭我方形式发票向该国申请进口，并在有效期限内获得进口许可证的外国客户，我们应尽可能按形式发票要求，同对方达成交易，签订合同。采取这种灵活的做法，不仅符合我国对外政策的要求，也有利于我国出口贸易的发展。

二、接受

（一）接受的含义

接受（acceptance）是指被发盘人在发盘有效期之内无条件同意发盘的全部内容，并愿意签订合同的一种口头或书面的表示。接受也称为承诺。《联合国国际货物销售公约》第18条第（1）款对接受的定义是："被发盘人（受盘人）声明或作出其他行为表示同意一项发盘，即为接受。缄默或不行为本身不等于接受。"我国《合同法》对接受的定义是："承诺是受要约人同意要约的意思表示。"

（二）构成接受的条件

作为一项有效的接受，必须具备以下条件：

1. 接受必须是被发盘人作出

这个被发盘人必须是合法的人。在通常情况下，一项发盘都明确地规定了被发盘人，即特定的个人或团体（a particular person or group of persons），只有这个特定的人表示接受才可以，任何第三者表示接受，均无法律效力，发盘人不受约束。但在个别情况下，属于公开发盘,在发盘中没有规定特定的被发盘人,任何人都可以凭发盘通知或招标书(公告)等,并按其规定的投标程序和办法进行投标,争取中标,签订合同。

2. 接受必须是无条件同意发盘的全部内容

原则上,当接受中含有对发盘内容的增加、限制或修改,接受均不能成立,应作拒绝或还价。在西方国家法律中,把这种对发盘内容作出了实际(actual)、重要的(material)修改后的接受,称为有条件的接受(conditional acceptance)。在实际业务中,有时对方在答复我方发盘时虽然使用了"接受"这个词,但却附加了某种条件,或者在复述我方发盘的内容时对其中的某些条件作了修改。例如,把我方发盘中规定的包装条件从散装改为袋装;把支付方式由即期信用证改为即期托收;把 FOB 条件改为 CIF 条件等等。这种做法在法律上称为有条件的接受。有条件的接受不是真正有效的接受,而是还价的一种形式,实际上是对发盘的拒绝。其法律后果同还价是完全一样的,发盘人可以不受约束。《联合国国际货物销售公约》第 19 条规定:

(1)对发盘表示接受但载有添加、限制或其他更改的答复,即为拒绝该项发盘,并构成还价。

(2)但是,对发盘表示接受但载有添加或不同条件的答复,如所载的添加或不同条件在实质上并不变更该项发盘的条件,除发盘人在不过分迟延的期间内以口头或书面通知反对其间的差异外,仍构成接受。如果发盘人不作出这种反对,合同的条件就以该项发盘的条件以及接受通知内所载的更改为准。

(3)有关货物的价格、付款、货物质量和数量、交货地点和时间,一方当事人对另一方当事人的赔偿责任范围或解决争端等的添加或不同条件,均视为在实质上变更发盘的条件。

根据上述解释,应当把有条件的接受与在肯定接受的前提下提出某种希望或建议(mere suggestions or requests or expression of hope)区分开来。前者是指对发盘提出了新的附加条件(condition),是对发盘的拒绝,其法律后果等同于还价。如果发盘人不同意这种附加的条件,就不能达成交易。后者只是在表示接受的前提下提出某种希望(hope),这种希望不是一项条件,无论发盘人同意与否,都不影响交易的达成。

3. 接受必须在一项发盘的有效期限以内表示

这是一项有效接受必须遵守的原则。如果一项发盘明确规定了有效期限,对发盘人只有在此期限内表示接受才有效。如果一项发盘为规定具体的有效期限,根据国际贸易习惯,应在合理时间内表示接受才有效。

4. 接受应由被发盘人采用声明(statement)或做出其他行为(conduct)的方式表示,并且这种表示传达给发盘人才有效

缄默(silence)或不行动(inactivity)本身不是接受。所谓声明是口头或书面形式表示接受;所谓行动是根据发盘的意思或依据当事人之间已约定或确立的习惯做法和惯例所做出的行为。例如,出口人用发运货物或进口人以开出信用证等行为来表示接受。采用做出某种行为的方式来表示接受,这种行为并不是任意的行为,而是符合一定限制条件的行为。

（三）逾期接受的问题

所谓逾期接受（late acceptance）是指接受通知超过发盘规定的有效期限或发盘未具体规定有效期限而超过合理时间才传达到发盘人。逾期接受在一般情况下，不能视为法律上有效的接受，而是一项新的发盘。因而须经原发盘人及时地表示接受，才能达成交易。《联合国国际货物销售公约》（以下简称《公约》）第 21 条第（1）款规定：“逾期接受仍有效力，如果发盘人毫不延迟地用口头或书面将此种意见通知被发盘人。”但是，《公约》第 21 条第（2）款又规定：“如果载有逾期接受的信件或其他书面文件证明，它是在传递正常、能及时送达发盘人的情况下寄发的，则该项逾期接受具有接受的效力，除非发盘人毫不延迟地用口头或书面通知被发盘人：他认为他的发盘已经失效。”

《公约》第 20 条第（2）款还规定，在接受期限的最后一天是发盘人所在地正式假日（official holidays）或非营业日（non-business days），而使对方的接受不能送达发盘人地址，只要事后证明上述情况属实，该项接受的最后期限应顺延至下一个营业日继续有效。在计算接受期限时，接受期间的正式假日或非营业假日应计算在内。

（四）接受的撤回问题

接受的撤回（withdrawal）是指接受通知尚未到达发盘人，被发盘人采取取消原接受通知的行为。《公约》第 22 条规定和《合同法》的一般规则，都允许接受撤回。

接受于表示同意的通知送达发盘人时生效，但在接受通知送达发盘人之前，被发盘人可随时撤回接受，要求以撤回通知先于接受或与接受同时到达发盘人为限。可是，按照英美法关于信件、电报表示接受的例外规则，即信件一经投递，电报一经交发，接受即已生效，即使撤回的通知先于接受的通知到达，撤回仍无效。除非发盘人在发盘中规定接受于接受通知到达发盘人时生效。《公约》规定与英美法规定不同。《公约》第 22 条规定：“接受得予撤回，如果撤回通知于接受原应生效之前或同时送达发盘人。”

接受不得撤销。接受通知一经到达发盘人就不能撤销，因为接受一经生效，合同即告成立。如果撤销接受，在实质上已属毁约行为，应该承担毁约的法律责任。

（五）表示接受时应注意的问题

在进出口业务中，表示接受来自两个当事人：一个是出口人表示接受；另一个是进口人表示接受。

由我方（出口人）表示接受时，一般应注意以下几个问题：

1. 在表示接受时应该慎重地对磋商的函电或谈判记录进行认真核对，经核对认为对方提出的各项主要交易条件已明确、完整、无保留条件和肯定时，才能表示接受。如果在核对中发现有不清楚之处，应同对方澄清之后，再表示接受。接受可以简单表示，如“你10 日电接受（YC 10th accepted）”；也可以详细表示，即将磋商中的主要交易条件再重述一下，表示接受。如“你 10 日电接受，中国东北大豆、一等品、麻袋包装、10000 公吨，每公吨 300 美元，FOB 大连，5 月装运，不可撤销即期信用证付款”（YC 10th accepted Chinese northeast soybean first grade packing gunny bacs 10000 M/T per M/T USD300 FOB Dalian MAY shipment irrevocable sight L/C）。在我出口业务中，对一般交易的接受，可由简单形式表示，但接受电报、电传或信函中必须注明对方来电、信函的日期或文号；对大宗交易或者交易磋商过程较复杂的，为了慎重起见，在表示接受时，应该采用详细叙述主

142 ▶ 国际贸易理论与实务

要交易条件的形式。

2.表示接受应该在对方报价规定的有效期之内进行,并应严格遵守有关时间的计算规定。

3.在表示接受之前,应该详细分析对方的报价,准确识别是发盘还是询价。如果将对方的询价误认为是发盘表示接受,可能暴露我方接受的底价和条件,使我们处于被动地位;如果将对方的发盘误认为询价,可能误失成交良机。

由国外(进口人)表示接受时,一般应注意以下几个问题:

1.要认真分析国外客户表示的接受是一项有效的接受,还是一项有条件的接受(还价)。如果对方的接受是有效的接受,交易即告达成;反之,如对方在表示接受时,对主要的交易条件有修改或提出保留条件,即属于还价性质,针对此类情况,根据我们的经营意图决定同对方继续进行交易磋商或停止磋商。

2.在对待国外客户的接受时,要坚持"重合同,守信用"的原则。如果发生出口货物价格上涨或支付汇率下浮等对我不利的情况,我们仍应同国外客户达成交易,订立合同,维护我国的信誉。

3.在国外客户接受我方发盘时,对一些非重要条件或者是轻微的(immaterial or trifling)改动,按照国际贸易习惯和惯例,应视为有效的接受,但发盘人有权拒绝此项轻微改动的要求。如发盘人并未及时提出反对其间的差异,则不影响对方接受的有效性,仍然有订立合同的义务。

第四节　国际货物买卖合同的订立

国际货物销售合同是营业地在不同国家(地区)的当事人(买方和卖方)自愿按照一定条件买卖某种货物达成的协议。它是根据双方接受的国际贸易惯例、有关法律或《公约》的规定而成立的。合同不仅规定了买卖的货物,同时根据双方磋商中达成的协议,规定了双方的权利和义务,对双方都有约束力。任何一方不能单方面地修改合同的内容或不履行自己的义务,否则将承担违法合同的法律责任。

一、国际货物买卖合同成立的时间和条件

世界各国对国际货物买卖合同成立的时间和条件有不同的规定,具体如下:

(一)我国《合同法》对合同成立的规定

1.承诺生效时合同成立。

2.采用数据电文形式订立合同的,承诺到达时间为合同成立时间。

3.当事人采用合同书形式订立合同的,自双方当事人签字或者盖章时合同成立。

4.当事人采用信件、数据电文等形式订立合同的,可以在合同成立之前要求签订确认书。签订确认书时合同成立。

5.法律、行政法规规定或者当事人约定采用书面形式订立合同,当事人未采用书面形式但一方已经履行主要义务,对方接受的,该合同成立。

6.采用合同书形式订立合同,在签字或者盖章之前,当事人一方已经履行主要义务,

对方接受的,该合同成立。

（二）《公约》的规定

《公约》第二部分第 23 条规定:"合同于按照本公约规定对发盘的接受时订立。"从上面所述内容来看,对合同成立的时间与条件,我国《合同法》的规定与《公约》规定相同。

二、国际货物买卖合同的形式

《公约》第 11 条规定:"销售合同无须以书面订立或书面说明,在形式方面也不受任何其他条件的限制。销售合同可以用包括人证在内的任何方法证明。"从《公约》的规定中可以看出对销售合同的订立不限制形式。我国《合同法》规定,当事人订立合同,有书面形式、口头形式和其他形式。但是在该法中还规定:"法律、行政法规规定采用书面形式的,应当采用书面形式。当事人约定采用书面形式的,应当采用书面形式。"我国政府于 1986 年向联合国递交参加《公约》批准书时,对《公约》第 11 条"合同订立不限制形式"予以保留,坚持国际货物买卖合同采用书面形式。我国《合同法》第 11 条规定:"书面形式是指合同书、信件和数据电文（包括电报、电传、传真、电子数据交换和电子邮件）等可以有形表现所载内容的形式。"

我国坚持国际货物买卖合同的订立采用书面形式的主要原因是:书面合同是合同成立的标志;书面合同是合同生效的标志;书面合同是双方当事人履行合同的依据;书面合同是双方当事人处理和解决争议的依据;书面合同是法院或仲裁机构受理案件进行判决或裁决的依据;书面合同在司法实践中举证比较方便。

美国虽然承认口头合同的法律效力,可是也作了一定的限制,如美国《统一的商法》2-201 规定:凡 500 美元以上的金额的货物销售合同必须有书面文件为证,否则不得依法强制执行。据此,对于通过口头磋商达成的交易,签署一份书面销售合同是完全必要的。

在国际货物买卖中,书面销售合同的名称和形式繁多,均无特定的限制,一般有销售合同、销售确认书、销售协议书和备忘录和来往的电报、电传、传真、电子数据交换和电子邮件等可以有形地表现所载内容的形式。当前我国的进出口业务中,书面合同主要使用销售合同和销售确认书。

（一）买卖合同

买卖合同（sales contract）的内容比较全面详细。除了包括合同的主要条款:货物名称、品质规格、数量、包装、单价、总值、交货、支付方式之外,还包括一般合同条款:保险、商品检验、异议索赔、仲裁和不可抗力等。出口人草拟提出的合同称为销售合同（sales contract）;进口人草拟提出的合同称为购货合同（purchase contract）。使用的文字是第三人称语气。这种合同形式的特点是内容比较全面,对双方的权利和义务以及发生争议的处理均有详细规定。这种合同适用于大宗货物或成交金额较大的交易。

（二）销售确认书

销售确认书（sales confirmation）是合同的简化形式。销售确认书的内容一般包括:货物名称、品质规格、数量、包装、单价、总值、交货期、装运港和目的港、支付方式、运输标志、商品检验等条款。对于异议索赔、仲裁、不可抗力等一般条款都不予列入。这种格式的合同,适用成交金额不大、批次较多的轻工日用品、土特产品或者已有包销、代理等长期协议的交易。

三、国际货物买卖合同的内容

国际货物买卖合同的内容比较完整、全面,一般包括以下三个部分:

(一)合同的首部

合同的首部包括开头和序言、合同名称、编号、缔约时间、缔约地点、当事人的名称和地址等。在规定这部分内容时应注意两点:第一,要把当事人双方的全称和法定详细地址列明,有些国家法律规定这些合同正式成立的条件;第二,要认真规定好缔约地点,因为合同中如对合同适用的法律未作出规定时,根据有些国家的法律规定和贸易习惯的解释,可适用合同缔约地国的法律。

(二)合同的主干部分

这部分规定了双方的权利和义务,包括合同的各项条款,如货物名称、品质规格、数量、包装、单价和总值、交货期、装运港和目的港、支付方式、保险条款、检验条款、异议索赔条款、仲裁条款和不可抗力等,以及根据不同货物和不同交易情况加列其他条款,如保值条款、溢短装条款、品质公差条款以及合同适用的法律等。

(三)合同的结尾部分

合同的结尾部分包括合同的份数、使用文字和效力,以及双方的签字。

此外,有的合同有附件部分,附在合同之后,作为合同不可分割的一部分。

四、签订合同应注意的问题

1.必须贯彻我国的对外贸易政策,特别要体现平等互利的原则,我们既反对对方把片面维护一方利益的条款订入合同,也不把对方不愿意接受的某些条款强加于人。

2.必须符合合同有效成立的要件,即双方当事人的意思表示必须一致和真实;当事人都有订约行为能力;合同标的、内容必须合法等。

3.合同内容应与磋商协议达成的协议内容一致,同时在条款的规定上必须严密,要明确责任、权利义务对等。切记避免订立多种解释的任意性和不确定性的条文,特别是对可能引起合同性质改变的内容,尤应慎重,如果有些条款事先未商妥,订入书面合同时,要进一步协商达成协议才可以订入。

4.合同各条款间必须协调一致,不能相互矛盾。例如,在数量条款规定溢短装时,支付方式为信用证,其保证金额就应规定有增减幅度;又如,贸易术语为 CFR 或 FOB 成交,在保险条款里就应订明"保险由买方自理"。关于签约后发生的额外费用负担,如运费上涨、港口封冻的绕航费等,也可在合同中规定由何方负担。

专业词汇:

业务联系,交往	business association
建立业务关系	to establish(enter into, set up)business relationship
扩大业务关系	to enlarge(widen)business relationship
巩固业务关系	to cement business relationship

数量	quantity
包装	packing
价格	price
保险	insurance
索赔	claim
折扣	discount
佣金	commission
签订合同	sign a contract
代理	agency
接受	acceptance
支付条款	terms of payment

思考与讨论

1. 交易磋商一般经过哪些环节？它们的含义如何？要订立一项合同,哪些磋商环节是不可缺少的？为什么？

2. 发盘在那些情况下失效？

3. 逾期接受在何种情况下仍具有接受效力？

4. 在国际贸易中,买卖双方经口头或书面磋商达成交易后,为什么还要签订一份具有一定格式的书面合同？在我国进出口业务中,通常采用的书面合同有哪些形式？其基本内容是什么？

案 例 分 析

1. 我出口企业于6月1日用电传向英商发盘销售某商品,限6月7日复到。6月2日收到英商发来电传称:"如价格减5％可接受。"我尚未对英商来电作出答复,由于该商品的国际市价剧涨,英商又于6月3日来电传表示:"无条件接受你6月1日发盘,请告合同号码。"试问:在此情况下,我方应如何处理,为什么?

2. 我外贸公司于3月1日向美商发去电传,发盘供应某农产品1000公吨并列明"牢固麻袋包装"(PACKED IN SOUND GUNNY BAGS)。美商收到我方电传后立即复电表示,"接受,装新麻袋装运"(ACCEPTED, SHIPMENT IN NEW GUNNY BAGS)。我方收到上述复电后,即着手备货,准备于双方约定的6月份装船。数周后,某农产品国际市价猛跌,针对我方的催证电传,美商于3月20日来电称:"由于你方对新麻袋包装的要求未予确认,双方之间无合同(no contract)。"而我外贸公司则坚持合同已有效成立,于是,双方对此发生争执。试问:此案应如何处理? 说明理由。

3. 在20世纪60年代初,我国遭受严重自然灾害,国内粮源紧张,急需进口粮食来满足国内人民的需求,而国外粮商则想趁机抬高粮价,大发横财,并多方试探我国购粮意图和动态。我国粮油进出口总公司根据国内实际需要和国际市场供求动态,在深入调查研究的基础上,主要选择加拿大作为目标市场。因为,加拿大急于向我国出口钢铁和粮食,于是我国便选派一位实践经验丰富、经营能干,并善于谈判和拍板成交的能手去访问加拿大钢铁厂商。由于我方人员出访前从香港发布了出访信息,故我方人员到达加拿大当天,加方一批粮商便主动找我方人员,表示愿意向中国出售粮食,问我方人员有无购粮意愿。我方人员表示:"如果你们确有向中国出口粮食的诚意,我也可以同你们洽商,但你们必须事先研究一个合理的优惠价格。如果报价不合适,我就不谈,因为我另有别的重要任务,我没有时间同你们讨价还价。"于是,加方粮商马上回去商量报价问题,他们主动压低报价,唯恐报价不合适使我方人员拒谈,错过良机。第二天,加方粮商再来洽谈时,其报价确实比较优惠,但我方人员只表示可以以此作为谈判基础。经过双方讨价还价,在原报价基础上降低了一些。当双方就每吨粮食的单价达成共识后,我方人员又进一步要求按国际贸易的习惯做法,即购买数量大,卖方应打数量折扣,加方对此也表示同意。于是,双方又就购买数量递增,则售价相应递减的原则与做法达成了共识。之后,我方人员即拍板成交,表示购买 100 万吨粮食。加商听了很惊奇地连续三次反问"中方购买多少吨?"我方人员反复表示"购买 100 万吨"。此时,加商都感到很惊奇,大家喜形于色。我方人员也喜出望外,终于神速并胜利地完成了这项巨大的购粮任务。本案例,不仅表明了我方洽谈人员的机智和多谋善断,而且也有效地贯彻了双赢的原则。对此,希予评论。

4. 某出口商 A 与进口商 B 谈判某种机械设备的出口事宜。B 商认为 A 商提出的交易条件基本可以,但是价格偏高,因而不能急于成交,使谈判陷入僵局。这时,A 商了解到 B 商只是实际用户 C 的进口代理,而 C 所在的工厂正急于进口这批设备,以应生产之需。于是,A 向 C 指出,B 采用的拖延战术并不高明,是只顾眼前利益,不顾长远利益,这样下去会因小失大。后来在 C 商的授权与催促下,A 商与 B 商终于达成了交易。对此,希予评论。

5. 卖方曾按 FOB 条件向买方发盘出售 1 万公吨菜籽粕。买方接受卖方发盘后,要求卖方将合同和信用证条款传真给买方,卖方将已盖有公章的《销售合同》传真给了买方。买方收到传真的销售合同后,删除了原合同中"不接受超过 20 年船龄的船舶"的要求,并将"运费已付"修改为"运费按租船合同支付",买方签字盖章后,立即传真给卖方,并依约开出了信用证。卖方在相隔两周后表示,买方在原合同上的修改影响了卖方装船,并声称"合同尚未生效,双方所签订的合同为无效合同,买方开出的信用证作废"。买方不同意卖方的主张,于是提请仲裁。仲裁庭受理本案并经开庭审理后认为,本案争议双方按 FOB 条件签订的合同,应由买方安排运输和支付运费,买方对合同中有关船龄和运费问题的修改,不影响卖方的权利与义务,也不构成对合同条款的实质性变更,何况卖方当时并未就此立即作出反对。因此,按《公约》第 19 条的规定,本案合同已经成立并生效。由于卖方拒绝履行双方订立的合同,故其应承担违约的全部责任,并赔偿买方由此引起的各项损失。对此,希予评论。

6. 中国某公司通过电传于某年 6 月 13 日向美国商人发盘供应 1 万件瓷器,并列明品名、价格和"牢固木箱包装"等交易条件。美商收到电传后,立即复电表示接受,并要求用"新木箱装运"。卖方收到美方复电后,立即着手备货,准备于双方约定的7月份装船。两周后,美商又电告卖方称:"由于你方对新木箱包装的要求未予确认,故合同没有成立"。卖方则认为合同已成立,双方为此发生争议。鉴于中美双方都是《公约》成员国,双方争议应依据该公约处理。按《公约》第19条的规定:买方对卖方的发盘表示接受,虽在其接受发盘时对包装条件提出了新的要求,但非属实质性的修改,并且买方对此为表示反对,而且着手备货,这就表示合同已按原发盘内容及接受中的某些修改为交易条件成立。由于卖方的主张有理有据,故本案双方的争议,按公约规定迅速得到解决。对此,希予评论。

第十章　商品的品质与数量

第一节　商品的品名、品质

一、商品的品名

商品的品名,或称商品的名称,是指能使某种商品区别于其他商品的一种称呼或概念。商品的品名在一定程度上体现了商品的自然属性、用途以及主要的性能特征。加工程度低的商品,其品名一般较多地反映该商品所具有的自然属性,加工程度越高,商品的品名也越多地体现出该商品的性能特征。命名商品的方法有许多,概括起来,主要有以下几种:

1.以其主要用途命名。这种方法在于突出其用途,便于消费者按其需要购买。如织布机、旅游鞋、杀虫剂、自行车等。

2.以其所使用的主要原材料命名。这种方法能通过突出所使用的主要原材料反映出商品的质量。如棉布、涤纶纱、羊毛衫、铝锅、玻璃杯、冰糖燕窝等。

3.以其主要成分命名。以商品所含的主要成分命名,可使消费者了解商品的有效内涵,有利于提高商品的身价。一般适用于以大众所熟知的名贵原材料制造的商品。如西洋参蜂王浆、人参珍珠霜等。

4.以其外观造型命名。以商品的外观造型命名,有利于消费者从字义上了解该商品的特征。如绿豆、喇叭裤、宝塔纱、纸管等。

5.以其褒义词命名。这种命名方法能突出商品的使用效能和特性,有利于促进消费者的购买欲望。如青春宝、太太口服液等。

6.以人物名字命名。即以著名的历史人物或传说中的人物命名,其目的在于引起消费者的注意和兴趣,如孔府家酒等。

7.以制作工艺命名。这种命名方法的目的在于提高商品的威望,增强消费者对该商品的信任。如二锅头烧酒、精制油等。

好的商品的品名,不但能高度概括出商品的特性,而且还能促进消费者的消费心理,诱发消费者的购买欲望,为了使生产或销售同类产品的厂商或销售商区别开来,商品的品名又常常与牌名相融合,构成描述、说明货物的重要部分。参与国际货物买卖的交易双方只有明确了商品的品名,即买卖什么商品,才能进一步确定商品的品质,即以什么样的具体商品进行交易。所以,商品的品名是国际货物买卖合同中必须具备的内容。

在国际货物买卖合同中,商品品名的规定应明确、具体,适合商品的特点。在采用外文名称时,应做到译名准确,与原名意思保持一致,避免含糊不清或过于空洞。

二、商品的品质

(一)商品品质的含义

商品品质(quality of goods),一般是指商品本质性的质量和外观形态。商品本质性的质量表现为商品的化学成分的构成、物理和机械性能、生物特征等;商品的外观形态则表现为商品的形状、结构、色泽、味道等。在国际贸易中,往往是按照每种商品的不同特点,选择一定的质量指标去表示不同商品的品质,如机床以性能、用途、功率、自动化程度等;煤以灰粉、含水量、含硫量、发热量、挥发粉、粒度等;服装以面料和辅料、款式、颜色等;大豆以含油量、含水量、杂质、不完整粒等指标表示。商品的不同质量指标或特征具有不同的使用价值,可以满足消费者和使用者的不同需要。因此,商品的质量优劣是购买者最关心的问题。

(二)商品品质的作用

1.商品品质是商品使用价值的标志

使用价值是商品满足社会需求的自然属性,商品的品质则是这种自然属性的体现,是消费者评价商品的依据。商品品质的优劣直接影响到商品的使用效能,是能否吸引消费者购买的重要条件。

2.商品品质是国际市场竞争的焦点

国际市场竞争激烈,传统的"价格竞争",即以"廉价低质"商品参与国际竞争已不能达到扩大市场、扩大销售的目标,尤其是在贸易保护主义盛行、各国纷纷采取形式多样的进口配额等限制措施的情况下,只有提高出口商品档次、促进升级换代、提高产品的品质,采取"以质取胜"战略,才能巩固和发展传统市场、拓展新市场。

3.商品品质是增加出口收汇的重要途径

质量是效益的核心。国际商品买卖也是如此,品质的优劣直接影响售价的高低,质优才能价高。通过改善和提高品质、增加附加价值,才能在国际市场卖好价,卖高价,增加外汇收入。

4.商品品质是商业信誉的保证

"质量第一,信誉第一"是国际贸易交易的重要原则。商品的品质不仅关系到出口者的信誉,还对出口国家的信誉有重要影响。

5.商品品质是合同履行的依据

国际货物买卖合同中的品质条款,是买卖双方履行合同的重要依据。卖方提供的货物如不符合合同规定的品质要求,就构成严重违约,买方就有权撤销合同,并要求得到损害赔偿。

可见,无论从交易过程看,还是从经济上、政治上分析,商品的品质都是至关重要的。

第二节　货物品质的表示方法

在国际贸易中,表示货物品质的方法大致可以分为两类:一是用文字说明表示;二是以实物样品来表示。具体业务中采取何种方式,则必须根据货物的种类、特性、交易习惯和交易磋商的方式而定。

一、样品表示方法

所谓样品(sample)是指一个或几个或少量足以代表整批货物品质的实物,它们通常是从一批货物中抽取出来,或者由生产部门设计、加工出来的。用样品表示货物品质的方法称为凭样品买卖(sale by sample),是指买卖双方约定以样品作为交货品质依据的买卖方式。凭样品买卖可以分为凭卖方样品买卖和凭买方样品买卖两种形式。在我国出口业务中,有部分工艺品、服装、轻工业品、土特产品及其他不易用文字说明品质的货物采用凭样品买卖方式。

(一)凭卖方样品买卖

凭卖方样品买卖(sale by seller's sample)即由卖方选择样品寄往买方凭以成交。合同一经成立,卖方提供的样品就成为履约时双方交接货物的品质依据。因此,在凭卖方样品交易时必须做好以下几个方面的工作:

1. 卖方所提供的样品必须是具有充分代表性的样品(representative sample),才能保证交货时货物品质与样品相符。

2. 卖方寄出样品(称为原样)时应留存复样(duplicate sample),以备将来交货或处理品质纠纷时作核对之用。在寄出的样品(原样)和留存的复样上应编上相同的号码,以便日后联系。留存的复样应妥善保管,有些还须注意保管室的温度、湿度和采用科学的贮藏方法,防止变质。

3.《合同法》第 168 条规定:"凭样品买卖的当事人应当封存样品,并可以对样品质量予以说明。出卖人交付的标的物应当与样品及其说明的质量相同。"封样(sealed sample)即由公证机构(如商品检验机构等)在一批货物中抽取同样品质的样品若干份,在每份样品中烫上火漆或铅封,供交易当事人使用,封样可由发样人自封,也可由买卖双方共同加封。封样可作为以后交货品质核对的凭据,也可以作为解决争议的依据。

(二)凭买方样品买卖

凭买方样品买卖(sale by buyer's sample)是指由买方提供样品达成的交易。我国出口业务中亦称"来样成交"或"来样制作"。由于买方较熟悉市场对货物品质的要求,这也是一种国际贸易实务中较为普遍的做法。但是,由于原材料、加工技术、设备和生产安排的可能性等条件的局限,凭买方样品买卖可能对卖方交货时满足品质要求带来一定的困难,为争取主动,在实际做法上可以作以下考虑:

1. 根据买方来样复制或选择品质相近的样品,即回样(return sample)或称对等样品(counter sample)寄交买方,在得到买方确认后,按卖方寄交的"对等样品"交货。这样就等于把"来样成交"转变为"凭卖方样品买卖",这是我出口业务中较常用,也是较妥善的方法。

2.在凭买方样品成交时,另加声明或在合同中订明,如果发生由于来样所引起的工业产权等第三者权利问题与卖方无关,概由对方负责。

3.订立弹性品质条款。根据买方来样成交若在制造技术上确有困难,很难做到货、样一致,可以在合同中特别订明一些弹性品质条款,例如,品质与样品大致相同(quality to be about equal the sample),以留有一定余地,但是,如果对"大体相同"的理解不能一致,交货时难免被动。

(三)参考样品

参考样品(reference sample)通常是在用文字说明表示品质时,寄给对方作为所供货物参考之用,以便客户对我货物品质有更多的了解。但这种参考样品只是作为宣传介绍之用,仅供对方在决定购买时参考,而不作为交货的品质依据。为了避免误解,在对外寄送此种样品时,应加注"仅供参考(for reference only)"。尽管如此,参考样品的选择仍须注意与今后出口货物的品质接近或大体一致,否则就无参考意义。

凭样品买卖有两项基本要求:一是以样品为交货的唯一依据;二是卖方保证所交货物必须与样品完全一致。根据英国《货物买卖法》的规定,凭样品买卖包含下述默示条件:

(1)整批货物与样品一致;

(2)买方应有合理机会进行整批货物与样品比较;

(3)所交货物不得含有对样品进行合理检验所不易发现的、不适销的缺陷。

我国《合同法》第169条规定:"凭样品买卖的买受人不知道样品有隐蔽瑕疵的,即使交付的标的物与样品相同,出卖人交付的标的物的质量仍然应当符合同种物的通常标准。"这就是说,样品买卖虽然以样品为交付标的物的品质标准,但在样品存在隐蔽瑕疵而对方又不知道的情况下,卖方交付的标的物的品质就不能以瑕疵样品为标准。所谓隐蔽瑕疵是指经一般、通常的检查不易发现的样品的品质缺陷,在当事人封存了含有隐蔽瑕疵样品的情况下,卖方的交付货物的品质担保义务不能以该样品为准,而应以同种货物所具有的通常标准为准,即该货物的质量应当符合同种货物的通常标准。如果卖方明知样品含有隐蔽瑕疵而故意向买方隐瞒,则卖方行为构成欺诈。

二、文字说明表示方法

国际货物买卖中,大部分商品适用以文字说明表示品质,即凭文字说明买卖(sale by description)的方法。具体又可分为下列几种:

(一)凭规格、等级、标准买卖(sale by specification,grade,standard)

货物的规格(specification)是指用以反映货物品质的若干主要指标,如成分、含量、大小、长短、精细等。买卖双方通过文字说明商品的规格就能表明货物品质的基本情况。例如,我国出口的洛阳6号煤,其品质规格为"干态灰粉6%~18%,水成分5%以下,干态挥发粉12%以下,干态发热量6800大卡/千克~7500大卡/千克,最低不低于6200大卡/千克,粒度100毫米以下(供参考)"。这种以规格表示货物品质达成交易的方式称为凭规格买卖(sale by specification)。由于凭规格销售比较方便、明确,所以在国际交易中使用最广。

　　货物的等级(grade)是指同一类货物,根据长期生产与贸易实践,按其品质的差异或其成分、外观、效能等的不同,用大、中、小、一、二、三、重、中、轻等文字、数码或符号所作的分类。凭等级买卖(sale by grade)只需说明其级别,即可了解所要买卖货物的品质。例如,皮蛋根据重量、大小,分为奎、排、特、顶、大五级,奎级表示每千只重75千克以上,其后每差一级减5千克;钨矿按其二氧化碳、锡等成分含量,分为特级、一级、二级等。又如,1962年4月中华人民共和国对外贸易部颁布的《出口小麦暂行标准》(见表10-1)规定:外观正常;无异味和恶臭,水分不超过14%。

表 10-1　小麦等级指标

级别	纯质(%,最低)	杂质(%,最高)
一级	98.60	0.4
二级	97.20	0.8
三级	95.80	1.2
四级	94.40	1.6
五级	93.00	2.0

　　我国每年从美国、加拿大、澳大利亚等国进口品种有红春小麦、硬红冬小麦、白小麦、软白春小麦、通用小麦、杜兰姆小麦等。进口合同一般都规定水分、杂质、容量,有的还规定蛋白质等。

　　标准(standard)是指经政府机关或商业团体统一制定和公布的规格或等级。我国商品的标准有些是由国家政府机构和国际性标准化组织颁布的,有的是由有关行业公会、贸易协会或商品交易所制定的。随着国际交往的日益频繁以及国际计时标准的日益统一,商品品质标准的国际化趋势越来越重。国际标准化组织(ISO)的标准被越来越多的国家采纳,基本上已成为国际通用标准。另外,由于各国的标准常随生产技术的发展和情况的变化而进行修改和变动,所以,即使同一国家颁布的某类商品也会有不同年份的版本。在援引标准时,必须注明援引标准的版本或年份。

　　在国际贸易中,有些农副产品,由于品质变化较大,难按统一的标准或以科学的方法来区分其品质规格,有时可用良好平均品质(fair average quality,简称 F. A. Q.)。其含义是指在一定时期内,某一产地,某个季节内产品品质的平均水平。这种标准含义非常笼统,实际上并不代表固定、确切的品质规格。它通常由装船地的同业公会在该季节装船的货物中分别抽出少量货物以混合调配,以此代表该季节的平均品质。我国在出口农副产品时,有时也用 F. A. Q. 来表示品质,俗称大路货。其品质标准一般以我国产区当年生产该项产品的平均品质为依据而确定的。采用 F. A. Q. 成交时,除在合同中注明外,通常还订明该货物的主要规格。例如,中国桐油,大路货,游离脂肪酸(F. F. A.)4%以下〔Chinese tong oil, F. A. Q., F. F. A.(max)4%〕。

　　尚好可销品质(good merchantable quality,简称 G. M. Q.)是另一种含义笼统的品质表示方法。有时对木材和冷冻鱼虾等水产品采用。这种品质条件是指卖方所交的货物应属于"品质尚好,适合商销"。由于含义不具体,执行时容易引起纠纷,交易时一旦发生品质争议,通常由同业的公会聘请专家以仲裁方式解决。

（二）凭商标、牌名买卖

国际市场上,某些商品因品质稳定,规格划一,在消费者心目中已树立了良好声誉,只要提到这种商品的商标和牌名,而无须寄交样品或加以文字说明就知道其性能、效用的情况下,就可以凭商标和牌名达成交易。如美加净牙膏、白猫洗衣粉、丰田汽车、飞利浦电器等。凭商标、牌名买卖(sale by trade mark or brand)的商品,一般都是经过长期努力,在国际市场上打开销路的名牌商品,因此特别注意品质稳定,这不仅是为了维持名牌的声誉,而且以此种方式达成交易,如卖方所交货物的品质有不适销的缺点(如卷烟发霉等),买方仍有退货或索赔的权利。凭商标或牌名买卖一般都是凭卖方的商标或牌名。

（三）凭产地名称

有些货物,特别是农副产品,受产地的自然条件和传统的生产技术影响较大,一些历史较长、条件较好地区的产品,由于品质优良并具有一定的特色,产地名称也成为该项产品品质的重要标志。我国某些产地的传统农副产品如天津红小豆、龙口粉丝、四川榨菜等,在国外信誉卓著,都可凭产地名称(sale by the name of origin)说明其品质。

（四）凭说明书买卖

有些如机械、仪表、电器、大型设备特别是成套设备等货物,由于功能和结构复杂、型号繁多,安装和维修时又须按一定的操作程序,不能简单地以几项指标来表示品质的全貌,还需要有详细的说明书或技术图纸、设计安装图纸等,以具体表示该货物的品质,则称之为凭说明书买卖(sale by description)。

上述国际贸易中常见的表示货物品质的方法,可以单独使用,也可以根据商品的特点、市场或交易的习惯,将几种方式结合运用。

第三节　商品的数量

在国际货物买卖中,商品的数量不仅是国际货物买卖合同中的主要交易条件之一,而且是构成有效合同的必备条件。合同中的数量条款是双方交接货物的数量依据。不明确卖方应交付多少货物,除无法确定买方应该支付多少金额的货款外,不同的量有时还会影响到价格以及其他的交易条件。

影响买卖双方成交数量的因素很多,商品的生产、供应能力,目标市场上的实际需要和销售情况,市场供求以及商品价格可能变动的趋势,客户或买方的资信及其经营实力,生产厂商或销售商的生产供货能力和营销意图,商品的包装、运输条件等等,都是卖方在确定具体销量时要考虑的因素,如果卖方忽视对上述经济因素的分析,一味追求扩大销量,不仅会对卖方顺利履约、收汇产生副作用,还有可能影响到卖方在目标市场上的售价与利润。买方在商订进口数量时,则要考虑适应当地市场的需求及需求的变化,并符合其支付的实际能力,等等。除此以外,买卖双方商品成交数量的多寡,还常常受到各国政府进出口商品管理政策、产业政策等宏观经济因素的影响。有时还受到买卖双方所在国政府的某些限制,如配额制度的约束和限制。因此,正确把握成交数量,对于买卖双方顺利达成交易,合同的履行以及今后交易的进一步发展,都具有十分重要的意义。

一、商品数量的计算

在国际贸易中,使用的数量计算方法通常有六种。(1)按重量(weight)计量;(2)按容积(capacity)计量;(3)按个数(numbers)计量;(4)按长度(length)计量;(5)按面积(area)计量;(6)按体积(volume)计量。

在国际货物买卖中,很多商品采用按重量计量。按重量计量时,计算重量的方法主要有以下几种:

(一)按毛重计

毛重(gross weight)是指商品本身的重量加皮重(tare),即商品连同包装的重量。有些单位价值不高的商品(例如,用麻袋包装的大米、蚕豆等农产品)可采用按毛重计算,即以毛重作为计算价格和交付货物的计量基础。这种计重方法在国际贸易中被称为"以毛作净"(gross for net)。

由于这种计重方法直接关系到价格的计算,因此,在销售上述种类的商品时,不仅在规定数量时,需明确"以毛作净",在规定价格时,也应加注此条款,例如,"每公吨 300 美元,以毛作净"(US $ 300 per metric ton,gross for net)。

(二)按净重计

净重(net weight)是指商品本身的重量,即毛重扣除皮重(包装)的重量。在国际货物买卖中,按重量计算的商品大都采用以净重计量。

在国际贸易中去除皮重的办法有四种:

1. 按实际皮重(real tare,or actual tare)。将整批商品的包装逐一过秤,算出每一件包装的重量和总重量。

2. 按平均皮重(average tare)。从全部商品中抽取几件,称其包装的重量,除以抽取的件数,得出平均数,再以平均每件的皮重乘以总件数,算出全部包装重量。

3. 按习惯皮重(customary tare)。某些商品的包装比较规格化,并已经形成一定的标准,即可按公认的标准单件包装重量乘以商品的总件数,得出全部包装重量。

4. 按约定皮重(computed tare)。买卖双方以事先约定的单件包装重量,乘以商品的总件数,求得该批商品的总皮重。去除皮重的方法,依交易商品的特点,以及商业习惯的不同,由买卖双方事先商定并在买卖合同中做出具体规定。

(三)其他计算重量的方法

1. 按公量计重(conditioned weight)。在计算货物重量时使用科学方法,抽去商品中所含的水分,再加标准水分重量,求得的重量称为公量。这种计重方法较为复杂、麻烦,主要适用于少数经济价值较高而水分含量极不稳定的商品,如羊毛、生丝、棉花等。其计算公式主要有两种:

公量=货物干量×(1+标准回潮率)

或,公量=货物实际重量×(1+标准回潮率)÷(1+实际回潮率)

国际上公认的生丝、羊毛标准回潮率为 11%。

2. 按理论重量计算(theoretical weight)。理论重量适用于有固定规格和固定体积的商品。规格一致、体积相同的商品,每件重量也大致相等,根据件数即可算出总重量。如马口铁、钢板等。

3. 法定重量(legal weight)和净净重(net net weight)。纯商品的重量加上直接接触商品的包装材料,如内包装等的重量,即为法定重量。法定重量是海关依法征收从量税时,作为征税基础的计量方法。而扣除这部分内包装的重量及其其他包含杂物(如水分、尘芥)的重量,即为净净重,净净重的计量方法主要也为海关征税时使用。

在国际货物买卖合同中,如果货物是按重量计量和计价,而未明确规定采用何种方法计算重量和价格时,根据惯例,应按净重计量和计价。[①]

二、国际贸易中常用的度量衡制度

在国际货物买卖中,除了使用的计量方法、计量单位不同以外,各国使用的度量衡制度也各不相同。因此,同一计量单位表示的实际数量有时会有很大不同。例如,重量单位吨,有公吨、长吨、短吨之分,分别等于 1000 千克、1016 千克、907.2 千克。所以,了解和熟悉不同的度量衡制度关系到货物的计量单位是否符合进口国有关计量单位使用习惯和法律规定等问题。目前,国际贸易中通常使用的度量衡制度有四种:(1)公制(或米制)(Metric System);(2)美制(U. S. System);(3)英制(British System);(4)国际单位制(International System of Units)。

国际标准计量组织大会在 1960 年通过的,在公制基础上发展起来的国际单位制,已为越来越多的国家所采用,有利于计量单位的统一,标志着计量制度的日趋国际化和标准化,从而对国际贸易的进一步发展起到推动作用。我国采用的是以国际单位制为基础的法定计量单位。《中华人民共和国计量法》第 3 条明确规定:"国家采用国际单位制。国际单位制计量单位和国家选的其他计量单位为国家法定计量单位。"在外贸业务中,出口商品,除合同规定需采用公制、英制或美制计量单位者外,也应使用法定计量单位。一般不进口非法定计量单位的仪器设备。如有特殊需要,须经有关标准计量管理机构批准,才能使用非法定计量单位。[②]

三、计量单位

在不同计量方式下,通常采用的计量单位名称及适用的商品,具体如下:

1. 重量单位

适用商品:一般天然商品,以及部分工业制成品。如羊毛、棉花、谷物、矿产品、油类、沙盐、药品等。

常用计量单位:千克(kilogram,或 kg.),吨(ton 或 t),公吨(metric ton,或 m/t),公担(quintal,或 q.),厘米(gram,或 gm.),磅(pound,或 lb.),盎司(ounce,或 oz.),长吨(long ton,或 l/t),短吨(short ton,或 s/t)。

---

① 参见《公约》第 56 条。
② 这里的计量单位,是指商品质量指标中的计量单位。

2. 容积单位

适用商品:谷物类,以及部分流体、气体产品。如小麦、玉米、煤油、汽油、酒精、啤酒、双氧水、天然瓦斯等。

常用计量单位:公升(litre,或 l.),加仑(gallon,或 gal.),蒲式耳(bushel,或 bu.)等。

3. 个数单位

适用商品:一般日用工业制品,以及杂货类商品。如文具、纸张、玩具、成衣、车辆、拖拉机、活牲畜等。

常用计量单位:只(piece,或 pc.),件(package,或 pkg.),双(pair),台、套、架(set),打(dozen,或 doz.),罗(gross,或 gr.),大罗(great gross,或 g. gr.),令(ream,或 rm.),卷(roll,或 coil),辆(unit),头(head)。有些商品也可按箱(case),包(bale),桶(barrel,drum),袋(bag)等计量。

4. 长度单位

适用商品:纺织品匹头、绳索、电线电缆等。

常用单位:码(yard,或 yd.),米(metre,或 m.),英尺(foot,或 ft.),厘米(centimetre,或 cm.)等。

5. 面积单位

适用商品:皮质商品、塑料制品等。如塑料篷布、塑料地板、皮革、铁丝网等。

常用单位:平方码(square yard,或 yd^2),平方米(square metre,或 m^2),平方英尺(square foot,或 ft^2),平方英寸(square inch)等。

6. 体积单位

适用商品:化学气体、木材等。

常用单位:立方码(cubic yard,或 yd^3),立方米(cubic metre,或 m^3),立方英尺(cubic foot,或 ft^3),立方英寸(cubic inch)等。

第四节　合同中的数量条款

一、基本内容

合同中的数量条款,主要包括成交商品的具体数量和计量单位,有的合同还需规定确定数量的方法。

按照合同规定的数量交付货物是卖方的基本义务。某些国家法律规定,卖方交货数量必须与合同规定相符,否则买方有权提出索赔,甚至拒收货物。例如,英国《1893年货物买卖法》第30条规定:"卖方交付货物的数量如果少于约定数量,买方可以拒收货物;卖方实际交货数量多于约定数量,买方可以只接受约定数量而拒收超过部分,也可以全部拒收。如果买方接受了卖方所交的全部货物,则必须按约定单价支付货款。"《公约》也规定,卖方必须按合同数量条款的规定如数交付货物。[①]　如果卖方交货数量多于约定数量,买方可以收取,也可以拒绝收取多交部分货物的全部或一部分;[②]如果卖方实际交货数量少于约定数量,卖方应在规定的交货期届满前补交,但不得使买方遭受不合理的开支,然而,买方保留要求损害赔偿的任何权利。[③]

　　为了避免买卖双方日后的争议,合同中的数量条款应当完整准确,对计量单位的实际含义双方应理解一致,采用对方习惯使用的计量单位时,要注意换算的准确性,以保证实际交货数量与合同数量一致。

二、数量的机动幅度条款

　　在国际货物买卖中,有些商品是可以加以精确计量的,如金银、药品、生丝等。但在实际业务中,有许多商品受本身特性、生产、运输或包装条件以及计量工具的限制,在交货时不易精确计算,如散装谷物、油类、水果、粮食、矿砂、钢材以及一般的工业制成品等,交货数量往往难以完全符合合同约定的某一具体数量。为了便于合同的顺利履行,减少争议,买卖双方通常都要在合同中规定数量的机动幅度条款,允许卖方交货数量可以在一定范围内灵活掌握。

　　买卖合同中的数量机动幅度条款一般就是溢短装条款(more or less clause)。

　　所谓溢短装条款,就是在规定具体数量的同时,再在合同中规定允许多装或少装的一定百分比。卖方交货数量只要在允许增减的范围内即为符合合同有关交货数量的规定。

　　例如:5000 公吨,卖方可溢装或短装 5%(5000m/t,with 5% more or less at seller's option)。按此规定,卖方实际交货数量如果为 4750m/t 或 5250m/t,买方不得提出异议。

　　溢短装条款也可称为增减条款(plus or minus clause)。在使用时,可简单地在增减幅度前加上"±"符号。合同中规定有溢短装条款,具体伸缩量的掌握大都明确由卖方决定(at seller's option),但有时特别是由买方派船装运时,也可规定由买方决定(at buyer's option)。在采用租船运输时,为了充分利用船舱容积,便于船长根据具体情况,如轮船的运载能力等,考虑装运数量,也可授权船方掌握并决定装运增、减量。在此情况下,买卖合同应明确由承运人决定伸缩幅度(at carrier's option 或 at ship's option)。

　　此外,在少数场合,也有使用"约"数(approximately or about)条款来表示实际交货数量可有一定幅度的伸缩,即在某一具体数字前加"约"或类似含义的文字。例如,约 10000 码(about 10000 yards)。由于"约"数的含义在国际贸易中有不同的解释,容易引起纠纷,如果买卖双方一定要使用"约"数条款时,双方应事先在合同中明确允许增加或减少的百分比,或在"一般交易条件"协议中加以规定,否则不宜采用。

　　在数量机动幅度范围内,多装或少装货物,一般都按合同价格结算货款,多交多收,少交少收。但是,由于数量是计算货款的基础,数量机动幅度的运用在一定程度上关系到买

---

① 　参见《公约》第 35 条。
② 　参见《公约》第 52 条。
③ 　参见《公约》第 37 条。

卖双方的商业利益。就卖方而言,在市场价格下跌时,大都按照最高约定数量交货,相反,当市场价格上涨时,则往往尽量争取少交货物。这样,按照合同价格计算多交或者少交货款,对买方不利。据此,为了防止拥有数量增减选择权的当事人利用数量机动幅度,根据市场价格情况故意多装或少装货物以获取额外收益,买卖双方可在合同中规定,多装或少装数量的价款按装运日某指定市场价(如某交易所的收盘价)计算。

专业词汇:

中等以上质量	above the average quality
中等以下质量	below the average quality
参考样品	samples for reference
达到样品、比得上样品	up to sample
低劣质量	inferior quality
优等质量	superior quality
凭样品买卖	sales by sample
凭说明书买卖	sales by description
凭规格、等级或标准买卖	sales by specification, grade, or standard
充足的数量	liberal quantity
品质条款	quality clause
数量折扣	quantity discount
特别折扣	special discount
即期付款折扣	cash discount
回扣	rebate

思考与讨论

1. 在进出口贸易中,如何把握商品质量?

2. 合同中规定商品质量的方法有几种?

3. 在国际贸易中,如买卖双方未明确以何种计重方法计价时,应按何种重量计价?

4. 为什么要在国际货物买卖合同中规定数量机动幅度? 数量机动幅度是如何规定的?

案 例 分 析

1. 买方向卖方订购 50 公吨货物,合同规定 A、B、C、D、E 五种规格按同等数量搭配。卖方按合同开立发票,买方凭发票或其他单据付了款。货到后发现所有 50 公吨货物均为 A 规格,买方只同意接受其中的 1/5,拒收其余的 4/5,并要求退回 4/5 的货款。卖方争辩说,不同规格搭配不符合同,只能给予适当经济赔偿,不能拒收,更不能退款。于是诉诸法院。你认为法官该如何判决?理由何在?

2. 出口合同规定的商品名称为"手工制造书写纸"(Handmade Writing Paper)。买主收到货物后,经检验发现该货物部分工序为机械操作,而我方提供的所有单据均表示为手工制造,按该国法律应属"不正当表示"和"过大宣传",遭用户退货,以致使进口人(即买主)蒙受巨大损失,要求我方赔偿。我方拒赔,主要理由有二:(1)该商品的生产工序基本上是手工操作,在关键工序上完全采用手工制作;(2)该笔交易是经买方当面先看样品成交的,而实际货物质量又与样品一致,因此应认为该货物与双方约定的品质相符。后经有关人士调解后,双方在友好协商过程中取得谅解。对此,希予评论。

3. 中国某外贸公司曾代国内某用户向某外商购买一套榨菜籽油的设备,双方在买卖合同中规定:"主要设备在瑞士、德国、奥地利、瑞典及其他卖方选择的国家制造","卖方保证供应的设备都是新的和现代化的,以及在植物油工业中都具有先进技术标准的。卖方保证供应的设备能够达到国家标准。""保证期限将限于开工后12个月或设备装运后20个月,哪一个发生在先,便以哪一个为准"。合同还规定:"设备运到后,买方应请求中国商品检验局作初步检验,若买方提出索赔,卖方有权自费指派(国外商检机构)SGS检验员证实有关索赔。检验员的检验结果为最终的,对买卖双方具有约束力。"后来,购进的该项设备经过安装、调试和试车,部分设备始终不能正常运转,以致出现设备质量保证期已过而不能正常开工的被动局面。在此情况下,买方即凭中国商品检验局出具的品质检验证书向卖方索赔。但由于合同中的品质检验条款和索赔条款规定极不合理,对买方极为不利,故虽经多次对外交涉,均未成功,致使买方遭受了无法补救的经济损失。对此,希予评论。

4. 1980年初,中国某公司对外签订出口自行车的合同,合同规定双方交付的1000辆自行车为湖蓝色。卖方备货时,才发现湖蓝色自行车无货,于是,在未征求买方意见的情况下,便擅自将300辆橘色、300辆纺织绿和400辆银红色的自行车取代双方约定的1000辆湖蓝色自行车装运出口。由于卖方交货违反约定的花色品种,买方拒绝付款赎单,后经买卖双方反复交涉,买方仍坚持要求卖方尽快补交1000辆约定的湖蓝色自行车,而对卖方擅自发运的1000辆杂色自行车,只同意降价处理,并且对这批杂色自行车在目的港存放仓库的库存费和晚收货款的利息损失,也概由卖方承担,致使卖方遭受不应有的损失。请问:导致卖方受损失的原因和卖方应当从中吸取的教训是什么?

第十一章　货物的包装

第一节　包装的作用

进出口货物依照是否包装可分为三类：散装货物、裸装货物和包装货物。

散装货物（bulk cargo）无须包装，可直接装于运输工具，该类货物多是不易或不值得包装的货物，如：小麦、煤和生铁等农矿产品。

裸装货物（nuded cargo）是形态上自然成件数，无须包装或略加捆扎即可成件的货物，如：钢材、车辆等。

包装货物（packed cargo）指必须经过包装才能进入市场的货物，大多日用消费品和工业制成品都要包装。

一、货物包装的作用

一般而言，货物的内在品质是首要的，包装属于外在形式，是次要的，但现在商业活动中，这种情况发生了很大变化。包装不仅影响商品的价格，而且还保护和美化了商品，并且对销售量也有着直接的影响。

货物包装的作用主要有三个方面：

（一）保护货物在运输过程中品质完好和数量完整

保护商品是包装的主要作用。国际货物买卖距离远、时间长，加之运输过程中气候变化多端，为了保证货物的品质不受影响和数量完整，防止虫害的侵蚀和破坏等，坚固的包装可以减少货损货差，所以应当根据不同的货物性质和运输选择适当的包装。

（二）便于货物的储存、保管、运输、装卸、计数和销售

便利性是货物包装的另一重要作用。包装为运输储存装卸和计数提供了方便，为商品分装和混装提供了可能性，有了包装可将性质相近的商品并装在一个容器内，既提高了效率，又节省可包装费用。包装具有商品性，有些包装随商品一起销售，便于消费者对商品选购和携带。包装上也可以注明各种标志、商品的性能和特点、使用方法等，帮助消费者正确使用商品。

（三）节省开支、扩大销售、增加外汇收入

商业性是商品包装作用越来越受重视的一个方面。首先它具有美化商品的功能，起

到推销的广告作用。具有吸引力的包装可以诱导顾客购买商品。包装的结构、设计、装潢等能唤起顾客对商品的欲望,起到心理作用。其次是包装的合理和科学,可以最大限度地使用运输工具的运输能力,减少运输仓容,减少运费,降低成本支出。

二、我国出口货物包装的要求

货物的包装除对商品具有保护性、便利性和商业性作用之外,它还对商品的信誉和出口国的形象有着重要的影响。包装是一门综合性的学科,它涉及物理力学、化学、数学、文学艺术等各个领域。包装应具有科学性、牢固性、经济性、美观性、适销性等,以达到多创收外汇的目的。

近年来,我国出口货物包装有了明显的变化,但与比较先进的国家相比还有一定的差距。为缩小差距,提高我国的包装水平,需要在以下几个方面作出努力:

（一）大力加强新包装材料、包装容器和包装方法的研究和制造

包装的好坏关系到商品在某一地区销售状况,这一点已取得共识。包装如何,已成为产品能否进入市场和能否卖一好价钱的重要因素,因此必须在包装材料、包装容器和包装方法上进行开发和科学研究。

包装材料是制造货物包装所使用的原料。如箱包装中有木箱、夹板箱、纸箱和塑料箱等之分。包装材料的选择同样具有科学、牢固、经济、美观、适销的要求。不同的商品、不同的运输条件,需要选择与之相适应的材料。相对而言,我国的材料工业还不发达,许多专用的包装材料有待开发,而国际上包装材料工业很发达,新的包装材料不断出现。例如,瓦楞纸箱有防水型、耐火型和保鲜型。日本研制的保鲜纸箱,就是为了吸收乙烯气体,以延缓植物成熟而设计。为了保护环境,各国提出了开发绿色包装的要求,如可降解塑料等。

包装容器的研究和发展,既包括材料,也包括容器造型、结构等。如液体货物包装可以使用木桶、金属桶、塑料桶和玻璃透明容器等。同样是玻璃器皿可以根据所存放的商品性质来设计不同造型,这样才能发挥其保护商品、美化商品的作用和达到促销的目的。

包装工业的发展离不开包装方法及体现包装水平的包装机械的开发与研究。如,透明安全的密封包装机、油压截断机连线系统,可以使商品更加牢固,突出商品的价值感。因此,新兴的包装方法和手段,不仅提高效率,而且也增强了包装的功能。

（二）要了解有关国家对包装法律和法令的规定

要使包装能够起到有效的促销作用,必须了解各进口市场有关的法律、法令对包装的规定,也需要掌握特殊市场对包装的特殊要求。如,对包装材料的要求;对标签内容的规定;了解各地市场对图案、色彩的喜好和习惯等。

（三）适当引进外国设备和技术,提高我国的包装水平

包装设计和技术是提高包装水平的重要基础,适当引进外国设备和技术,有利于缩短差距,节约时间,特别是某些专用技术和设备的引进,有利于缩短与发达国家的进程,节省开支。但是引进外国设备和技术必须与自主开发研究相结合,注意关键技术和设备的引进,避免重复引进。同时,必须结合我国的国情出发,引进适宜技术,绝不能盲目引进,造成浪费。

第二节　货物包装的种类

货物包装按其功能和性质不同,可分为运输包装和销售包装两大类。

一、运输包装

运输包装又称为外包装。它的作用主要用于保护商品,便于运输,减少运费,便于储存,节省仓租,便于计数等。良好的运输包装有助于货物的运输、装卸、储存和分散等流转环节的顺利进行。

运输包装根据包装方法的不同,又可分为单件运输包装和集合运输包装。

(一)单件运输包装

单件运输包装是指货物在运输过程中作为一个计件单位的包装。单件运输包装按包装类型分为箱、桶、袋、包、捆、罐等。

按使用材料不同又可分为:纸箱、木箱、铁通、塑料桶、袋和纸袋、麻袋或塑料袋等。

(二)集合运输包装

集合运输包装指在单件运输包装的基础上,为了适应运输、装卸作业的现代化的要求,将若干单件包装组合成一个大包装。目前常见的集合运输包装有以下几种:

1. 集装包和集装袋

集装包和集装袋一般是指合成纤维或复合材料编织成的圆形大口袋或方形大包。其容量一般为1～4吨,最高可达14吨。分为一次性使用和可回收使用两种。

2. 托盘

托盘指用木材、金属或塑料制成的托板。将货物堆放在托板上,并用纸板箱、塑料薄膜或金属绳索加以固定,组合成一件托盘包装。每一个托盘的载重量为一吨到一吨半。托盘下面有插口,供铲车装卸使用。托盘也有一次性使用和可回收使用两种。根据国际标准化组织(ISO)规定可分为三类:$80' \times 100'$;$80' \times 100'$;$100' \times 120'$。托盘的优点是便于计数,便于装卸,便于运输和存储保管。

3. 集装箱

集装箱是指一种用金属或木材、纤维板制成的长方形大箱,可装卸6～40吨重的货物。根据不同的要求,有的集装箱还装有空调或冷藏设备,并备有装入漏出的孔道,以便于装卸散装货物。

集装箱的优点:方便运输工具的转换;便于组织陆路、水路和航空的联运,有利于门到门运输;加速车船及货物的周转;减少理货手续,降低费用;减少货损、货差,保证安全运输,为装卸运输和管理的自动化创造了条件。目前发达国家中美、英、日进出口杂货70%～90%是用集装箱。近年来,我国集装箱运输的发展也极为迅速。

二、销售包装

销售包装又称内包装,一般来说销售包装可分为两类:一类是中包装,又称批发包装,这种包装要求便于储存、保管和批售,包装单位视国外市场的需要而定,或以打,或以磅,或以若干小包为单位;另一类则为小包装,通常称为零售包装,该包装直接与消费者或使用者见面,要求便于陈列展销,便于消费者选购。

销售包装是产品生产过程的最后阶段,只有进行了销售包装,生产过程才算完成,才能进入流通领域和消费领域。另外,销售包装日益成为吸引消费者、增强竞争力的手段。销售包装不仅是保护商品,更重要的是起到美化商品的作用。

销售包装的形式根据不同的要求可分为四类:方便陈列类,如可挂式、可叠式、可展开式等;便于识别类,如透明式等;便于使用类,如携带式、易开式等;其他式,如复用包装、礼品包装等。

设计包装必须主题明确,要宣传商品特色,无论图案、文字、数字、载装量、包装器材都要符合当地习惯及有关法令规定。

第三节　货物包装的标志

运输货物的标志是为了方便货物交接,防止错发、错运、错提货物,方便货物识别、运输、仓储以及方便海关等有关部门便于对货物进行检查而在商品的外包装上标明的标志。按其作用和用途包装标识可分为运输标志、指示性标志、警告性标志、重量体积标志和产地标志等。

一、运输标志

运输标志,即"唛头",是国际货物买卖合同,货运单据中有关货物标志事项的基本内容。它一般由几个简单的几何图形及字母、数字和简单的文字组成,通常印刷在运输包装的明显部位,目的是使货物在运输途中便于有关人员辨认,核对单证。按 ISO 的建议,运输标志应包括以下四项内容:

1. 收货人或买方的名称字首或简称;
2. 参考号码,如买卖合同号码、订单、发票、信用证号码等;
3. 目的地,货物运输的最终目的地或目的港的名称;
4. 件数号码,指本批货物的顺序号和货物总件数。

在我国实际外贸业务中,我国外贸企业应尽量参照该标准运输标志,设计和制作唛头。

(一)指示性标志

指示性标志是根据商品的特性,对一些易破碎、易损、易变质的商品,在搬运、装卸操作和存放保管条件等方面所提出的要求和注意事项,用文字或图形表示的标志。例如,"向上""怕湿""小心轻放""禁用手钩"等,见图 11-1。

为统一运输包装指示性的图形与文字,一些国际组织,如国际标准化组织、国际航空运输协会、国际铁路货物运输会议分别制定了包装储运指示性标志,并建议各国予以采纳。我国制定了运输包装指示性标志的国家标准,所用图形与国际上通用的标志基本一致。图 11-2 列举的是一些常用的指示性标志。

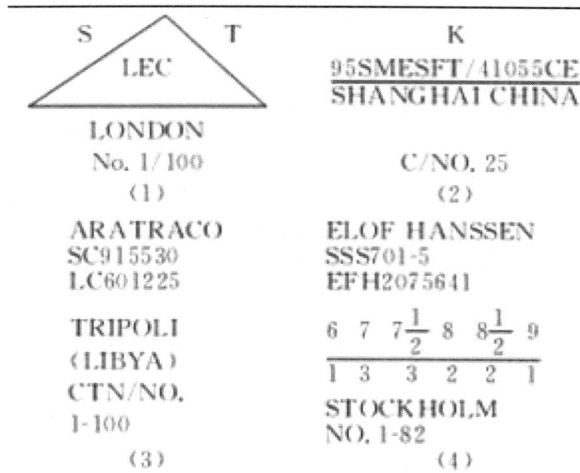

图 11-1　常见的运输标志

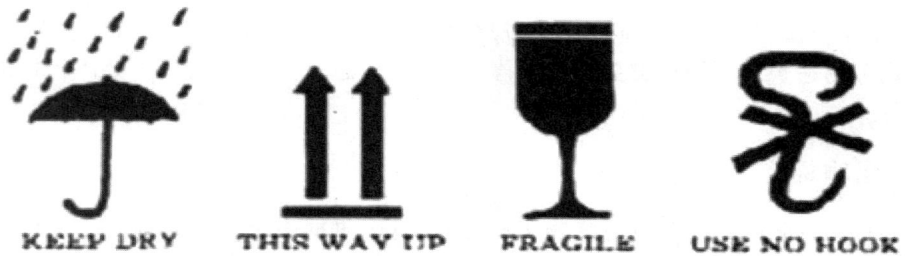

图 11-2　常见的指示性标志

（二）警告性标志

警告性标志又称危险性标志，是指在装有爆炸品、易燃品、易腐蚀品、氧化剂和放射物质等危险货物运输包装上使用的图形或文字表示各种危险品的标志。其作用是警告有关装卸、运输、保管人员按货物特性采取相应的措施，以保证人身和物资安全。下图列举了《国际海上危险货物运输规则》（简称《国际危则》）所规定的一些危险品标志。

二、定牌、无牌生产和中性包装

1. 定牌中性包装

所谓定牌是指卖方根据买方的要求在出口商品的包装上使用买方指定的商标和牌名。其目的就是为了适应国外市场需求，利用该买方的企业信誉和名牌的声誉，提高商品销售的稳定性和价格。定牌包装通常有以下几种做法：

（1）定牌定产地。即接受国外买家的要求，在商品上标注指定的商标和牌名，同时在商标处注明买方所在国的制造商。

（符号：黑色；底色：橙红色）（符号：黑色或白色；底色：正红色）（符号：黑色；底色：正红色）

图 3-3 部分危险品标志

（2）标注卖方产地。即接受买方指定的商标和牌名，但在商标或牌名处标注"中国制造"，也就是我们通常在国外看到的"MADE IN CHINA"。

（3）无国别标志。即接受买方指定的商标，但在生产国别上无标注。

2. 无牌中性包装

无牌生产是指在商品的包装上无任何商标和牌名。其目的是扩大销售，降低成本，进行二次再加工使用，多数用于半成品的交易。

无牌中性包装是指在商品的包装上既无商标和牌名也无生产国别的包装；定牌中性包装是指在商品的包装上标注指定的商标和牌名，但不标注生产国别的包装。

第四节 合同之中的包装条款

包装条款是国际货物买卖合同中的主要条款，是买卖双方履行合同的依据之一。合同中的包装条款主要包括包装材料、包装方式、包装费用和运输标志等。

一、包装方式和包装材料

包装条款一般包括包装材料和包装方式，如纸箱装、木箱装、麻袋装、铁皮装等。有时还要说明用料、尺寸、每件重量、填充物料和加固条件等。例如：

（1）散装茶叶出口，木箱或胶合板箱（packing：in wood or plywood cases）；

（2）包听装茶叶，1/2 磅听装，每箱 25 磅，每箱 50 听（packing：in cases of 25 Ibs ，net each containing 50 tins ）

在我国出口公司的销售合同和确认书中，有的不专列包装条款。由于在国际贸易中，货物的包装通常被视为品质说明的重要组成部分，因此，将包装和品质条款结合一起规定或将包装与数量条款列在一起，也是适当的。

二、包装的费用

包装费用由谁负担也是包装条款所涉及的问题，包装费用负担有三种规定方法。

（一）包装费包括在货价之内

这是一种通常的做法，一般不需要在合同中另外列明，即货物价格已经计入包装费用，由卖方承担。

（二）包装费不包括在货价之内，或货价内只包括部分费用

这主要是针对国外客户对我出口商品包装有特殊要求时所采取的一种方法，如外商有特殊要求，可以采用包装费由买方负担或由买方提供包装物料。采用这种做法，必须在合同中加以明确规定，并且规定费用支付或包装材料运送的到达时间和方法。若因包装费用或物料不及时交付所导致的生产和交付延误，应由对方负责。

（三）包装材料按货物价格一样计算

在货物成交数量采取以毛作净的情况下，货物的皮重成为成交数量的一部分，实际上是包装材料取得了与货物本身一样的价格。一般适用于包装费用便宜和货物单位重量价格也不高的情况，如粮食的麻袋包装等。

三、订立包装条款应注意的问题

（一）规定包装条款应明确具体

在交易洽商中，双方对议定的包装条件，必须在合同中作明确具体的规定，不能含糊不清。否则，履行中极易引起纠纷。

（二）考虑商品的性能、特点及所采用的运输方式

不同的运输方式、不同的商品，其包装条款的规定也不同。如，有些货物规定散装，就不能采用麻袋装，建有现代设备的港口，散装可以用吸管，而麻袋要用吊车起吊，还要拆包，人工费用大。

（三）符合有关国家和地区的法律规定

包装条款须与国家法律规定相符合，如有些国家对内外包装装潢上使用的标签、唛头、印记往往有规定，必须加以注意。

专业词汇：

散装货	cargo in bulk
裸装货	nuded cargo
运输包装	shipment packing
包装设计	package design
打包工程	package engineering
破损包装	package in damaged condition
实际重量	actual weight
实际皮重	actual tare
平均皮重	average tare
毛重	gross weight
净重	net weight
以毛作净	gross for net

公量	conditioned weight
货运量	quanlity of shipment

思考与讨论

1. 在国际货物买卖中商品包装的意义何在？
2. 进出口商品的包装有哪些种类？试分别说明其主要作用。
3. 什么是运输标志？它一般由哪些内容组成？
4. 何为指示性标志、警告性标志？试各举一例。

案 例 分 析

合同规定水果罐头装入箱内，每箱 30 听。卖方按合同规定如数交付了货物，但其中一部分是装 24 听的小箱，而所交货物的总数并不缺少。但是，买方以包装不符合合同规定拒收整批货物，卖方则坚持买方应接受全部货物，理由是经买方所在地的公证人证实：不论每箱是装 24 听或 30 听，其每听市场价格完全相同。于是引起诉讼。对此，你认为法官应如何判决？依据何在？

第十二章　合同中的贸易术语

第一节　国际贸易术语的含义及其作用

一、国际贸易术语的含义及其作用

国际贸易术语(trade terms)也称为价格术语,是指用一个简短的英文缩写来表示商品价格的构成和买卖双方的有关责任、费用和风险划分的一种专门用语。

贸易术语是在长期的国际贸易实践中产生的,随着技术的不断进步,贸易方式的改变,国际贸易的发展也在推动着贸易术语进行不断的修订变化,但不管如何变化,贸易术语都涵盖了以下三方面的内容。

(1)买卖双方责任的划分问题,其中包括买卖双方在交货、收货过程中涉及的具体责任,如报关手续、交货地点、付款方式、单据交接等一系列问题。

(2)费用负担问题,这主要涉及买卖双方在办理货物交接过程中需要支付的相关费用,比如运费负担问题、保险费负担及税费负担问题等等。

(3)风险划分问题,主要涉及买卖双方在货物交接过程中可能遇到的风险由谁承担,风险的界限范畴等问题。

因此,每一种贸易术语都有其特定的含义,不同的贸易术语意味着买卖双方承担的责任、费用和风险的不同,其价格构成也就不一样。卖方承担的责任大、费用高、风险大,价格构成就高,商品售价就高;反之,买方承担的责任小、费用低,风险小,价格构成就低,售价就低。

之所以在国际贸易中采用贸易术语,是因为在国际贸易中由于不同国家使用的语言不同,交易间的交流就成问题,为简化交易手续,缩短交易洽商的时间,节省费用,促进不同语言交流交易的顺畅,在长期的国际贸易实践中总结出的交易双方价格构成的简短用语,以此明确交易双方具体的责任、费用以及风险的划分,从而有利于节约交易成本,推动国际贸易的发展。

二、有关贸易术语的国际贸易惯例

国际贸易惯例是指在长期的国际贸易实践中逐步形成的具有普遍意义的习惯做法和解释。其目的就是为了统一各国对贸易术语的解释。国际贸易惯例不同于法律,不具有法律上的强制约束力。双方是在意思自治的基础上在合同中约定是否采用相关的惯例，法院和仲裁机构维护依法有效成立的合同。

有关贸易术语的国际贸易惯例主要有三个：

（一）《1932年的华沙—牛津规则》

该规则主要是国际法协会专门为解释CIF合同制定的。规则就CIF术语下买卖双方的权利与义务制定了22条规则，并在1929年华沙会议上通过，称为《1928年华沙规则》，其后，国际法协会在1930年的纽约年会和1931年的巴黎会议，对该规则进行了重新修订，并于1932年在牛津会议上讨论通过，修订后的规则为21条，称为《1932年的华沙—牛津规则》。该规则自1932年以来没有再行修订。随着国际贸易的迅速发展，该规则已难以适应发展的需要，因此在实际应用中较少。但由于该规则对CIF合同项下买卖双方的风险、费用以及所有权转移等问题都作了比较全面的规定，至今仍有一定的参考价值。

（二）《美国对外贸易定义修订本》

《美国对外贸易定义》是由美国九个著名商业团体共同制定的，称为《美国出口报价及其缩写条例》（The U. S. Export Quotation and Abbreviation）。1940年在美国第27届全国对外贸易会议上对该条例作了修订，命名为《1941年美国对外贸易修订本》，这一修订本在1941年经美国商会、美国进口商协会和全国对外贸易协会所组成的联合委员会通过，由全国对外贸易协会予以公布。1990年又对其加以修订，现行版本为《1990年美国对外贸易定义修订本》。《美国对外贸易定义》对六种贸易术语进行了解释。

（1）Ex (point of origin)（产地交货）

（2）FOB (free on board)（在运输工具上交货）

（3）FAS (free along side)（在运输工具旁边交货）

（4）C&F (cost and freight)（成本加运费）

（5）CIF (cost insurance and freight)（成本保险费加运费）

（6）Ex Dock (named port of importation)（目的港码头交货）

《美国对外贸易定义修订本》主要在美洲国家采用，由于它对贸易术语的解释，特别是FOB和FAS的解释与国际商会制定的《国际贸易术语解释通则》有明显的差异，因此，国际上很少采用。

（三）《国际贸易术语解释通则》

《国际贸易术语解释通则》是国际商会于1936年制定的，定名为INCOTERMS 1936。为适应国际贸易的发展，该规则先后进行了6次修订补充，随着互联网发展和电子信息的广泛采用，运输方式的变化以及无关税区的发展等，国际商会于2010年对《国际贸易术语解释通则》进行了第七次修订，并于2011年1月1日生效。目前，《2010年国际贸易术语解释通则》成为国际贸易中普遍采用的国际惯例。相对于《2000年国际贸易术语解释通则》（以下简称《2000通则》），《2010年国际贸易术语解释通则》（以下简称《2010通则》）主要有以下变化：

1. 贸易术语由原来的四组变为两组

《2000通则》将贸易术语分为E、F、C、D四组，而《2010通则》将贸易术语分为两组：一是适用于各种运输方式的贸易术语包括EXW、FCA、CPT、CIP、DAT、DAP和DAP；二是适用于水路运输的贸易术语包括 FAS、FOB、CFR、CIF。

2. 贸易术语由原来的 13 种变为 11 种

(1)适用于任何运输方式的贸易术语共七种

EXW(ex works):工厂交货

FCA(free carrier):货交承运人

CPT(carriage paid to):运费付至目的地

CIP(carriage and insurance paid to):运费保险费付至目的地

DAT(delivered at terminal):目的地或目的港的集散站交货

DAP(delivered at place):目的地交货

DAP(delivered duty paid):完税后交货

(2)适用于水上运输方式的贸易术语共四种

FAS(free alongside ship):装运港船边交货

FOB(free on board):装运港船上交货

CFR(cost and freight):成本加运费

CIF(cost insurance and freight):成本保险费加运费

3. 用新增的 2 个术语取代了《2000 通则》的 4 个术语

用 DAP(delivered at place)目的地交货,取代了《2000 通则》的 DAF、DES 和 DDU 三个术语,DAT(delivered at terminal)目的地或目的港的集散站交货取代了 EDQ 且扩展到适用于一切运输方式。

4.《2010 通则》取消了"船舷"的概念

依照该通则,卖方承担货物装上船为止的一切风险,买方承担货物装上船后的一切风险。船舷的概念取消,且由此产生的风险、责任也就随之有了变化。

5. 电子文件取代纸质文件

为顺应国际贸易电子货物趋势的发展,在制单交单时允许以电子文件取代纸质文件,但需获得买卖双方的同意。

第二节　E 组贸易术语

E 组只包括一种贸易术语,即 EXW,英语全文是 Ex Works(... named place),即工厂交货(……指定地点)。该贸易术语代表了在商品产地或所在地交货条件。在 EXW 术语后要注明产地名称。

一、关于买卖双方义务的规定

按 EXW 术语进行成交,交易的地点、风险划分界限、买卖双方各自所要承担的主要责任和费用以及适合的运输方式等问题可归纳如下:

(一)货物的交付

卖方在合同中约定的时间,在商品的产地或所在地将合同规定的货物置于买方的处置之下时,完成交货。

（二）风险转移

卖方在合同中约定的时间、地点完成其交货任务时,风险转移。

（三）通关手续办理

买方自负风险和费用,取得出口和进口许可证或其他官方批准的证件,并办理进口和出口所需的一切海关手续。

（四）主要费用的划分

卖方承担交货之前的一切费用。买方承担接受货物之后发生的一切费用,包括将货物从交货地点运往目的地的运输、保险和其他各种费用,以及办理货物出口和进口的一切海关手续所涉及的关税和其他费用。

（五）适当的运输方式

EXW 适用于各种运输方式。

由以上规定可知,按该贸易术语达成的交易,在性质上类似于国内贸易。按该贸易术语成交时,卖方要在规定的时间和约定的交货地点将合同规定的货物准备好,由买方自己安排运输工具到交货地点接收货物,并且承担货物移交后的一切风险、责任和费用。因此,采用 EXW 贸易术语成交,卖方承担的风险、责任和费用是最小的。

二、使用 EXW 术语时应注意的问题

EXW 不是国际贸易中常用的术语,但这一术语下成交价格比较低,因此对于买方有一定的吸引力。在业务中选择这一术语,应注意以下问题:

（一）货物的交接问题

买卖双方在订立合约时,一般要对交货的时间和地点作出规定。为了做好货物的交接,卖方在备好货物后,还应就货物将在什么时间和地点交给买方支配问题向买方发出通知。如双方另有约定,买方有权确定一个规定的时间和地点受领货物时,买方应及时通知卖方,以免延误交货和引起其他差错。如果买方没有在规定的时间、地点受领货物,或在它有权确定受领货物的时间、地点时,没有能够及时地给予通知,那么,只要货物已被特定化为本合同下的货物,买方就要承担由此产生的费用和风险。

（二）办理出口手续问题

如前述,在工厂交货的条件下,办理货物出口手续的责任在买方,尽管有时可要求卖方代办,但货物被禁止出口的风险还是要由买方承担的。因此,成交前,买方应了解出口国政府的有关规定。当买方无法做到直接或间接办理货物出境手续时,则不应采用这一贸易术语,而最好采用 FCA 术语。

第三节　F 组贸易术语

本组包括三种贸易术语:FCA、FAS、FOB。它们都属于装运合同,即由买方负责签订从交货地点到目的地的运输合同。

一、FCA 术语

(一)FCA 术语的含义

FCA 的全文是 Free Carrier(...named place),即货交承运人(……指定地点)。卖方要在规定的时间、地点,把货物交给买方指定的承运人完成其交货义务。

(二)买卖双方的义务规定

采用 FCA 术语成交时,主要问题可概括如下:

1. 货物的交付

卖方在合同约定的时间和地点,将货物交给买方指定的承运人,完成交货。

2. 风险转移

卖方承担将货物交与承运人控制之前的风险,买方承担将货物交与承运人控制之后的风险。

3. 通关手续的办理

(1)卖方自担风险和费用,取得出口许可证或官方批准的其他证件,并办理出口所需的一切海关手续。

(2)买方自担风险和费用,取得进口许可证或官方批准的其他证件,并办理进口所需的一切海关手续。

4. 主要费用的划分

(1)卖方承担在交货地点交货前所涉及的各项费用,包括办理货物出口所需缴纳的关税和其他费用。

(2)买方承担在交货地点交货后所涉及的各项费用,包括办理货物进口所需缴纳的关税和其他费用。此外,买方要负责签订从指定地点承运货物的合同,支付有关费用。

5. 运输方式

适用于各种运输方式。

(三)使用 FCA 术语时应注意的问题

1. 关于承运人和交货地点

FCA 条件下,通常由买方安排承运人,与其订立运输合同,并将承运人的情况告知卖方。按照《2010 通则》的解释,如果双方约定的地点是在卖方所在地,卖方要负责把货物装上买方安排的承运人提供的运输工具;如果交货地点是在其他地方,卖方只需将货物交给承运人在自己提供的运输工具上完成交货任务,而不负责卸货。

2. 风险转移问题

按 FCA 条件成交时,买卖双方的风险划分是以货交承运人为界。但由于 FCA 与 F 组其他术语一样,通常是由买方负责订立运输契约,并将承运人及有关事项通知卖方,卖方才能如约完成任务,实现风险转移。若买方未能完成上述通知或承运人在约定的时间未能接收货物,按《2010 通则》解释是在规定的交付日期或期限届满之日起,由买方承担货物灭损的一切风险,但以货物已被划归为本合同下的货物为前提。

3. 有关责任和费用划分问题

FCA 适用于包括多式联运在内的各种运输方式,卖方交货的地点也因采用的运输方式不同而存在差异。不论在何处交货,根据《2010通则》的解释,卖方都要自负风险与费用,取得出口许可证或官方批准的其他证件,并办理出口所需的一切海关手续。这一规定对于一些出口国的内地口岸就地交货和交单结汇的做法是十分适宜的。

按照FCA术语成交,一般由卖方自行订立从指定地点承运货物的合同,但如买方有要求,并由买方承担风险和费用的情况下,卖方也可以代替买方指定承运人并订立运输合同。当然,卖方也可以拒绝,但应立即通知买方,以便其另行安排。

二、FAS术语

(一)FAS术语含义

FAS全文是free alongside ship(... named port of shipment),即船边交货(……指定装运港)。FAS术语通常称作装运港船边交货。

(二)买卖双方义务的规定

1. 货物的交付

卖方在规定的时间和装运港口,将货物交到买方所派船只的船边,完成交货。

2. 风险转移

卖方将规定的货物交到买方所派船只的船边时,风险即告转移。

3. 通关手续的办理

(1)卖方自负风险与费用,取得出口许可证或官方批准的其他证件,并办理出口所需的一切海关手续。

(2)买方自负风险与费用,取得进口许可证或官方批准的其他证件,并办理进口所需的一切海关手续。

4. 主要费用划分

(1)卖方承担在交货前所涉及的一切费用,包括办理货物出口所需缴纳的关税和其他费用。

(2)买方承担在受领货物后所涉及的一切费用,包括装船费用以及将货物从装运港运往目的港的运费、保险和其他费用,以及办理货物进口所涉及的关税和其他费用。

5. 适用的运输方式

FAS适用于水上运输方式。

(三)使用FAS术语时应注意的问题

1. 对FAS术语的不同解释

根据《2010通则》解释,FAS术语只适用于包括海运在内的水上运输方式,交货地点只能是装运港。但按照《1941美国对外贸易定义修订本》的解释,FAS是free along side的缩写,即交到运输工具旁边。因此,与北美国家贸易确定使用FAS术语时,应在其后面加上Vessel字样,以明确表示"船边交货"。

2. 办理出口手续问题

按照《2010通则》的规定,采用FAS术语成交时,办理货物出口报关的费用、责任和风险由买方改由卖方承担。

3. 注意船货衔接问题

在 FAS 条件下,从装运港到目的港的运输合同由买方订立,买方要及时把船名和要求装货的具体时间、地点通知对方,以便卖方做好备货出运工作。卖方也应将货物交运船边的情况及时通知买方。如果买方指定的船只未能及时到港接收货物,或比规定的时间提前停止装货,或买方未能及时发出派船通知,只要货物已被清楚地划出,由此产生的风险与损失均由买方承担。

三、FOB 术语

(一)FOB 术语的含义

FOB 是 free on board (... named port of shipment),即船上交货(……指定装运港),习惯上称为装运港船上交货。装运港船上交货是国际贸易中常用的一种贸易术语之一。

(二)贸易双方义务的规定

1. 货物的交付

卖方在合同中约定时间和装运港,将合同规定货物按装运港的习惯方式交到买方所派的船只上,完成交货。

2. 风险的转移

货物在装运港被装上指定船时,风险即由卖方转移至买方。

3. 通关手续的办理

(1)卖方自担风险和费用,取得出口许可证或官方批准的其他证件,并办理出口所需的一切海关手续。

(2)买方自担风险和费用,取得进口许可证或官方批准的其他证件,并办理进口所需的一切海关手续。

4. 主要费用的划分

(1)卖方承担在交货前所涉及的各项费用,包括办理货物出口所需缴纳的关税和其他费用。

(2)买方承担在交货后所涉及的各项费用,包括装船费用以及将货物从装运港运往目的港的运费、保险和其他费用,以及办理货物进口所涉及的关税和其他费用。

5. 适用的运输方式

FOB 适用于水上运输方式。

(三)使用 FOB 术语应注意的问题

1. 关于船货衔接的问题

按照 FOB 术语成交的合同属于装运合同,这类合同中卖方的一项基本义务是按照规定的时间和地点完成装运。然而由于在 FOB 术语条件下是由买方负责安排运输工具,即租船定舱,所以,这就存在着一个船货衔接的问题。按有关的法律与惯例,如果买方未能及时派船,这包括未经对方同意提前或延迟将船派往装运港,卖方都有权拒接交货,而且由此产生的费用均由买方承担。如果买方派往的船只准时到达,而卖方未能备妥货物,那么由此产生的费用由卖方承担。

总之,对于按 FOB 术语成交,装运期和转运港要慎重规定。签约后,有关备货和装运事宜,也要加强联系,密切配合,保证船货衔接。

2.装船费用的负担问题

如果买卖双方在合同中约定采用班轮运输,由于班轮运输方式船方负责装卸费用,包括平舱费和理舱费都是含在运费中的,因此,如果采用 FOB 合同,运费由买方负担,上述费用也就由买方支付。但如果采用程租船运输,船方一般不负担装卸费用,因此,合同中就必须明确有关装船费用的负担问题,这就形成了 FOB 术语的变形。

(1)FOB 班轮条件(FOB liner terms)。如果采用班轮运输,装船费用含在运费中,即卖方不负担装船的有关费用,装船费用由买方负担。

(2)FOB 吊钩下交货(FOB under tackle)。是指卖方负责将货物交到买方所指定的吊钩所及之处就算完成交货任务,从吊装入舱及其以后产生的各项费用则由买方负担。

(3)FOB 理舱费在内(FOB stowed)。指卖方负责将货物装入船舱,并承担包括理舱费在内的装船费用。理舱费是指货物装入船舱后进行安放和整理所需的费用。比如大宗的打包货物或以件数计量的货物,需要人力物力的投放。

(4)FOB 平舱费在内(FOB trimmed)。是指卖方负责将货物装入船舱,并承担包括平舱费在内的装船费用。平舱费是指对装入船舱的散装货物进行填平补齐、平整所产生的费用。该变形主要针对散装货。

(5)FOB 理舱费、平舱费在内(FOB stowed and trimmed)。是指卖方负责将货物装入船舱并支付包括理舱费和平舱费在内的装船费用。

第四节　C 组贸易术语

一、CFR 术语

(一)CFR 术语的含义

CFR 是 cost and freight(...named port of destination)的缩写,即成本加运费(······指定目的港)。成本加运费,又称运费在内价,也是国际贸易中常用的贸易术语之一。

(二)买卖双方义务的规定

1.货物的交付

卖方要在合同约定的时间和装运港,将合同规定的货物交到卖方自己所派船只的船上,完成交货。

2.风险的转移

货物在装运港被装上指定船时,风险即由卖方转移至买方。

3.通关手续的办理

(1)卖方自负风险和费用,取得出口许可证或官方批准的其他证件,并办理出口所需的一切海关手续。

(2)买方自负风险和费用,取得进口许可证或官方批准的其他证件,并办理进口所需的一切海关手续。

4.主要费用的划分

(1)卖方承担在交货前所涉及的各项费用,包括办理货物出口所需缴纳的关税和其他费用。卖方还需支付从装运港到目的港的运费和相关费用。

(2)买方承担在交货后所涉及的各项费用,包括办理货物进口所涉及的关税和其他费用。

5.适用的运输方式

CFR 术语适用于水上运输方式。

(三)使用 CFR 术语应注意的问题

1.卖方的装运义务

采用 CFR 术语成交时,卖方还要承担将货物从装运港运往目的港的义务。为保证能按时完成装运港交货的义务,卖方应根据货源和船源的情况合理地规定装运期。装运期一经确定,卖方就应及时租船订舱和备货,并按规定的期限发运货物。卖方延迟装运或者提前装运都是违反合同的行为,并要承担违约责任,买方有权根据具体的情况拒收货物或提出索赔。

2.装船通知的重要作用

按照 CFR 条件达成交易,卖方需要特别注意的问题是:货物装船后必须及时向买方发出装船通知,以便买方及时办理投保手续。如果货物在运输途中遭受损失或灭失,由于卖方未发出通知而使买方漏保,那么卖方就不应该以风险在船舷转移为由免除责任。

二、CIF 术语

(一)CIF 术语的含义

CIF 是 Cost Insurance and Freight(… named port of destination),即成本加保险费、运费(……指定目的港)。CIF、CFR、FOB 同为装运港交货的贸易术语,也是国际贸易中常用的三种贸易术语。

(二)买卖双方的义务的规定

1.货物的交付

卖方要在合同约定的时间和装运港,将合同规定的货物交到卖方自己所派船只的船上,完成交货。

2.风险的转移

货物在装运港被装上指定船时,风险即由卖方转移至买方。

3.关于通关手续的办理

(1)卖方自负风险和费用,取得出口许可证或其他官方批准的证件,并办理货物出口所需的一切海关手续。

(2)买方自负风险和费用,取得进口许可证或其他官方批准的证件,并办理货物进口所需的一切海关手续。

4.主要费用的划分

(1)卖方承担交货前所涉及的各项费用,包括办理货物出口手续时所应缴纳的关税和其他费用。卖方还要支付从装运港到目的港的运费和其他费用,并办理水上运输保险的费用。

（2）买方承担交货后所涉及的各项费用，包括办理货物进口手续时所应缴纳的关税和其他费用。

5.适用的运输方式

适合于水上运输方式。

（三）使用 CIF 术语应注意的问题

1.保险险别的问题

CIF 术语中的"I"表示 insurance，即保险。从价格构成上看，这是指保险费，就是说货物价格中包含了保险费；从卖方责任上看，他要办理货物运输的保险。办理保险需明确险别，不同的险别，保险人承担的责任范围不同，保险费率也不同。按 CIF 术语成交，一般在签订买卖合同时，在合同的保险条款中，明确规定保险险别和保险金额等内容，这样，卖方就应按合同的规定办理投保。如果合同中未就保险险别等问题作出具体的规定，那就根据有关惯例来处理。按照《2010 通则》的解释，卖方只需投保最低的险别，但在买方要求，并由买方承担费用的前提下，可加保战争、暴乱、罢工和民变险。一般情况下，卖方不负责投保战争险，除非合同中有另行规定，或在买方要求，并由买方承担费用时，卖方才可加保战争险。

2.租船订舱的问题

采用 CIF 术语成交时，卖方的基本义务之一是租船订舱，办理从装运港到目的港的运输事项。关于运输的问题，各个惯例的规定也不尽相同。《2010 通则》的解释是，卖方"按照通常的条件自行负担费用订立运输合同，将货物按照惯常路线用通常类型可供装载该合同货物的海上航行船只装运至指定目的港"。《1941 美国对外贸易定义修订本》中只是笼统地规定卖方"负责安排货物运至指定目的地的运输事宜，并支付其费用"。《1932 年华沙—牛津条约》中对这一问题规定较为详细。虽然以上规定有详有略，但其基本点是相同的，即如果没有相反的规定，卖方只负责按照通常的条件和惯驶航线，租用适当船舶将货物运至目的港。因此，对于在业务中有时买方提出的关于限制船舶的国籍、船型、船龄、船级以及指定某班轮公司的船只等项要求，卖方有权拒绝接受。但卖方也可放弃这一权利，可根据具体情况给予通融。

3.象征性交货问题

从交货方式来看，CIF 是一种典型的象征性交货（symbolic delivery）。所谓象征性交货是针对实际交货（physical delivery）而言的。前者指只要按期在约定的地点完成装运，并向买方提供合同规定的包括物权证书在内的有关凭证，就算完成了交货义务，而无须保证到货。后者则指卖方要在规定的时间、地点，将合同规定的货物交给买方或其指定人，而不能以交单代替交货。

可见，在象征性交货方式下，卖方是凭单交货，买方是凭单付款，只要卖方如期向买方提交了合同规定的全套合格单据，即使货物在运输途中灭损，买方也应履行付款义务。反之，如果卖方提供的有关单据不符合同要求，即使货物完好无损地运达目的地，买方也有权拒绝接受。

4.卸货费用负担问题

按照 CIF 条件成交，卖方负担从装运港到目的港之间的运费，但不包括在运输途中可能发生的额外费用。在程租船合同中,卖方负担在装运港的装船费用,但卸货费用究竟由谁承担,仍存在问题,为避免纠纷,形成了 CIF 的变形。

(1)CIF 班轮条件(CIF liner terms)。如果按照班轮的条件运输,依照班轮管装管卸的特点,是由卖方负担卸货费。

(2)CIF 卸到岸上(CIF landed)。按照这一变形,则由卖方负责装船并负担卸货费,包括驳船费和码头费。

(3)CIF 吊钩下交货(CIF ex tackle)。按照这一条件成交,货到目的港后,卖方负担货物从船舱起吊到卸到岸上的费用。如果是船无法靠岸,则卖方负担将货起吊卸到驳船上的费用。

(4)CIF 舱底交货(CIF ex ship's hold)。按照这一条件成交,货到目的港后,货物从船舱起吊到卸到岸上的费用由买方承担。

三、CPT 术语

(一)CPT 术语的含义

CPT 是 carriage paid to(... named place of destination)的缩写,即运费付至(……指定目的地)。

(二)买卖双方义务的规定

1.货物的交付

卖方要在合同约定的时间和地点,将合同规定的货物交给卖方指定的承运人,完成交货。

2.风险的转移

卖方承担将货物交给承运人控制之前的风险,买方承担将货物交给承运人控制之后的风险。

3.关于通关手续的办理

(1)卖方自负风险和费用,取得出口许可证或其他官方批准的证件,并办理货物出口所需的一切海关手续。

(2)买方自负风险和费用,取得进口许可证或其他官方批准的证件,并办理货物进口所需的一切海关手续。

4.主要费用的划分

(1)卖方承担在交货地点交货之前所涉及的各项费用,包括办理货物出口手续时所应缴纳的关税和其他费用。此外,卖方还要负责签订从指定地点承运货物的合同,并支付有关的费用。

(2)买方承担在交货地点交货之后所涉及的各项费用,包括办理货物进口手续时所应缴纳的关税和其他费用。

5.适用的运输方式

CPT 适用于各种运输方式,包括公路、铁路、江河、海洋、航空运输以及多式联运。

(三)使用 CPT 术语时应注意的问题

1.风险划分界限问题

按 CPT 术语成交,虽然卖方要订立从起运到指定目的地的合同,并支付运费,但是卖方承担的风险并没有延伸至目的地。按《2010 通则》的解释,货物自交货地点至目的地的运输途中的风险由买方承担,而非卖方,卖方只承担货物交给承运人控制之前的风险。

2.责任与费用划分的问题

采用 CPT 术语成交时,买卖双方要在合同中规定装运期和目的地,以便卖方选定承运人,自负订立运输合同,将货物运至指定的目的地。卖方将货物交给承运人后,应及时通知买方货物已交付,以便买方在目的地受领货物。

按 CPT 术语成交时,卖方只承担从交货地点到目的地的正常运费,正常运费之外的其他费用,一般由买方承担。

四、CIP 术语

(一)CIP 术语含义

CIP 全文是 carriage and insurance paid to (... named place of destination),即运费保险费付至(⋯⋯指定目的地)。

(二)买卖双方义务的规定

1.货物的交付

卖方在合同中约定的时间和地点,将合同规定的货物运至卖方指定的承运人,完成交货。

2.风险的转移

卖方承担将货物交给承运人控制之前的风险,买方承担将货物交给承运人控制之后的风险。

3.通关手续的办理

(1)卖方自负风险和费用,取得出口许可证或其他官方批准的证件,并办理货物出口所需的一切海关手续。

(2)方自负风险和费用,取得进口许可证或其他官方批准的证件,并办理货物进口所需的一切海关手续。

4.主要费用的划分

(1)卖方承担在交货地点交货之前所涉及的各项费用,包括办理货物出口手续时所应缴纳的关税和其他费用。此外,卖方还要负责签订从指定地点承运货物的合同,并支付有关的运输费用以及办理货运保险,承担保险费。

(2)买方承担在交货地点交货之后所涉及的各项费用,包括办理货物进口手续时所应缴纳的关税和其他费用。

5.适用的运输方式

CIP 适用于各种运输方式,包括公路、铁路、江河、海洋、航空运输以及多式联运。

(三)使用 CIP 术语时应注意的问题

1.正确理解风险和保险问题

按 CIP 术语成交的合同,卖方要负责办理货运保险,并支付保险费,但货物从交货地运往目的地的运输途中的风险由买方承担。所以,卖方投保仍属代办性质。根据《2010 通则》的解释,一般情况下,卖方要按双方协定的险别投保。如果双方未在合同中规定投保险别,则由卖方按惯例投保最低险别,保险金额一般在合同价格的基础上加成10%。

2.应合理确定价格

与FCA相比,CIP条件下卖方要承担较多的责任和费用。他要负责办理从交货地到目的地的运输,承担有关运费;办理货运保险,并支付保险费。这些都反映在货价中。所以,卖方在对外报价中,要认真核对成本和价格。在核算时,应考虑运输距离、保险险别、各种运输方式和各类保险的收费情况,并要预计运价和保险费的变动趋势等方面的问题。从买方来讲,也要对卖方的报价进行认真分析,做好比价工作,以免接受不合理的报价。

第五节　D组贸易术语

一、DAP贸易术语

DAP(delivered at place)即目的地交货。该术语可适用于任何运输方式,也可适用于多种运输方式。按照《2010通则》的解释,DAP术语是指卖方在指定的目的地将货物交由买方处置时即完成交货义务。

买卖双方的义务划分:

1. 卖方义务

(1)卖方自负风险和费用订立运输合同,并支付运至指定目的地的运费。

(2)卖方承担交货前货物灭失或损坏的一切风险和费用。

(3)卖方自担风险和费用办理任何出口许可证、其他官方许可或其他文件,办理货物出口及从他国过境所需的一切海关手续。

(4)卖方必须向买方发出所需的通知,以便买方采取通常所需的措施收取货物。

(5)卖方必须自负费用提供交货凭证或具有同等效力的电子信息。应买方要求,并由其承担风险和费用的情况下,卖方及时向买方提供相关货物进口或将货物运输到最终目的地所需的任何文件和信息。卖方要提供商业发票以及合同可能要求的单证。

2. 买方义务

(1)买方必须按照买卖合同约定支付价款。

(2)买方承担自卖方交付货物起时货物灭失或损坏的一切风险,并支付自完成交货时起与货物相关的一切费用。

(3)当买方有权决定在约定期间内的具体时间或指定运输终端内收取货物的地点时,买方必须及时向卖方发出充分的通知。

(4)应卖方要求并由其承担风险和费用的情况下,买方必须及时向卖方提供或协助其取得货物运输、出口及从他国过境所需的任何文件和信息。

二、DAT贸易术语

DAT(delivered at terminal,named terminal at port or place of destination)目的港或目的地集散站交货,取代了《2000通则》的DEQ术语。采用这一术语成交是指卖方在指

定的目的港或目的地的集散地卸货后交给买方处置时,就算完成了交货。"运输终端"意味着任何地点,而不论该地点是否有遮盖,如码头、仓库以及集装箱堆场,公路、铁路、机场货运站。卖方承担将货物运到指定目的港或目的地集散站的一切风险和费用。

买卖双方的义务划分:

1. 卖方义务

(1)卖方必须自付费用订立运输合同,将货物运至指定的目的港或目的地并从运输工具上卸下。

(2)卖方承担交货前货物灭失或损坏的一切风险和费用。

(3)卖方负责办理出口许可证及其他官方许可证件,并在需要办理海关手续时办理货物出口及从他国过境所需要的一切海关手续并交纳关税。

(4)卖方负责向买方提交约定的单证或具有同等效力的电子信息。

2. 买方义务

(1)买方必须按照合同约定支付货款。

(2)买方承担卖方按照约定受领货物后的货物灭失或损害的一切风险,并支付自完成交货时起的一切费用。

(3)当买方有权决定在约定期间内的时间或运输终端收取货物地点时,应向卖方发出通知。

(4)在卖方自负风险和费用的情况下,买方应及时向卖方提供或协助取得货物运输、出口和安全清关所需的信息。

三、DDP 贸易术语

(一)DDP 术语含义

DDP 全称是 delivered duty paid(...named place of destination),即完税后交货(……指定目的地)。

(二)买卖双方义务的规定

1. 货物的交付

卖方在合同规定的时间在进口国内指定的地点将货物交给买方处置时,完成交货。

2. 风险的转移

卖方在进口国内的交货地点完成交货时,风险转移。

3. 通关手续的办理

卖方自负风险和费用,取得出口和进口许可证或其他官方批准的证件,并办理货物出口和进口所需的一切海关手续。

4. 主要费用的划分

(1)卖方承担在进口国内指定地点完成交货前的一切费用,包括办理货物进口和出口所需的一切海关手续。

(2)买方承担受领货物之后所发生的各种费用。

5. 适用的运输方式

DDP 术语适用于各种运输方式。

表 12-1　2010 年国际贸易术语分类

组别	贸易术语	中文名称	英文全称	交货地点	风险转移	运输责任和费用	保险责任和费用	出口报关	进口报关
适用任何运输方式	EXW	工厂交货	ex works	商品所在地或产地	在指定地点交由买方处置时	买方	买方	买方	买方
	FCA	货交承运人	free carrier	出口国仓库、车站、机场、CY/CFS 或码头	承运人或运输代理人处置货物后	买方	买方	卖方	买方
	CPT	运费付至	carriage paid to	出口国仓库、车站、机场、CY/CFS 或码头	承运人或运输代理人处置货物后	卖方	买方	卖方	买方
	CIP	运费、保险费付至	carriage and insurance paid to	出口国仓库、车站、机场、CY/CFS 或码头	承运人或运输代理人处置货物后	卖方	卖方	卖方	买方
	DAP	指定目的地交货	delivered at place	指定目的地	抵达目的地的运输工具上，且已做好卸载准备时	卖方	买方	卖方	买方
	DAT	运输终端交货	delivered at terminal	目的地的承运人运输终端	抵达目的地的运输工具上卸下交由买方处置时	卖方	买方	卖方	买方
	DDP	完税后交货	delivered duty paid	指定目的地	抵达目的地的运输工具上，且已做好卸载准备时	卖方	买方	卖方	买方
适用水上运输方式	FAS	装运港船边交货	free alongside ship	指定目的港	货物达到船边	买方	买方	卖方	买方
	FOB	装运港船上交货	free on board	指定目的港	货物装上船	买方	买方	卖方	买方
	CFR	成本加运费	cost and freight	装运港	货物装上船	卖方	买方	卖方	买方
	CIF	成本加保险费,运费	cost, insurance, and freight	装运港	货物装上船	卖方	卖方	卖方	买方

（三）使用 DDP 术语应注意的问题

DDP 是《2010 通则》中包含的 11 条贸易术语中卖方承担的风险、责任和费用最大的一种术语。按这一术语成交，卖方要负担从货物起运一直到合同规定的进口国内的指定目的地，把货物实际交到买方手中，才算完成交货。由于在此术语下，卖方承担较大风险，为了能在货物受损或灭失时及时得到补偿，卖方应办理货运保险。选择投保险别时，要根据货物的性质和运输方式、路线来灵活决定。

第六节　国际贸易术语的选用

选用不同的国际贸易术语，买卖双方承担的责任、费用和风险不同，商品的价格构成也不同，因此，贸易术语的选用问题直接涉及买卖双方的利益。在实际业务中，应注意合理选用对自己有利的贸易术语。

一、国际贸易术语选用的原则

（一）有利于进出口贸易

有利于贸易、促成交易是贸易术语选用的基本出发点，应注意以下几点：

1. 尊重贸易客户的传统习惯

有些国家为了扶持本国运输或保险行业的发展，对进口或出口货物的运输或保险等有特殊要求者，我方应予以尊重，以利于达成交易。

2. 明确所有国际贸易术语的解释权

由于贸易术语有不同的惯例和不同的版本，在订立合同时应尽量采用《2010 通则》，并在合同中明确规定受《2010 通则》约束，以免发生不必要的纠纷。

3. 考虑通关情况

一般来说，通关事务由通关所在国一方的当事人安排或代为办理较为方便。一般情况下，应考虑卖方为出口货物通关，买方为进口货物通关，这样可避免因不了解对方国家通关的有关规定而产生不必要的损失。

国际贸易术语的选择还应结合运输条件和货物的性质状况。

（二）提高对外贸易业务的经济效益

提高经济效益是对外贸易经营的核心。贸易术语的选择不仅对企业的利益，而且对国家的整体利益都有极其重要的影响。

1. 从企业经济利益出发要考虑以下几点：

（1）运费因素和风险程度。运价和商品价格一样，也是经常波动的，往往波动比较大，因而有必要根据运费变化的趋势考虑选择适当的贸易术语，以避免运费风险。如为了避免运费上涨的风险，出口货物可以使用 FOB 或使用 CFR、CIF 提高售价，转移运费上涨因素。

（2）考虑港口的装卸条件及费用。各装卸港口的设备不同，装卸能力、装卸速度和装卸费用也不同。如果成交量小、港口偏僻或拥挤，装卸条件差、费用较高时，应尽量争取选用由对方租船、支付装卸费用的一些贸易术语。

2.从宏观经济利益考虑,即出口货物应为我国增加外汇收入,进口货物应为我国节省外汇支出。同时,也是为了能促进我国与贸易业务有关的行业,如国际运输、保险业的发展,在有可能的情况下,出口或进口业务应尽量争取由我方办理运输和保险的贸易术语。如出口尽量采用 CFR、CIF、CPT、CIP 等,出口尽量采用 FOB、FCA 等。

二、进一步扩大对 FCA、CPT 和 CIP 的适用领域

FCA、CPT 和 CIP 是从 FOB、CFR、CIF 三种传统术语中发展而来的,这三种术语适用性更广、责任更明确。与传统的三种术语相比较,FCA、CPT 和 CIP 具有以下区别和特点:

(一)FCA、CPT 和 CIP 适用于多种运输方式,包括多式联运方式

其承运人可以是运输公司,也可以是安排多式联运的经营人。多式联运在国际贸易中已被广泛运用,而且必将进一步扩大。为适应这一趋势,在我运输机构能够有效承担"联合运输经营人"的前提下,我外贸企业应按具体情况,选用国际商会制定的适用多式联运的货交承运人(FCA)、运费付至(CPT)和运费、保险费付至(CIP)术语,以代替传统仅适用于海运和内河运输的 FOB、CFR 和 CIF 术语。

(二)装卸费用负担明确

FOB、CFR 和 CIF 术语还需用变形的方式,分别表明有关货物、装卸费用由谁负担的问题。而在 FCA、CPT 和 CIP 中,运费已包含了承运人接管货物后装运港的装运费用和目的港的卸货费用,无须另行说明。

(三)加速了运输单据的出单时间

在 FOB、CFR 和 CIF 术语下,卖方一般向买方提供已装船清洁提单。而在 FCA、CPT 和 CIP 术语下,卖方提供的运输单据视不同的运输方式而定,除了海运提单外,根据不同的运输方式或多式联运方式,可以相应提供铁路、公路、航空运单或多式联运运单。卖方只需将货物交付给承运人由其接管,就可以自承运人处取得运输单据并凭以向买方或其他指定的银行收取货款。由于出单时间缩短,有利于卖方的资金周转,因此,出口业务中,如采用货交承运人的物流方式,使用 FCA、CPT 或 CIP 术语较为有利。

专业词汇:

HACCP	危害分析和关键环节控制点
OIE	世界动物卫生组织
TBT	技术性贸易壁垒协议
ANSI	美国国家标准协会
FDA	美国食品药品管理局
FEIS	美国食品安全检疫局
ISO	国际标准化组织
IEC	国际电工委员会
ICAO	国际民航组织
WHO	世界卫生组织

IWTO	国际毛纺组织
CQC	中国进出口质量认证中心
CIQ	中国检验检疫
WHO	世界贸易组织

思考与讨论

1.有关国际贸易术语的国际贸易惯例主要有哪几种？分别解释这些术语。

2.试写出国际贸易中使用较多的六种贸易术语的中、英文全称及缩写。

3.试简述 FOB、CFR、CIF 和 FCA、CPT、CIP 的主要区别。

案例分析

1. 新加坡某商业有限公司（以下简称 A 公司）与中国某商贸公司（以下简称 C 公司）订立了一份 CIF(上海)合同,销售白糖 500 吨。为联系货源,A 公司与马来西亚某股份有限公司（以下简称 B 公司）订立了一份 FCA 合同,购买 500 吨白糖,合同的约定地点为 B 公司所在地。2000 年 7 月 3 日,A 公司派代理人到 B 公司所在地提货,B 公司已将白糖装箱完毕并放置在临时敞篷里,A 公司代理人由于人手不够,要求 B 公司帮忙装货,B 公司认为依照惯例,货物已交 A 公司代理人保管,自己已履行完合同项下的义务,故拒绝帮助装货。A 公司代理人无奈返回,三日后 A 公司再次组织人手到 B 公司提取货物。但货物堆放的三天里,因遇潮湿热台风天气,货物部分受损,造成 10% 的脏包。后 A 公司将货物运到装运港口,悉数交于承运人,承运人发现有 10% 的脏包,欲出具不清洁提单,A 公司为了取得清洁提单以便顺利结汇,便出具保函,许诺承担承运人因签发清洁提单而产生的一切责任。承运人出具了清洁提单,A 公司得以顺利结汇,提单和保险单转移至 C 公司手中。7 月 21 日,货到上海港,C 公司检查出 10% 的脏包,于是上海海事法院扣留承运人的船舶并要求追究其签发清洁提单的责任。承运人则依据 A 公司出具的保函要求 A 公司承担责任。对此,应怎样作出仲裁,说明理由。从中可以得到哪些启示？

2. 我某出口企业按 FCA Shanghai Airport 条件向印度 A 进口商出口手表一批,货价 5 万美元,规定交货期为 8 月份,自上海空运至孟买;支付条件:买方凭孟买××银行转交的航空公司空运到货通知即期全额电汇付款。我出口企业于 8 月 31 日将该批手表运到上海虹桥机场交由航空公司收货并出具航空运单。我随即用电传向印商发出装运通知。航空公司于 9 月 2 日将该批手表空运至孟买,并将货到通知连同有关发票和航空运单送孟买××银行。该银行立即通知印商前来收取上述到货通知等单据并电汇付款。此时,国际市场手表价下跌,印商以我交货延期,拒绝付款、提货。我出口企业则要求对方必须立即付款、收货。双方争执不下,遂提请仲裁。假如你是仲裁员,你认为谁是谁非,应如何处理？说明理由。

3. 我西北某出口公司于 2002 年向日本出口 30 公吨甘草膏,每公吨 40 箱,共 1200 箱,每公吨售价为 1800 美元,FOB 新港,共 54000 美元,即期信用证,装运期为 12 月 25 日之前,货物必须装集装箱。该出口公司在天津设有办事处,于是在 12 月上旬便将货物运到天津,由天津办事处负责订箱装船。不料货物在天津存仓后的第三天,仓库午夜着火,是夜风大火烈,抢救不及,1200 箱甘草膏全部被焚。办事处立即通知内地公司总部并要求尽快补发 30 公吨,否则无法按期装船。结果该出口公司因货源不济,只好要求日商将信用证的有效期和装运期各延长 15 天。请问:出口公司的失误是什么?应吸取什么教训?

4. 某公司以 FOB 条件出口一批核桃,合同订立后,买方来电告知请求我方代为租船订舱,因对方租船出现了困难,租船订舱费用由买方承担,我方在规定的装运期内未能及时租到对方合适的船舶,几经协商,装运期届满,导致我方未能在约定的时间装货,这时买方以我方未租到船为由反而向我方提出了解除合同的要求,我方对此应如何处理?

5. 某市进出口公司与加拿大一个经销商签订了一笔圣诞蜡烛的出口业务,双方同意以 CIF 条件成交,并就具体的交易条件达成了一致。但在订立合同时,加拿大经销商提出该批货物要在圣诞节前收到。因此要求在合同中订明:卖方需于当年 10 月份在上海装运,并保证在 11 月前到达目的港,否则买方有权撤销合同并要求损害赔偿。请问我方能同意对方的要求吗?

第十三章　国际货物价格

第一节　作价的原则

一、进出口商品作价的原则

进出口交易报价,以随行就市为原则,以国际市场价格为依据,结合不同的货物、货源情况,以及购销意图,按照国别地区政策,以公平互利为出发点,酌情确定适宜的成交价格。

(一)结合国际市场价格水平酌情定价

国际市场价格受供求关系的影响,围绕商品的价值上下波动,价格的成交与确定是综合因素通盘考虑的结果,是国际市场同类产品竞争后,交易双方都能接受的价格。

(二)结合国别地区政策作价

随着区域一体化的发展,以及贸易协定的签署,商品价格区域化的特征明显,在商品的定价上,结合免税和互惠互利的因素,商品的作价不仅配合我国的外交政策,更会结合国别和地区政策,采取适当灵活的作价方法。

(三)结合购销意图作价

在制定进出口商品价格时,应结合购销意图以及供求状况来确定价格。不仅如此还要考虑对我反倾销频繁的国家来酌情定价,价格的制定不宜过低,但若为了开拓市场,打开销路,价格可以适当低于国际市场价格水平,但要懂得如何规避反倾销。

二、影响价格的各种主要因素

(1)品质因素。商品的质量和档次是影响价格的主要因素。在国际市场上,一般都贯彻按质论价的原则,即优质优价。品质的优劣,档次的高低,包装的精致程度,商品、品牌的知名度,都会与价格的高低密切相关。

(2)季节因素。商品销售的季节性是决定价格的又一主要因素。应季商品价高是普遍现象,特别是节令性商品更是如此。因此,我们对外报价,应充分利用季节性需求的变化,掌握好季节性差价,争取按有利的价格成交。

(3)交货地点与支付方式。在进出口业务中,由于交货地点和支付方式不同,买卖双方承担的责任、费用和风险不同,价格构成不同。因此,在确定进出口商品价格时,必须考虑运输距离的远近及风险,支付方式便利与否以及风险,以此确定价格。

(4)数量因素。按照国际贸易的通行做法,成交数量的多少直接影响价格的高低。成交数量大,价格上自然会有一定的优惠折扣,成交数量少,则可能享受不到折扣或优惠,因此,在确定商品价格时,应掌握好数量方面的差价。

(5)汇率变动的因素。汇率的变动直接影响商品的成本和价格的制定。因此,在确定商品价格时,应争取采用对自身有利的货币成交,即出口时应争取采用保持上浮趋势的硬币;进口时则应当选择有下浮趋势的软币支付,如争取不到,则可以通过适当调价或降价的办法,或者采用"保值条款"的办法来避免汇率变动可能产生的风险或损失。

第二节　定价的方法

在国际贸易中,定价方法由交易双方磋商确定,一般采用的定价办法可归纳为下列几种。

一、固定价格

固定价格是交易双方在协商一致的基础上,对合同价格予以明确、具体的规定。按照《公约》的有关规定,合同中的价格可以由当事人用明示的方法规定,也可以用默示的方法规定。只要当事人根据合同或事先约定,可以将价格明确,具体地确定下来,即可称为固定价格。按照这种方法确定价格,即使约定价格与实际市场价格相差很远也不得变更。

二、暂不固定价格

暂不固定价格也称非固定作价法,是指货物价格暂不固定,买卖双方约定未来确定价格的依据和方法。就是买卖双方在磋商订约时,若对价格变动趋势难以把握,可限定一个活价,约定成交的品种、数量和交货期,以及最后作价的时间和方法,具体价格待以后按约定的方法再协定。

三、暂定价格

在合同中先约定一个初步价格,作为开立信用证和初步付款的依据,待双方确定最后价格后,再进行最后清算,多退少补。这种方法具有较大的不稳定性,且由于商品价格的瞬息万变,交易双方确定的价格不算正式价格,而仅供参考,这就使得双方在商定最后价格时由于意见不一致,导致合同的无法履行。

四、滑动价格

滑动价格即滑动价格作价法,是指先在合同中规定一个基础价格,交货时或交货前一定时间,按工资、原材料价格变动的指数作相应调整,以确定最后价格。某些生产周期长的机器设备和原材料商品,买卖双方为了避免承担价格变动的风险,往往采用滑动价格的规定,在合同中订有价格调整系数,具体规定有关价格调整的办法。

第三节　佣金和折扣的运用

在进出口合同的价格条款中,有时会涉及佣金(commission)与折扣(discount,allowance)的运用,价格条款中所规定的价格,可分为包含有佣金或折扣的价格和不包含佣金或折扣的价格。我们通常把含有佣金的价格称为"含佣价",把不含有佣金和折扣的价格叫净价(net price)。

一、佣金

在进出口交易中,有些交易是通过中间代理商进行的,中间商因介绍交易或代买代卖而收取一定的酬金,此项酬金叫佣金。佣金直接关系到商品的价格,货价中包含佣金和佣金比例的大小,都直接影响商品的价格,显然,含佣价比净价要高。

为了调动中间商的积极性和扩大对外贸易,合理确定佣金的比例,制定好进出口合同中的佣金条款,对于扩大产品的销售渠道,提高对外贸易销量具有重要意义。

(一)佣金的规定方法

在价格条款中,对于佣金的规定,有下列几种方法:

1. 凡价格中包括佣金的,即为"含佣价"。例如,每公吨 1000 美元,CIF 纽约,包括佣金 3%。

2. 用英文字母"C"代表佣金,并注明佣金的百分比,例如:每公吨 1000 美元,CIFC3%纽约。

3. 佣金也可以用绝对数表示,例如:每公吨支付佣金 50 美元。

买卖双方在洽谈交易时,如果将佣金明确表示出来并写入价格条款中,称为"明佣",如果交易双方对佣金虽然已经达成协议,但却约定不在合同中表示出来,约定的佣金由一方当事人另行支付,则称为"暗佣"。

(二)佣金的计算

计算佣金有不同的方法,最常见的是以买卖双方的成交额或发票金额为基础计算佣金。

计算公式为:

单位货物佣金额＝含佣价×佣金率

净价＝含佣价－单位货物佣金额

二、折扣

折扣是卖方给予买方一定的价格减让。从性质上看,它是一种价格上的优惠。在货价中是否包括折扣和折扣率的高低,都影响商品的价格,折扣率越高,则价格越低。折扣如同佣金一样,都是为了调动经销商的积极性和扩大销售,是提高对外竞销的一种手段。

（一）折扣的规定方法

在国际贸易中，折扣通常在约定价格条款中用文字表示出来，折扣有"明扣"和"暗扣"之分，凡在价格条款中明确规定折扣率的，称为"明扣"；凡交易双方就折扣问题达成协议，却不明示折扣率的，称为"暗扣"。

明示折扣的表示方法，例如："CIF 伦敦每公吨 200 美元，折扣 3%（US＄200 per metric ton CIF London including 3% discount）"，折扣也可以用绝对数来表示，例如："每公吨折扣 6 美元"。

（二）折扣的计算

折扣通常是以成交额或发票金额为基础计算出来的，计算方法如下：

单位货物折扣额＝原价（或含折扣价）×折扣率

卖方实际净收入＝原价－单位货物折扣额

折扣一般是在买方支付货款时预先予以扣除，也有的折扣额不直接从货价中扣除，而按双方当事人暗中达成的协议，由卖方以给"暗扣"或"回扣"的方式另行支付给买方。这种做法在实际业务中也常被采用。

第四节　合同中的价格条款

一、价格条款的基础内容

国际货物买卖合同中的价格条款一般包括单价（unit price）和总值或总金额（total amount）两个项目。

（一）单价

国际货物买卖合同中的单价比国内贸易的单价要复杂，它有计量单位、单位价格、计价货币和贸易术语四项内容组成。例如：

每公吨	200	美元	CIF 纽约
计量单位	单位价格金额	计价货币	贸易术语

US＄ 200 per metric ton CIF NewYork

1. 计量单位。一般来说，计量单位应与数量条款所用的计量单位一致。如计量单位为公吨，则数量和单价中均应用公吨，而不能用长吨或短吨，有时有所谓不一致的情形，那么只能是如单价以千克为单位，数量以公斤为单位的类似情况。

2. 单位价格金额。应按双方协商一致的价格，正确填写在书面合同中，如金额写错，就容易引起争议，甚至会导致不必要的损失。

3. 计价货币。在表示计价货币时，应明确是哪个国家的货币，如美元、日元、加元、港元等等，同时单价和总金额所用的货币也必须一致。

4. 贸易术语。贸易术语一方面表明商品的价格构成，另一方面也表明合同的性质。例如，FCA、FAS 和 FOB 等必须加注装运港（发货地）；《2010 通则》中 C 组的术语则必须注明目的港（目的地）。由于国际上同名的港口和城市不少，所以还必须加注国别或地区名称。

(二)总值或总金额

总值是单价和数量的乘积。在总值项下,一般也同时列明贸易术语。如果一份合同中有两种以上的不同单价,就会有两个以上金额,几个金额相加再形成总值或总金额。总值所使用的货币必须与单价所使用的货币一致。总值除用阿拉伯数字表示外,一般还用文字表示。

二、规定价格条款应注意的问题

1. 合理确定商品的单价,遵循质高价优的原则,防止价格偏高或偏低。

2. 应根据经营意图和国际油价市场行情,选用适当的贸易术语。

3. 根据国际汇率市场的变化和走势,争取选择有利的计价货币,以免遭受汇率变动带来的风险和损失,如采用不利的计价货币时,应加订保值条款。

4. 应根据成交的商品和汇率等多种因素,选择适当的作价方法。

5. 参照国际贸易的习惯做法,注意佣金和折扣的合理运用。

6. 对交货品质和数量约定有一定的机动幅度,超出机动幅度的部分应酌情规定增减价。

7. 对包装材料和包装费另行计价时,对其计价办法也应一并规定。

8. 单价中涉及的计量单位、计价货币、装卸地名称,必须书写清楚、正确,以利合同的履行。

第五节　常用价格的换算

在国际贸易中,不同的价格术语其价格构成也不同,为此,必须掌握几种常用价格之间的换算,以便对外进行灵活报价。

一、有关价格术语的换算

(一)FOB 价换算为 CFR 或 CIF 价

1. FOB 价换算为 CFR 价

FOB 价通常也称为成本(cost)价,CFR 价即成本加运费(freight)价。因此由 FOB 价换算为 CFR 价的关系如下:

CFR＝FOB＋运费

2. FOB 及 CFR 价换算为 CIF 价

由于 CIF 价比 FOB 价增加了运费和保险费内容,其换算公式为:

CIF＝FOB＋运费＋保险费

CIF＝CFR＋保险费

为了简化计算程序,中国人民保险公司制定了一份保险费率常用表,将 CFR 价格直接乘以表内所列常数便可算出 CIF 价格。

（二）CFR 价、CIF 价换算为 FOB 价

在已知 CFR 价和 CIF 价的情况下，求 FOB 价，是前两公式的逆运算，分别如下：

FOB＝CFR－运费

FOB＝CIF－运费－保险费

（三）CIF 价换算为 CFR 价

CFR＝CIF－保险费

（四）FCA 价换算为 CPT 或 CIP 价

1. FCA 价换算为 CPT 价

CPT 价是在 FCA 价的基础上加运费（freight）价，因此由 FCA 价换算为 CPT 价公式如下：

CPT＝FCA＋运费

2. FCA 及 CPT 价换算为 CIP 价

由于 CIP 比 FCA 增加了运费和保险费，其换算公式：

CIP＝FCA＋运费＋保险费

CIP＝CPT＋保险费

CIP＝EQ/F（CPT，1－投保加成×保险费率）

（五）CPT 价、CIP 价换算为 FCA 价

在已知 CPT 和 CIP 价的情况下，求 FCA 价，是前两个公式的逆运算，其计算公式为：

1. FCA＝CPT－运费

2. FCA＝CIP－运费－保险费

（六）CIP 价换算为 CPT 价

CPT＝CIP－保险费

二、出口商品盈亏率、外汇增值率和换汇成本的计算

1. 出口商品盈亏率＝（出口销售人民币净收入－出口总成本）÷出口总成本×100%

2. 外汇增值率＝$\frac{\text{出口成品外汇净收入}-\text{进口原料外汇成本}}{\text{进口原料外汇成本}}×100\%$

外汇增值率是指进口原料的外汇成本和出口成品的外汇净收入（FOB 价）相比的比率，也称为创汇率。

3. 换汇成本＝$\frac{\text{出口总成本（人民币）}}{\text{出口销售外汇净收入（FOB）美元}}$

换汇成本是指某种商品出口净收入 1 美元所需人民币的成本，即用多少人民币可换回 1 美元。

例 1：某公司向日本出口某商品，外销价为每公吨 500 美元 CIF 大阪，支付运费 50 美元，保险费 7 美元。如果该公司收购该商品的收购价为每公吨 1600 元人民币，且国内直接和间接费用加 17%，试计算：（1）该笔出口货物的盈亏率；（2）出口换汇成本（假定当期银行外汇牌价为一美元兑换 6.8 元人民币）。

（1）该笔出口货物的盈亏率

出口总成本＝1600×(1＋17％)

　　　　　＝1872(人民币)

出口外汇净收入＝500－50－7

　　　　　　　＝443(美元)

出口商品的盈亏率＝(出口销售人民币净收入－出口总成本)÷出口总成本×100％

　　　　　　　　＝(443×6.8－1872)÷1872×100％

　　　　　　　　＝60.9％

（2）换汇成本

换汇成本＝出口总成本/出口销售外汇净收入

　　　　＝1872/443

　　　　＝CNY4.2/USD

答：该批货物的出口盈亏率为60.9％，换汇成本为CNY4.2/USD。

三、有关保险费的计算

保险费的计算公式是：保险费＝保险金额×保险费率。

如按 CIF 或 CIP 价加成投保，则上述公式应改为：保险费＝CIF(或 CIP)价×(1＋投保加成率)×保险费率

例 2：某外贸公司对外报某商品每公吨 FOB 青岛 150 美元，外商要求改报 CIFC3％旧金山，若每公吨运费为 15 美元，投保加一成保一切险，保险费率为 1％，问我应报价多少？

（1）CIF ＝(FOB＋国外运费)/[1－(1＋保险加成)×保险费率]

　　　　　＝165/0.989

　　　　　＝166.84(美元)

（2）CIFC3％旧金山价＝净价÷(1－佣金率)

　　　　　　　　　　＝166.84÷(1－3％)

　　　　　　　　　　＝172(美元)

答：我方应报 172 美元。

四、有关运费的计算

下一章国际货物运输中会介绍贸易中常用的运输方式和运费的计算标准，在货物报价时要考虑运费的计算。

例 3：某公司出口商品 200 件，每件报价为 400 美元 FOB 上海，每件毛重 50 千克，体积 100 厘米×40 厘米×25 厘米，经查轮船公司的货物分级表，该货运费计算标准为 W/M 5 级，又查中国上海至纽约港费率表为 5 级，运费为每公吨运费 80 美元，另收港口附加费 10％，直航附加费为 15％。轮船公司对该批货物共收取运费多少？若改报 CFR 纽约价，我方应报多少？

（1）总重量：80 千克×200＝16 000 千克＝16 公吨

（2）总体积：1 米×0.40 米×0.25 米×200＝20 立方米

（3）总体积吨＞总重量吨,因此应以总体积吨来计算运费

（4）总运费＝总体积×(基本运费＋附加费)

$$＝20×(80+80×10\%+80×15\%)$$

$$＝2000 美元$$

（5）每件运费为 2000 美元/200＝10 美元

（6）CFR ＝FOB＋运费

$$＝400+10$$

$$＝410 美元$$

答：轮船公司共收取运费 2000 美元;CFR 价为每件 410 美元。

专业词汇：

出口盈亏率	profit and loss ratio of export commodity
出口换汇成本	export cost in terms of foreign exchange
佣金	commission
净价	net
单价	unit price
固定价格	basic price
外汇保值条款	exchange proviso clause
暂不固定价格	non-fixed price
滑动价格	sliding price
基本价格	basic price
黄金保值条款	gold proviso clause

思考与讨论

简答题：

1. 国际货物买卖有哪几种作价方法？应如何灵活运用？

2. 价格条款的基本内容是什么？在规定价格条款时应注意哪些问题？

计算题：

1. 我某出口商品每公吨 500 美元 CFRC2％纽约。试计算 CFR 净价和佣金各为多少？若客户要求将佣金提高至 5％,在保证出口净收入不减少的前提下,试问 CFRC5％应报何价？

2. 某商品原报价每公吨 1250 美元 CIF 纽约,客户打算自己安排保险,要求改报 CFR 价,查原报价保险保水渍险并加淡水雨淋险,其费率分别为 2.4％和 0.1％,按 CIF 价加一成投保,试计算 CFR 纽约价是多少。

案 例 分 析

1. 我某出口公司拟出口化妆品到南非。该国中间商恰好主动来函与我公司联系，表示愿为我公司提供推销化妆品服务，并提出按每笔交易的成交金额给予佣金 5%，经中间商介绍与当地进口商达成 CIFC5% 总金额 5000 美元的交易，装运期为订约后 2 个月内从中国港口装运，并签订了销售合同。合同订立后，该中间商来电要求我出口公司立即支付佣金 2500 美元。我公司复电称：佣金需待货物装运并收到全部货款后才能支付。于是双方发生了争议。试问：这起争议发生的原因是什么？我公司应如何处理？

2. 某出口公司按 CIF 纽约向美商出口一批圣诞用蜡烛，由于该商品季节性强，双方在合同中规定：买方需于 9 月底前将信用证开到，卖方保证运货船只不得迟于 12 月 1 日抵达目的港，如货轮迟于 12 月 1 日抵达目的港，买方有权取消合同，如货款已经收妥，卖方需将货款退还买方。问这一合同的性质是否还属于 CIF 合同？（提示：合同与信用证的性质；CIF 与 DAP 的区别）

第十四章　国际货物运输

第一节　运输方式

目前国际贸易货物运输方式有海洋运输、铁路运输、航空运输、邮政运输和联合运输等。在对外贸易业务中,应该根据进出口货物的特点、货运量大小、自然条件和装卸港口的具体情况以及国际政治局势的变化等因素,认真选择合理的运输方式,保证"安全、迅速、准确、节省"地完成我国对外贸易货物运输,对于建立贸易关系、商品的应季适销都非常重要。

一、海洋运输(ocean transport)

海洋运输是国际物流中最主要的运输方式。它是指使用船舶通过海上航道,在不同国家或地区的港口之间运送货物的一种方式,在国际货物运输中使用最为广泛。目前,国际贸易总运量的 2/3 以上、中国进出口货运总量的约 90% 都是利用海上运输。随着中国经济的快速发展,中国已经成为世界上最重要的海运大国之一。全球目前有 19% 的大宗海运货物运往中国,有 20% 的集装箱运输来自中国;而新增的大宗货物海洋运输之中,有 60%~70% 是运往中国的。中国的港口货物吞吐量和集装箱吞吐量均已居世界第一位;世界集装箱吞吐量前 5 大港口中,中国占了 3 个。随着中国经济影响力的不断扩大,世界航运中心正在逐步从西方转移到东方,中国海运业已经进入世界海运竞争舞台的前列。

海洋运输是国际商品交换中最重要的运输方式之一,货物运输量占全部国际货物运输量的比例在 80% 以上,海洋运输具有以下特点:(1)天然航道。海洋运输借助天然航道进行,不受道路、轨道的限制,通货能力更强。随着政治、经贸环境以及自然条件的变化,可随时调整和改变航线完成运输任务。(2)载运量大。随着国际航运业的发展,现代化的造船技术日益精湛,船舶日趋大型化。超巨型油轮已达 60 多万吨,第五代集装箱船的载箱能力已超过 5000TEU。(3)运费低廉。海上运输航道为天然形成,港口设施一般为政府所建,经营海运业务的公司可以大量节省用于基础设施的投资。船舶运载量大、使用时间长、运输里程远,单位运输成本较低,为低值大宗货物的运输提供了有利条件。(4)运输的国际性。海洋运输一般都是一种国际贸易,它的运输过程涉及不同的国家或地区的个人和组织,海洋运输还受到国际法和国际管理的约束,也受到各国政治、法律的约束和影响。(5)速度慢、风险大。海洋运输是各种运输工具里速度最慢的运输方式。由于海洋运输是在海上,受自然条件的影响比较大,比如台风,可以把一运输船卷入海底,风险比较大,另外,还有诸如海盗的侵袭,风险也不小。(6)海洋运输的不完整性。海洋运输只是整个运输过程的一个环节,它的两端的港口必须依赖其他运输方式的衔接和配合。海洋运输也有明显的不足之处:如海洋运输易受自然条件和气候的影响,航期不易准确,遇险的可能性也大。

目前国际航运中的远洋货物运输船舶,按其结构和载运的货物的种类,可分为干货船和油槽船。干货船又分为杂货船、散装货船、冷藏船、木材船、集装箱船、滚装船和子母船等。

海洋货物运输,按照船舶的经营方式,可分为班轮运输和包租船运输。

(一)班轮运输

班轮(regular shipping liner,简称 liner)是指按照固定的航行时间表,沿着固定的航线,停挂固定的港口,收取固定运费的运输船舶。它是国际航运中的一种主要货物运输方式。

1. 班轮运输的特点

(1)船方出租舱位一般是部分舱位,因此,凡是班轮停挂的港口,不论货物数量多少,一般都可承运。

(2)船方负责货物的装卸,即通常所说的管装管卸(gross terms)。

(3)班轮的运费是按照固定费率计收的,而且装卸费也包括在内。

(4)船方或其代理人签发的班轮提单是承运人与托运人之间订立的运输契约的证明。船方与货主的权利义务以班轮提单为依据。

由此可见,利用班轮运输是十分灵活和方便的,尤其是对成交量少、分运批次多、交货港口分散的货物更为合适。

2. 班轮运费的计算标准

(1)按货物毛重计算,即重量吨(weight ton)。

(2)按货物的体积计算,即体积吨或尺码吨(measurement ton)。一体积吨一般以 1 立方米或 40 立方英尺(合 1.328 立方米)作为计量单位。在运价表上用"M"标注。

(3)按货物的价格计收,俗称为从价运费。通常承运黄金、白银、宝石等贵重货物时才按从价计收运费。但是在这样的货物发生货损或者丢失时,船方照价赔偿的条件是只有当货主另外付货价的百分之几时,通常加付 1%。按从价计收运费时,在运价表上标注"A. V."或者"Ad Val"(Ad Valorem,从价)。

(4)按货物毛重或体积计收,即在重量吨或体积吨两种计算标准中,从高收费,以"W/M"标注。

(5)按货物毛重或体积或从价计收,即在这三种计算标准中按较高的一种计收,以"W/M"或"A. V."标注。

(6)按货物毛重或体积计收,再加从价运费,即在重量吨或体积吨计算标准中,按较高的一种计收,再加上一定百分比的从价运费,以"W/M Plus A. V."标注。

(7)按货物的个数计算,如汽车以辆、牲畜按头数。

(8)由船方与货主临时议价,这样协定运费的方法主要是在承运大宗货物像粮食、矿石、煤炭等时采用,在议价表中一般只列出"议价货"品名。

3.班轮运价

货物使用班轮运输时,运输是按照班轮运价表(liner freight tariff)的规定来计算的。

班轮运价是班轮公司承运单位货物所计收的班轮运费、班轮承运货物除了要按基本运费率(basic rate)收取基本运费之外,往往还要加收种种附加费用(surcharge or additional)。所谓基本费率是指每一计费单位(如一运费吨)货物收取的基本运费。英文也可说成 freight unit price,即航线内基本港之间对每种货物规定的必须收取的费率,也是其他一些百分比收取附加费的计算基础。基本费率有等级费率、货种费率、从价费率、特殊费率和均一费率之分。为了保持在一定时期内基本费率的稳定,又能正确反映出各港的各种货物的航运成本,班轮公司在基本费率之外,为了弥补损失又规定了各种额外加收的费用,即附加费。主要有:

(1)燃油附加费(bunker surcharge or bunker adjustment factor,B. A. F.):在燃油价格突然上涨时加收。

(2)货币贬值附加费(devaluation surcharge or currency adjustment factor ,C. A. F.):在货币贬值时,船方为实际收入不致减少,按基本运价的一定百分比加收的附加费。

(3)转船附加费(transshipment surcharge):凡运往非基本港的货物,需转船运往目的港,船方收取的附加费,其中包括转船费和二程运费。

(4)直航附加费(direct additional):当运往非基本港的货物达到一定的货量,船公司可安排直航该港而不转船时所加收的附加费。

(5)超重附加费(heavy-lift additional)、超长附加费(long length additional)和超大附加费(surcharge of bulky cargo):当一件货物的毛重或长度或体积超过或达到运价规定的数值时加收的附加费。

(6)港口附加费(port additional or port surcharge):有些港口由于设备条件差或装卸效率低,以及其他原因,船公司加收的附加费。

(7)港口拥挤附加费(port congestion surcharge):有些港口由于拥挤,船舶停泊时间增加而加收的附加费。

(8)选港附加费(optional surcharge):货方托运时尚不能确定具体卸港,要求在预先提出的两个或两个以上港口中选择一港卸货,船方加收的附加费。

(9)变更卸货港附加费(alternation of destination surcharge):货主要求改变货物原来规定的港口,在有关当局(如海关)准许,船方又同意的情况下所加收的附加费。

(10)绕航附加费(deviation surcharge):由于正常航道受阻不能通行,船舶必须绕道才能将货物运至目的港时,船方所加收的附加费。

(二)包租船运输

包租船(charter)是指租船人向船东租赁整船运输货物。包租船可分为定程租船、定期租船和光船租船。

1.定程租船(voyage charter),又称程租船或航次租船。它是根据船舶完成一定航程来租赁的。一般可分为按单航次、来回航次、连续单航次和连续来回航次等方式租赁船舶。程租船的特点是：船舶经营管理由船东负责；在租船合同(voyage charter party)中规定一定的航线和装运货物的种类、名称、数量以及装卸港口；船东除对船舶航行、驾驶、管理负责外，还对货物运输负责；运费一般按承运货物总量计算或包干运费或保价运费。租船双方在租船合同中要规定装卸期限或装卸率，并计算滞期费和速遣费；船东和租船人的权利与义务以双方签订的定程租船合同为准。

2. 定期租船(time charter)，又称期租船，是指按一定期限租赁船舶。船期可长可短，从数日到几年，租金一经约定即固定不变。船方负担船员薪金、伙食等费用，并负责保持船舶在租赁期间的适航状态，以及因此而产生的费用和船舶保险费用。所谓适航状态是指船舶能够正常运转，具有航海安全能力，能够适合接受和保管货物。定期租船的特点是：船舶租赁期间，船舶的经营管理由租船人负责；在租船合同中不规定航线和装卸港，只规定船舶航行区域；船东负责船舶的维护、修理和机器设备正常运转；租金按租期每月每吨若干金额计算；在租船合同中不规定装卸率和滞期费及速遣费；船东和租船人的权利与义务以定期租船合同(time charter party)为准。

3. 光船租船(bareboat charter)，又称净船期租船，是指船舶所有人将船舶出租给承租人使用一定期限，但船舶所有人提供的是空船，承租人要自己任命船长、配备船员，负责船员的给养和船舶经营管理的一切费用。

二、铁路运输

铁路运输具有运量较大、运输速度较快、运途风险较小并有高度的连续性等特点。在国际货运总量中，铁路货运量仅次于海洋货运量。铁路货物运输包括国内铁路运输和国际铁路联运两种。

(一)国内铁路运输

我国进口的货物由港口通过铁路运输转运到全国各地用货部门，出口的货物经铁路运输集中到港口装船出运。

(二)国际铁路联运

凡是使用一份统一的国际联运票据，由铁路负责经过两国或两国以上的铁路的全程运送，并且由一国铁路向另一国铁路移交货物时无须发货人和收货人的参加，这种运输称为国际铁路货物联运。

采用国际铁路货物联运，有关当事国事先必须有书面的约定。许多欧洲国家都参加了《国际铁路货物运送公约》(简称《国际货约》)。从 1951 年 4 月 1 日起，我国参加了《国际铁路货物联运协定》(简称《国际货协》)。从 20 世纪 80 年代末期开始，因苏联解体和德国统一等一系列事件导致《国际货协》名存实亡，不再有效。

三、航空运输

航空运输是一种现代化的运输方式，它具有运输快、货运质量高，且不受地面条件限制等优点。特别是对鲜活商品、易腐易烂商品和季节性较强的商品的运送更为有利。采用国际空运货物的运输方式包括班机运输、包机运输、集中托运和航空快递四种。

四、集装箱运输和国际多式联运

（一）集装箱运输

集装箱运输是以集装箱作为运输单位进行货物运输的一种现代化运输方式,它可适用于海洋运输、铁路运输及国际多式联运等。集装箱运输有两种方式:一种是使用 FOB、CIF、CFR 贸易术语实行港到港交货（port to port）,是传统的运输交货方式;另一种是使用 FCA、CPT、CIP 贸易术语,实行门到门（door to door）交货的运输交货方式。集装箱运输有许多优点:可以提高港口吞吐能力,加速船舶运转;减少货损货差,降低营运成本;简化运输手续,便利货物运输。

（二）国际多式联运

国际多式联运是在集装箱运输的基础上产生和发展起来的一种综合性的连贯运输方式,它一般是以集装箱为媒介,把海、陆、空各种传统的单一运输方式有机地结合起来,组成一种国际连贯运输。它应具备下列条件:

（1）必须使用包括全程的运输单据,如联合运输单据（combined transport documents）;

（2）必须是使用两种或两种以上的不同运输方式的连贯运输;

（3）必须是国际货物运输;

（4）必须是多式联运经营人负有全程运输责任;

（5）必须使用全程单一的运输费率（single factor rate）。

国际多式联运经营人是多式联运的当事人,是一个独立的法律实体。对于货主来说,它是货物的承运人;对各区段分承运人来说,它又是货物的托运人。它一方面同货主订立多式联运合同;另一方面它又与分承运人以托运人的身份签订各区段运输合同。国际多式联运经营人的责任期间是从接管货物之时起到向收货人交付货物之时止。在此期间对责任范围和赔偿限额方面,目前国际上有三种做法:

1. 统一责任制

它是国际多式联运经营人对货主负有不分区段的运输的统一责任,即货物灭失或损坏,包括隐蔽损失,无论发生在哪个区段,国际多式联运经营人按一个统一原则负责,并按一个约定的限额赔偿。

2. 分段责任制

分段责任制又称网状责任制,是国际多式联运经营人的责任范围以各区段运输原有的责任为限,如海上区段按《海牙规则》、航空区段按《华沙公约》办理。在不适用国际法时,应按相应国内法办理。赔偿按各区段的国际法或国内法规定限额赔付,对不明区段货物隐蔽损失,按双方约定办理。

3. 修正统一责任制

这种责任制是介于统一责任制与分段责任制之间的责任制,又称混合责任制,即在责任范围方面与统一责任制相同,而在赔偿限额方面与分段责任制相同。

五、其他运输

(一)邮政运输

邮政运输是一种较简便的运输方式。各国之间通过相互签订的协定和公约,可以互相传递邮件包裹,从而形成国际邮件运输网。国际邮件运输具有国际多式联运和"门到门"运输的性质,托运人只要按邮局章程一次托运并付清足额邮资,取得邮件包裹收据(parcel post receipt),即算完成交货手续。邮政运输一般适合于量轻体小的货物,如精密仪器、机械零配件、药品、样品和各种生产上急需的物品。

(二)管道运输

管道运输是运输通道和运输工具合二为一的一种特殊的运输方式,它可以连续作业,并具有运量大、速度快、运输成本低、货损货差小的优越性。随着石油工业的发展和我国对石油需求的不断增长,管道运输在我国经济和对外贸易中起着日益重要的作用。

(三)陆桥运输

指以大陆上铁路或公路运输系统作为中间桥梁,把大陆两端的海洋连接起来组成一个海—陆—海的连贯运输方式,一般以集装箱为媒介。在国际多式联运中,陆桥运输(land bridge service)起着非常重要的作用。它是远东和欧洲国际多式联运的主要形式。目前世界上主要有三条路桥:西伯利亚大陆桥;远东至北美东海岸和墨西哥湾陆桥;北美西海岸到欧洲陆桥。其中利用率最高的是西伯利亚大陆桥。

1. 西伯利亚大陆桥(Siberian landbridge)

西伯利亚大陆桥是将集装箱货物由远东海运到俄罗斯东部港口,再经跨越欧亚大陆的西伯利亚铁路运至波罗的海沿岸的港口,然后再采用铁路、公路或海运运到欧洲各地的国际多式联运的运输线路。

西伯利亚大陆桥缩短了从日本、远东、东南亚及大洋洲到欧洲的运输距离,节省了运输时间。从日本横滨到欧洲鹿特丹,采用陆桥运输不仅可使运距缩短 1/3,运输时间也可节省 1/2。在一般情况下,运输费用还可节省 20%~30%,因而对货主有很大的吸引力。

2. 北美大陆桥(North American landbridge)

北美大陆桥是指利用北美的大铁路从远东到欧洲的"海陆海"联远。该陆桥运输包括美国大陆桥运输和加拿大大陆桥运输。美国大陆桥有两条运输线路:一条是从西部太平洋沿岸至东部大西洋沿岸的铁路和公路运输线;另一条是从西部太平洋沿岸至东南部墨西哥湾沿岸的铁路和公路运输线。

3. 亚欧第二大陆桥

亚欧第二大陆桥,也称新亚欧大陆桥。该大陆桥东起中国的连云港,西至荷兰鹿特丹港,全长 10837 km,其中在中国境内 4143 km,途径中国、哈萨克斯坦、俄罗斯、白俄罗斯、波兰、德国和荷兰 7 个国家,可辐射到 30 多个国家和地区。1990 年 9 月,中国铁路与哈萨克铁路在德鲁日巴站正式接轨,标志着该大陆桥的贯通。1991 年 7 月 20 日开办了新疆—哈萨克斯坦的临时边贸货物运输。1992 年 12 月 1 日由连云港发出首列国际集装箱联运"东方特别快车",经陇海、兰新铁路,西出边境站阿拉山口,分别运送至阿拉木图、莫斯科、圣彼得堡等地,标志着该大陆桥运输的正式开办。近年来,该大陆桥运量逐年增长,并具有巨大的发展潜力。

第二节　货物运输交付条件

货物运输交付条件是指国际贸易买卖合同中的交货条款。此条款包括交货时间、装运港和目的港、装卸时间、装卸费用、分批装运和转船以及运输单据等内容。

一、交货时间

买卖双方在货物交付过程中所承担的责任是根据所使用的贸易术语决定的。因此,对于交货时间的解释有区别。如 FOB、CFR、CIF 属于装运港交货的贸易术语,是凭装运单据交货,只要卖方把货物在装运港装上船,取得代表货物所有权的提单和缮制其他单据,并将这些单据交给买方,即完成交货任务。因此交货时间与装运时间是一个概念。而采用目的港交货(DES、DEQ 等)和其他地点交货的贸易术语,装运不等于交货,因此,交货时间与装运时间又是截然不同的两个概念。

《公约》第 33 条规定:"卖方必须按以下日期交付货物:(a)如果合同规定有日期或从合同可以确定日期,应在该日期交货;(b)如果合同规定有一段时间,或从合同可以确定一段时间,除非表明由买方确定一个日期,应该在该段时间内任何时候交货;(c)在其他情况下,应在订立合同后一段合理时间内交货。"有些国家法律规定,如果卖方未按合同规定的时间交货,即构成卖方的违约行为,买方有权撤销合同,并要求卖方承担由此造成的损失。

(一)交货期的规定方法

国际贸易买卖合同中,对交货期的规定方法一般有以下几种:

1. 明确规定交货期

(1)限于某月或某几个月内交货。例如,2019 年 5 月份交货(装运)(Delivery of shipment during May 2019);2019 年 5/6 月装运(Shipment during May/June 2019),也称跨月装运。

(2)限于某月某日或以前交货。例如,2019 年 11 月 15 日或以前装运(Shipment on or before 15th November 2019);2019 年 5 月底或月底前装运(Shipment on or before the end of May 2019)。

我国进出口合同一般采用以上规定交货期的方法。这种规定方法比较明确具体,既可使卖方有一定时间进行备货和安排运输,同时,也有利于买方预先掌握货物的装运日期,做好支付货款和接受货物的准备。

2. 规定在收到信用证或收到预付货款后若干天装运

使用这种方法规定交货期的主要原因是合同签订后,买方因申请不到进口许可证或其国家不批准外汇或者因货物市场价格下跌对买方不利等情况,迟迟不开信用证。卖方为了避免因买方不及时开证而带来的损失,即以这种方法来约束买方,只有收到买方开来的信用证之后才能装运。卖方为了防止这种情况的发生,在规定收到信用证或收到预付款若干天后装运的同时,还要在合同中规定"买方最迟于某月某日以前将信用证开抵卖方"(The relevant L/C must reach the seller no later than . . .)。

3. 采用术语表示交货期

当采用国际贸易中一些术语如立即装运(immediate shipment)、尽快装运(shipment as soon as possible)、即期装运(prompt shipment)时,对这类术语,国际商会《跟单信用证统一惯例》(600 号出版物)规定,除非确需在单据中使用,否则银行对诸如"迅速""立即""尽快"之类词语将不予置理。

(二)规定交货期应注意的问题

1. 应考虑货源和船源的实际情况,使船、货衔接。如不考虑货源,盲目成交,就可能造成有船无货,无法按时履约;如不考虑船源(包括运输能力、船期、航线和港口情况),盲目签约,就可能出现有货无船,同样造成不能如期履约的后果或者要经过多次转船,出现多付运费,甚至倒贴运费的严重情况。

2. 要根据不同货物和不同市场需求规定交货期。如无妥善装载工具和设备,易腐、易烂、易潮、易溶化的货物一般不宜在夏季、雨季装运。

3. 对交货期的规定,既要明确,又不宜订得过死,力求避免使用"立即装运""即期装运"和"尽快装运"等一些不确定的装运术语。同时,也不能规定为某年某月某日装运,一般要订明年度、月份,争取跨月装运。

4. 采用信用证支付时,应注意交货期的规定必须明确合理。

二、装运港和目的港

(一)装运港和目的港的规定方法

装运港(port of shipment),又称装货港(loading port),是指货物起始装运的港口。目的港(port of destination),又称卸货港(unloading port),是指买卖合同规定的最后卸货港口。合同中的装运港和目的港除了同使用的贸易术语有关,又属于贸易术语的不可缺少的组成部分外,同时又与双方所承担的运输责任有关,还属于交货条款的重要内容。

为了便利卖方安排货物的装运和适应买方接受或转售货物的需要,在一般情况下,装运港都是由卖方提出,经买方同意后才确定;目的港则由买方提出,经卖方同意后确定。同时,根据双方的需要,装运港目的港可以分别规定一个,例如,装运港——大连,目的港——新加坡;也可以分别规定为两个或两个以上,例如,装运港——大连/天津/青岛;目的港——伦敦/利物浦/鹿特丹。

(二)规定装运港和目的港应注意的问题

1. 确定国外装运港和目的港,须注意以下几点:

(1)要根据我国对外政策的规定来选择港口,不应选择我国政策不允许往来的港口为国外的装卸港。

(2)对国外的装卸港的规定应力求具体明确。一般情况下,出口合同不能笼统地订立"欧洲主要港口""非洲主要港口"等,进口不能订立为"FOB ××地区港口"或"××港口发货人选择"。

（3）必须注意国外装卸港口的具体运输和装卸条件，如有无直达班轮、港口装卸设备、码头泊位的深度、冰冻期和港口的惯例和制度以及运费、附加费的标准等。

（4）不能接受内陆城市为装卸港。对内陆国家的贸易，一般应规定靠近的、我们能安排船舶的港口为装卸港。

（5）对小批零星杂货的出口，一般不能接受用指定码头或泊位装卸货物的条款。对于大宗出口业务，也应特别慎重考虑，事先向买方了解有关码头的吃水、长度、设备能力、费用水平、装卸速度等情况。

（6）为防止产生差错，应注意国外港口有无重名；如果有重名港，在买卖合同中应注明装卸港所在国家或地区的名称。

（7）原则上只应规定一个目的港，但在签订合同时，卖方对货物还未找到适当的买方，为便于对方采用"卖路货"的办法，把进口在途货物转卖出去，可同意给予买方有选择港（optional ports）权利。所谓选择港，又称任意港，是指合同规定在两个或两个以上港口或某航区的港口中，允许买方在一定时期内再选择其中一个为最终的目的港。买方最后目的港一般应在开信用证时明确，或至迟要在载货船只抵达第一个卸货港前若干小时（一般48小时）通告最后目的港。在我国出口业务中，有时也在合同中规定选择目的港的条款，允许买方提出几个目的港口，并最后选择其中任何一个港口卸货。但是，在条款中还应明确规定，所选择的目的港若增加运费、附加费时，应由买方负担；所选港口必须在同一航线上，选择港的数目一般不要超过三个；运费一般按选择港中最高的费率及附加运费计算。

2.确定国内装卸港口时应考虑以下几点：

（1）在我国出口业务中，对装运港的规定，主要应考虑货源比较接近的港口，以方便运输和节省费用，对统一对外成交而分口岸交货的某些货物，由于在成交时还不能最后确定装运港，也可规定为"中国口岸"或两个以上具体港口为装运港。这样规定，比较灵活主动。

（2）在我国进口业务中，对国内卸货港的规定，一般要选择接近用货单位或消费地区的港口为合适。但是，为避免港口到船集中产生堵塞现象，卸货港也可规定为"中国口岸"。

三、装卸时间、滞期费和速遣费

装卸时间、滞期费和速遣费的规定是程租船合同条款，但是在大宗货物的交易中，大部分采用程租船运输，为了使租船合同与买卖合同相互衔接，在买卖合同中也要规定上述内容。对于装卸时间的规定方法，主要有以下几种：规定装卸货物的定额标准，即每船或每个舱口每个工作日装卸若干吨；规定固定的装卸天数，即不规定装卸率，可规定装卸总的天数；按港口习惯快速装卸（customary quick despatch，简称 C. Q. D. ），即不具体规定装卸率或可用于装货和卸货的天数，而按照有关港口习惯的装卸方法和装卸速度尽快装卸。后一种规定方法，由于没有确切的装卸期限，使用时容易引起争议。

在规定的装卸期限内，还要具体明确装卸时间的计算方法，其计算方法一般有以下几种：

1. 按连续日（或时）（running consecutive days/hours），指 24 小时应为一个连续日，其中没有任何折扣。

2. 工作日（working days），指按照港口习惯，属于正常工作的日子，星期日和节假日除外。

3. 好天气工作日（weather working days），指按正常的日子，星期日和节假日以及因天气恶劣不能进行装卸作业时都除外，不予计算工作日。

4. 连续 24 小时好天气工作日（weather working days of 24 consecutive hours），这种规定按连续 24 小时为一个工作日，但星期日、例假日和不能装卸的坏天气都一律扣除。

使用程租船运输货物时，在规定的装卸期限内，如果租船人未能完成作业，为了补偿船方由此造成船舶延期所产生的损失，由租船人向船方支付一定的罚金，此项罚金称为滞期费（demurrage）。如果租船人在程租船合同规定的时间内提前完成装卸，给船方节省了船期，船方为鼓励租船人，而向租船人支付一定金额作为报酬，此项报酬，称为速遣费（despatch）。速遣费一般为滞期费的一半，也有其他的规定方法。

装卸时间和滞期费、速遣费的规定，对外贸公司在采用程租船方式运输进出口货物时是非常重要的。为了明确买卖双方的装卸责任，并使进出口合同的规定与程租船合同保持一致，必须根据货物的种类、船舶舱口数、港口装卸能力和港口习惯装卸时间等因素，并参考同一航线、港口装卸同类货物和租船合同，正确规定装卸时间和装卸货率，防止进出口合同的规定与程租船合同脱节或者相互矛盾而造成经济损失。

四、装卸费用

在买卖合同中，成交数量较小的货物一般由班轮承运，装卸费用包括在运费之中，不另外计价。而成交数量大的货物大部分采用程租船运输，程租船对于装卸费用的负担问题有多种规定方法，究竟按哪一种规定必须与买卖合同一致，特别是要与使用的贸易术语及其变形相吻合，否则即会造成经济损失。程租船装卸费的规定有四种：船方不负担装卸费用（free in and out，缩写为 FIO）；船方不负担卸货费用，而负担装货费用（free out，缩写为 FO）；船方不负担装货费用，而负担卸货费用（free in，缩写为 FI）；船方负担装卸费用（gross terms 或 liner terms 或 berth terms）。目前，我们采用的程租船合同，大多数规定 FIO 条件。

上述装卸时间和装卸费用的条款，只限在使用程租船运输进出口货物时在买卖合同中才予以规定，使用班轮运输货物时，买卖合同中就不需要规定这两个条款。

五、分批装运和转船

分批装运（partial shipment）是指凡一笔成交数量较大的货物，可以分若干批次装运于不同的航次、车次、班次的装运。买卖合同中往往都规定分批装运条款。出现分批装运的原因很多，例如，运输工具的限制；目的港卸货条件差；船源紧张；市场销售需要，卖方一次备货有困难；期货成交后需要逐批生产等。对于分批装运，从卖方来说，成交数量大，货源不充分或国内运输紧张或租船有困难时，总是希望允许分批装运。对买方来说，除非市场销售需要，一般都不希望分批装运。所以，是否允许分批装运的问题应该在洽商交易和签订合同时予以明确规定。

（一）分批装运

对于分批装运，一般有三种规定方法：

1．只规定"允许分批装运"，不加任何限制。

2．订明分若干批次装运，而不规定每批装运的数量。

3．订明每批装运的时间和数量，即定期、定量分批装运。

对于分批装运问题，《跟单信用证统一惯例》（600号出版物）规定：

a．"除非信用证另有规定，允许分批支款及（或）分批装运。"即除非信用证明确规定不允许分批支款及（或）分批装运，否则就为允许。该惯例还规定："运输单据表面注明货物使用同一运输工具并经同一路线运输的，即使每套运输单据注明的装运日期不同及（或）装货港、接受监管地、发运地不同，只要运输单据注明的目的地相同，也不视为分批装运。"

b．"含有一份以上快递收据、邮政收据或投邮证明的交单，如果单据看似由同一地区或邮政机构在同一地点和日期加盖印戳或签字并且表明同一目的地，将不视为部分发运。"

c．该惯例还规定："信用证另有规定除外，信用证规定在指定的不同期限内分期支款及（或）分期装运，如其中任何一期未按信用证所规定的期限支取及（或）发运，则信用证对该期及以后各期均视为无效。"

在实际国际贸易业务中，值得注意的是：允许分批装运并不等于必须分批装运，是否分批装运应由卖方决定。

（二）转船

转船（transhipment）是指远洋货运中，货物装运后允许在中途港换装其他船舶转至目的港。对此，买卖双方在合同中作出规定时，称为允许转船条款（transhipment to be allowed clause）。

货物需要转船的主要原因有：至目的港无直达船或无合适的船；目的港不在装载货物的班轮航线上；货物零星分散，班轮不愿停泊目的港；属于联运货物等。

在我国出口业务中，如果到目的港无直达船时，必须在合同中订有"允许转船"的条款。但是对"允许转船"的货物，一般不宜接受买方指定中转港口、二程船公司和船名的条件。因为按国际航运习惯，转船港口转船事宜都是由第一承运人根据具体情况办理的，无须事先征得货主的同意。如合同中规定"不允许转船"，而实际进行了转船，卖方是违约行为。

按照《跟单信用证统一惯例》（600号出版物）的规定：就本条款而言，转运意指货物在信用证中规定的发运、接受监管或装载地点到最终目的地的运输过程中，从一个运输工具卸下并重新装载到另一个运输工具上（无论是否为不同运输方式）的运输。只要同一运输单据包括运输全程，则运输单据可以注明货物将被转运或可被转运。即使信用证禁止转运，银行也将接受注明转运将发生或可能发生的运输单据。

第三节　合同中的运输条款

运输条款是贸易合同的组成部分,如果在成交时忽略了运输问题,从而使运输条款订得不恰当,或者责任不明确,甚至脱离了运输的实际可能,不但会在执行合同时使运输工作陷于被动,引起经济损失和种种纠纷,严重的还会影响履约,使出口任务无法完成。因此,在签订出口合同前,充分考虑到运输条件,将运输条款订得尽可能完整、明确和切实可行是有其重要意义的。

一、我方派船合同运输条款

1. 关于装运期的条款

(1)装运期必须订明年度及月份,对船舶较少去的偏僻港口,最好争取跨月装货以便于安排船舶,不要订"即装"(如 prompt shipment、immediately shipment 等)条款。

订装运期应结合商品的性质,选择季节。如雨季不宜装烟叶,夏季不宜装沥青等。还应结合交货港、目的港的特殊季节因素,如北欧港口不宜订在冰冻期,热带某些地区不宜订在雨季等等。

(2)出口货的装运期,分远、近洋地区,应掌握在信用证收到后有一定的期限。远洋地区不少于 30 天,近洋地区不少于 20 天。因此,应在合同中订明信用证于装运期前开到卖方的期限。

(3)签订出口合同时,应避免信用证结汇有效期与装运期订为同时到期即"双到期"。一般应争取结汇有效期长于装运期 15 天,以便货物装船后有足够的时间办理结汇手续。

(4)不能接受一笔货物在短期内分若干批出运的条款。因为在规定期内,如无适当的足够数量的船舶,就会影响这批货物的出运。

2. 关于装运口岸和目的港的条款

(1)出口装运港口,尽可能争取订为"中国港口",或者订为几个中国港口,由卖方选择。

(2)出口目的港,应尽量选订班轮航线通常靠挂的基本港口或条件较好的港口,以便组织直达运输,减少中转。

(3)目的港要明确具体,不要笼统订为"……地区主要港口"以避免由于含义不明,给安排船舶造成困难。如买方提出几个主要港口,并选择其中任何一港交货时,应在合同中有以下明确规定:选卸港费(optional charge)和所选目的港需要增加的折运费、附加费等,应由买方负担;买方在开信用证的同时,宣布最后目的港;供选择的港口必须在同一航线内,不应跨航线选卸港口,所选卸港最多不要超过三个;运费应按选卸港中最高的费率及附加费计算。

(4)在不以联运方式承办运输的条件下,一般不接受内地城市为目的地的条款。对于内陆国家的贸易,应选择其最近的、我方能安排船舶的海港为目的港。

3. 关于出口转船的条款

（1）货物出口至没有直达船或虽有直达船但没有固定船期、航班较少的港口，必须订明"允许转船"，以利装运。

（2）对某些数量较大的商品或需要运往条件差的港口时，应考虑到港口吃水限度和派船的可能条件，在合同中订明"允许转船及分批装运"的条款。

（3）凡是"允许转船"的货物，不能接受买方指定中转港、二程船公司和船名的条件，也不要接受在提单中注明中转港和二程船舶名称条件。

4. 关于装卸费负担的条款

由于世界各地的港口对 INCOTERMS 有不同的解释和不同的习惯做法，因此，我们在签订 CFR 或 CIF 的出口合同时，应根据各地的实际情况，在合同中明确规定在目的港的卸货费用由谁负担，以免产生纠纷。

5. 签订运输条款应注意的问题

（1）关于限期运抵目的港的条款

对买方提出限期运抵目的港的要求应予重视，但不能接受在合同上规定限期运抵目的港的条款。因船舶在海上航行，很难保证到达目的港的时间。如因特殊情况，必须限期运抵目的港时，需事先征求运输部门的意见。

（2）关于指定船舶或限制航线的条款

在合同中一般都不能接受由买方指定装某国籍船，某班轮公司船及限制船型、船级或航线等条款。对于买方要求指定装船部位的条款，要作具体分析，合理的应予接受，对于不合理的要求，则不能接受。

（3）关于指定装卸码头、仓库的条款

对于买方要求指定装卸码头及仓库的条款，一般不能接受。如有特殊情况，应根据货量的大小和所指定的装卸码头及仓库的实际情况来确定。

（4）关于大宗出口商品出具提单问题

对于大宗的出口商品，通常采用程租船装运，同时签发租船提单（B/L under charter party）。对于这种提单，银行一般是不接受的。因此，在签订合同时，应商定双方可以接受的提单，以便做出相应的安排。

（5）关于大宗货的溢短装条款

对于大宗货物，应订明溢短装条款，一般为增减 5%～10%。由船方选择，而不是由货方选择。

二、对方派船合同运输条款

1. 对于 FOB 出口合同，卖方应在合同规定的交货期前 30 天，向买方发出准备装船通知。买方应从卖方发出通知之日起 20 天内，将装货船只的船舶规范和预计到港日期等通知卖方和装港的船务代理公司。

2. 在我国港口装货所发生的理货费，应在合同中明确由买方或船方负担。因为我国港口一般是由船方申请理货和收受货物，卖方不负担此项费用。

3. 以 FOB 条件成交的出口货物，由船边至船舱的装船费（包括绞车费、开关舱费、垫舱物料费、理舱和平舱费以及在船上的有关工力费用等)概由买方负担。如为 FOBST 条款,上述费用则应由卖方负担。

第四节　运输单据

运输单据是指代表运输中的货物已经装运或已被承运人或其代理人接管的单据。它具体说明货物运输有关当事人的责任、权利及义务,是货物运输业务中最为重要的单据,也是出口结汇不可缺少的单据。

按照运输方式的不同,运输单据可以分为海运提单、空运提单、公路、铁路或内河运输单据,快递及邮政收据和多式联运单据等。

一、海运提单

1. 海运提单的含义

海运提单(ocean bill of lading),是承运人收到货物后出具的货物收据,也是承运人所签署的运输契约的证明,提单还代表所载货物的所有权,是一种具有物权特性的凭证。

2. 提单的种类

海运提单可以从不同角度进行分类:

(1)根据货物是否装船,可分为"已装船提单"(shipped B/L)和"备运提单"(received for shipment B/L)。备运提单上加注"已装船注记"后,即成为"已装船提单"。《跟单信用证统一惯例》规定,在信用证无特殊规定的情况下,要求卖方必须提供已装船提单。银行一般不接受备运提单。

(2)根据提单上对货物外表状况有无不良批注,可分为"清洁提单"和"不清洁提单"。清洁提单是指货物装船时,表面状况良好,承运人在签发提单时未加任何货损、包装不良或其他有碍结汇批注的提单。不清洁提单是指承运人收到货物后,在提单上加注了货物外表状况不良或货物存在缺陷和包装破损的提单。但是,并非提单有批注即为不清洁提单。在国际贸易结算中,银行只接受"清洁提单"。有时在装船时会发生货损或包装不良,托运人常要求承运人在提单上不作不良批注,而向承运人出具保函,也称赔偿保证书(letter of indemnity),向承运人保证如因货物破残损以及承运人因签发清洁提单而引起的一切损失,由托运人负责。对这种保函,有些国家法律和惯例并不承认,如美国法律认为这是一种欺骗行为。所以,使用保函时要视具体情况而定。

(3)根据提单"收货人"栏内的书写内容,可分为记名提单(straight B/L)、不记名提单(open B/L)和指示提单(order B/L)。提单"收货人"栏,又称提单抬头,表明货物所有权的归属。记名提单的该栏记载特定收货人名称,只能由该收货人提货,记名提单不易转让。不记名提单,又称空白提单,是指在提单收货人栏内不填明具体的收货人或指示人的名称而留空的提单。不记名提单的转让无须任何背书手续,仅凭提单交付即可,提单持有人凭提单提货。指示提单是指收货人栏内仅填写"To order"(凭指示)或"To the order of ..."(凭某人指定)字样的一种提单。这种提单通过背书方式可以流通或转让,所以又称可转让提单。

(4)根据运输方式分为直达提单(direct B/L)、转船提单(transhipment B/L)和联运提单(through B/L)。直达提单是指轮船装货后,中途不经过转船而直接驶往指定目的港,由承运人签发的提单。转船提单是指货物经由两程以上船舶运输至目的港,而由承运人在装运港签发的提单。转船提单内一般注明"在某港转船"的字样。联运提单是指海陆、海空、海河、海海等联运货物,由第一承运人收取全程运费后并负责代办下程运输手续在装运港签发的全程提单。卖方可凭联运提单在当地银行结汇。

转船提单和联运提单虽然包括全程运输,但签发提单的承运人一般都在提单上载明只负责自己直接承运区段发生的货损,只要货物卸离它的运输工具,其责任即告终止。

(5)根据提单内容的繁简分为全式提单(long form B/L)和略式提单(short form B/L)。全式提单是指大多数情况下使用的是既有正面内容又带有背面提单条款的提单。背面提单条款详细规定了承运人与托运人的权利与义务。而略式提单则无。

(6)根据船舶运营方式的不同,可分为班轮提单和租船提单。班轮基本上载明运输合同的条款,船货双方受其约束。而租船提单则受另行制定的租船合同约束,故在使用该提单时,往往要提供租船合同副本。

(7)根据其他情况分为舱面提单、过期提单、倒签提单和预借提单。

①舱面提单(on deck B/L),又称甲板货提单,是指对装在甲板上的货物所签发的提单。在这种提单上一般都有"装舱面(on deck)"字样。舱面货(deck cargo)风险较大,根据《统一提单的若干法律规则的国际公约》(简称《海牙规则》)的规定,承运人对舱面货的损坏或灭失不负责任,因此,买方和银行一般都不愿意接受舱面规定。但有些货物,如易燃、易爆、剧毒、体积大的货物和活牲畜等必须装在甲板上。在这种情况下,合同和信用证中就应规定"允许货物装在甲板上"的条款,这样,舱面提单才可以结汇。但采用集装箱运输时,根据《汉堡规则》的规定和国际航运中的一般解释,装于舱面的集装箱是"船舱的延伸",与舱内货物处于同等地位。

②过期提单(stale B/L),有两种说法:一种是提单晚于货物到达目的港,叫过期提单。在近洋运输中难免会出现这种情况,因此,在买卖合同中一般都规定"过期提单可以接受"的条款。另一种情况是向银行交单时间超过提单签发日期 21 天,这种滞期交到银行的提单,也称过期提单,银行有权拒收这种提单。

③倒签提单(ante-dated B/L)是指货物实际装船的日期晚于信用证上规定的装运日期,但仍在信用证有效期内,如按实签署提单,势必不能议付。为了使提单日期与规定的装运日期相符,承运人应托运人的请求,便按信用证上规定的装运日期签署提单,这就叫"倒签提单"。这对承运人来说负有很大的风险。特别是在货价下跌时,收货人可以"仿造提单"为由,拒绝提货。

④预借提单(advanced B/L)是指托运人预先借走提单,大都是因为信用证最迟装效日期即届。但这时货尚未备妥,或货虽备妥但尚未装船,或因船期延长尚未到港,或虽已到港但尚未受载。发货人生恐不能按期提供装运单据办理结汇而遭撤约、赔款,或积压货物之损失便要求承运人先行签发已装船提单,以便如期办理结汇。这种在货物装船前被托运人"借走"的提单,称为"预借提单"。

（8）电子提单（electronic bill of lading）是通过 EDI 技术将纸面提单的全部内容与条款以电子数据交换系统进行传送的有关海上货物运输合同证明的电子数据。电子提单不是书面单证，而是显示在计算机屏幕上的一系列结构化了的电子数据。有关各方，包括卖方、发货人或托运人、银行、商品检验检疫机构、保险公司、港口、买方和收货人，都以承运人为中心，通过专有计算机密码完成在货物运输过程中的货物交付和所有权的转让。采取电子收货人提货，不需要出示任何书面文件，只要出示身份证明，由船舶代理验明即可。

电子提单的使用，加速单证流转，防止在流转过程中欺诈行为的发生。为了进一步完善电子提单的使用规则，国际海事委员会于 1990 年 6 月 24 日至 29 日在巴黎召开了国际海事委员会第 34 届大会，通过了《国际海事委员会电子提单规则》（*CMI Rules for Electronic Bill of Lading*），本规则是当前指导电子提单使用的法律依据。

电子提单的流转是通过 EDI 系统，将有关各方的计算机联成网络而实现的。电子计算机将货物运输合同中的数字、文字、条款等，按特定的规则，转化为电子信息（electronic message），借助于电子通信设备，从一台计算机转送到另一台计算机上。其完整流转过程是：

①托运人向承运人发出订舱电子信息（booking message），承运人确认托运人提出的各项条款。

②承运人接受订舱，则电子信息系统自动产生并向托运人发送接受订舱及有关运输合同条件的 EDI 信息，由托运人的 EDI 系统加以确认并通知运输调度，将货物交给承运人或其代理人接管。

③托运人的 EDI 系统向海关和商品检验检疫机构的 EDI 系统发送申请报关，商检出口的 EDI 证书，经确认后传送给承运人或其代理人的 EDI 系统批准放行。

④承运人或其代理人收到货物后，由 EDI 系统自动向托运人发送收货信息（receipt message），托运人确认后，托运人即成为电子提单的持有人。

⑤货物装船后，大副签发 EDI 收据并由承运人的 EDI 系统发送电子提单给托运人和银行的 EDI 系统，同时给托运人一个更新的电子签名的电讯密码，经托运人确认后即对货物具有了支配权，电子提单签发完结。

⑥托运人的 EDI 系统向银行的 EDI 系统发送电子发票、电子保险单和电子提单等电子单据，经银行确认后即完成结汇。

⑦托运人的 EDI 系统发送信息通知承运人，货物已转移给银行，随后承运人的 EDI 系统销毁与托运人的通讯密码，并向银行提供一个新的通讯密码。

⑧收货人向银行支付货款后，取得对货物的所有权。银行的 EDI 系统向承运人发出电讯通知货物所有权已转移给收货人。

⑨承运人的 EDI 系统向收货人的 EDI 系统发送 EDI 信息确认其控制着货物，并传送电子提单及一个新的通讯密码。

⑩承运人的 EDI 系统向目的港代理人发送 EDI 信息，将货物的说明、船舶情况及收货人的名称通知代理人，由代理人在船到港时，向收货人发出到货通知的 EDI 信息。

⑪收货人得到到货通知后通知运输调度，凭其身份证明在指定地点提货。

在电子提单形成和流转过程中,电子提单的安全问题是一个非常重要的事情。电子提单的安全关键在于密码的保密性和在传递过程中防止被人偷换,必须严加防范,同时还要加强和完善对电子提单的立法工作。

3. 海运提单作用

(1)货物收据

提单是承运人发给托运人的收据,确认承运人已收到提单所列货物并已装船,或者承运人已接管了货物,已代装船。

(2)运输契约证明

是托运人与承运人的运输契约证明。承运人之所以为托运人承运有关货物,是因为承运人和托运人之间存在一定的权利义务关系,双方权利义务关系以提单作为运输契约的凭证。

(3)物权凭证

提单是货物所有权的凭证。谁持有提单,谁就有权要求承运人交付货物,并且享有占有和处理货物的权利,提单代表了其所载明的货物。

4. 提单的内容

世界上每个轮船公司都有自己的提单格式和提单条款,但其基本内容都是按照《海牙规则》加以规定的。提单的正面内容除了包括托运人、收货人、被通知人、船名、国籍、航次、装运港、运费、提单签发份数、签单日期以及签单人外,还有如下规定:

(1)托运人所提供的详细情况有:货名、标志和号数、件数、毛重、尺码等。如填写不准、错误或谎报,一切后果和所造成的损失,应由托运人负责。

(2)声明货物表面状况良好已装上船,并应在卸货港或该船所能安全到达并保持浮泊的附近地点卸货。

(3)正本提单其中一份完成提货手续后,其余各份失效。

(4)托运人、收货人和本提单的持有人明白表示接受并同意提单和它背面所载的一切印刷、书写或打印的规定、免责事项和条件。

提单的背面条款包括:

(1)承运人的责任与义务条款;

(2)承运人免责条款;

(3)索赔与诉讼的责任与义务条款;

(4)有关特殊货物运输条款;

(5)其他条款。

提单条款基本上是依据1924年制定的《海牙规则》的规定。《海牙规则》对承运人的责任与权利和豁免作了规定,从而使货方的利益在一定程度上获得保障,但从《海牙规则》实行半个多世纪以来,国际形势发生了很大变化,原来制定《海牙规则》的是主要航运国,代表船方利益,所以其内容明显地偏袒船方利益,如承运人的免责条款竟达17条之多,因而受到代表货方利益的不发达国家的反对。为此,联合国于1978年3月在汉堡会议上通过了《1978年联合国海上货物运输公约》(U. N. Convention on the Carrier of Goods by Sea 1978,简称《汉堡规则》,Hamburg Rules)。

《汉堡规则》的内容在较大程度上保护了货方的利益和加重了承运人的责任。如承运人的责任区间从原来的货物装上船到货物卸下船扩展到承运人收到货物时直至交付货物为止,并进一步明确规定承运人须对交货延误负责,删去了《海牙规则》规定的17条免责条款。每件货物赔偿责任限制提高为835特别提款权或每千克2.5特别提款权。诉讼时效也延长两年。《汉堡规则》已于1992年11月1日起正式生效。

二、空运单据

空运单据(air transport document)是由空运的承运人或其代理人签发的货运单据,通常称为航空运单(air waybill)。它是货物的收据,也是托运人与承运人之间的运输契约,但不具有物权凭证的性质。收货人不能以航空运单提货,而是凭航空公司的提货通知单在目的地机场或仓库提取货物,所以空运单据是不可转让的(non-negotiable),应该在航空运单的收货人栏内详细填写收货人全称和地址,而不得做成指示抬头。

航空运单分为两种:一种是航空公司的运单(air waybill,简称 AWB)又称总运单(master air waybill,简称 MAWB);另一种是航空货运公司的运单(house air waybill,简称 HAWB),又称分运单,在航空货运公司办理集中托运、联运及实行门到门运输时使用。

根据《跟单信用证统一惯例》(600号出版物)的规定,银行将接受由承运人或作为承运人的具体代理或代表签字或以其他方式证实的空运单据;银行将接受注明货物已收妥待运的空运单据。该惯例还规定,只要是同一空运单据包括运输全程,即使信用证禁止转运,银行也会接受注明将发生或可能发生转运的空运单据。

三、国际多式联运单据

国际多式联运单据(multimodal transport document,简称 M. T. D. ;或 combined transport document,简称 C. T. D.),是指国际多式联运合同以及证明多式联运经营人接管货物,并负责按照合同条款交付货物的单据,它是适应国际集装箱运输需要而产生的,在办理国际多式联运业务时使用。国际多式联运单据也称为国际多式联运提单(multimodal transport B/L or combined transport B/L)。

(一)国际多式联运单据的性质与作用

1. 它是国际多式联运经营人与托运人之间订立的国际多式联运合同的证明,是双方在运输合同中确定的权利和责任的准则。在国际多式联运成立后签发多式联运单据,因此,它不是运输合同,而是运输合同的证明。在国际多式联运的内容和条款中规定双方当事人订立的合同条款与实体内容。托运人在订立运输合同前应了解运输单据上所有条款,除非另有协议外,应把单据内容和条款作为双方权利义务和责任的准则。

2. 它是国际多式联运经营人接管货物的收据。国际多式联运经营人向托运人签发多式联运单据表明已承担运送货物的责任并占有了货物。

3. 它是收货人提取货物和国际多式联运经营人交货的凭证。收货人或第三人在目的地提取货物时,必须凭国际多式联运单据换取提货单(收货记录)才能提货。

4. 它是货物所有权的证明。国际多式联运单据持有人可以押汇、流通转让,因为国际多式联运单据是货物所有权的证明,可以产生货物所有权转移的法律效力。

(二)国际多式联运单据的种类

国际多式联运单据可以分为两大类:可转让单据与不可转让单据。

1. 可转让国际多式联运单据分为指示单据(提单)和不记名单据(提单)。

2. 不可转让国际多式联运单据。它是记名单据(提单),是在单据下面收货人一栏中载明作为收货人的特定人(或公司)的提单,一般不能流通转让。

(三)国际多式联运单据与联运提单的区别

国际多式联运单据在使用的形式上与联运提单有相同之处,但在其性质上又有极大区别。两者的主要区别是:

1. 联运提单限于由海运与其他运输方式所组成的联合运输时使用,而多式联运单据既可用于海运与其他运输方式的联运,又可用于不包括海运的其他运输方式的联运,但必须是两种或两种以上不同运输方式的联运。

2. 联运提单由承运人、船长或承运人的代理人签发,多式联运单据则由多式联运经营人或经其授权的人签发,多式联运经营人可以是完全不掌握运输工具的无船承运人,全程运输由经营人安排其他承运人负责。

3. 联运提单的签发人仅对第一程运输负责,而多式联运的签发人则要对全程负责,无论货物在任何区段发生属于承运责任范围的灭失或损害,均对托运人负责。

4. 联运提单是货物装船之后,由第一承运人签发的全程联运提单,它属于已装船提单,而多式联运单据可以是已装船的,但大部分是在联运经营人接管货物后准备待运时签发的单据。《跟单信用证统一惯例》(600号出版物)规定,银行将接受注明货物已发运、接受监管或已装载的单据。发运、接受监管或装载,可在多式运输单据上以文字表明,且出单日即视为发运、接受监管或装载日期及装运日期。然而,如果单据上以盖章或其他方式标明发运、接受监管或装载日期,则此类日期即视为装运日期。该惯例还规定,只要同一多式运输单据包括运输全程,即使信用证禁止转运,银行也将接受注明转运将发生或可能发生的多式运输单据。

专业词汇：

交货、交付	to deliver
装运港	loading port
租船合同	charter party
全程运单	house waybill
定程租船	voyage charter
定期租船	time charter
光船租船	bareboat/demise charter
租船合同	charter party
正本	originals
清洁提单	clean bill of lading
免于	freedom from ...
汇款	to make remittance

货物表面状况良好　　　　　in apparent good order and condition
转船提单　　　　　　　　　transhipment bill of lading
港口拥挤附加费　　　　　　port congestion surcharges

思考与讨论

1. 何谓班轮运输和租船运输？试分别简述其特点。

2. 何谓"集装箱运输"和"大陆桥运输"？这两种运输方式有哪些主要优点？其具体业务是如何进行的？

3. 何谓装卸时间、装卸率、滞期费和速遣费？为何程租船合同要对这些问题作出具体规定？

案 例 分 析

1. 1996 年,中国某公司与加拿大商人按 CIF 魁北克条件签订出售一批核桃仁的买卖合同,合同规定,装运期不得晚于当年 10 月 31 日,不准分批装运和中途转运,并限当年 11 月 30 日前将货运达目的地,否则,买方有权拒收货物。卖方于 10 月 5 日装船完毕。后当载运该批货物的船舶尚未抵达目的港时,魁北克港即开始结冰,承运人怕船舶驶往魁北克后出不来,便指示船长中途在哈利法克斯卸货,然后转换铁路火车续运目的地。当货物到达魁北克港口时已经是 12 月 2 日。于是,卖方以货物晚到为由,要求卖方降低货价 20%,以弥补其损失,否则,即拒绝提货。后来,几经交涉,最终以降价 15% 才了结了此案。在此笔交易中,卖方遭受 36 万加元的损失,试分析导致此项损失的主要原因。

2. 我国某进出口公司向国外出口一批煤炭,双方约定:从中国天津、青岛港运到韩国釜山,分 5 个月装运出货,其中,3 月份 80 公吨,4 月份 120 公吨,5 月份 140 公吨,6 月份 110 公吨,7 月份 50 公吨,每月不许分批装运。卖方按照合同约定,按时开来信用证。我方按照约定,先后于 3 月份及 4 月份装运了 80 公吨和 120 公吨煤炭出口,并顺利收回了货款。卖方于 5 月 20 日及 5 月 28 日分别在青岛和大连装运了 71 公吨和 65 公吨的货物,共计 135 公吨的货物,并驶往韩国釜山港。当卖方持两套不同日期单据寄交开证行议付时,遭到开证行拒绝,理由是不允许分批装运。问:开证行的拒付有道理吗?

第十五章　国际货物运输保险

第一节　海洋运输货物承包的责任范围及费用

一、海上风险

海上风险是指保险人承保的在海上和海上与陆上、内河与驳船相连接的地方所发生的风险。海上风险主要分两类：一类是一般海上风险；另一类是外来风险。

（一）一般海上风险

一般海上风险包括自然灾害和意外事故。

1. 自然灾害（natural calamities），是指由于自然界的变异引起破坏力量所造成的现象，如恶劣气候、雷电、地震、海啸、火山爆发、洪水等。

2. 意外事故（fortuitous accidents），是指船舶搁浅、触礁、沉没、互撞或与其他固体物如流冰、码头碰撞，以及失踪、失火、爆炸等意外原因造成的事故或其他类似事故。

（二）外来风险

外来风险（extraneous risks）是指由于自然灾害和意外事故以外的其他外来原因造成的风险，但不包括货物的自然损耗和本质缺陷。依风险的性质可分为一般外来风险和特殊外来风险两类：（1）一般外来风险是指由于一般外来原因所造成的风险，主要包括：偷窃、渗漏、短量、碰损、钩损、生锈、雨淋、受热受潮等。（2）特殊外来风险是指由于军事、政治、国家政策法令和行政措施等以及其他特殊外来原因，如战争、罢工、交货不到、被拒绝进口或没收等。

二、海上损失和费用

（一）海上损失

海上损失是指被保险货物在海洋运输中由于发生海上风险所造成的损坏或灭失，又称为海损（average）。

根据货物损失的程度，海损可分为全部损失与部分损失；按货物损失的性质，海损又可分为共同海损和单独海损，二者在保险业务中均属于部分损失的范畴。

1. 全部损失(total loss)

简称"全损",是指运输中的整批货物或不可分割的一批货物的全部损失。全部损失又可分为实际全损和推定全损两种：

(1)实际全损(actual total loss)

它是指被保险货物(保险标的物)全部灭失或指货物毁损后不能复原或完全丧失原有用途,已不具有任何使用价值;或指货物以无法挽回地全部被海盗劫走等。如货物沉没海底无法打捞或水泥被水浸泡后变质、完全丧失原有用途等。

(2)推定全损(constructive total loss)

它是指被保险货物受损后,完全灭失已不可避免或修复、恢复受损货物的费用将超过货值;或被保险货物遭受严重损失后,继续运抵目的地的运费将超过残损货物的价值。

在发生推定全损时,被保险人可以要求保险人按保险货物的部分损失赔偿,也可以要求按推定全损赔付。在按推定全损赔付时,必须向保险人提出委付(abandonment),经保险人同意,才能按推定全损赔付。所谓委付是指保险标的发生推定全损时,被保险人自愿将保险标的的一切权利转移给保险人,请求保险人按保险标的的全部保险金额予以赔偿的表示。

2. 部分损失(partial loss)

部分损失是指被保险货物的一部分毁损或灭失。部分损失可以分为共同海损和单独海损。

(1)共同海损(general average,简称 G. A.)

共同海损是指载货船舶在航行途中遇到威胁船货共同安全的自然灾害和意外事故,船长为了维护船货的共同安全或使航程得以继续完成,有意识地、合理地采取措施而造成的特殊损失或支出的额外费用。

构成共同海损必须具备以下条件：

第一,危难真实存在：载货船舶必须确实遭遇危及货、船等共同安全的风险,风险必须实际存在而且不可避免地产生,而不是主观臆断。如果因船长判断错误,采取了某些措施或因可以预见的常见事故所造成的损失,不能构成共同海损。

第二,自愿的和有意识的行动：共同海损牺牲的产生是由人为的故意行动,而不是遭遇海上风险造成的意外损失。

第三,牺牲和费用必须是合理的、额外的,船长不能滥用职权,任意扩大物资牺牲和费用的支出。支出的目的仅限于保船、货等各方面的共同安全。

第四,共同海损的分摊(G. A. contribution)。

共同海损的牺牲和费用均为使船舶、货物和运费免于遭受损失而支出的,因而,不论损失与费用的大小,都应由船方、货主和付运费方按最后获救价值共同按比例分摊。这种分摊称为共同海损的分摊。

(2)单独海损(particular average)

单独海损是指货物由于遭受承保范围内的风险所造成非属共同海损的部分损失,它是针对共同海损而言的。

共同海损和单独海损均属部分损失,但二者的性质、起因和补偿方法有较大的区别：

共同海损的起因是人为有意识造成的,而单独海损是承保风险所直接导致的损失;共同海损要由受益方按照受益大小的比例共同分摊,而单独海损由受损方自行承担损失。

(二)海上费用(maritime charges)

海上费用是指海上风险造成的费用损失。海上费用包括施救费用和救助费用。

1.施救费用

施救费用(sue and labour charges),又称单独海损费用,是指当被保险货物遭受保险责任范围内的自然灾害和意外事故时,被保险人或其代理人或其受雇人等为抢救被保险货物,防止损失继续扩大所支付的费用。保险人对这种施救费用负责赔偿。

2.救助费用

救助费用(salvage charges)是指被保险货物遭受承保范围内的灾害事故时,除保险人和被保险人以外的无契约关系的第三者采取救助措施,获救成功,依据国际上的法律,被救方应向救助的第三者支付的报酬。救助费用应由保险人负责赔偿。保险人在赔付时,必须要求救助成功,在国际上,一般称为"无效果—无报酬"。

第二节　海洋运输货物保险条款

中保财产保险有限公司为适应我国对外经济贸易的发展需要,根据我国保险工作的实际情况并参照国际上的一般做法,制定我国的海洋货物运输保险条款,在这个条款里列明了保险公司承保责任范围、除外责任、责任起讫、被保险人的义务和索赔期限等内容。

一、承包责任范围

在承包责任范围条款里规定的保险险别有基本险和附加险两大类。

(一)基本险

基本险,也称主险,是可以独立承保的险别。海洋货物运输保险的基本险包括平安险、水渍险和一切险。

1. 平安险(free from particular average,简称 F. P. A.)

平安险这一名称的英文原意是指单独海损不负责赔偿。根据国际保险界对单独海损的解释,它是指保险标的物在海上运输途中遭受保险范围内的风险直接造成的船舶或货物的灭失或损害。因此,平安险的原来保障范围只赔全部损失。但在长期实践的过程中对平安险的责任范围进行了补充和修订,当前平安险的责任范围已经超出只赔全损的限制。

概括起来,这一险别的责任范围主要包括:

(1)被保险货物在运输途中由于恶劣气候、雷电、海啸、地震、洪水等自然灾害造成整批货物的全部损失和推定全损。

(2)由于运输工具遭受搁浅、触礁、沉没、互撞、与流冰或其他物体碰撞以及失火、爆炸意外事故造成货物的全部或部分损失。

(3)在运输工具已经发生搁浅、触礁、沉没、焚毁意外事故的情况下,货物在此前后又在海上遭受恶劣气候、雷电、海啸等自然灾害所造成的部分损失。

(4)在装卸转船过程中,被保险货物一件或数件落海所造成的全部或部分损失。

(5)运输工具遭受自然灾害或意外事故,需要在中途的港口或者在避难港口停靠,因而引起的卸货、装货、存仓以及运送货物所产生的特别费用。

(6)发生共同海损所引起的牺牲、公摊费和救助费用。

2. 水渍险(with particular average,简称 W. P. A.)

水渍险又称"单独海损险",英文原意是指单独海损负责赔偿,是海洋运输货物保险的主要险别之一。它的责任范围除了包括上列"平安险"的各项责任外,还负责被保险货物由于恶劣气候、雷电、海啸、地震、洪水等自然灾害所造成的部分损失。

3. 一切险(all risks)

一切险的承保责任范围,除包括平安险和水渍险的责任外,还包括被保险货物在运输过程中,由于一般外来原因所致的全部损失或部分损失。一切险实际上是平安险、水渍险与偷窃、提货不着、淡水雨淋、短量、混杂、玷污、渗漏、碰损、破碎、串味、受潮受热、钩损、包装破裂和锈损等附加险责任的总和。

(二)附加险

附加险是不能单独承保的险别。它必须依附于基本险项下,即只有投资基本险其中一种之后,才可增保附加险,并须另外支付一定的保险费。附加险分为一般附加险和特殊附加险。

1. 一般附加险(general additional risk)

一般附加险承保一般外来原因引起的货物损失,亦称普通附加险,它们包括在一切险之中。若投保了一切险,就无须另行加保。若投保了平安险或水渍险,则由被保险人根据货物特性和运输条件选择一种或几种附加险,经与保险人协议加保。

一般附加险有下列 11 种险别:

(1)偷窃、提货不着险(theft,pilferage and non-delivery risk,简称 T. P. N. D.),投保平安险和水渍险的基础上加保此险,保险人负责赔偿对被保险货物因被偷窃,以及被保险货物运抵目的地后整件未交的损失。但是,被保险人对于偷窃行为所致的货物损失,必须在提货后 10 天内申请检验,而对于整件提货不着,被保险人必须取得责任方的有关证明文件,保险人才予以赔偿。

(2)淡水雨淋险(fresh water and rain damage risk,F. W. R. D.),投保平安险和水渍险的基础上加保此险,保险人负责赔偿承保货物在运输途中遭受雨水、淡水以及雪溶水浸淋造成的损失,包括船上淡水舱、水管漏水以及舱漏所造成的货物损失。不过,保险人承担赔偿责任,要求被保险人必须在知道发生损失后的 10 天内申请检验,并要以外包装痕迹或其他证明为依据。

(3)渗漏险(leakage risk),投保平安险和水渍险的基础上加保此险,保险人负责赔偿承保的流质、半流质、油类货物在运输途中因容器损坏而引起的渗漏损失,或用液体储藏的货物因液体渗漏而引起的腐烂变质造成的损失。如以流体装存的湿肠衣,因为流体渗漏而使肠衣发生腐烂、变质等损失,均由保险公司负责赔偿。

(4)短量险(shortage risk),投保平安险和水渍险的基础上加保此险,保险人负责赔偿承保的货物因外包装破裂或散装货物发生数量损失和实际重量短缺的损失,但不包括正常运输途中的自然损耗。被保险人对于包装货物的短少,应当提供外包装发生破裂现象的证明;对于散装货物,则以装船重量和卸船重量之间的差额作为计算短量的依据。

(5)混杂、玷污险(intermixture and contamination risk),投保平安险和水渍险的基础上加保此险,保险人负责赔偿承保的货物在运输过程中因混进杂质或被玷污,影响货物质量所造成的损失。此外保险货物因为和其他物质接触而被玷污,例如布匹、纸张、食物、服装等被油类或带色的物质污染因而引起的经济损失。

(6)碰损、破碎险(clash and breakage risk),投保平安险和水渍险的基础上加保此险,保险人负责赔偿承保的金属、木质等货物因震动、颠簸、碰撞、挤压而造成货物本身的损失,或易碎性货物在运输途中由于装卸野蛮、粗鲁、运输工具的颠震所造成货物本身的破裂、断碎的损失。

(7)串味险(taint of odour risk),投保平安险和水渍险的基础上加保此险,保险人负责赔偿承保的食用物品(如食品、粮食、茶叶、中药材、香料)、化妆品原料等因受其他物品的影响而引起的串味损失。该险主要承保被保险货物因在运输过程中配载不当而受其他物品影响,引起的串味损失。如茶叶、香料与皮张、樟脑等堆放在一起产生异味,不能使用。

(8)受潮受热险(sweat and heating risk),投保平安险和水渍险的基础上加保此险,保险人负责赔偿承保的货物因气温突然变化或由于船上通风设备失灵致使船舱内水汽凝结、受潮或受热所造成的损失。

(9)钩损险(hook damage risk),投保平安险和水渍险的基础上加保此险,保险人负责赔偿承保的货物(一般是袋装、箱装或捆装货物)在运输过程中使用手钩、吊钩装卸,致使包装破裂或直接钩破货物所造成的损失及其对包装进行修理或调换所支出的费用。如粮食包装袋因吊钩钩坏而造成粮食外漏的损失。

(10)包装破裂险(breakage of packing risk),投保平安险和水渍险的基础上加保此险,保险人负责赔偿承保的货物在运输过程中因搬运或装卸不慎造成包装破裂所引起的损失,以及因继续运输安全的需要修补或调换包装所支出的费用。

(11)锈损险(rust risk),投保平安险和水渍险的基础上加保此险,保险人负责赔偿承保的货物在运输过程中由于生锈而造成的损失。但生锈必须是在保险期内发生的,如原装船时就已生锈,保险公司不负责。此外,在海上保险实务中,保险人一般不对裸装的金属材料承保锈损险。

2. 特殊附加险(special additional risk)

特殊附加险是以导致货损的某些政府行为风险作为承保对象的,它不包括在一切范围内,不论被保险人投任何基本险,要想获取保险人对政府行为等政治风险的保险保障,必须与保险人特别约定,经保险人特别同意,否则,保险人对此不承担保险责任。特殊附加险只能在投保"平安险""水渍险"和"一切险"的基础上加保。特殊附加险共有8种:

(1)海上货物运输战争险(war risk)

海上货物运输战争险是特殊附加险的主要险别之一,是保险人承保战争或类似战争行为导致的货物损失的特殊附加险。战争险的承保责任范围包括:直接由于战争、类似战争行为、敌对行为、武装冲突或海盗行为等所造成运输货物的损失;由于上述原因所引起的捕获、拘留、扣留、禁制、扣押等所造成的运输货物的损失;各种常规武器(水雷、炸弹等)所造成的运输货物的损失;由本险责任范围所引起的共同海损牺牲、分摊和救助费用。但由于敌对行为使用原子或热核制造的武器导致被保险货物的损失和费用不负责赔偿;或根据执政者、当权者,或其他武装集团的扣押、拘留引起的承保航程的丧失和挫折而提出的任何索赔不负责赔偿。

战争险的责任起讫采用"水面"条款,以"水上危险"为限,是指保险人的承保责任自货物装上保险单所载明的启运港的海轮或驳船开始,到卸离保险单所载明的目的港的海轮或驳船为止。如果货物不卸离海轮或驳船,则从海轮到达目的港当日午夜起算满 15 日之后责任自行终止;如果中途转船,不论货物在当地卸货与否,保险责任以海轮到达该港可卸货地点的当日午夜起算满 15 天为止,等再装上续运海轮时,保险责任才继续有效。

(2)海上货物运输罢工险(strikes risk)

海上货物运输罢工险是保险人承保被保险货物因罢工等人为活动造成损失的特殊附加险。罢工险的保险责任范围包括:罢工者、被迫停工工人或参加工潮暴动、民众斗争的人员的行动所造成的直接损失,恐怖主义者或出于政治目的而采取行动的人所造成的损失;任何人的敌意行动所造成的直接损失;因上述行动或行为引起的共同海损的牺牲、分摊和救助费用。海洋运输货物罢工险以罢工引起的间接损失为除外责任,即在罢工期间由于劳动力短缺或不能运输所致被保险货物的损失,或因罢工引起动力或燃料缺乏使冷藏机停止工作所致冷藏货物的损失。其责任起讫采取"仓至仓"条款。罢工险与战争险的关系密切,按国际海上保险市场的习惯,保了战争险,再加保罢工险时一般不再加收保险费;如仅要求加保罢工险,则按战争险费率收费。所以一般被保险人在投保战争险的同时加保罢工险。

(3)进口关税险(import duty risk)

该险承保的是被保险货物受损后,仍要在目的港按完好货物交纳进口关税而造成相应货损部分的关税损失。但是,保险人对此承担赔偿责任的条件是货物遭受的损失必须是保险单承保责任范围内的原因造成的。

进口关税险的保险金额应根据本国进口税率确定,并与货物的保险金额分开,在保险单上另行列出。而保险人在损失发生后,对关税损失部分的赔付以该保险金额为限。投保进口关税险,往往是针对某些国家规定,进口货物不论是否短少、残损均需按完好价值纳税而适用的。

(4)舱面险(on deck risk)

该附加险承保装载于舱面(船舶甲板上)的货物被抛弃或海浪冲击落水所致的损失。有些货物因体积大或有毒性或有污染性或根据航运习惯必须装载于舱面,为对这类货物的损失提供保险保障,可以加保舱面险。

(5)黄曲霉素险(aflatoxin risk)

该附加险承保被保险货物(主要是花生、谷物等易产生黄曲霉素)在进口港或进口地经卫生当局检验证明,其所含黄曲霉素超过进口国限制标准,而被拒绝进口、没收或强制改变用途所造成的损失。按该险条款规定,经保险人要求,被保险人有责任处理被拒绝进口或强制改变用途的货物或者申请仲裁。

（6）拒收险（rejection risk）

当被保险货物出于各种原因，在进口港被进口国政府或有关当局拒绝进口或没收而产生损失时，保险人依拒收险对此承担赔偿责任。但是，投保拒收险的条件是被保险人在投保时必须持有进口所需的一切手续（特许证或许可证或进口限额证明）。如果被保险货物在起运后至抵达进口港之前的期间内，进口国宣布禁运或禁止进口的，保险人只负责赔偿将该货物运回出口国或转口到其他目的地所增加的运费，且以该货物的保险金额为限。同时，拒收险条款还规定：被保险人所投保的货物在生产、质量、包装、商品检验等方面，必须符合产地国和进口国的有关规定。如果因被保险货物的记载错误、商标或生产标志错误、贸易合同或其他文件存在错误或遗漏，违反产地国政府或有关当局关于出口货物规定而引起的损失，保险人概不承担保险责任。

（7）交货不到险（failure to deliver risk）

该险承保自被保险货物装上船舶时开始，在 6 个月内不能运到原定目的地交货。不论何种原因造成交货不到，保险人都按全部损失予以赔偿，但是，被保险人应将货物的全部权益转移给保险人，因为造成交货不到的原因并非运输上的，而是某些政治原因（如被另一国在中途港强迫卸货等），所以，被保险人在投保该险别时必须获得进口货物所有的一切许可手续，否则投保该险是无效的。同时，由于该附加险与提货不着险和战争险所承保责任范围有重叠之处，故保险公司在条款中规定，提货不着险和战争险项下所承担的责任，不在交货不到险的保险责任范围之内。

（8）出口货物到中国香港（包括九龙在内）或澳门存仓火险责任扩展条款（Fire Risk Extension Clause For Storage of Cargo at Destination HongKong,Including Kowloon,or Macao,简称 F.R.E.C.）

这是一种扩展存仓火险责任的特别附加险。它对于被保险货物自内地出口运抵香港（包括九龙）或澳门，卸离运输工具，直接存放于保险单载明的过户银行所指定的仓库期间发生火灾所受的损失，承担赔偿责任。该附加险是一种保障过户银行权益的险种。因为，货物通过银行办理押汇，在货主未向银行归还贷款前，货物的权益属于银行，所以，在该保险单上必须注明过户给放款银行。

相应地，货物在此期间到达目的港的，收货人无法提货，必须存入过户银行指定的仓库。从而，保险单附加该险条款的，保险人承担火险责任。该附加险的保险期限，自被保险货物运入过户银行指定的仓库之时起，至过户银行解除货物权益之时，或者运输责任终止时起满 30 天时止。若被保险人在保险期限届满前向保险人书面申请延期的，在加缴所需保险费后可以继续延长。

二、除外责任（exclusion）

除外责任是由保险公司明确规定不予承保的损失和费用。除外责任中所列的各项致损原因，一般都是非意外的、偶然性的或者是比较特殊的风险，由保险公司明确作为一种免责规定。除外责任还起到划清保险人、被保险人和发货人各自应负责任的作用。

除外责任一般规定有：被保险人的故意行为或过失；发货人的责任；保险责任开始前保险货物早已存在的品质不良和数量短差；保险货物的自然损耗、本质缺陷、特性；保险货物的市价下跌；运输延迟等造成的损失和引起的费用。还有对战争险、罢工险等承保的责任往往在一般货物运输险中也可作为除外责任。

三、承保责任的起讫期限

（一）基本险的责任起讫期限

平安险、水渍险和一切险的承保责任的起讫期限是采用国际保险业务中惯用的"仓至仓"（warehouse to warehouse clause，简称 W/W）条款规定方法。它规定保险责任自被保险货物运离保险单所载明的启运地发货人仓库开始时生效，包括正常运输过程中的海上运输和陆上运输，直至该项货物到达保险单所载明的目的地收货人仓库为止。该条款中所指的"运离"，是指货物一经离开发货人仓库，保险责任即为开始；所指"到达"是指货物一经进入收货人最后仓库，保险责任即告终止，在仓库中发生的损失概不负责。如果被保险货物从海轮卸下后放在码头仓库、露天或海关仓库，而没有运到收货人仓库，保险责任继续有效，但最长负责至卸离海轮 60 天为限。如在上述 60 天内被保险货物需转运到非保险单所载明的目的地时，则以该项货物开始转运时终止。另外，被保险货物在运至保险单所载明的目的地或目的地以前的某一个仓库而发生分配、分派的情况，则该仓库就作为被保险人的最后仓库，保险责任也以自货物运抵该仓库时终止。

此外，被保险人可以要求扩展保险期限，例如，我们对某些内陆国家的出口业务，如在港口卸货转运内陆，无法按保险条款规定的保险期限在卸货后 60 天内到达目的地时，即可申请扩展，经保险公司出具凭证予以延长，须加收一定的保险费。但是，在办理扩展责任时，必须注意：在买卖合同的保险条款中对扩展期限和扩展地点应作出具体明确的规定。对于没有铁路、公路、内河等正常运输路线的地区，除非事先征得保险公司同意，一般不能规定扩展保险责任。对于散装货物一般也不办理扩展责任。

（二）海运战争险的责任起讫期限

海运战争险的责任起讫是自保险单所载明的启运港装上海轮或驳船时开始生效，直至到达保险单所载明的目的港卸离海轮或驳船时为止。如果货物不卸离海轮或驳船，则保险责任最长延至货物到达目的港之当日午夜起 15 天为止。如果在中途转船，则不论货物在当地卸载与否，保险责任以海轮到达该港或卸货地点的当日午夜起算满 15 天为止，等到再装上续运海轮时责任恢复有效。

第三节　伦敦保险协会海洋运输货物保险条款

伦敦保险协会货物条款，已修改多次，最近一次的修订是在 1981 年完成的，从 1983 年 1 月 1 日起实施。伦敦保险协会货物新条款适用于新的海上保险单格式。

伦敦保险协会新修订的保险条款一共有六种：协会货物条款（A）（Institute Cargo Clause A）；协会货物条款（B）（Institute Cargo Clause B）；协会货物条款（C）（Institute

Cargo Clause C);协会战争保险条款(货物)(Institute War Clause—Cargo);协会罢工险条款(货物)(Institute Strikes Clause—Cargo);恶意损害险条款(Malicious Damage Clause)。

以上六种保险条款中,前三种,即条款(A)、(B)、(C)是主险。战争险条款、罢工险条款和恶意损害险条款为附加险。

一、承保风险与除外责任

(一)条款(A)的承保风险与除外责任

1.条款(A)的承保风险

条款(A)承保范围较广,采用了"一切风险减除外责任"的规定方式。其承保风险是:

(1)承保"除外责任"各条款规定以外的一切风险所造成承保标的物损失。

(2)承保共同海损和救助费用。

(3)根据运输契约订有的"船舶互撞责任"条款,应由供货方偿还船方的损失。

2.条款(A)的除外责任

条款(A)的除外责任包括一般除外责任、不适航和不适货除外责任、战争险除外责任、罢工险除外责任。但条款(A)的除外责任中不包括"海盗行为"和"恶意损害条款"。

(二)条款(B)的承保风险与除外责任

1.条款(B)的承保风险

条款(B)承保风险是采用"列明风险"的方式,其承保风险是:

(1)归因于火灾、爆炸所造成的灭失或损害。

(2)归因于船舶或驳船触礁、搁浅、沉没或倾覆所造成的灭失或损害。

(3)归因于运输工具倾覆或出轨所造成的灭失和损害。

(4)归因于船舶、驳船或运输工具同任何外界物体碰撞所造成的灭失和损害。

(5)归因于在避难港卸货所造成的灭失和损害。

(6)归因于地震、火山爆发或雷电所造成的灭失和损害。

(7)共同海损的牺牲引起保险标的物损失。

(8)由于抛货或浪击入海引起保险标的物损失。

(9)由于海水、湖水或河水进入船舶、驳船、运输工具、集装箱、大型海运箱或贮存处所引起保险标的物损失。

(10)货物在装卸时落海或跌落造成整件的全损。

2.条款(B)的除外责任

条款(B)的除外责任是条款(A)的除外责任再加上条款(A)承保的"海盗行为"与"恶意损害险"。

(三)条款(C)的承保风险和除外责任

条款(C)的承保风险比条款(B)少,它只承保"重大意外事故"的风险,而不承保条款(D)中的自然灾害(如地震、火山爆发、雷电等)和非重大意外事故(如装卸过程的整件灭失等)。条款(C)的除外责任与条款(B)相同。

二、协会海运货物(A)、(B)、(C)险保险期限

协会海运货物(A)、(B)、(C)险条款有关保险期限的规定是在运输条款(transit clause)、运输契约终止条款(termination of contract of carnage clause)和航程变更条款(change of voyage clause)三个条款中规定的。

运输条款是保险人对被保险货物应负"仓至仓"的责任以及被保险人在无法控制的情况下发生船舶绕航、运输迟延、被迫卸货、重新装载、转运或由于承运人行使运输契约所赋予的自由处置权而发生变更航程等情况,被保险人无须告知保险人。

运输契约终止条款是规定由于被保险人无法控制的原因,被保险货物在运抵保险单所载明的目的地以前,运输契约即在其他港口或处所终止,则在被保险人立即通知保险人并在必要时加缴一定保险费的条件下,保险继续有效,直至货物在这个卸载港口或处所卖出和送交之时为止。但最长时间以不超过货物到达该港口或处所满 60 天为止。

变更航程条款主要规定,在保险责任开始之后,如果被保险人要求变更保险单所载明的目的地,则在立即通知保险人并另行确定保险费及保险条件的情况下,保险责任仍然有效。

第四节　其他运输方式货物保险条款

随着科学技术的发展,国与国之间经济联系日益密切和频繁,商品贸易量的急剧增加,以及集装箱等成组化运输的出现并迅速得到发展。货物通过陆上、航空和邮包运输数量不断增加,特别是通过国际多式联运的货物数量与日俱增,在整个国际贸易货物运输量中的比重也是明显上升,因此,陆上、航空、邮包及多式联运货物保险业务均脱离海上运输保险,成为各自独立的保险条款。

一、陆运险与陆运一切险

陆运险的承保责任范围与海洋运输货物保险条款中的"水渍险"相似。保险公司负责赔偿被保险货物在运输途中遭受暴风、雷电、洪水、地震等自然灾害,或由于运输工具遭受碰撞、倾覆、出轨,或在驳运过程中因驳运工具遭受搁浅、触礁、沉没、碰撞,或由于遭受隧道坍塌、崖崩,或失火、爆炸等意外事故所造成的全部或部分损失。此外,被保险人对承保责任内遭受风险的货物采取抢救、防止或减少货物损失的措施而支付的合理费用,保险公司也负责赔偿,但以不超过该批被救货物的保险金额为限。

陆运一切险的承保责任范围与海上运输货物保险条款中的"一切险"相似。保险公司除承担上述陆运险的赔偿责任外,还负责被保险货物在运输途中由于外来原因所造成的全部或部分损失。

陆上运输货物险的责任起讫也采用"仓至仓"责任条款。保险人负责自被保险货物运离保险单所载明的启运地仓库或储存处所开始生效,包括正常运输过程中的陆上和与其有关的水上驳船在内。直至该项货物运达保险单所载明的目的地收货人的最后仓库或储

存处所或被保险人用作分配、分派的其他储存处所为止,如未运抵上述仓库或储存处,则以被保险货物运抵最后卸载的车站满 60 天为止。

陆上运输货物险的索赔时效为:从被保险货物在最后目的地车站全部卸离车辆后,最多不超过两年。

二、航空运输险与航空运输一切险

航空运输险的承保范围与海洋运输货物保险条款中的"水渍险"大致相同。保险公司负责赔偿被保险货物在运输途中遭受雷电、火灾、爆炸,或由于飞机遭受恶劣气候或其他危难事故而被抛弃,或由于飞机遭受碰撞、倾覆、坠落或失踪等自然灾害和意外事故所造成的全部或部分损失。

航空运输一切险的承保责任范围除包括上述航空运输险的全部责任外,保险公司还负责赔偿被保险货物由于被偷窃、短少等外来原因所造成的全部或部分损失。

航空运输险和航空运输一切险的除外责任与海洋运输货物险的除外责任基本相同。

航空运输货物险的两种基本险的保险责任起讫也采用"仓至仓"条款,但与海洋运输货物的"仓至仓"责任条款不同的是:如果货物运达保险单所载明目的地而未运抵保险单所载明的收货人仓库或储存处所,则以被保险货物在最后卸载地卸离飞机后满 30 天为止。如在上述 30 天内被保险货物需转送到非保险单所载明的目的地时,则以该项货物开始转运时终止。

三、邮包险和邮包一切险

邮政包裹保险是保险公司承保邮政包裹在运送中因自然灾害或意外情况和外来原因所造成包裹内物件的损失。由于邮包的运送是使用海、陆、空三种运输,因此,保险公司在确定承保责任范围时,必须要同时考虑这三种运输工具可能出现风险的因素。

邮政包裹保险也经常使用海洋运输货物保险单加贴邮包险条款的做法。各国保险公司所使用的险别和确定承保责任范围的保险条款也不尽相同,比较常见的是使用海洋运输货物险的"平安险""水渍险"和"一切险"的险别名称,但具体条款与海洋运输货物险的同名险别不完全一致。

我国保险公司参照国际上的通常做法结合我国邮政包裹业务的实际情况制定了较为完备的邮政包裹保险条款。

邮包险是指保险公司承保被保险邮包在运输途中由于恶劣气候、雷电、海啸、地震、洪水等自然灾害或由于运输工具搁浅、触礁、沉没、碰撞、出轨、倾覆、坠落、失踪,或由于失火和爆炸意外事故所造成的全部或部分损失;另外,还负责被保险人对遭受承保责任内风险的货物采取抢救、防止或减少货损的措施而支付的合理费用,但以不超过该批被救货物的保险金额为限。

邮包一切险的承保责任范围除包括上述邮包险的全部责任外,还负责被保险邮包在运输途中由于外来原因所致的全部或部分损失。

邮包险和邮包一切险的保险责任是自被保险邮包离开保险单所载明启动地点寄件人的处所运往邮局时开始生效。直至被保险邮包运达保险单所载明的目的地邮局发出通知书给收件人当日午夜零时起算满 15 天为止,但在此期限内邮包一经递交至收货人的处所,保险责任即告终止。

第五节　保险单据

保险单据是一份法律文件。它是保险人与被保险人之间有关权利与义务关系的书面证明,也是保险人的承保证明。一旦发生保险责任范围内的损失,它就是被保险人要求赔偿的依据。海运货物保险单据的形式主要有四种:

一、保险单

保险单(insurance policy),俗称大保险单或正式保险单,它是使用最多的普通保险单,用于承保一个指定的航区内某一批货物发生的损失。凡是指明航程或指明一批货物都可出示这种保险单。世界各地保险公司签发的海上货物运输保险单,格式互有差异,但其内容基本一致。中保财产保险有限公司的保险单的内容如下:

(一)保险单正面的内容

1.证明双方当事人建立保险关系的文字,说明保险人根据被保险人的要求,由被保险人缴付约定的保险费,按照该保险单被保险人的要求,由被保险人缴付约定的保险费,按照该保险单条件承保货物运输险。

2.载明被保险货物的情况,包括货物品名、标记、数量、包装、保险金额以及载货船名、启运港和目的港、开航日期等。

3.承保险别和理赔地点及保险人声明所保货物如遇危险,凭该保险单及有关证件给付赔款。

(二)保险单背面的内容

保险单背面所列保险条款是确立保险人与被保险人之间权利与义务关系的依据,主要包括承保责任范围、除外责任、责任起讫、被保险人的义务、索赔期限等。

二、保险凭证

保险凭证(insurance certificate),俗称小保单,它是简化的保险合同,所以它也是保险公司表示接受承保的一种证明文件。保险凭证仅载明被保险人名称,被保险货物名称、数量、标记,运输工具种类和名称,承保险别,起讫地点和保险金额等,而对保险公司和被保险人的权利和义务等方面的详细条款则不予载明,通常按保险公司的保险单所载条款办理。保险凭证具有与保险单同等的效力,但是,如果信用证内规定提供保险单时,受益人一般不能以保险凭证代替。

三、联合凭证

联合凭证(combined certificate)是指保险公司将承保险别、保险金额和保险编号加列在外贸公司开具的出口货物商业发票上,作为已经承保的证据。至于其他项目,均以发票上所列明的为准。它是发票与保险单相结合的一种凭证,是最简单的保险单据。这种单据目前只适用于对港澳地区部分华商和少数新加坡、马来西亚地区的出口业务,对其他地区,除双方有约定外,一般均不使用。

四、预约保险单

预约保险单(open policy)是保险公司承保被保险人在一定时期内发运的以 CIF 条件成交的大批量的出口货物或以 FOB 和 CFR 条件成交的进口货物使用的保险单。这种保险单载明预约保险货物的范围、险别和保险费率以及每批货物的最高保险金额、保险费结算办法等。凡属于预约保险范围内的进出口货物,一经启运,即自动按预约保险单所列条件承保。通常是被保险人以启动通知书或其他书面形式将预约保险的货物名称、数量、保险金额、运输工具的种类和名称、航程起讫地点、开航日期等情况通知保险公司。

专业词汇:

自然灾害	natural calamities
外来风险	extraneous risks
平安险	free from particular average
水渍险	with average/with particular average
海损	average/ marine losses
单独海损	particular average(P. A)
共同海损	general average(G. A)
实际全损	actual total loss
海上风险	perils of the sea
推定全损	constructive total loss
淡水雨淋险	fresh and/or rain water
保险费	insurance premium
保险单	insurance policy

思考与讨论

1. 我国海洋运输货物保险的基本险别有哪三种? 三种基本险别的基本责任范围有何区别?

2. 我按 CIF 或 CIP 贸易术语对外成交,一般应怎样确定投保金额? 为什么?

3. 我出口 CIF、CIP 合同中的保险条款应包括哪些内容? 试举例说明。在 FOB、FCA、CFR 与 CPT 合同中保险条款应如何规定?

案 例 分 析

　　某载货船舶在航行途中突然触礁，致使部分货物遭到损失，船体个别部位的船板产生裂缝，急需补漏。为了船、货的共同安全，船长决定修船，为此，将部分货物卸到岸上并存仓，卸货过程中部分货物受损。事后统计这次事件造成的损失有：

　　(1)部分货物因船触礁而损失。

　　(2)卸货费用、存仓费用以及货物损失。

　　问从上述各项损失的性质来看，分别属于什么海损？

第十六章 国际货款的收付

第一节 支付工具

一、汇票

(一)汇票的含义

按照各国票据法的一般规定,汇票是一个人向另一个人签发的,要求见票时或在将来的固定时间或在可以确定的时间,对某人或持票人,支付一定金额的无条件的书面支付命令。

(二)汇票的内容

汇票的内容(见图 16-17)包括:(1)出票人(drawer)。即指签发汇票的人。在进出口业务中,通常是出口商或是银行。(2)受票人(drawee),又称付款人(payer),即接受支付命令而付款的人。在进出口业务中,通常是进口商或其指定的银行。(3)收款人(payee)。即受领汇票所规定金额的人。在进出口业务中,通常是出口商或其指定的银行。(4)付款的金额。(5)付款的期限。(6)出票日期与地点。(7)付款地点。(8)出票人签字。

BILL OF EXCHANGE

Drawn under ___(1) BANK OF NEW YORK___(开证行详细名称) LC NO. ___L-02-1-03437___(信用证号码)

Dated ___Sept. 30th,2001___(开证日期) Payable with interest @... ％(按利息……付款)

NO. ___(2) STP015088___(汇票号码,与发票号码同)

Exchange for ___(3) USD23,522.50___(汇票金额) ___(4) Shanghai___(出票地点)20，OCT,2001(出票时间即交单时间)

(5) At, ___＊＊＊___(付款期限) sight of this SECOND of Exchange (First of Exchange being unpaid) Pay to the order of ___(6) BANK OF CHINA___(持票人,收款人) the sum of (3) ___SAY US DOLLARS TWENTY THREE THOUSAND FIVE HUANDRED TWENTY TWO CENTS FIFTY ONLY___(大写金额)

To：(7) BANK OF NEW YORK

48 WALL STREET

P. O. BOX 11000

NEW YORK，NY. 10249. U. S A (受票人，付款人)

(8) Tianhe TEXTILE IMP. ＆EXP. CORPORATION

___×   ×   ×___(出票人签名)

图 16-1 汇票样本

汇票的主要内容,一般称为汇票的要项。按照各国票据法的规定,汇票的要项必须齐全,否则,受票人有权拒付。例如,按《中华人民共和国票据法》第 22 条的规定,汇票必须记载下列事项:表明"汇票"字样、无条件支付的委托、确定的金额、付款人名称、收款人名称、出票日期、出票人签章。汇票中未载明规定事项之一的,该汇票无效。

(三)汇票的种类

汇票可从不同角度进行分类:

1. 按照出票人的不同,汇票可分为银行汇票(banker's draft)和商业汇票(commercial draft)

银行汇票的出票人和付款人都是银行。在国际结算中,银行汇票签发后,一般交汇款人,由汇款人寄交国外收款人向指定的付款银行取款。出票行签发汇票后,必须将付款通知书寄给国外付款行,以便付款行在收款人持票取款时进行核对。银行汇票一般为光票,不随附货运单据。

商业汇票出票人是工商企业或个人,付款人可以是工商企业或个人,也可以是银行。在国际贸易结算中,使用商业汇票居多,商业汇票通常是由出口人开立,向国外进口人或银行收取货款时使用。商业汇票的出票人不必向付款人寄送付款通知书。商业汇票大都附有付款单据。

2. 按照付款时间的不同,汇票可分为即期汇票(sight draft;demand draft)和远期汇票(time draft;usance draft)

按我国《票据法》第 25 条的规定,付款日期可以按照下列形式之一记载:(1)见票即付;(2)定日付款;(3)出票后定期付款;(4)见票后定期付款。在涉外票据中还有一种运输单据出单日期后定期付款的记载方法。汇票的付款日期即为汇票的到期日。

上诉四种记载付款日期的形式,凡采用第(1)种形式"见票即付"的汇票,称为即期汇票。当即期汇票的持票人向付款人提示,付款人见票时应立即付款。

凡采用后三种形式记载付款,日期和运输单据出单日期后定期付款的,均为远期汇票。在实际业务中,远期汇票的付款日期的记载方法,主要有:(1)规定某一个特定日期,即定日付款;(2)付款人见票若干天(at . . . days after sights),如见票后 30 天、45 天、60天、90 天等;(3)出票日后若干天(at . . . days after date of draft);(4)运输单据日后若干天,(at . . . days after date of transport document),其中较多用"提单日期后若干天"(at . . . days after date of bill of lading)。在上述四种记载远期付款日期的方法中,以第(2)种使用最多,第(4)种次之,采用第(1)与第(3)种的比较少见。

3. 按照承兑人的不同,汇票又可分为商业承兑汇票(commercial acceptance draft)和银行承兑汇票(banker's acceptance draft)

商业承兑汇票是指由工商企业或个人承兑的远期汇票。商业承兑汇票是建立在商业信用的基础之上,其出票人也是工商企业或个人,例如出口企业。

银行承兑汇票是指有银行承兑的远期商业汇票。银行承兑汇票通常由出口人签发,银行承兑汇票承兑后即成为汇票的主债务人,而出票人则成为从债务人,或称次债务人。所以银行承兑汇票是建立在银行信用的基础之上,便于在金融市场上进行流通。

4. 按照是否附有货运单据，汇票可分为光票（clean draft）和跟单汇票（documentary draft）

光票又称净票或白票，是指不附带货运单据的汇票。视使用场合不同，光票的出票人既可以是工商企业或个人，也可以是银行。付款人同样也可以是工商企业、个人或银行。光票的流通全靠出票人、付款人或出让人（背书人）的信用。在国际结算中，除少量用于货款结算外，一般仅限于贸易从属费用，如货款尾数、佣金等的托收或支付时使用。

跟单汇票又称押汇汇票，是指附有运输单据的汇票。跟单汇票的付款以附交货运单据，如提单、发票、保险单等单据为条件。汇票的付款人要取得货运单据提取货物，必须付清货款或提供一定的担保。跟单汇票体现了钱款与单据对流的原则，对进出口双方提供了一定的安全保证。因此，在国际货款结算中，大多采用跟单汇票作为结算工具。

一份汇票通常具备几种属性，例如一份商业汇票，可以同时又是即期的跟单汇票或远期的银行承兑跟单汇票或远期的商业承兑跟单汇票。

(四)汇票的使用

汇票不仅是一种支付命令，而且也是一种可转让的流通证券，其使用的流程包括出票（issue）、提示（presentation）、承兑（acceptance）、付款（payment）、背书（endorsement）。如汇票遭到拒付时，还涉及作成拒绝证书和行使追索等法律权利。

1. 出票。即指开出汇票的人在汇票上填写付款人、付款金额、付款日期与地点以及收款人等项目，经签字后交给收款人的行为。

2. 提示。即指持票人将汇票交给付款人要求其承兑或付款的行为。提示包括付款提示或承兑提示两种。

3. 承兑。即指付款人对远期汇票表示承担到期付款的行为。付款人在汇票上签明"承兑"字样，注明承兑日期，并由付款人签字，然后交还持票人。

4. 付款。对即期汇票，在持票人提示汇款时，付款人即应付款，对远期汇票，付款人经过承兑后，在汇票到期日付款。

5. 背书。汇票经过背书之后，即可以在票据市场上流通转让。背书是转让汇票权利的一种手续，即指由汇票持有人在汇票背面签上自己的名字，或再加上受让人即被背书人（endorsee）的名字，并把汇票交给受让人的行为。经背书后，汇票的收款权利便转移给受让人。汇票可以经过背书不断转让下去。对于受让人来说，所有在他以前的背书人（endorsee）以及原出票人都是他的"前手"。前手对后手负有担保汇票必然会被承兑或付款的责任。

在国际市场上，一张远期汇票的持有人如想在付款人付款前取得票款，可以经过背书将汇票转让给贴现的银行或金融公司，由它们将扣除一定贴现利息后的票款付给持有人，这就叫贴现（discount）。

6. 拒付。持票人提示汇票要求承兑时遭到拒绝承兑（dishonour by nonacceptance），或称持票人提示汇票要求付款时遭到拒绝付款（dishonour by nonpayment），或称拒付（dishonour），也称退票。此外，汇款人拒而不见、死亡或宣告破产以致付款事实已不可能时，也称拒付。当汇票被拒付时，最后的持票人有权利向所有的"前手"直至出票人追索。为此，持票人应及时提供拒付证书（protest）。拒付证书是由付款地的法定公证人（notary

public)或其他依法有权作出证书的机构加法院、银行、公会、邮局等作出的证明拒付事实的文件,是持票人凭以向其"前手"进行追索的法律依据。如拒付的汇票已经承兑,出票人可凭以向法院起诉,要求承兑汇票的承兑人付款。

按《中华人民共和国票据法》的规定,持票人行使追索权时,应当提供被拒绝承兑或者被拒绝付款的有关证明。该法还规定,持票人提示承兑或提示付款被拒绝承兑或者被拒付的,承兑人或付款人必须出具拒绝证明,或者出具退票理由书,否则,应当承担由此产生的民事责任,持票人可以依法取得其他有关证明。此外,汇票的出票人或背书人为了避免承担被追索的责任,可在出票时或背书时加注"不受追索"(without recourse)字样。凡加注"不受追索"字样的汇票,在市场上是较难流通的。

二、本票

按照《日内瓦统一法》与《英国票据法》,本票可按出票人(maker)的不同,分为一般本票和银行本票两种。一般本票(general promissory note)的出票人是工商企业或个人,因此又称商业本票;银行本票(banker's promissory note;cashier's order)的出票人是银行。一般本票又可按付款时间分为即期和远期两种。即期本票就是见票即付的本票。而远期本票则是承诺于未来某一规定的或可以确定的日期支付票款的本票。银行本票则都是即期的。按我国《票据法》第 79 条的规定,我国只允许开立自出票日起,付款期限不超过 2 个月的银行本票。

值得注意的是,根据我国《票据法》第 73 条"本法所称本票,是指银行本票"的规定,我国不承认银行以外的企事业、其他组织和个人签发的本票。而且该法第 75 条还规定:"本票出票人的资格由中国人民银行审定,具体管理办法由中国人民银行规定。"按此规定,说明不是所有银行都可签发本票,而只有符合中国人民银行规定且经其审定的银行方可签发本票。我国《票据法》之所以要对本票出票人的资格作如此严格的限制,主要是因为本票属于自付证券,由出票人自己支付本票金额,负绝对的付款责任,签发本票具有提供信用的性质,实质上相当于信用货币。如果各种企事业单位、机关、社会团体和个人都可以签发本票,就等于扩大了流通中的货币量,有可能引发通货膨胀,扰乱金融秩序。

本票与汇票除上诉定义上的不同外,主要有以下区别:

1. 当事人。汇票是委托式票据,所以,汇票有三个基本当事人,即出票人、付款人和收款人;而本票是承诺式票据,所以本票的基本当事人只有出票人和收款人两个。本票的付款人就是出票人自己。

2. 份数。汇票能够开成一式多份(银行汇票除外);而本票只能一式一份,不能多开。

3. 承兑。远期汇票都要经付款人承兑。规定有具体付款日期的汇票,经承兑后,就使付款人作了进一步的付款保证;见票定期付款的汇票,只有在承兑后才能把付款到期日定下来;而本票的出票人就是付款人,远期本票由他人签发,就等于本人已承诺在本票到期日付款,因此无须承兑。见票后定付款日期的本票,持票人也只需向出票人提示"签见"(即"签字确认见票")。

4. 责任。汇票在承兑前由出票人负责,承兑后则由承兑人负主要责任,出票人负次要责任;而本票则自始至终由出票人负责到底。

三、支票

(一)支票的含义

支票是以银行为付款人的即期汇票,即存款人签发给银行的无条件支付一定金额的委托或命令。出票人在支票上签发一定的金额,要求受票的银行于见票时立即支付一定金额给特定人或持票人。由于支票是无条件支付一定金额的书面命令,因此,收到支票的存款银行不得随意拒付,必须立即凭票付款。

出票人在签发支票后应付票据上的责任和法律上的责任。前者是指出票人对收款人担保支票的付款;后者是指出票人签发支票时应在付款银行存有不低于票面金额的存款,如存款不足,支票持有人在向付款银行出示支票要求付款时就会遭到拒付,这种支票叫空头支票,开出空头支票的出票人应负法律上的责任。

(二)支票的主要内容

各国支票法对支票内容都有具体规定,按我国《票据法》的规定,支票必须记载下列事项:(1)表明"支票"的字样;(2)无条件支付的委托;(3)确定的金额;(4)付款人名称;(5)出票日期;(6)出票人签章。支票上未记载规定事项之一的,支票无效。

(三)支票的种类

支票可以从不同角度分类,按我国《票据法》的规定,支票可分为现金支票与转账支票两种。不论是用以支取现金或是转账,均应分别在支票正面注明。现金支票只能用于支取现金;转账支票只能用于通过银行或其他金融机构转账结算。但是,在其他许多国家,支取现金或是转账通常可由持票人或收款人自主选择,但一经划线只能通过银行转账,而不能直接支取现金。因此,就有"划线支票"和"未划线支票"之分。划线支票通常都在其左上角划上两条平行线。视需要,支票既可由出票人也可由收款人或代收银行划线。对于未划线支票,收款人既可通过自己的往来银行代向付款银行收款,存入自己的账户,也可径自到付款银行提取现款。但如是划线支票,或原来未划线而后经自己加上划线的支票,收款人就只能通过往来银行代为收款入账。

票据法规定,支票可由付款银行加"保付"(certified to pay)字样并签字而成为保付支票。付款银行保付后就必须付款。支票经保付后身价提高,更有利于流通。

(四)支票的有效期

支票的使用有一定的效期,由于支票是代替现金的即期支付工具,所以效期较短。超过提示付款期限的,付款人可以不予付款,但出票人仍然对持票人承担票据责任。

第二节　汇付和托收

国际货款结算的基本方式有汇付、托收和信用证三种。本节介绍汇付和托收两种方式及其在国际贸易中的运用。

一、汇付

汇付,又称汇款(remittance),是最简单的国际货款结算方式。采用汇付方式结算货款时,卖方将货物发运给买方后,有关货运单据由卖方自行寄送买方;而买方则径自通过银行将货款汇交给卖方。这对银行来说,只涉及一笔汇款业务,并不处理单据。由于汇款业务中结算工具(委托通知、票据)的传递方向与资金的流向相同,故属顺汇(to remit)性质。

(一)汇付方式的当事人

汇付方式涉及 4 个基本当事人,即汇款人、汇出行、汇入行和收款人。

1. 汇款人(remitter)即付款人。在国际贸易结算中,通常是进口人,买卖合同的买方或其他经贸往来中的债务人。

2. 汇出行(remitting bank)是接受汇款人的委托或申请,汇出款项的银行,通常是进口人或其他经贸往来中的债务人所在地的银行。

3. 汇入行(receiving bank)又称解付行(paying bank),即接受汇出行的委托,解付汇款的银行。汇入行通常是汇出行的代理行(correspondent bank),通常是收款人所在地的银行。

4. 收款人(payee),通常是出口人,或买卖合同的卖方或其他经贸往来中的债权人。

(二)汇付方式的种类及其业务程序

采用汇付方式结算货款,汇款人在委托汇出行办理汇款时,通常要出具汇款申请书,写明收款人的名称和地址、汇款金额、具体采用的汇款方式(type of remittance)等内容交汇出行。汇出行接受委托后即有义务按照申请书的指示,用申请书列明的方式通知汇入行将汇款解付给收款人。汇款人在申请汇款时除应交付所汇全部金额外,还应向汇出行缴付规定比率的手续费,或称汇费(remittance fee)。根据不同的汇款方法,汇付方式有电汇、信汇和票汇三种。

(1)电汇(telegraphic transfer,T/T)

是由汇款人委托汇出行用电报、电传、环球银行间金融电讯网络(SWIFT)等电讯手段发出付款委托通知书给收款人所在地的汇入行,委托它将款项解付给指定的收款人。汇出行在发电后,为防止传递电文有误,通常还应立即以航空信件向汇入行寄发"电汇证实书"(T/T confirmation),供汇入行查对。汇入行在收到电汇委托通知书并经核对密押无误后,即通知收款人凭适当身份证明文件取款,收款人收取款项后出具收据作为收妥汇款的凭证。汇入行解付汇款后,除向汇出行收回垫款或邮寄付讫借通知(debit advice)进行转账外,应将收据寄交汇出行,以便在必要时交给汇款人,作为汇款已经交付清楚的凭证。电汇的优点是交款迅速,但其缺点是费用较高。

(2)信汇(mail transfer,M/T)

信汇与电汇类似,只是汇出行不是使用电讯手段,而是以信汇委托书(M/T advice)或支付通知书(payment order)作为结算工具,通过邮政航空信件方式寄发给汇入行。汇入行在收到汇出行邮寄来的委托或通知书后首先要核对汇出行的签字或印鉴,经证实无误后才能付款给收款人,以付讫借记通知寄给汇出行转账。信汇的优点是费用较为低廉,但收款人收到的时间较晚。电汇和信汇的业务程序如图 16-2 所示。

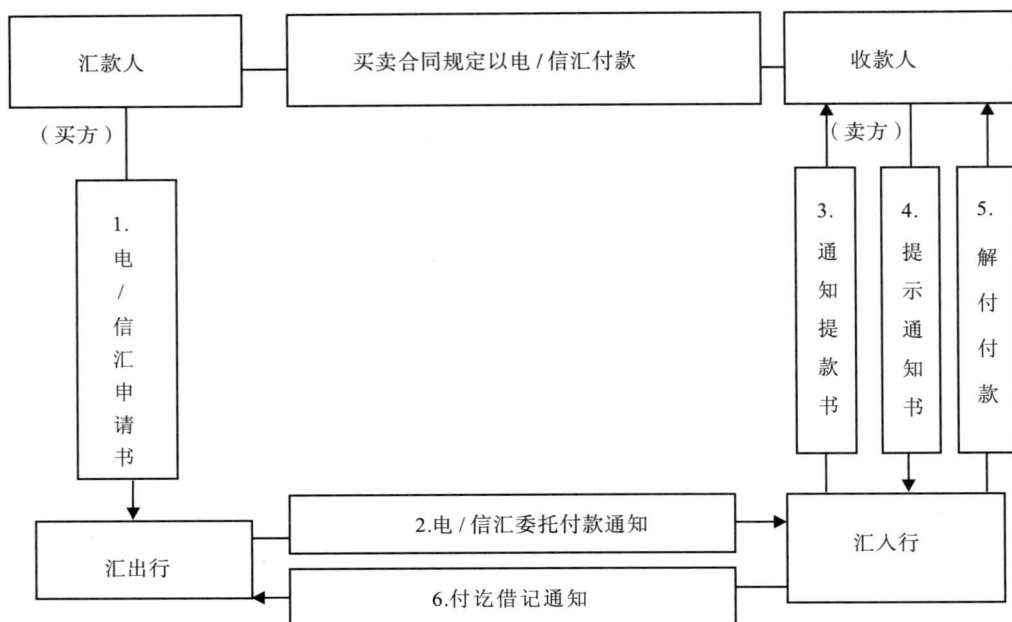

图 16-2　电汇和信汇的业务程序

（3）票汇（remittance by banker's demand draft，D/D）

票汇是以银行即期汇票作为结算工具的一种汇付方式。一般是指汇出行应汇款人的申请，开立以其代理行或其他往来银行为付款人的银行即期汇票，列明收款人名称、金额等，交由汇款人自行寄交给收款人，凭票向付款行取款的一种汇付方式。其具体程序见图16-3。

汇票除使用银行汇票外，近年来，使用其他票据如本票、支票等日益增多，在我国出口业务中使用票汇方式时，当收到国外进口商寄来的票据后，如付款银行在国内、可持票向汇入行取款结汇，如付款银行在国外，出口企业均需委托当地银行通过付款地的国外代理行代为向付款银行收款：待收到国外代收行的收妥通知方据以结汇。这也就是银行的票据托收业务。

无论采用电汇、信汇还是票汇，其所使用的结算工具（委托通知或汇票）的传送方向与资金的流动方向相同，因此均属顺汇。但这三种汇付方式也有不同之处，例如在付款速度上，以电汇最快，信汇次之。票汇与信汇相同，但如付款银行在非收款人所在国，则最慢。所以，电汇最受卖方欢迎，也是目前采用的主要汇付方式，但银行收取的费用也较高。而信汇方式由于资金在途时间长，操作手续多，已日趋落后，目前已较少使用。

（三）汇付方式的性质及其在进出口贸易中的使用

在进出口贸易使用汇付方式结算货款的过程中，银行只提供服务而不提供信用，因此，使用汇付方式完全取决于买卖双方中的一方对另一方的信任，并在此基础上向对方提供信用和进行资金融通。据此，汇付方式属于商业信用性质。由于商业信用不如银行信

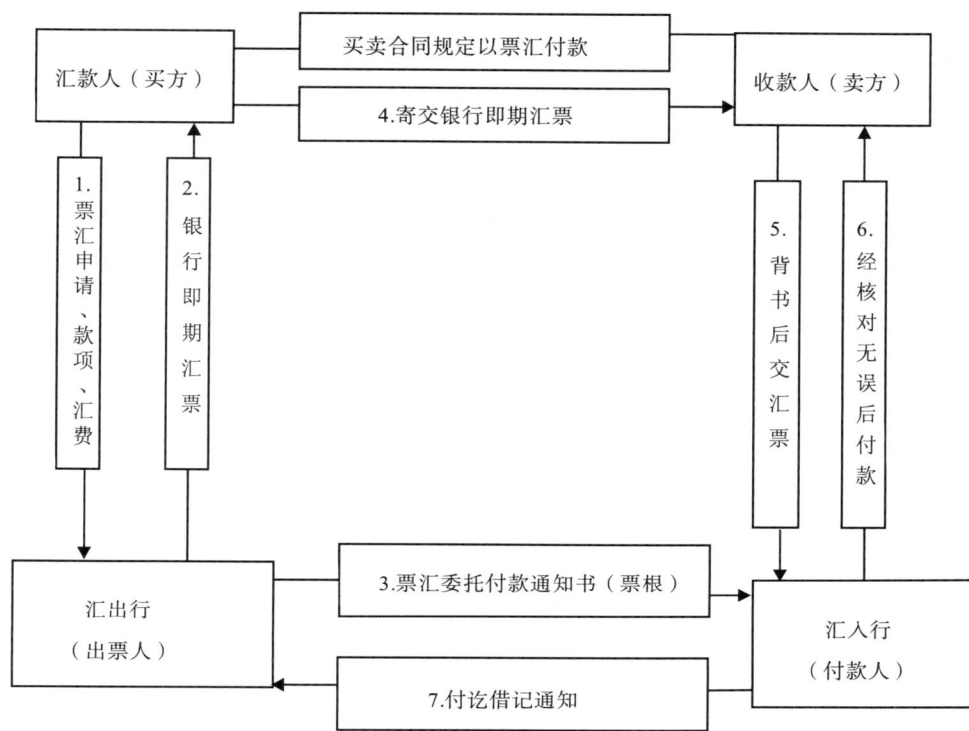

图 16-3　票汇业务示意图

用可靠,提供信用的一方所承担的风险很大,所以,汇付方式在我国的外贸实践中,除对本企业的联号或分支机构和个别极可靠的客户用于预付货款(payment in advance)、寄售方式(consignment)以及货到付款(cash on delivery,C. O. D)、随订单付现(cash with order C. W. O)、统称赊账交易(open account trade,O/A)外,主要用于定金、货款尾数,以及佣金、费用等的支付。大宗交易使用分期付款或延期付款办法时,其货款支付也常采用汇付方式。

　　业务中,如采用汇付方式预付货款的,应在买卖合同中明确规定使用何种汇付方式(电汇、信汇还是票汇)及货款汇到的期限。汇到期限应结合合同中确定的装运期,并留有适当余地,以免影响对外按时交货。

　　值得注意的是,对于在出口业务中采用票汇预付货款的交易,为保证收汇安全,除确实可信的银行汇票、银行本票并经我国银行审查认可同意收受的以外,均应先持票向付款银行收取票款。如付款银行在国外的,则应先将收到的票据交我当地银行,并委托其通过国外的代理行向付款行收取货款,在接到收妥通知后,方可对外发运货物,以防止发生国外不法商人伪造票据、出票行破产倒闭、签发空头支票或其他原因收不到票款而蒙受损失。

　　此外,在预付货款的交易中,进口人为了减少预付风险,也会使用凭单付汇的做法。凭单付汇(remittance against document)是进口人先通过当地银行(汇出行)将货款以信汇或电汇方式汇给出口地银行(汇入行),指示汇入行凭出口人提供的某些指定的单据和装运凭证付款给出口人。汇入行根据汇出行的指示向出口人发出汇款通知书,作为有条件付汇的依据。出口人根据汇款通知书向汇入行提交与通知书规定相符的单据并凭以向汇入行取得汇款。凭单付汇较之一般汇付方式易为买卖双方所接受。因为,对进口人来说,较之以一般的付汇方式预付款项多了一层保障,可以防止出口人支取汇款后不交货、不交单或不按合同规定如期交货、交单;对出口人来说,只要及时按合同交货、交单,便可立即向汇入行凭货运单据支取全部货款。但是,由于汇款在尚未被收款人支取前是可以被撤销的,按一般的银行惯例,汇款人有权在收款人支款前随时通知银行将汇款退回,所以,出口人在收到汇入行的汇款通知书后,应尽快发运货物,并从速向汇入行交单支款,以防货已发运而汇款被撤,造成被动。有鉴于此,凭单付汇通常只适用于现货交易。

二、托收

托收(collection)是国际结算中常见的一种方式。用于货款结算时,托收是出口人委托银行向进口人收款的一种方法。目前,在我国的外贸实践中,有些交易的货款也采用托收方式进行收取。

(一)托收的定义

按照《托收统一规则》(国际商会第 522 号出版物)第 2 条的规定,可对托收作如下定义:托收是指接到委托指示的银行处理金融单据和/或商业单据,以便取得承兑或付款,或凭承兑或付款交出商业单据,或凭其他条件交出单据。托收分为光票托收和跟单托收两种。光票托收是指金融单据不附带商业单据的托收,即仅把金融单据委托银行代为收款。前述票汇业务中的票据托收即属光票托收。光票托收可以用于货款尾数、小额货款、贸易从属费用和索款的收取。跟单托收是指金融单据附带商业单据或不用金融单据的商业单据的托收。跟单托收的基本做法是,出口人根据买卖合同先行发运货物,然后开立汇票(或不开汇票),连同有关货运单据(即商业单据)委托出口地银行(托收行)通过其在进口地的代理行(代收行)向进口人收取货款。为区别于凭信用证收付方式,在我国习惯上把托收方式也称作"无证托收"。在国际贸易中,货款结算使用托收方式时,通常均使用跟单托收。

(二)托收方式的当事人

托收方式的基本当事人有四个,即委托人、托收行、代收行和付款人。

1. 委托人(principal)是开出汇票(或不开汇票)委托银行向国外付款人收款的出票人(drawer),通常就是卖方。

2. 托收行(remitting bank)是委托人的代理人,是接受委托人的委托转托国外银行向国外付款人代为收款的银行,通常为出口地银行。

3. 代收行(collecting bank)是托收行的代理人,是接受托收行的委托代向付款人收款的银行,通常为进口地银行。

4. 付款人(payer)通常就是买卖合同的买方,是汇票的受票人(drawee)。

在托收业务中,有时还可能有以下当事人:

5. 提示行(presenting bank)。提示行的原意是指向付款人提示汇票和/或单据并收取款项的银行。在一般情况下,提示行就是与托收行有代理关系的代收行。但有时如果付款人与该代收行不在同一城市或者因无往来关系处理不便时,需转托与付款人在同一城市或有业务往来关系的银行代向付款人提示收款。此时,提示行就是付款人所在地的另一银行。在跟单托收情况下,付款人为了便于向银行融通资金,有时也会主动要求指示上述代收行转托与其有业务往来并对其有融资关系的银行担任提示行向其提示汇票和/或单据。

6. 需要时的代理——委托人的代表(principal's representative in case of need)。需要时的代理是委托人指定的在付款地代为照料货物存仓、转售、运回或改变交单条件等事宜的代理人。

按《托收统一规则》的规定,委托人如需指定需要时的代理人,应对授予该代理人的具体权限在托收申请书和托收委托书,统称托收指示书(collection order)中作出明确和充分的指示。否则,银行对需要时的代理人的任何指示可以不予受理。托收行可以利用也可以不利用委托人指定的银行担任代收行,如委托人未指定代收行或指定而未被利用,则可由托收行视情况选择在付款或承兑所在国的任何银行为代收行。

托收行在接受出口人(委托人)的托收申请书后,双方之间就构成了委托代理关系。同样,代收行接受了托收行(委托人)的托收委托书后,双方也就构成了委托代理关系。出口人出具的托收申请书和托收行出具的托收委托书也均为委托代理合同,托收行和代收行分别作为代理人,必须各自按委托的指示办理。若有越权行为致使委托方受到损失,由代理人负全部责任。

(三)跟单托收的种类

跟单托收按交付货运单据条件的不同,分为付款交单和承兑交单两种。

1. 付款交单

付款交单(document against payment,D/P)是卖方的交单须以进口人的付款为条件。即出口人将汇票连同货运单据交给银行托收时,指示银行只有在进口人付清货款时才能交出货运单据。如果进口人拒付,就不能从银行取得货运单据,也无法提取单据项下的货物。付款交单按支付时间不同又可分为即期付款交单和远期付款交单两种。

(1)即期付款交单(D/P at sight)。系由出口人通过银行向进口人提示汇票和货运单据,进口人于见票(或见单)时即须付款。在付清货款后,领取货运单据,如图 16-4 所示。

(2)远期付款交单(D/P after sight)。系由出口人通过银行向进口人提示汇票和货运单据,进口人即在汇票上承兑,并于汇票到期日由代收银行再次向其提示时经付款后向代收银行取得单据。在汇票到期付款前,汇票和货运单据由代收行掌握(如图 16-5 所示)。

2. 承兑交单

承兑交单(document against acceptance,D/A)系指出口人的交单以进口人的承兑为

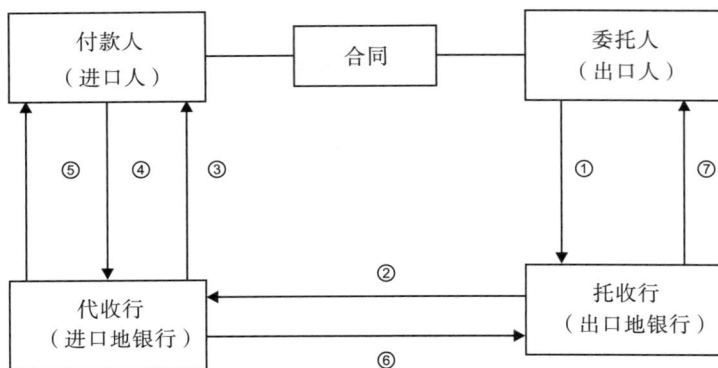

图 16-4　即期付款交单

说明：

①出口人按合同规定装运后，填写托收委托申请书，开具即期汇票，连同装运单据交托收行，请求代收货款。

②托收行根据托收申请书缮制托收委托书连同汇票、装运单据寄交进口地代收行委托代收货款。

③代收行按照委托书的指示向买方提示汇票与单据。

④进口人付款。

⑤代收行交单。

⑥代收行办理转账并通知托收行款已收妥。

⑦托收行向委托人转账付款。

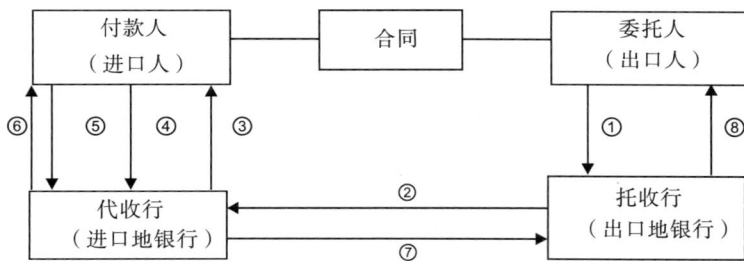

图 16-5　远期付款交单

说明：

①出口人按合同规定装运后，填写托收委托申请书，开具远期汇票，连同装运单据交托收行，请求代收货款。

②托收行根据托收申请书缮制托收委托书连同汇票、装运单据寄交进口地代收行委托代收货款。

③代收行按照委托书的指示向买方提示汇票与单据。

④进口人承兑。

⑤汇票到期付款。

⑥代收行交单。

⑦代收行办理转账并通知托收行款已收妥。

⑧托收行向委托人转账付款。

条件。进口人承兑汇票后,即可向银行取得货运单据,待汇票到期日才付款。承兑交单只适用于远期汇票的托收。其流程如图 16-6 所示。

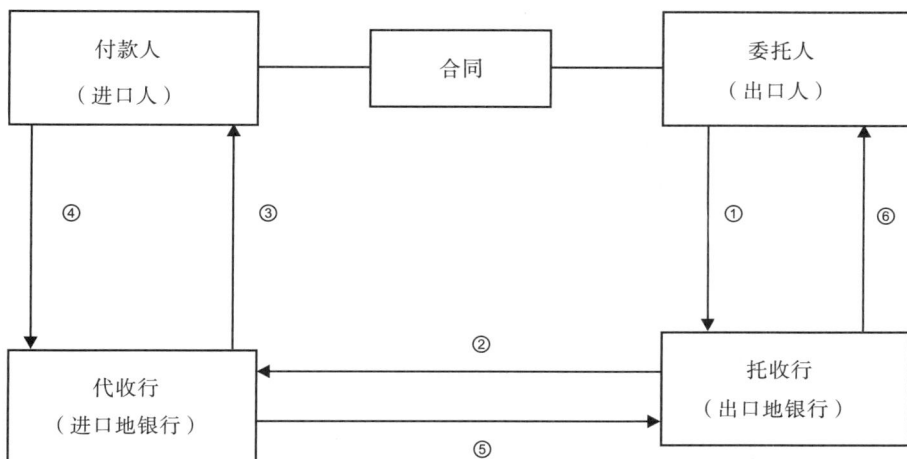

图 16-6 承兑交单

说明:

①出口人按合同规定装运后,填写托收申请书,开具远期汇票,连同装运单据交托收行,请求代收货款。

②托收行根据托收申请书缮制托收委托书连同汇票、装运单据寄交进口地代收行委托代收货款。

③代收行按照委托书的指示向买方提示汇票与单据,进口人在汇票上承兑,代收行收回汇票,同时将装运单据交给进口人。

④进口人到期付款。

⑤代收行办理转账并通知托收行款已收妥。

⑥托收行向委托人转账付款。

(四)跟单托收的一般业务程序

由于使用的结算工具(托收指示书和汇票)的传送方向与资金的流动方向相反,所以,托收方式属于逆汇(to draw,reverse remittance)。跟单托收业务一般按照以下程序进行:

1. 出口人按照合同规定发货后取得运输单据,即连同汇票及发票等商业单据,填写托收申请书一并送交托收行,委托代收货款。

2. 托收行根据出口人的指示,向代收行发出托收委托书连同全套汇票、单据寄交代收行,要求按照申请书的指示代收货款。

3. 代收行收到汇票和单据后,应及时向进口人作付款或承兑提示。如为即期汇票,进口人应立即付清货款,取得货运单据;如为远期汇票,进口人应立即承兑汇票。倘属付款交单方式,代收行保留汇票及单据,待汇票到期再通知付款赎单。倘属承兑交单方式,则进口人在承兑汇票后即可从代收行取得全套单据。

4. 代收行收到货款后,应即将货款拨付托收行。

5. 托收行收到货款应即转交出口人。

(五)跟单托收方式下的资金融通

在跟单托收方式下,出口人和进口人可采用出口押汇和凭信托收据方式向银行获得资金融通。

1. 托收出口押汇(collection bill purchased)

是指由托收银行以买入出口人向进口人开立的跟单汇票的办法向出口人融通资金的一种方法。其实质是出口企业以代表货物所有权的单据作抵押品,由银行叙做的一种抵押贷款。出口人为了加速资金周转和扩大业务量,经常依靠银行的资金融通,在采用跟单托收方式进行出口结算时,叙做托收出口押汇则是偶有使用的一种融资方式。它的具体做法是出口人在按照出口合同规定发运货物后,开出以进口人为付款人的汇票,并将汇票及所附货运单据交托收银行委托收取货款时,由托收银行买入跟单汇票及其所附单据,按照汇票金额扣除从付款日(即买入汇票日)至预计收到票款日的利息及手续费,将款项先行付给出口人。这先付的款项,实际上是托收银行对出口人的一种垫款,也是以汇票和单据作为抵押品的一种贷款。此时,托收银行即作为汇票的善意持票,将汇票和单据寄至代收银行并通过代收银行向进口人提示。票款收到后,即归还托收银行的垫款。

托收银行叙做托收出口押汇可以使出口人在货物装运取得货运单据后,立即得到银行的资金融通,有利于出口人加速资金周转和扩大业务量。但是,银行仅凭一张出口人开立的汇票和提交的货运单据,缺乏第三者,特别是没有其他银行对于进口人的付款作出的信用保证,因此,托收银行叙做托收出口押汇,有较大风险。在实际业务中,除非托收银行认为这笔业务的出口人特别是进口人的资信可靠,有关出口商品的种类、价值合适,该商品的市场行情和进口地区的政治经济情况良好,否则许多银行不愿叙做或很少叙做。在承做时,大多也只根据托收的交单条件酌情发放一部分汇票金额的贷款,例如按汇票金额贷放一半或70%、80%不等,很少仿照信用证项下出口押汇那样发放全额贷款。目前,我国银行在国外进口商信用可靠的前提下,也酌情叙做跟单托收项下的出口押汇业务。

2. 凭信托收据借单

凭信托收借单又称进口押汇,在托收业务中,是代收银行给予进口人凭信托收据(trust receipt,T/P)提货便利的一种向进口人融通资金的方式。在付款交单条件下,进口人为了不占用资金或减少占用资金的时间,或者为了抓住有利行市,不失时机地转售货物,而提前付款赎单又有困难,希望能在汇票到期前,或在付款以前先行提货,就可以要求代收银行允许其借出单据。其具体做法是由进口人在承兑汇票后出具信托收据,凭以向代收银行借取货运单据,并提取货物。信托收据是进口人借单时提供的一种书面信用担保文件,用以表示出据人愿意以代收银行的受托人身份代为提货、报关、存仓、保险、出售,同时承认货物的所有权仍属银行。货物出售后所得的货款在汇票到期日偿还代收银行,收回信托收据。这种做法纯粹是代收银行自己向进口人提供的信用便利,与出口人和托收银行无关,所以对代收银行来说,有一定风险。为此,代收银行在接到叙做这种借单要求时,首先必须审查进口人的资信。只有资信较好的进口人,或者在多数情况下还要求进口人提供足够的担保或抵押品才予叙做。如果在借出货运单据后,发生汇票到期不能收到货款,代收银行应对出口人和托收银行负全部责任。但是,如果凭信托收据提单提货的做法,是由出口人主动通过托收银行授权办理的,即"见票后若干天付款交单,以信托收据换取单据"(D/P at . . . days after sight to issue trust receipt in exchange for document,简称 D/P. T/R)方式,则是另一种情形。这种做法是指出口人在办理托收申请时指示银行允许进口人在承兑汇票后可以凭信托收据先行接单提货,日后进口人如汇票到期不能付款时,则与银行无关,一切风险概由出口人自己承担。所以,这种做法的性质与承兑交单差不多,所不同的是由于代收银行拥有进口人出具给代收银行的信托收据,在事先得到代收银行同意的条件下,出口人可以委托代收银行作为当事人的一方,径向进口人追偿,或向法院起诉。而在承兑交单情况下,如进口人不付款,则只能由出口人自己向进口人追偿。

(六)托收统一规则

在托收业务中,银行与委托人之间的关系.往往由于各方对权利、义务和责任的解释有分歧,加上不同银行的具体做法也有差异,从而导致误会、纠纷乃至争议。国际商会为了协调各有关当事人在托收业务中发生的矛盾,以利业务的开展,曾于 1958 年草拟并于 1967 年作为国际商会第 254 号出版物公布了《商业单据托收统一规则》(Uniform Rules for Collections of Commercial Paper),从而在银行托收业务中取得了统一术语、定义、程序和原则,也使出口人在委托代收货款时有所依循和参考。以后,根据国际贸易的发展,并吸取实践中的经验,国际商会于 1978 年对该规则作了修订,改名为《托收统一规则》,即国际商会第 322 号出版物(Uniform Rules for Collections, ICC Publication No. 322),简称"URC322"。在 URC322 使用了 17 年以后,根据使用中的情况和问题,国际商会于 1995 年 4 月又一次颁布了新的修订本,作为国际商会第 522 号出版物重新修订本对国际托收程序、技术和法律等方面均有所修改,新规则已被许多国家的银行采纳,并拟以处理托收业务中各方的纠纷和争议。我国银行在接受托收业务时,也遵循该规则办理。

《托收统一规则》(Uniform Rules for Collections)现行版本为国际商会第 552 号出版物(ICC Publication No. 522),以下简称"URC522",已于 1996 年 1 月 1 日起正式实施,全文共 26 条,分为总则、托收的形式和结构、提示方式、义务和责任、付款、利息和手续费及其他费用、其他规定,共七个部分,以下扼要介绍其主要内容。

1. 托收指示书中注明按 URC522 行事的托收业务,除非另有明文规定或与一国一州或地方不得违反的法律、法规相抵触,本规则对当事人均具有约束力。

2. 银行应以善意和合理的谨慎从事,其义务就是要严格按托收指示书的内容与 URC552 办理;如银行决定不受理所收到托收或其相关指示,必须用电讯或不可能用电讯方式时则须用其他最快捷方式通知发出托收指示书的一方。

3. 银行必须确定所收到的单据与托收指示书中所列的完全一致,对于单据缺少或发现与托收指示书中所列的单据不一致时,必须毫不迟延地用电讯或其他快捷方式通知发出托收指示书的一方。除此之外,银行没有进一步审核单据的义务。银行对单据的形式、完整性、准确性、真实性或法律效力,或对单据上规定的或附加的条件概不负责;银行对单据所代表的货物描述、数量、重量、质量、状况、包装、交货、价值或存在,或对单据有关当事人,或其他任何人的诚信或信誉、行为、偿付能力、履行能力以及对由于任何通知、信件、或单据在寄送途中的延误、丢失所引起的后果,或由于电讯传递的延误、残缺或其他错误,或是专门术语在翻译或解释上的错误,也不承担义务或责任。

4. 除非事先征得银行同意,货物不应直接运交银行,也不应以银行或其指定人为收货人。如果擅自这样做,银行无提货义务,其风险及责任由发货人承担。

5. 托收不应含有凭付款交付商业单据提示的远期汇票。如果托收含有远期付款的汇票,该托收指示书中应注明商业单据是凭承兑交付(D/A)还是凭付款交付(D/P)。如无此注明,商业单据仅能凭付款交付,代收行对因迟交单据而产生的任何后果不负责任。

6. 如委托人指定一名代表,在遭到拒绝付款和/或拒绝承兑时,作为需要时的代理则应在托收指示书中明确并完整地注明该代理人的权限,如无此注明,银行将不接受该代理人的任何指示。

7. 托收如被拒绝付款或拒绝承兑,提示行必须毫不迟延地向发出托收指示书的银行送交拒绝付款或拒绝承兑的通知。委托行收到此项通知时,必须对单据处理给以相应的指示。提示行如在发出上项通知后 60 天以内仍未收到此项指示时,可将单据退回发出托收指示书的银行,而不负任何责任。此外,URC522 还对托收费用、部分付款、拒绝证明、托收情况的通知等问题作了具体规定。

《托收统一规则》是国际商会制定的仅次于《国际贸易术语解释通则》和《跟单信用证统一惯例》的有重要影响的规则。自公布实施以来,对减少当事人之间在托收业务中的纠纷和争议起了较大作用,很快被各国银行所采用,但由于它只是一项国际惯例,所以,只有在托收指示书中约定按此行事时,才对当事人有约束力。

(七)托收方式的性质和作用

按照《托收统一规则》,银行在托收业务中,只提供服务,不提供信用。银行只以委托人的代理人行事,既无保证付款人必然付款的责任,也无检查审核货运单据是否齐全、是否符合买卖合同的义务;当发生进口人拒绝付款赎单的情况后,除非事先取得托收银行同意,代收银行也无代为提货、办理进口手续和存仓保管的义务。所以,托收方式与汇付方式一样,也属商业信用性质。出口人委托银行收取的货款,能否收到,全靠进口人的信用。而且,由于货物已先期运出,遭到拒付,就会使出口人陷入极为被动的境地。例如,在付款交单条件下,进口人在未付清货款前,取不到货运单据,提不走货物,货物的所有权仍属出口人,如进口人到期拒不付款赎单,出口人虽然还可以把货物另行处理或运回来,但需要承担一笔额外费用及降价处理等损失,如处理不及时,还有可能被进口国海关视作无主货物加以没收。如果在承兑交单情况下,进口人只需在汇票上履行承兑手续,即可取得单据,把货提走。倘若进口人到期不付款,虽然出口人有权依法向承兑人追偿,但实践证明,此时的进口人多半已无力偿付,或者早已宣告破产,甚至人去楼空。有的进口人要求按承兑交单方式进行交易,其本身可能就是一种预谋的诈骗。在此情况下,出口人就会遭受钱货两空的重大损失,总之,无论是付款交单还是承兑交单,对出口人来说,都存在很大风险。

但是,托收方式对进口人来说,却是极为有利的。因为进口人不需要垫付资金,或仅需垫付较短时间的资金。如果采用承兑交单条件,或在付款交单情况下,利用信托收据先把单据借出,进口人还有进一步运用出口人资金的机会,或者仅凭本身的信用进行交易而无须购货资金。所以,以托收方式进行结算,能起到调动进口人的经营积极性,提高交易商品在国际市场上的竞争能力的作用,从而使出口人达到扩大销售的目的。因而,在国际贸易中,托收方式经常被用作一种非价格竞价的手段。

(八)使用托收方式时注意的问题

国际贸易中采用托收方式结算货款,在实质上是出口人利用对进口人的资金融通以促进成交,扩大出口,提高其出口商品在国外市场上的竞争能力。所以,在我国的出口业务中,也可有选择地、适当地加以运用。但是,由于托收方式纯属商业信用,出口人需承担较大风险,因此,必须谨慎从事。所以,我外贸企业在出口贸易中采用托收方式时,为确保收汇安全,应妥善掌握以下问题:

第一,认真调查和考察进口人的资信情况、经营能力和经营作风,掌握有关商品的市场信息,并在此基础上妥善制定授信额度、控制成交金额与交货进度。一般只使用付款交单,对客户提出按承兑交单条件托收货款时要从严,除非进口人的资信特别良好,收汇确有把握,原则上不能接受。对授权银行对进口人叙做凭信托收据借单,也应特别从严。

第二,国外代收行一般不能由进口人指定,如确有必要,应事先征得托收行同意,以防进口人指定的代收行不可靠,或往来渠道不畅,造成托收行拒绝托收申请的被动局面,也可能由于代收行信用不佳或产生意外而招致货款落空。

第三,在托收业务中,银行不承担付款责任,如果买方不付款赎单,卖方可能银货两空。风险很大,因此,卖方在货物装运后,直到买方付清货款前,都要关心货物安全。所以,在出口业务中,使用托收方式的交易,原则上应由我方办理保险,即争取以 CIF 或 CIP 条件成交,订立合同。如限于对方所在国的规定,必须由买方办理保险的交易,除应在货物装运后及时通知对方投保外,为保证我方利益,可由我方另行加保“卖方利益险”(contingency insurance clause covers sellers' interest only),以防万一货物遇险,买方未投保又不付款赎单时,可由我方自己向保险公司索赔。卖方利益险是货物运输保险业务中的一种特殊的独立险别。依此险别,在买方不支付受损货物的价款时,保险公司对卖方利益承担责任,赔偿保险单载明承保险别的条款责任范围内的货物损失。中国人民保险公司在办理此项业务时,保险费按所投保险别正常费率的 25% 计收。卖方利益险只适用于托收(D/P 和 D/A)或赊销(O/A)的交易。

第四,采用远期付款交单方式要慎重。有的国家的银行当收到托收银行寄来的载明按远期付款交单方式的托收指示书时,习惯上均在付款人承兑汇票后随即将单据交付给付款人,即把远期 D/P 改作 D/A 处理,其理由是付款人一经在汇票上履行承兑手续,就成为汇票的主债务人,承担到期付款的责任,如代收行收回经过承兑的汇票而不将单据交给付款人,就有失公平,而且也不符合当地权利和义务应该相当的法律原则。这种做法显然与托收指示书的指示相悖,但按《托收统一规则》的规定,一国、一州或地方不得违反的法律对托收当事人有约束力。因而在这个问题上,在实务中很容易产生纠纷与争议。为此,国际商会在新修订的 URC522 第 7 条中特别指出:“托收不应含有凭付款交付商业单据的远期汇票。”其用意就是劝阻出口人采用远期付款交单方式结算货款,如出口人执意要采用远期 D/P,则后果自负。

第五,对贸易管制和外汇管制较严的国家,在使用托收方式时要特别谨镇。对于进口需要领取许可证的商品,在成交时应规定进口人将领得的许可证或已获准进口外汇的证明在发运有关商品前寄达,否则不予发运,以策安全。

第六,填写运输单据时一般应做空白抬头并加背书,如需做代收行抬头时,应先与银行联系并经认可后办理。对此项交易,被通知人一栏,仍须详列进口人的名称和地址,以便承运人到货时及时通知。

第七,严格按照出口合同规定装运货物、制作单据,以防止被买方找到借口拒付货款。

第八,对于资信欠佳和诚信程度无把握的客户,如必须采用托收方式结算出口货款的,可要求对方预付不低于货物往返运费、保险费和其他杂费的定金或预付款。也可采用部分付款交单托收、部分信用证,或由进口商同时开立银行保证书或备用信用证担保,以确保托收货款的收汇安全。

总之,在托收业务中,出口人的风险很大,资金负担也较重。所以,在出口业务中决定采用托收方式收款时必须镇重,切实注意以上几点。此外,作为出口企业应对托收业务制定健全的管理制度,定期检查,做好催收工作,发现问题要及时采取措施,避免或减少可能发生的损失,以保证和提高企业的经济效益。

我国外贸企业在进口业务中,也有采用托收方式支付货款的。在进口业务中采用托收方式不仅有利于加速资金周转,而且还可节省费用,但值得注意的是,按照 URC522 第21 条的规定,代收手续费和其他有关费用除托收指示书特别注明者以外,原则上应由发出托收的一方负担。据此,各有关银行受托接办的业务费用,理应由委托人负担。而在实际业务中,常在买卖合同中订明在委托人所在国家以外的银行费用概由付款人负担。因而在托收指示书中也加有类似条款,这样的结果就使我进口企业陡然增加了一笔我国银行代收费用的额外支出。为避免此项不该由我方负担的费用支出,在采用托收方式支付货款的进口合同中,不应作出委托人所在国家以外的银行费用由付款人负担的规定,如托收指示书注明托收费由付款人负担时,我方也可予以拒付。

第三节　国际保理与出口信用保险

在出口业务中采用赊账(open account,O/A)和托收(D/P 或 D/A)方式结算货款,出口人均需承担较大风险,出口人为避免或减少收汇风险,除采用上节所述规避风险的方法外,还可以使用国际保理或出口信用保险。

一、国际保理

国际保理的全称是国际保付代理业务,简称保理(factoring)或出口保理,也称为保付代收或承购应收账款业务。它是国际贸易中,在以托收、赊账等方式结算货款的情况下,保理商(factor)向出口商提供的一项包括对买方资信调查、百分之百的风险担保、催收应收账款、财务管理以及融通资金等的综合性财务服务。

进行此项业务时,需要担保收款的出口人在与外国进口人订立买卖合同前,必须先与出口地保理商联系,将准备达成的买卖合同内容和进口人的名称地址告知保理商,在得到其认可并与其签订保理协议(factoring agreement)后,方可在协议规定的额度内与进口人订立买卖合同。买卖合同订立后,出口人就可按照买卖合同规定发运货物,并向出口保理商提交发票、汇票、提单等有关单据,再由出口保理商通过在进口地的保理商向进口人收款。进口地保理商则应随时通过出口地保理商向出口人报告收款情况,并将收到的货款及时拨交出口人。如进口人不能按时付款或拒付,保理商应负责追偿和索赔,并负责按协议约定的时间向出口人支付,此项支付是无追索权的。

出口保理商为保证自身安全,在与出口人签订保理协议前,需对出口人和进口人的资信情况和经营作风进行全面了解,其中,对进口人的调查,通常需通过进口地的保理商进行。进口地保理商在对进口人进行调查和评估的基础上,对资信好的,提出可给予该进口人资金融通的信用额度并与调查结果一并告知出口保理商,以作为出口保理商与出口人之间签订保理协议的依据。出口保理商与出口人之间,可视情况选择不同做法。出口人既可只要求保收服务,也可要求同时取得资金融通。如只要求保收服务,通常是保理商按经推算的平均收款天数确定付款给出口人的日期,出口人按期向保理商取得全部有保证的款项。由于保理商对出口人是在无追索权的基础上付款的,从而排除了出口人在一般托收方式下可能收不到款的风险,如果出口人要求保理商在提供保收服务外,还提供资金融通,保理商可在出口人提交单据时给出口人预支,预支金额一般为全部货款的80%～90%,个别的也有全额预支的。

保理商在履行协议规定义务后,视事务繁简及承担风险程度,向出口人收取总额1.5%～2%的手续费。如还提供资金融通,则尚需收取融资利息,利率一般要较通常利率高1.5%～2%。

在账户处理方面,目前一般的做法是:保理商在收到出口人的销售发票后,即实行电脑自动化处理,并开始承担账户管理,包括记账、催收、清算、收费、制作统计报表及打印账单等会计财务工作。

综上所述,国际保理业务内容广泛,包括对进出口商的资信调查和担保,应收账款的催收和赔偿,账务处理和资金通融。采用保理对出口人来说作用明显,不仅有助于识别客户资信,可以放手交易,增加交易机会,而且还有利于加速资金周转。而最主要的好处是收款没有风险,只要出口人认真履行合同,就没有后顾之忧,至于出口人在保理业务中增加的保理费和利息支出,由于进口人免去了开立信用证的费用,也可以通过适当提高售价,全部或部分地转嫁给进口商。因此,这种业务自从最初在英国被使用以后,很快成为国际贸易结算方式的一种有益补充,近年来已逐渐成为国际货物买卖的一种支付方式,而被广泛使用。

但是,采用保理方式的出口企业,必须注意严格按照合同规定交付货物,提交单据,如有因与合同不符而发生被进口人迟延或拒付货款时,保理商将不予担保;再者,保理商只承担协议规定的信用额度的风险,超额度发货的部分也不予担保。

随着国际保理业务的迅猛发展,一种专门提供风险担保的保理公司,作为银行的全资附属机构在全世界相继成立,遍布35个国家与地区的国际保理商联合会(Factors Chain International)也于1968年宣告成立,继1958年5月我国政府派出代表参加在加拿大渥太华举行的国际保付代理规则会议后,中国银行与总部设在荷兰的国际保理商联合会一直保持着密切的联系,并已与美国、德国、新加坡、中国香港、瑞典等保理商签订了保理协议。1993 年 2 月,中国银行作为中国首家保理商正式加入了该联合会,之后,交通银行、光大银行、中信实业银行等也成为国际保理商联合会的会员。目前,我国开展的国际保理业务可以向出口企业提供服务的内容,与上述一般的国际保理业务大体相同。其具体做法是:需要采用保理方式的出口企业,可与银行承办保理业务的部门签订保理合同,并报送信用额度申请表,列明进口人名称地址等情况,申请表由银行转送进口国保理商,进口国保理商对于申请表上所列客户的资信情况进行调查,并在接到申请表后的 14 天内将是否批准意见通知我国银行转告出口企业。出口企业可在批准额度内用托收或其他赊账方式与该进口人成交,有关全部出口单据包括债权转让书交银行或保理公司承办部门,如在付款日到期后 90 天尚未受到客户付款,该承办部门当在第 90 天向出口企业按发票金额全部保付,我国经营保理业务的银行除担任出口保理商业务外,还可兼任进口保理商业务。

采用保理方式成交的出口合同,出口企业可通过三种办法从银行或保理公司获得融资便利:(1)出口合同抵押贷款,银行在不超过信用额度条件下,按合同金额 70%～80% 核贷;(2)出口企业凭货运单据可向银行或保理公司申请按发票金额 80% 预垫货款;(3)出口企业凭汇票和运输单据向银行申请按发票金额贴现(扣除贴现费后付款)。上述三种融资方式出口企业均须承担相应的融资利息。

二、出口信用保险

出口信用保险是各国政府支持本国出口贸易的通行做法,也是出口企业应予以充分运用的规避收汇风险的一种有效手段。

(一)出口信用保险的含义及其发展的概况

出口信用保险(export credit insurance)是各国政府为提高本国产品的国际竞争力,促进经济发展,以国家财政为后盾,为企业在出口贸易、对外投资和对外工程承包等经济活动中提供风险保障的一项特殊的政策性支持措施,是政府对市场经济的一种间接调控手段和补充。通过国家设立的出口信用保险机构承保企业的收汇风险、补偿企业的收汇损失,可以保障企业经营的稳定性,使企业可以运用更加灵活的贸易手段参与国际竞争,不断开拓新客户、占领新市场。出口信用保险是世界贸易组织(WTO)补贴和反补贴协议原则上允许的支持出口的政策手段。目前,全球贸易额的 12%～15% 就是在出口信用保险的支持下实现的,有的国家的出口信用保险机构提供的各种出口信用保险保额甚至超过其本国当年出口总额的三分之一。

出口信用保险在西方已有近百年的发展历史。随着经济全球化进程的加快,国际贸易的风险规模也随之加大。加上目前世界经济的不稳定性日益凸显,经济衰退,经济环境错综复杂,企业信用的变数越来越多,出口企业面临的风险压力越来越大,这就要求出口信用保险在更大范围、更深层次上发挥作用。

我国出口信用保险起步较晚。虽然,中国人民保险公司的部分省市分公司曾从 1986 年起先后试办短期出口信用保险,但是,正式起步是在 1988 年。当时,为了支持机电产品和成套设备出口,国务院于 1988 年决定委托中国人民保险公司试办机电产品的出口信用保险,并通过调减中国人民保险公司调节税的方式建立起出口信用保险基金。1989 年起,中国人民保险公司就在我国正式开办出口信用保险业务,1992 年,又开办了中长期出口信用保险业务,随后,中国进出口银行于 1994 年成立,也同时开办政策性出口信用保险业务。从此,在我国有了两个同时办理出口信用保险业务的机构。1996 年中国人民保险公司代表中国参加了国际海外投资和出口信用保险人联盟(伯尔尼协会),并于 1998 年成为该组织的正式会员。为了加强出口信用保险对我国出口贸易的支持力度,健全我国外经贸政策金融服务体系,根据世贸组织允许实行以出口信用保险支持本国出口贸易的规定和国际惯例,国务院于 2001 年决定在原由中国人民保险公司和进出口银行分别经营出口信用保险业务的基础上,组建国有独资的中国出口信用保险,专门从事出口信用保险业务。该公司已于 2001 年 10 月 19 日正式成立,并于同年 12 月 18 日正式揭牌运营。它的诞生标志着我国出口信用保险开始由官方的出口信用保险机构专业承办。

(二)出口信用保险的特性

1. 政策性

出口信用保险本身是各国政府以国家财政为后台支持出口的政策措施,其操作就必须符合国家的外交、外贸和产业发展等政策。例如,我国现阶段鼓励机电产品、成套设备等技术含量较高的产品出口,与此相适应,我国的出口信用保险在承保政策上也就对此类商品的出口体现一定的倾斜。再者,出口信用保险不同于一般的保险,它所承保的在很大程度上是国外进口商、投资者和工程主业,因而风险是复杂的,而且,这种风险的大小经常要随国际政治和经济情况的变化而波动。这些风险通常都不是一般保险公司所能够承受的,因此,为了便于开展落实国家的产业政策和国别贸易政策,出口信用保险也只能由政府来承办。目前,在世界上,出口信用保险一般是由政府直接办理或由政府投资设立一个专门机构负责办理。也有的国家由政府委托私营保险公司代理或部分委托代理,部分由政府投资的专门机构办理。我国则由政府出资设立专门机构,即中国出口信用保险公司,作为我国唯一从事政策性出口信用保险业务的国有独资保险公司,统一专业承办出口信用保险业务。

2. 保证性

出口信用保险属于信用保险范畴,具有保证性质。在国际货物买卖中的出口信用保险,其保障的标的是被保险人在出口合同中权利的实现。出口信用保险公司在签发保险单时,就作出一种保证,当买方由于保单中规定的原因不付款时,保险公司即承担付款责任。

3. 专门性

出口信用保险费率的计算不同于一般财产保险所用的“大数法则”,而是根据进出口人的资信、规模和经营进出口贸易的历史状况以及进口国的政治、经济、外汇收支等情况,并结合国际市场的经济发展趋势,进行综合分析后作出判断。因此,保险费率的确定带有很强的人为因素,往往要受社会政治环境和进出口人经营情况和经营作风的影响,具有相当的不稳定性。再者,出口信用保险是将出口人的收汇风险转嫁到保险人身上,从而为出口人开拓海外市场提供坚强后盾,促进出口贸易的发展。由此可见,出口信用保险与一国的出口贸易紧密相连,有其专门的目的性。

（三）出口信用保险的保障范围

1.在国际上,凡由官方机构承办的出口信用保险,都是以鼓励本国产品出口为宗旨的,保险办法中一般都规定,只承保全部或大部分是本国制造或生产的出口产品。

2.在国际货物买卖中,出口信用保险主要承保以商业信用方式出口的产品。例如,以付款交单(D/P)、承兑交单(D/A)以及赊账方式(O/A)作为支付条件的出口合同。

3.出口信用保险承保的风险,一般包括商业信用风险和政治风险两部分。在国际货物买卖中,前者指买方不守商业信用而造成出口人的损失,也称买方风险。例如,买方破产,或扣收货物并拒付货款或长期拖欠货款等。政治风险是指非买卖双方所能控制的买方所在国或第三国的一些政治性、行政性原因引起的卖方损失,也称为国家风险。例如,买方国家颁布新法令或采取行政手段禁止货款汇出、撤销原来签发的进口许可证,买方所在国或货款须经过第三国颁布的延期付款令,或买方国家发生战争、动乱等非常事件,使合同无法履行等。有些国家出口信用保险机构还承保包括外汇风险(例如汇价变动)引起的损失。我国目前开展的出口信用保险,不承保外汇风险。

三、出口信用保险的种类

出口信用保险通常分短期和中长期保险两种。短期保险适用于持续性出口的消费性货物,信用期限在180天以内。短期保险需要量大,适用范围广,一般均占信用保险机构承保的极大比例,并有固定的保险单及条款。中长期保险适用于资本性货物,如成套设备、船舶、飞机等的出口以及工程承包、技术服务项目的合同,信用期限超过180天直至2年、5年、8年等。中长期保险金额大,信用期限长,收汇风险也较大,保险机构通常要介入合同谈判和可行性研究分析工作,逐笔审查,并按每个合同的具体情况设计保单和费率,不采用固定格式的保单。我国保险机构承保的出口信用保险,除短期出口信用保险外,也可接受承保中长期出口信用保险。

（一）承保出口信用保险的基本要求

1.出口信用保险承保前,通常要求出口企业提供一份真实反映其出口及收汇情况和投保要求的申请书。保险机构根据其申请书,结合通过调查掌握的出口企业经营情况,作为制定保险条款和费率的依据。中长期保险则应对每一合同进行严格的审查。

2.短期信用保险一般实行全部投保的原则,即出口企业必须将所有以商业信用方式的出口按销售额全部投保,不允许只选择风险大的国家和买方投保。这项原则对保险公司分散风险、保持业务经营的稳定性至关重要。

3.严格控制买方信用限额,是保险公司承保短期信用保险的一项重要手段,出口企业通常要先向保险公司申请每一买方的信用限额,经批准后作为保险公司对该买方风险所致损失的最高赔偿限额。为了核定买方信用限额,保险公司要通过各种渠道掌握买方的资信情况,并用电脑储存和管理。因特殊情况未申请或来不及申请限额时,保险公司一般均规定一个金额较低的由出口企业自行掌握的限额。

4.对不同原因造成的损失,保单均规定不同的核定损失的期限,以便保险公司有时间调查损失情况,并在必要时采取挽救损失的措施。保险公司也只有在规定的核定损失期限届满时,方予赔付。

5.出口企业自己应承担一定比例的损失。在出口信用保险业务中,一般规定保险机构仅赔付实际损失的 90%,其余的 10% 归出口企业自己承担,以促使其谨慎从事,并在发生损失后努力挽救损失。

(二)我国的短期出口信用保险

根据现行的《短期出口信用保险综合险条款》的规定,出口企业投保短期出口信用保险综合险,保险公司的责任范围是对被保险人在保险单有效期内,按出口合同规定的条件将货物交付承运人后,由于商业信用风险或政治风险而引起的损失,保险公司负赔偿责任。所谓商业信用风险是指法院宣告买方破产,其全部或大部资产已被接管、接收,买方已无力偿付债务;买方收货后超过付款期 6 个月以上仍未支付货款;买方拒收货物并拒付货款。短期出口信用保险单的适用范围,包括被保险人以付款交单(D/P)、承兑交单(D/A)等一切商业信用为付款条件,产品全部或部分在中国制造,信用期限不超过 180 天的出口合同。经保险公司书面同意,还可适用于以银行或其他金融机构开具的信用证为付款方式的出口合同,由中国转口的在中国以外地区生产或制造,但已向中国政府申报进口的货物的出口合同,信用期限不超过 150 天的合同。

我国保险公司对短期出口信用保险单规定了责任限额。被保险人应就保险单适用范围内的每一买方的信用限额向保险公司提出书面申请,经批准后的信用限额可以循环使用。这一信用限额是保险公司对被保险人向这一买方出口货物承担赔偿责任的最高限额。被保险人向未经批准使用限额的买方出口货物,则保险公司按在保险单明细表所列被保险人自行掌握的信用限额内承担责任;保险单每 12 个月承担的赔偿责任,包括以前申报而于该 12 个月内定损的估偿责任,最高不超过明细表规定的最高赔偿金额。

有必要指出,中国出口信用保险公司成立后,为鼓励更多的国内企业使用出口信用保险,提高企业的国际竞争力,已针对不同客户、不同市场拟订若干新的出口信用保险的品种,以改变目前我国出口信用保险品种单一性的局面。例如:非信用证统保保险、信用证保险、特定买方保险、特定合同保险、买方违约保险、买方信贷保险、卖方信贷保险、海外投资保险、出口押汇保险等。这些新的险种,有的属于短期信用保险,如信用证保险、特定买方保险、特定合同保险等;有的属中长期险,如买方信贷保险、卖方信贷保险、海外投资保险等。

第四节　信用证付款

一、信用证付款的性质与特点

信用证是由银行开立的有条件承诺付款的书面文件。由于银行资金雄厚,其信誉度一般很高,故银行开立的信用证易被人们接受。在信用证支付方式下,只要受益人履行了信用证规定的义务或满足其条件,开证银行就保证付款,承担首先付款的责任。由此可见,信用证付款的性质属于银行信用。

根据《跟单信用证统一惯例》的规定,采用信用证支付方式具有以下特点:

1. 开证银行首先承担付款责任

在信用证支付方式下,付款人通常为开证银行,它承担首先付款的责任,即只要受益人提交了符合信用证要求的单据,开证银行就必须付款。开证银行还可以授权另一家银行向受益人或指定人进行付款,或承兑并支付受益人开立的汇票,或授权另一家银行议付。由此可见,信用证付款方式因付款人是银行,故比较安全可靠。

2. 使用证是独立于合同之外的一项自足文件

信用证是依据开证申请人的开证申请书设立的,而开证申请书又是依据买卖合同内容开出的,可见开证银行开立的信用证是以买卖合同为依据的。但是,应明确的是,信用证一经开立就成为独立于买卖合同以外的另一种契约。开证银行只对信用证负责并受其约束,而与买卖合同无关,即银行只看信用证,不管买卖合同。

3. 信用证业务实际上是一种单据买卖

凭信用证付款的业务,实际上是处理单据的买卖。根据《跟单信用证统一惯例》(UCP600)规定:"在信用证业务中,有关各方处理的是单据,而不是与单据有关的货物、服务或其他服务的行为。"在信用证业务中,只要受益人按信用证要求提交了表面上看来是构成相符交单的有关单据,开证银行就承担付款责任,作为开证申请人的进口商也应该接受单据,并向开证银行付款赎单。进口商付款后,如发现货物有缺陷,则可凭单据向有关责任方提出索赔,而与银行无关。

二、信用证的有关当事人

信用证一般是开证行应开证申请人的请求开给受益人,也有开证行为其自身业务需要而主动开立的,前者包括申请人、开证行和受益人三个基本当事人,后者则只需要开证行和受益人两个基本当事人。此外,要完成信用证业务还涉及与此有关的其他关系人,如通知行、议付行、保兑行、付款行或偿付行。

(一)开证申请人

开证申请人(applicant)通常为国际货物买卖合同的买方,当交易双方决定采用信用证支付方式时,买方即有义务按合同规定向银行开立信用证。

(二)开证行

开证行(opening bank)是信用证项下的基本当事人之一,它必须按开证申请书的要求开立信用证并向受益人承担凭单付款的保证责任。开证行的付款通常是终局性付款,一经付出,不得追索。

(三)受益人

受益人(beneficiary)指信用证所指定的有权使用该证的人,通常是买卖合同的卖方或实际供货人。受益人收到信用证后,应认真审核信用证的内容是否符合合同条款,如不符,受益人有权要求开证申请人指示开证行修改信用证。只要受益人在信用证有效期内提交符合信用证要求的单据,就能凭单收取货款。受益人交单后,若开证行倒闭,则受益人有权向进口商提出付款要求,进口商仍应承担合同下的付款责任。

(四)通知行

通知行(advising bank)一般为出口商所在地的银行,通常是开证行的代理行。通知行的主要责任是通知信用证,核实通知的表面真实性,它并不承担付款等责任。

（五）议付行

议付行(negotiation bank)指根据开证行的授权买入或贴现受益人开立和提交的符合信用证要求的汇票与单据的银行。信用证可以明确指定议付行,也可以规定有任何银行自由议付。在一般情况下,议付行由通知行兼任,或由受益人在当地的往来银行充当议付行。如因单证不符而遭开证行拒付时,议付行可以向受益人追索。根据 UCP600 的规定,议付是指议付行在相符交单下,在其应偿付的银行工作日当天或之前向受益人预付或同意预付款项,从而购买汇票及/或单据的行为。

（六）保兑行

保兑行(confirming bank)指根据开证行的授权或要求对信用证加具保证兑付的银行,它一般为出口地信誉较好的银行,通常就是通知行。保兑行在信用证上加具保兑后,即对信用证独立负责,承担必须付款的责任。

（七）偿付行

偿付行(reimbursement bank)指信用证指定的代开证行向议付行、承兑行或付款行清偿垫款的银行,偿付费应由开证行承担。由于开证行并不审查单证,故其偿付具有追索权。

（八）受让人

受让人(transferee)指接受第一受益人转让有权使用信用证的人(一般为出口商的实际供货商)。在使用可转让信用证时,受益人有权将信用证的全部或一部分转让给第三者,则此第三者称为信用证的受让人。

三、信用证的基本内容

信用证的内容,一般来说包括以下事项:

（一）说明信用证本身的有关条款

(1)关于信用证的编号、开证日期、有效期和到期地点。

(2)信用证的当事人和关系人。

(3)有关汇票的条款,包括汇票的种类、出票人与受票人、付款期限等。

(4)承付方式,包括即期付款、延期付款、承兑或议付。

(5)信用证的种类。信用证的种类很多,究竟使用何种信用证应具体订明。

(6)信用证的金额和支付币种。

（二）买卖合同的有关条款

(1)与货物有关的条款,包括货物的名称、数量、包装与价格等。

(2)装运条款,包括装运地点、装运期限、运输方式等。

(3)保险条款,包括险别和保险金额等事项。

(4)单据条款,通常要求出口商提交商业发票、运输单据、保险单据以及包装单据、商检证书和产地证等。

（三）某些特殊条款

根据具体的交易需要,有时酌情加一些特殊的条款,其中常见的有以下几种:要求通知行加保兑;限制由银行议付;不准选取某条航线或不准船舶在某港停靠;限装某船或不准装某船;待具备条件,信用证方始生效;等等。

四、信用证结算货款的程序与运作内容

在国际货物贸易中,买卖双方约定采用信用证方式结算时,其结算的工具为汇票、单据等,采用逆汇法。在以信用证方式结算情况下,其结算过程包括多个环节,且各个环节的具体环节又互有差异,或者各有侧重。现以常见的即期跟单议付信用证为例,简要介绍和说明其运作程序和各环节的操作内容,以利其举一反三和触类旁通。

(一)信用证结算货款的程序

在信用证方式下结算货款,包括各不同的环节,而各环节的工作是相互衔接的,必须遵循一定的程序进行。因此,了解如图 16-7 所示的信用证结算货款的流程示意图有着重要的实践意义。

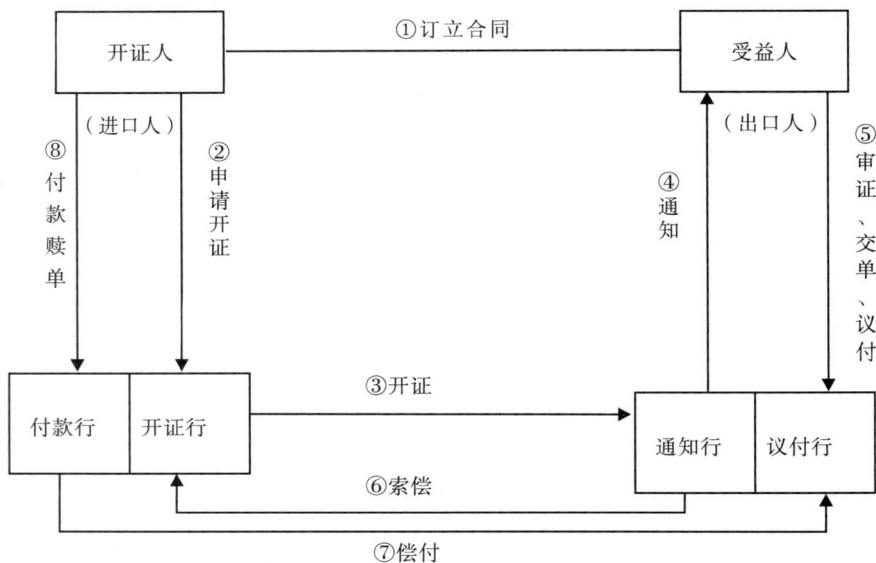

图 16-7 即期跟单议付信用证收付程序示意图

(二)信用证结算货款各环节的运作内容

1. 订立合同

交易双方订立买卖合同,在合同支付条款中约定采用信用证付款方式。一般规定内容为信用证的种类、信用证金额、开证行、开证日期、信用证送达卖方的日期和信用证的有效期等。

2. 申请开证

买方应在买卖合同规定的期限内,向其所在地银行申请开立信用证。买方申请开证时,开证行一般向申请人提供其设计印就的、内容完整的、措辞严明的申请书格式供申请人填写。买方申请开证时,一般需要向开证行支付一定的保证金,习称押金。押金多少,视开证申请人的资信情况而定。

3. 开证

开证行接受开证申请后,即采用信开或电开方式开立信用证,并通知出口地的通知行通知受益人。信开本通过邮寄手段转知受益人,电本则通过电报、电传等电讯手段通知受益人所在地的代理行,请其转知受益人。

4. 通知

通知行收到信用证后,对开证行的签字与密押经核对无误,除留存副本或复印件备查外,应尽快将信用证转交受益人。若该行不愿通知,则应立即通知开证行。若是通知行无法辨别信用证表面真实性,也应立即向开证行说明其无法辨别。

5. 审证、交单和议付

受益人收到通知行转来的信用证后,经审核与买卖合同条款相符后即发运货物,然后膳制信用证要求的全部单据,并开立汇票,连同信用证正本在信用证规定的交单期和信用证的有效期内,递交有权议付的银行办理议付。

6. 索偿

议付行办理议付后,按信用证规定,凭单向开证行或指定的付款行或偿付行请求偿付,称为索偿。具体做法是,由议付行按信用证要求,将单据连同汇票和索偿证明,分次航邮给开证行或指定的付款行,据此向开证行或指定的付款行请求偿付其向受益人垫付的货款。

7. 偿付

信用证的开证行及其指定的付款行或偿付行向议付行进行付款的行为称为偿付。开证行或其指定的付款行收到议付行寄来的汇票和单据后,经审核和信用证规定的相符,则将汇款偿付议付行。

8. 付款赎单

当开证行履行付款责任后,即向开证申请人(买方)提示单据,若单证经验核无误,便办理付款赎单手续。若开证时申请人支付了开证押金,则付款时给予扣减。若提交过抵押品,则在付款时由开证行退还给申请人。作为开证申请人的买方履行付款赎单责任后,即可凭单提货。

五、信用证的作用

现代意义上的信用证产生于 19 世纪。由于它由银行开立,并且由银行首先承担付款责任,因此在其使用后,不仅缓解了买卖双方互不信任的矛盾,也有利于融通资金,从而极大地促进了国际贸易和金融业务的发展。

关于信用证所起的作用,具体表现在以下几个方面。

(一)对出口商的作用

1. 为出口商收回货款提供了安全保障

由于信用证的性质为银行信用,它弥补了商业信用的不足。有了信用证,只要出口商交货后提交了信用证规定的单据,开证行就支付货款,为出口商提供了可靠的信用保障。

2. 使出口商获得了外汇保障

采用信用证付款方式,进口商申请银行开证,必先获得外汇管理当局的批准。若出口商收到国外开来的信用证,说明进口所需外汇已被当局批准,这样出口商的外汇货款被冻结的可能性就大为降低。

3. 增加了出口贸易的稳定性

在国际贸易中,如采用信用证付款方式,就构成开证行对相符交单予以支付的确定承诺,这就使得出口贸易增加了稳定性。

4. 便于出口商融资

采用信用证付款,有利于出口商利用银行的资金。如采用预支信用证,出口商在交货前即可获得更为便利的融资;此外,出口商还可以信用证为担保从银行获得贷款等。

(二)对进口商的作用

1. 有利于进口商按时收到合同项下的货物

在信用证规定装运期,出口商必须按时交付货物,否则,违反信用证条款,就无法取得银行的付款、承兑或议付,这就有利于出口商按时缴纳货物,以保证进口商按时收到合同下的货物。

2. 为进口商提供了一定的交易安全保障

在信用证中,进口商通常都要求出口商提交证明货物合格的各种证明,如品质证书、检验证书、ISO9000证书等有关单据,同时银行对各种单据有严格的审核责任,这在一定程度上为进口商提供了收货安全的保障。

3. 为进口商融资提供了一定的便利

在使用远期信用证时,进口商在货抵目的地时可立即提取货物,但货款的支付则可延缓至汇票到期日,可见使用信用证对进口商的融资作用明显。

(三)信用证对银行的作用

开证银行只承担保证付款责任,它提供的只是银行信用而不是资金,而且开证银行还要求开证申请人提交担保、交纳押金,以分散风险。总之,开证银行通过参与信用证业务,扩大了其业务量,并在无须承担多大风险的情况下,增加了其经济上的收益。

此外,议付行和其他参与信用证业务的银行,均能从中获得商业利益。

六、信用证的种类

在国际贸易中使用的信用证,可以从不同的角度分为下列几种:

(一)跟单信用证和光票信用证

1. 跟单信用证

跟单信用证(documentary credit)是开证行凭跟单汇票或单纯凭单据付款的信用证,其中包括代表货物所有权或证明货物已装运的运输单据、商业发票、保险单以及商检证书、海关发票、产地证书、装箱单等。

2. 光票信用证

光票信用证(clean credit)指开证行仅凭受益人开具的汇票而无须附带单据付款的信用证,它主要被用于贸易总公司与各地分公司间的货款清偿和贸易从属费用与非贸易费用的结算。

(二)不可撤销信用证

不可撤销信用证(irrevocable credit)指信用证开具后,在有效期内非经信用证各有关当事人的同意不得撤销或修改的信用证。这种信用证为受益人提供了可靠的保证,只要受益人提交了符合信用证规定的单据,开证行就必须履行其确定的付款责任。

（三）付款信用证

凡指定某一银行付款的信用证都称为付款信用证（payment credit）。按付款期限的不同,它又可分细为即期付款信用证与延期付款信用证。即期付款信用证是指注明"即期付款兑现"字样的信用证,它一般不需要汇票,也不需要领款收据,付款行或开证行只凭货运单据付款。在这种信用证中一般列有"当受益人提交规定单据时,即行付款"的保证文句。

延期付款信用证是指注明"延期付款兑现"字样的信用证。采用此信用证时,不要求受益人出具远期汇票,因此必须在证中要明确付款时间。由于此信用证不使用远期汇票,故出口商并不能利用贴现市场资金,只能垫付或向银行借款。

（四）承兑信用证

承兑信用证（acceptance credit）是指由某一指定银行承兑的信用证,当受益人向指定的银行开具远期汇票并提示时,指定的银行即予承兑,并于汇票到期日付款。根据《跟单信用证统一惯例》的规定,信用证付款人仅限于开证行或指定的其他银行。因此,这种信用证又称为银行承兑信用证。

（五）保兑信用证和非保兑信用证

1. 保兑信用证

保兑信用证（confirmed credit）是指开证行开出的信用证由另一家银行对符合信用证条款规定的单据履行付款义务。不可撤销的保兑信用证,则意味着该信用证不但有开证行不可撤销的付款保证,而且还有保证行的兑付保证。两者都是承担第一性的责任,显然,这种有双重保证的信用证对出口商安全收汇有保证。保兑行通常是通知行,有时也可以是出口地其他银行或第三国银行。

2. 非保兑信用证

非保兑信用证（unconfirmed letter of credit）是指未经另一家银行加具保兑的信用证。若开证行信用好或成交金额不大时,一般都使用这种非保兑信用证,以减少开证费用。

（六）议付信用证

议付信用证（negotiation credit）指开证行在信用证中指定议付行的信用证,即允许受益人向指定的银行或任何银行交单议付的信用证。通常在单据符合信用证条款的条件下,议付行扣除利息和手续费后将票款给受益人。议付信用证可分为公开议付信用证和限制议付信用证两种。公开议付信用证和限制议付信用证的到期地点都在议付行的所在地。这种信用证经议付后,如因故不能向开证行索得票款,议付行有权对受益人行使追索权。但按 UPC600 的规定,保兑行的议付没有追索权。

（七）可转让信用证

按信用证对受益人的权利可否转让可分为可转让信用证（transferable credit）和不可转让信用证两种。按 UPC600 的规定,只有明确指明"可转让"的信用证才可转让。如使用"可分割""可分开""可让渡"和"可转移"等之类措辞,并不能使信用证称为可转让信用证。可转让信用证通常适用于有中间商存在的情况。他们为了赚取差额利润,便将信用证项下执行权转让给实际供应商,由其装运出口和交单取款。

需强调的是,使用转让信用证应注意以下事项:

(1)转让信用证只能转让一次,故第二受益人不得将其收到的信用证转让给第三受益人,但转回给第一受益人不属于第二次转让。

(2)转让行是指开证行特别授权并实际办理转让信用证的银行,UPC600 还规定,开证行也可以担任转让行。

(3)信用证转让必须按照原证条款处理,但以下几点除外:①信用证金额和单价可以降低;②保险加成比例可以增加;③信用证有效期、运输单据签发日后的交单期和装运期可以缩短;④除非原证特别要求申请人名称要出现于发票以外的任何单据,第一受益人的名称可以替换申请人的名称。

(4)关于可转让信用证的修改,由于第二受益人可能意见不同,其处理办法是:同意修改的第二受益人,修改对其生效;不同意修改的第二受益人,修改对其无效,仍以原证为准。

(5)第二受益人不能绕过第一受益人直接向开证行交单,而必须向转让行交单。

(6)信用证的转让并不等于买卖合同的转让,如果第二受益人未能按时交货或单据有问题,第一受益人仍应按买卖合同承担卖方责任。

(八)循环信用证

循环信用证(revolving credit)指信用证被全部或部分使用后,其金额又恢复到原金额,可以再次使用,直至达到规定的次数或规定的总金额为止。这种信用证适用于常年定期、定量供货的情况。循环信用证又分为按时间循环信用证和按金额循环信用证。

(九)预支信用证

预支信用证(anticipatory credit)指允许受益人在货物出运前先凭光票向议付行预支部分货款的信用证。受益人预支部分货款后,在信用证规定的装运期内,应向议付银行提供全套货运单据,预付信用证金额将减去预支金额及利息。这种信用证中预先垫付的特别条款,原来习惯用红色书写,以引人注目,故又称此信用证为"红条款"信用证。

(十)背对背信用证

背对背信用证(back to back credit)或称转开信用证,是指受益人要求原证的通知行或其他银行以原证为基础,另开一张内容相似的新信用证。背对背信用证的开立,通常是中间商转售他人货物从中牟利,或两国不能直接办理出口贸易时,通过第三者以此方法来沟通贸易。背对背信用证的受益人可以是国外的也可以是国内的。背对背信用证的内容除开证人、受益人、金额、单位、装运期限、有效期限等可变动以外,其他条款一般与原件相同。

(十一)对开信用证

对开信用证(reciprocal credit)是指两张信用证的开证申请人互以对方为受益人而开立的信用证。其目的是为了达到贸易的平衡,以防止对方只出不进或只进不出。第一张信用证的受益人就是第二张信用证的开证申请人;反之,第一张信用证的开证申请人,就是回头证的受益人。第一张信用证的通知行,往往就是回头证的开证行。两张信用证的金额相等或大体相等,两证可同时对开,也可先后开立。该信用证一般用于来料加工、补偿贸易和易货贸易。

七、使用信用证付款方式的注意事项

在国际贸易中,使用信用证付款方式,除交易双方外,还有银行等金融机构介入,关系复杂,运作非常严格,加之国际市场变化多端,国际欺诈活动盛行,这些因素势必会影响到货款的收付。因此,使用信用证付款方式时,需注意以下事项:

第一,要注意收付货款的安全。

使用信用证付款方式并非没有风险或绝对安全,如开证行倒闭,不法商人利用信用证搞欺诈活动等。因此,要注意收付货款是否安全这一因素。

第二,应明确合理地规定开证日期和信用证有效期。

在按信用证支付成交时,必须明确合理地规定开证日期和信用证有效期,并注意开证日期与装运日期及信用证有效期之间保持合理的间隔时间。一般地说,信用证应在装运开始前一个合理的时间开到卖方,以便卖方留出必要的时间备货和安排装运,信用证的有效期应比装运期长半个月到一个月,以便卖方办理制单结汇等工作。

第三,应考虑利用银行资金与融资便利问题。

使用信用证付款方式时,交易双方应考虑如何更有效地利用银行资金和取得融资的便利条件。如,采取出口押汇、打包贷款、凭信托收据借单提货等做法。

第四,应注意利息与费用水平及其负担问题。

鉴于信用证下的付款期限有不同的规定,如约定延期付款,通常应加定利息条款,密切注意利息与费用的水平。此外,向银行申请开证时,银行一般要求申请人缴纳一定的押金。为了减少开证押金和节省开证费用,凡属常年稳定均衡供货的交易,一般采用循环信用证付款方式,对交易双方都比较有利。

第五,明确合理地规定单据的种类与份数并重视审单工作。

鉴于按信用证付款方式结算货款时,单据扮演着十分重要的角色,只要受益人提交的单据符合信用证要求,即在交单相符的情况下,银行就凭单付款。因此,在买卖合同与信用证中应明确合理地规定单据的种类与份数,并正确膳制各种单据,以确保结算货款的顺利进行。

第六,高度重视审证、改证工作。

在实际业务中,由于种种原因,往往出现信用证条款与合同不符的情况,从而影响了货款的收付。为了保证收付货款的安全和合同的顺利履行,有关专业人员必须切实坚持审证、改证工作,做到及时发现,及时改正,以免造成不应有的损失。

八、合同中的信用证支付条款

信用证条款有不同的订法,现将出口合同中信用证支付条款的具体订法,选取一些常用的列举如下:

1. 即期信用证支付条款

(1)"买方应通过卖方所接受的银行于装运月份前××天开立并送达卖方不可撤销即期信用证,有效期至转运月份后第 15 天在中国议付"(The buyers shall open through a bank acceptable to the sellers an irrevocable sight letter of credit to reach the seller ×× days before the month of shipment, valid for negotiation in China until 15th day after shipment)。

(2)"买方应于××年×月×日前(或接到卖方备货通知后×天内)通过银行开出以卖方为受益人的(由××银行保兑的)不可撤销的(可转让的)全部发票金额的即期信用证,信用证议付有效期延至上述装运期后 15 天在中国到期"[The buyers shall open through a bank to the sellers as the beneficiary(with the ×× bank confirmed)an irrevocable (transferable)with full invoice value sight letter of credit before ×× days×month× year(or in × days after received the sellers notification of preparing goods),valid for negotiation in China extend 15 days after the above-mentioned shipment]。

2. 远期信用证支付条款

"买方应通过卖方所接受的银行于装运月份前××天开立并送达卖方不可撤销见票后 45 天付款的信用证,信用证有效期至装运期后 15 天在中国议付"(The buyers shall open through a bank acceptable to the sellers an irrevocable letter of credit at 45days' sight to reach the seller ××days before the month of shipment, valid for negotiation in China until 15th day after the month of shipment)。

3. 循环信用证支付条款

"买方应通过卖方所接受的银行于第一批装运月份前××天开立并送达卖方不可撤销的即期循环信用证,该证在××年期间,每月自动可供××(金额),并保持有效至××年×月×日在天津议付"[The buyers shall open through a bank acceptable to the sellers an irrevocable sight revolving letter of credit and reach to the sellers before××days the month of the first shipment, the revolving L/C automatically offer ×× (amount money)per month during ×× year, and valid for negotiation to 15th January×× year in Tianjin]。

第五节 SWIFT 信用证

"SWIFT"是环球银行金融电讯协会(Society for Worldwide Interbank Financial Tel-ecommunication)的简称。该组织是一个国际银行同业间非营利性的国际合作组织,于 1973 年 5 月在比利时成立,董事会为最高权力机构,专门从事传递各国之间非公开性的国际的金融电讯业务,其中包括:外汇买卖,证券交易,开立信用证,办理信用证项下的汇票业务和托收等,同时还兼理国际的账务清算和银行间的资金调拨。该组织的总部设在布鲁塞尔,并在荷兰阿姆斯特丹和美国纽约分别设立交换中心(swifting center),及为各参加国开设的集线中心(national concentration),为国际金融业务提供快捷、准确、优良的服务。目前,已有 2000 多家分设在包括我国在内的不同国家和地区的银行参加该协会并采用该协会电讯业务的信息网络系统,使用时必须依照 SWIFT 使用手册规定的标准,否则会被自动拒绝。因此,SWIFT 具有安全可靠、高速度、低费用、自动加核密押等特点,能为客户提供快捷、标准化、自动化的通讯服务。

凡依据国际商会所制定的电讯信用证格式设计,利用 SWIFT 网络系统设计的特殊格式(format),而且信用证必须按照国际商会制定的《跟单信用证统一惯例》的规定,在信用证中可以省去银行的承诺条款(undertaking clause),但不能免去银行所应承担的义务。

过去进行全电开证时,都采用电报或电传开证,各国银行标准不一,条款和格式也各不相同,而且文字烦琐,采用 SWIFT 开证后,使信用证具有标准化、固定化和统一格式的特性,且传递速度快捷,成本也较低,因此普遍受到银行欢迎。现在已被西北欧、美洲和亚洲等国家和地区的银行广泛使用。在我国银行的电开信用证或收到的信用证电开本中,SWIFT 信用证也已占很大比重。

第六节　银行保证书和备用信用证

在国际贸易中,当履行交货或承包工程项目所需的时间较长、有必要在相当长的时间内支付价款、交易条件又较为复杂、难以使用信用证方式进行结算,而一方当事人对于另一方所作出履行合同的承诺又感到不够安全时,可要求另一方提供银行保证书或备用信用证,以保证其履行合同中规定的义务。银行保证书和备用信用证都是银行开立的保证文件,因此,也属银行信用。这两种凭证通常适用于期限较长、交易条件比较复杂的场合。它们除适用于货物买卖、承包工程项目外,还可用于融资等一切有关国际经济合作的业务中。

一、银行保证书

银行保证书(banker's letter of guarantee,L/G)又称银行保函,是银行向受益人开立的保证文件。由银行作为担保人,以第三者身份保证委托人如未对受益人履行某项义务时,由担保银行承担保证书中所规定的付款责任。其内容根据交易的不同而有所不同;在形式和条款方面也无一定格式;对有关当事人的权利和义务主要以文件本身条文进行解释和处理。

(一)银行保证书的基本内容

银行保证书的内容随具体交易的不同而异,但就其基本方面而言,一般包括以下项目:

1. 基本栏目。包括保证书的编号;开立日期;各当事人的名称、地址和所在国家或地区;有关工程项目或其他标的物的名称;有关合同或标书的编号和签约或签发日期等。

2. 责任条款。即开立保证书的银行在保证书中承诺的责任条款,这是银行保证书最主要的内容。

3. 保证金额。保证金额是出具保证书的银行所承担责任的最高金额。可以是一个具体金额,也可以是有关合同金额的某个百分率。如果保证人可以按委托人履行合同的程度减免责任,则必须作出具体说明。

4. 有效期。即最迟的索赔期限,或称到期日(expiry date),它既可以是一个具体的日期,也可以是在有关某一行为或某一事件发生后的一个时期到期,例如在交货后 3 个月或 6 个月、工程结束后 30 天到期等。

5. 索赔方式。即索偿条件,是指受益人在何种情况下方可向保证人提出索赔。对此,国际上有两种不同的说法:一种认为是无条件的,或称"见即索赔"(first demand guarantee);另一种认为银行保证书应是附有某些条件的保证书(accessary guarantee)。显然,这两种说法基于两种不同的立场和利益,前者对受益人有利,后者对委托人有利。但事实上完全无条件的保证书是没有的,只是条件的多少、严宽程度不同而已。即使按照国际商会《见索即偿保函统一规划》,受益人索赔时,也要递交一份声明书。因此,银行保证书通常均按不同情况,规定不同的索偿条件。

(二)银行保证书的种类

银行保证书根据不同用途,可分为许多种,但就其担保的职责和标的来分,主要有投标保证书和履约保证书两种。

1. 投标保证书(tender guarantee)是银行或其他金融机构(保证人)应投标人(委托人)的申请向招标人(受益人)开立的保证书,保证投标人在开标前不中途撤销投标或片面修改投标条件;中标后不拒绝签约;中标后不拒绝交付履约保证金,否则,银行负责赔偿招标人一定金额的损失。

投标保证书的金额一般为投标报价的 1%～5%(具体比例视招标文件的规定而定),有效期一般至开标日为止。如投标人中标,则自动延长至投标人与招标人签订正式有关项目合同并交来履约保证书为止。

2. 履约保证书(performance guarantee)是银行应申请人的请求,向受益人开立的保证申请人履行某项合同项下义务的书面保证文件。在保证书有效期内如发生申请人违反合同的情况,银行将根据受益人的要求向受益人赔偿保证书中所规定的金额。

用于国际货物买卖中的履约保证书,又可分为进口保证书和出口保证书两种。

(1)进口保证书(import letter of guarantee)是指银行(保证人)应进口人(委托人)的申请,开给出口人(受益人)的信用文件,保证在出口人按买卖合同交货后进口人一定如期付款,否则由保证银行负责偿付一定金额的款项。

(2)出口保证书(export letter of guarantee)是指银行应出口人的申请开给进口人的保证文件,明确规定,如出口人未能交货,银行负责赔偿进口人一定金额。有的保证书规定如出口方未能按买卖合同交付货物时,保证银行在收到通知后一定期限内,无条件地将进口方已经支付给出口方的定金或预付款退还给进口方,并加付从支付定金或预付款项之日起至实际退款日期止的利息。这种保证书又可称作还款保证书(re-payment guarantee)。

除此以外,在实际业务中,还有一些其他用途的保证书,例如,货物先于提单到达,为便于办理报关进口手续,及时提货,进口人可向当地银行提出申请,要求开出以船公司为受益人的提货保证书(letter of indemnity;letter of guarantee for production bill of lading),向船公司通融"借货",等提单到达后再换回保证书,即所谓"担保提货"(delivery of cargo under letter of guarantee);再如,用于偿还借贷资金,偿付寄售代销款、承租人的租金、承包人的工程维修费用等的保证书,以及在设备进出口业务中使用的维修保证书、机械设备或大型交通工具租赁业务中的租赁保证书等。总之,承担履行合同义务的任何一方,如应对方要求,均可向银行申请开立保证书。

(三)银行保证书的当事人

银行保证书的基本当事人如下:

1.委托人(principal),即申请人,是与受益人订立合同的对方执行人和债务人。在投标保证业务项下的投标人;出口保证业务中的货物出口人;进口保证业务中的货物进口人;在还款保证书项下退还定金和预付款的收受人即出口人。

2.保证人(guarantor),或称担保人,即开立保证书的银行或其他金融机构。保证人根据委托人的申请,并在由委托人提供一定担保的条件下向受益人开立保证书,担保在保证书规定的付款条件满足时即行向受益人付款。

3.受益人(beneficiary),也就是在他与委托人之间订立合同的债权人,即当委托人未履行合同时可通过保证书取得货款或赔款的人。在投标业务项下,则为招标人。

银行保证书除了以上三个基本当事人以外,有时还可能有转递行、保兑行和转开行等当事人。转递行是根据保证银行的请求将保证书转递给受益人的银行,转递行如同信用证业务中的通知行只负责核对保证书的签字或密押,鉴别保证书的表面真实性,不负其他经济责任,转递后,按与保证银行的约定收取转递手续费。保兑行是在保证书上加其保兑的银行。保兑行是在保证人不按保证书规定履行赔付义务时,才向受益人赔付,使受益人得到双重担保。转开行是接受保证银行的请求,向受益人开出保证书的银行。

(四)银行保证书和信用证的异同

银行保证书和信用证同属银行信用,但两者有很大区别,主要表现在以下三个方面:

1.就保证人的付款责任而言,信用证的开证行承担的是第一性的付款责任,信用证一旦生效,开证行负有首要付款责任,受益人或其指定人要求付款时应该向开证行或其指定银行交单,而不是向开证申请人交单;而在使用保证书时,应该先由委托人(有关合同的债务人)向受益人(有关合同的债权人)付款或履行合同义务,只有在委托人不付款或不履行合同义务时,受益人才可凭保证书向保证银行要求付款。因此,保证银行的付款责任是第二性的。当受益人索偿时,保证行通常要经过调整,证实委托人确未付款或未履行合同义务后才予支付。但是,近年来开始流行一种见索即偿保证书(on demand guarantee),这种保证书又称无条件保证书,是指在第一次索偿时,担保银行就必须按保证书规定的条件支付款项,而受益人只要按保证书规定提出要求付款并提交规定的声明或凭证即可。所以,相对于一般保证书具有补充性和从属性两个特性而言,见索即偿保证书则具有独立性与非从属性两个特性。因此,这种保证书的银行付款责任也是第一性的,与信用证开证行的付款责任几乎相同。总之,保证书的保证行付款责任的性质,须按保证书所规定的索偿条件来确定。

2.就在何种情况下使用而言,信用证是于正常履行国际货物买卖合同的情况下使用的,当卖方装运货物后,提交符合信用证条款的单据向银行支款。所以,采用信用证方式结算时,只要交易正常进行,这种支款是必然要发生的。但是银行保证书却不然,当交易正常进行,有关方均按合同规定严格履行各自义务时,保证书就不必使用,而只有在委托人违反合同或不履行合同义务又未按合同规定向债权人赔偿时,受益人才会凭保证书向保证行索偿。因此,凭保证书支款,不是每笔交易都必然会发生的。简言之,信用证用于履约,而保证书则在产生违约情况时才使用。

3. 就有关付款依据而言,信用证只凭符合信用证条款规定的单据,而与凭以订立的合同无关。但当受益人凭保证书向保证行索偿时,大多须经调查证实确系委托人违反合同而又不予赔偿时才进行偿付。对此,如在调查证实过程中,受益人与委托人意见不一,保证银行就会被扯进交易各方的合同纠纷中去。

对于银行保证书,国际商会于 1978 年 6 月颁布了《合同保证统一规则》(Uniform Rules for Contract Guarantee),即国际商会第 325 号出版物,简称 URCG325。以后,鉴于见索即偿保证书的使用日益增多,国际商会于 1992 年 4 月专门制定并颁布了《见索即偿保证书统一规则》(Uniform Rules for Demand Guarantee),即国际商会第 458 号出版物,简称 URDG458。但由于这两个规则都过于原则,有关当事人的责任和义务不够具体和明确,迄今几乎没有什么银行在开立的保证书中明确注明按这两个规则开立的。所以,在实际业务中,遇有不同解释时,往往只能按照保证书本身的具体条文,按开立地的法律个别解决,因此,很容易引起纠纷。有鉴于此,有的国家法律为了不让银行介入商业纠纷,禁止银行开立保证书,例如,美国政府只允许担保公司开立保证书,日本政府也不允许本国银行开立保证书。在此情况下,美国和日本的银行就只能以开立备用信用证的办法来适应实际业务的需要。于是,备用信用证就应运而生,而且逐渐在全世界范围内得到推广。

二、备用信用证

(一)备用信用证的含义

备用信用证(standby L/C),又称商业票据信用证(commercial paper L/C)、履约信用证(performance L/C)、担保信用证或保证信用证(guarantee L/C)。备用信用证是一种特殊形式的信用证,在性质上是一种用于代开证申请人向受益人承担一定条件下付款、退款或赔款责任的银行保证书。但国际商会自 1983 年起,就将它确定为一种信用证,并明确可以适用《跟单信用证统一惯例》。

备用信用证是开证行对受益人承担一项独立的、第一性义务的凭证。在此凭证中,开证行承诺在一定条件下偿付或偿还开证申请人(即开证人、出账人)的应付款、预收款,或在开证申请人未履行合同时,保证为其支付。如果开证申请人违约,受益人即可在备用信用证的有效期限和规定金额内,根据备用信用证的规定开具汇票,连同一份声明书(statement),说明或证明开证申请人不能履约的情况,提交开证行要求付款以取得补偿。因此,如果开证申请人按期履行与受益人之间的合同义务,受益人就无须要求开证行在备用信用证项下支付任何款项,这就是其被称作"备用"(standby)的由来。

（二）备用信用证的用途和内容

备用信用证是在有些国家禁止银行开立保证书的情况下，为适应对外经济往来的实际业务需要而产生的。所以它的用途几乎与银行保证书相同，既可应用于成套设备、大型机械、运输工具的分期付款、进出口交易和一般国际货物买卖的延期付款的履约保证，又可应用于国际投标保证、加工装配、补偿贸易、技术贸易的履约保证，也适用于带有融资性质的还款保证。总之，只要在一笔国际经济往来业务中，双方当事人中的一方对另一方承担义务，而另一方认为对方履行义务的承诺不一定能实现时，就可提出要求对方通过银行开立以本人为受益人的备用信用证以作出向本人的支付承诺。所以，备用信用证也是开证银行根据开证申请人的要求授予受益人的一种银行信用。备用信用证是具有信用证形式和内容的银行保证书。当开证人未能按时履行投标诺言、履行合同义务、交付货物、偿付货款或贷款时，受益人即可凭备用信用证出具关于开证申请人（开证人或出账人）违约或未履行承诺的声明书，向开证银行索偿。银行在收到汇票及信用证规定的凭证时承担付款责任。

（三）备用信用证适用的国际惯例

由于《跟单信用证统一惯例》的一套规则最适合备用信用证的基本性质，于是国际商会就把备用信用证和该统一惯例连接起来了，并自 1983 年修订的《跟单信用证统一惯例》（UCP400）起，即已明确将备用信用证列入适用该统一惯例的范围。之后，在 1993 年修订本，即 UCP500 中又再次明确指出："跟单信用证统一惯例适用于在信用证正文中表明适用本统一惯例的所有跟单信用证（包括在其适用范围内的备用信用证）。"由此可见，有关当事人可以选择使其备用信用证适用 UCP500。

根据不同基础交易的需要，备用信用证的当事人也可选择适用《见索即偿保证书统一规则》（URDG458）。而自 1999 年起当事人选择适用《国际备用证惯例 1998》（The International Standby Practices 1998，简称 ISP98）的日益增多。ISP98 最初是由美国的国际银行法律与惯例学会（The Institute of International Banking Law and Practice，Inc）起草，在国际商会组织专门小组的参与下，用了五年时间，经反复讨论定稿，后经国际商会的银行技术与惯例委员会于 1998 年 4 月 6 日批准，于 1999 年 1 月 1 日起生效，并被定为国际商会第 590 号出版物在全世界推广。ISP98 的颁布和实施是国际经济一体化和金融全球化发展的需要。独立制定备用信用证的惯例，表明了备用信用证的重要性。据国际商会称，现在，在世界范围内，备用信用证的未用余额已超过一般的商业信用证未用余额。备用信用证用途广泛、方便灵活，在国际贸易多元化的今天，备用信用证使用量将继续增加。而 ISP98 正是将备用信用证定位在有效可靠的付款承诺上的惯例，是统一全世界银行和贸易界操作的惯例，是全世界统一解释和应用备用信用证的惯例。

ISP98 是在参照 UCP500 和 URDG458 的基础上根据备用信用证的特点制定的，它对常用的备用信用证，如履约备用信用证（performance standby）、预付备用信用证（advance payment standby）、投标备用信用证（bid bond/tender bond standby）、反担保备用信用证（counter standby）、融资备用信用证（financial standby）、保险备用信用证（insurance standby）、商业备用信用证（commercial standby）和直接付款备用信用证

(direct payment standby)等都下了定义。ISP98 对许多 UCP500 未加阐述与阐述不清或不完善的事项,如有关电子提示(electronic presentations)、电子签名(electronic signature)以及其他的一些术语下了定义;对修改的生效、索偿书的替代、违约声明书等作了具体规定;对在实务中容易混淆的概念,例如申请人与受益人、营业日与银行日、开证人与保兑人、交单与支款、签字与电子记录、多次交单与部分支款、被指定人与受让人、款项让渡与依法转让等都进行了明确解释。

总之,ISP98 的颁布与实施,统一了各国银行与相关企业对备用信用证的操作,有利于减少与避免备用信用证业务中可能产生的纠纷和争议,从而推动了备用信用证的广泛应用和发展。但是,与其他国际贸易惯例相同,要使所开立的备用信用证适用 ISP98,必须在文本中表明受 ISP98 的约束。

(四)备用信用证与银行保证书的异同

1. 适用的惯例不同。如前所述,按照基础交易的不同需要,备用信用证的当事人可在 UCP500、URDG458 和 ISP98 三个惯例中任选一个适用的惯例,也可同时选择适用 UCP500 和 ISP98 两个惯例,即在同一份备用信用证中表明既受 UCP500 约束又受 ISP98 约束,作此选择时,如有疑问,ISP98 有优先权。而关于银行保证书的惯例,国际商会虽曾先后颁布过 URCG325 和 URDG458 两个规则,但由于这两个规则都过于原则,在实际业务中较少直接引用,因此,往往只能根据保证书的文字和担保人所在地的法律个别进行解释。

2. 付款的依据不同。备用信用证凭以付款的是备用信用证规定的文件。在通常情况下,由受益人出具开证申请人未履行某项义务的书面声明(written statement)。只要受益人出具和提示的文件(单据)符合备用信用证的规定,开证行即对受益人付款并对已付款项无追索权。备用信用证是开证行与受益人之间的一项独立的约定,而与开证申请人和受益人之间的合同无关;而开立保证书的银行,当受益人提交开证申请人(被保证人)未能履行合同义务的文件要求偿付时,担保银行是否应对受益人付款须视保证书的具体规定。例如,按一般保证书的规定,银行须证实未能履行合同的具体情形。在这种情况下,如果合同双方当事人意见不一,开立保证书的银行就有可能被牵连到开证申请人与受益人双方的合同纠纷中去,甚至被卷入开证申请人和受益人的讼争之中。

(五)备用信用证与一般跟单信用证的异同

国际商会《跟单信用证统一惯例》将备用信用证包括在跟单信用证范畴内,是由于备用信用证在最基本的方面与一般跟单信用证有相同的特点。主要表现有三:一是备用信用证与一般跟单信用证虽然都是在买卖合同或其他合同的基础上开立的,但是,一旦开立就都与凭以开立信用证的这些合同无关,成为开证行对受益人的一项独立的义务(independent obligation);二是备用信用证和一般信用证的开证行所承担的付款义务均是第一性的(primary);三是开证行及其指定的银行均为凭符合信用证规定的凭证(单据)付款,即跟单的(documentary)。

此外,备用信用证与一般跟单信用证均可适用《跟单信用证统一惯例》。但是,应当指出,备用信用证毕竟与一般的跟单信用证有所不同,主要表现在:

1. 一般跟单信用证通常用于一笔具体交易的支付,是在受益人按约成行合同义务过程中的支付;而备用信用证适用于当开证申请人未能履行其合同义务时,向受益人付款、退款或赔款。

2.一般跟单信用证主要用于国际货物买卖;而备用信用证则可用于所有国际经济往来。

3.一般跟单信用证通常须经进口人的申请,开证行才能据以开立信用证;而备用信用证的开证行也可不经申请人的请求而按其自身需要主动开证。

4.一般跟单信用证通常要求受益人提交大量商业单据,其中至少包括商业发票和运输单据;而备用信用证通常只需要受益人签发并提示申请人违约声明以及在远期付款情况下签发并提示汇票,供开证行承兑,到期付款。至于是否需要提交商业单据,则需视备用信用证的规定而定。

5.一般跟单信用证的开证行,由于有押金或货运单据作抵押,承担的风险较小;而备用信用证的开证行开证的主要依据是开证申请人的信用与履约能力,因而风险较大。

三、各种支付方式的结合使用

（一）汇款与信用证结合

汇款与信用证结合,是指部分货款采用信用证支付,余额用汇款方式结算。例如,对于矿砂等初级产品的交易,双方约定,信用证规定凭装运单据先付发票金额若干成,余额待货到目的地后或在经检验合格后用汇款支付,但必须明确规定使用何种信用证和何种汇款方式以及采用信用证支付金额的比例等。

（二）信用证与托收结合

信用证与托收结合,是指部分货款采用信用证支付,余额用托收方式结算。一般做法是:出口人开具两张汇票,属于信用证部分货款凭光票付款,而全套装运单据附在托收汇票之下,按即期或远期托收,但信用证要明确种类和支付金额以及托收方式的种类等。例如:"买方应通过卖方所接受的银行于装运月份前××日开立以卖方为受益人的不可撤销的即期信用证,规定80%发票金额凭即期光票托收,余20%即期付款交单。100%发票金额的全套装运单据随附在托收项下,于买方付清发票的全部金额后交单,如买方不付清全部发票金额,则装运单据须由开证行掌握凭卖方指示处理"（The buyers shall open through a bank acceptable to the seller an irrevocable sight letter of credit to reach the seller ×× days before the month of shipment,stipulating that 80% of the invoice value available against clean draft at sight while the remaining 20% on D/P at sight . The full set of the shiping documents of 100% invoice value shall accompany the collection item and shall only be released after full payment of the invoice value . If the buyers fail to pay full invoice value,the shiping documents shall be held by the issuing bank at sellers disposal）。

（三）汇款与银行保函结合

一些成套设备和大型产品,由于成交金额大,生产周期长,应由买方根据制造、交货过程,按进度分期付款,一般采用汇款与保函相结合的方式。汇款常用于预付定金。如在我们进口业务中,购买机器设备,国外出口人往往要求以汇款方式预付全部的货款的5%~10%,其余金额由我方银行出具保函再分期付款或延期付款。

专业词汇:

开立信用证	open a credit
修改信用证	amend a credit
舱位	shipping space
清算	settle an account
延期付款	deferred payment
预付款	payment in advance
分期付款	pay by installment
付款定金	down payment
账面付款	payment in account
应收账款	account receivable
押金	margin
贴现期票	discount a bill
偿还,补偿	reimbursement
打包放(贷)款	packing credit
追索权	recourse

思考与讨论

1. 何为信用证? 试述信用证支付的一般程序。
2. 简述信用证与买卖合同的关系。
3. 简述信用证支付方式的特点。
4. 何为银行保证书? 在国际贸易中主要有哪几种?
5. 简述备用信用证与银行保证书的区别。
6. 在国际结算中,不同支付方式的结合使用有哪些好处? 试举一例说明其作用和基本做法。
7. 通过以下表格看托收交单日、付款日是否正确?

日期	提示日	承兑日	付款日	交单日
D/P 即期	2009 年 3 月 17 日	无须承兑	2018 年 3 月 17 日	2018 年 3 月 17 日
D/P30 天	2009 年 3 月 17 日	2018 年 3 月 17 日	2018 年 4 月 17 日	2018 年 4 月 17 日
D/P30 天	2009 年 3 月 17 日	2018 年 3 月 17 日	2018 年 4 月 17 日	2018 年 3 月 17 日

案　例　分　析

1. 某出口企业收到一份国外开来的不可撤销即期议付信用证，正准备按信用证规定发运货物时，突接到开证银行通知，声称开证申请人已经倒闭，对此，我出口企业应如何处理？依据何在？

2. 我出口公司与某外商订立一份出口合同，规定货物分两批装运，支付条件为即期不可撤销信用证，对方按约开来限定通知行议付的信用证，经审核无误，第一批货物随即装运出口，我出口公司在规定交单期限内向通知行交单议付，通知行经审核向出口公司议付了货款，随后，开证行向议付行索偿。出口公司正准备发运第二批货物时，我通知行接到开证行电传，声称申请人收到第一批货物后，发现品质不符合合同规定，要求拒付第二批货物的货款，据此，请通知受益人停止发运第二批货物，如已发运，则不要再议付该项货款，我通知行在与出口公司联系后，立即回电拒绝。试分析我通知行这样做是否有道理？说明理由。

第十七章　进出口商品检验

第一节　商品检验的作用

　　国际货物买卖中的商品检验(commodity inspection)简称商检,是指商品检验机构对卖方拟交付货物或已交付货物的品质、规格、数量、重量、包装、卫生、安全等项目所进行的检验、鉴定和管理工作。

　　商品检验是随着国际货物买卖的发展而产生和发展起来的,它在国际货物买卖中占有十分重要的地位。国际货物买卖中,由于交易双方身处异地,相距遥远,货物在长途运输过程中难免会发生残损、短少甚至灭失,尤其是在凭单证交接货物的象征性交货条件下,买卖双方对所交货物的品质、数量等问题更易产生争议。因此,为了便于查明货损原因,确定责任归属,以利货物的交接和交易的顺利进行,就需要一个公证的第三者,即商品检验机构,对货物进行检验或鉴定。由此可见,商品检验是国际货物买卖中不可缺少的一个环节。做好进出口商品检验工作并在国际货物贸易买卖中约定好商品检验条款,有着非常重要的意义。

　　由于商品检验直接关系到买卖双方在货物交接方面的权利与义务,特别是某些进出口商品的检验工作还直接关系到本国的国民经济能否协调发展、生态环境能否保持平衡、人民的健康和动植物的生长能否得到保证,以及能否促进本国出口商品质量的提高和出口贸易的发展,因此,许多国家的法律和国际公约都对商品的检验问题作了明确规定。

　　例如,《中华人民共和国进出口商品检验法》第 5 条规定:"列入《商检机构实施检验的进出口商品种类表》的进出口商品和其他法律、行政法规规定须经商检机构检验的进出口商品,必须经过商检机构或者国家商检部门、商检机构指定的检验部门检验。"该条款同时规定,凡是列入《商检机构实施检验的进出口商品种类表》的进出口商品,除非经国家商检部门审查批准免予检验的,进口商品未经检验或经检验不合格的,不准销售、使用;出口商品未经检验合格的,不准出口。

　　上述有关商品检验的规定都体现了一个共同的原则,即除非买卖双方另有约定,买方在接受货物之前应享有对所购买的货物进行检验的权利。但需要注意的是,买方对货物的检验权并不是强制性的,它不是买方接受货物的前提条件。如果买方没有利用合理的机会检验货物,那么他就自动放弃了检验货物的权利。另外,如果合同中的检验条款规定,以卖方的检验为准,此时,就排除了买方对货物的检验权。

综上所述,有关商品检验权的规定是直接关系到买卖双方权利与义务的重要问题,因此,交易双方应在买卖合同中对与商品检验有关的问题作出明确具体的规定,这就是合同中的检验条款。国际货物买卖合同中的检验条款,其内容因商品种类和特性的不同而有所差异,但通常都包括检验时间和地点、检验机构、检验证书,以及货物与合同规定不符时买方索赔的时限等项内容。

第二节　商品检验的时间和地点

检验时间和地点是指在何时、何地行使对货物的检验权。所谓检验权,是指买方或卖方有权对所交易的货物进行检验,其检验结果即作为交付与接受货物的依据。确定检验的时间和地点,实际上就是确定买卖双方中的哪一方行使对货物的检验权,也就是确定检验结果以哪一方提供的检验证书为准。谁享有对货物的检验权,谁就享有了对货物的品质、数量、包装等项内容进行最后评定的权利。由此可见,如何规定检验时间和地点是直接关系到买卖双方切身利益的重要问题,因而是交易双方商定检验条款时的核心所在。

在国际货物买卖合同中,根据国际贸易习惯做法和我国的业务实践,有关检验时间和地点的规定办法可归纳为以下几种。

一、在出口国检验

此种方法又包括产地(工厂)检验和装运港(地)检验两种。

(一)产地(工厂)检验

产地(工厂)检验是指货物在产地出运或工厂出厂前,由产地或工厂的检验部门或买方的验收人员进行检验和验收,并由买卖合同中规定的检验机构出具检验证书,作为卖方所交货物的品质、数量等项内容的最后依据。卖方只承担货物离开产地或工厂前的责任,对于货物在运输途中所发生的一切变化,卖方概不负责。

(二)装运港(地)检验

装运港(地)检验又称"离岸品质、离岸重量(shipping quality and weight)"是指货物在装运港或装运地交货前,由买卖合同中规定的检验机构对货物的品质、重量(数量)等项内容进行检验鉴定,并以该机构出具的检验证书作为最后依据。卖方对交货后货物所发生的变化不承担责任。

采用上述两种规定办法时,即使买方在货物到达目的港或目的地后,自行委托检验机构对货物进行复验,也无权对商品的品质和重量向卖方提出异议,除非买方能证明,他所收到的与合同规定不符的货物是由于卖方的违约或货物的固有瑕疵所造成的。因此,这两种规定办法从根本上否定了买方的复验权,对买方极为不利。

二、在进口国检验

此种方法又分为目的港(地)检验和买方营业处所(最终用户所在地)检验。

（一）目的港（地）检验

目的港（地）检验习称为"到岸品质、到岸重量"（landed quality and weight），是指货物运达目的港或目的地时，由合同规定的检验机构在规定的时间内，就地对商品进行检验，并以该机构出具的检验证书作为卖方所交货物品质、重量（数量）的最后依据。采用这种方法时，买方有权根据货物运抵目的港或目的地时的检验结果，对属于卖方责任的品质、重量（数量）不符点，向卖方索赔。

（二）买方营业处所（最终用户所在地）检验

对于一些因使用前不便拆开包装，或因不具备检验条件而不能在目的港或目的地检验的货物，如密封包装货物、精密仪器等，通常都是在买方营业处所或最终用户所在地，由合同规定的检验机构在规定的时间内进行检验。货物的品质和重量（数量）等项内容以该检验机构出具的检验证书为准。

采取上述两种做法时，卖方实际上须承担到货品质、重量（数量）的责任。如果货物在品质、数量等方面存在的不符系属于卖方责任所致，买方则有权凭货物在目的港、目的地、买方营业处所或最终用户所在地经检验机构检验后出具的检验证书，向卖方提出索赔，卖方不得拒绝。由此可见，这两种方法对卖方很不利。

三、出口国检验、进口国复验

出口国检验、进口国复验是指卖方在出口国装运货物时，以合同规定的装运港或装运地检验机构出具的检验证书，作为卖方向银行收取货款的凭证之一。货物运抵目的港或目的地后，由双方约定的检验机构在规定的地点和期限内对货物进行复验。复验后，如果货物与合同规定不符，而且属于卖方责任所致，此时，买方有权凭该检验机构出具的检验证书，在合同规定的期限内向卖方索赔。由于这种做法兼顾了买卖双方的利益，较为公平合理，因而它是国际货物买卖中最常见的一种规定检验时间和地点的方法，也是我国进出口业务中最常用的一种方法。

四、装运港（地）检验重量、目的港（地）检验品质

在大宗商品交易的检验中，为了调和买卖双方在商品检验问题上存在的矛盾，常将商品的重量检验和品质检验分别进行，即以装运港或装运地验货后检验机构出具的重量检验证书作为卖方所交货物重量的最后依据，以目的港或目的地检验机构出具的品质检验证书作为商品品质的最后依据。货物到达目的港或目的地后，如果货物在品质方面与合同规定不符，而且该不符点是卖方责任所致，则买方可凭品质检验证书，对货物的品质向卖方提出索赔，但买方无权对货物的重量提出异议。这种规定检验时间和地点的方法就是装运港（地）检验重量、目的港（地）检验品质，习称"离岸重量、到岸品质（shipping weight and landed quality）"。

需要指出的是，由于实际业务中检验时间和地点的规定常常与合同中所采用的贸易术语、商品特性、检测手段、行业惯例以及进出口国的法律、法规密切相关，因此，在规定商品的检验时间和地点时，应综合考虑上述因素，尤其要考虑合同中所使用的贸易术语。通常情况下，商品的检验工作应在货物交接时进行，即卖方向买方交付货物时，买方随即对

货物进行检验。货物经检验合格后,买方即受领货物,卖方在货物风险转移之后,不再承担货物发生品质、数量等变化的责任。这一做法特别适用于以 E 组和 D 组实际交货的贸易术语达成的交易。但如果按装运港交货的 FOB、CFR 和 CIF 贸易术语成交时,情况则大不相同。由于在采用上述三种术语成交的情况下,卖方只要按合同规定在装运港将货物装上船舶,并提交符合合同规定的单据,就算完成交货义务,货物风险也自货物越过装运港船舷开始由卖方转移给买方。但此时买方却并没收到货物,自然更无机会检验货物。因此,按装运港交货的贸易术语达成的买卖合同,在规定检验时间和地点时采用"出口国检验、进口国复验"最为适宜。

第三节　商品检验标准

检验标准是指对进出口商品实施检验所依据的标准,如对商品品质、规格、包装等项目的具体规定和要求;抽样、制样或检验方法以及对检验仪器的具体规定和要求等。因此,交易双方在签订买卖合同时,除了规定检验时间和地点、检验机构及检验证书之外,往往还要明确检验标准。

一、国际上对检验标准的分类

在国际货物买卖中,商品的检验标准可归纳为以下三类。

(一)买卖双方自行商定的具有法律约束力的标准

这是国际货物买卖中普遍采用的检验标准,其中最常见的是买卖合同和信用证。

(二)与贸易有关国家所制定的强制执行的法规标准

主要指商品生产国、出口国、进口国、消费国或过境国所制定的法规标准,如货物原产地标准、安全法规标准、卫生法规标准、环保法规标准、动植物检疫法规标准。

(三)权威性标准

权威性标准是指在国际上具有权威性的检验标准,其中又包括国际标准、区域性标准化组织标准、国际商品行业协会标准和某国权威性标准四种。

1. 国际标准。是指国际专业化组织所制定的检验标准,如国际标准化组织、国际海事组织、国际电工委员会、联合国食品法典委员会等制定的标准。

2. 区域性标准化组织标准。是指区域性组织所制定的标准,如欧洲标准化委员会、欧洲电工标准委员会、泛美技术标准委员会等制定的标准。

3. 国际商品行业协会标准。是指国际羊毛局、国际橡胶协会等国际性商品行业协会所制定的标准。

4. 某国权威性标准。是指某些国家所制定的具有国际权威性的检验标准,如英国药典、美国公职分析化学家协会制定的标准。

二、我国对标准的分类

在我国,根据《中华人民共和国标准化法》和《中华人民共和国标准化法实施条例》的规定,商品的标准分为四种,即国家标准、行业标准、地方标准和企业标准。国家标准由国务院标准化行政主管部门制定。对没有国家标准,但需要在国家某行业范围内统一技术要求的,可以制定行业标准。没有国家标准和行业标准的,可以制定地方标准或企业标准。对于既有我国标准又有国际标准或国外标准的商品,一般情况下应采用我国标准进行买卖。对于已被国际上广泛采用的标准,或有助于扩大产品在国际市场销路的标准,交易时应尽量采用该种标准。

三、我国商检机构对进出口商品实施检验的标准

根据《中华人民共和国进出口商品检验法实施条例》的有关规定,我国商检机构按下述标准对进出口商品实施检验:

1. 法律、行政法规规定有强制性标准或者其他必须执行的检验标准的,按照法律、行政法规规定的检验标准检验。

2. 法律、行政法规未规定有强制性检验标准或者其他必须执行的检验标准的,按照对外贸易合同规定的检验标准检验。凭样成交的,并应当按照样品检验。

3. 法律、行政法规规定的强制性检验标准或者其他必须执行的检验标准,低于对外贸易合同约定检验标准的,按照对外贸易合同约定的检验标准检验。凭样成交的,并应当按照样品检验。

4. 法律、行政法规未规定有强制性检验标准或者其他必须执行的检验标准;对外贸易合同又未约定检验标准或者约定检验标准不明确的,按照生产国标准、有关国际标准或者国家商检部门指定的标准检验。

国际货物买卖合同中的检验条款,除了包括上述内容外,有时还需明确买方对不符货物向卖方索赔的具体期限。

第四节 商品检验机构及证书

一、商品检验机构

在国际货物买卖中,交易双方除了自行对货物进行必要的检验外,通常还要委托独立于买卖双方之外的第三方对货物进行检验。有时,虽然买卖双方未要求对所交易的商品进行检验,但根据有关法律或法规的规定,必须由某机构进行检验,经检验合格后方可出境或入境。这种根据客户的委托或有关法律、法规的规定对进出境商品进行检验、鉴定和管理的机构就是商品检验机构,简称检验机构或商检机构。

(一)国际上商品检验机构的类型

国际上的商品检验机构,种类繁多,名称各异,有的称作公证行(authentic surveyor)、宣誓衡量人(sworn measurer),也有的称之为实验室(laboratory),检验机构的类型大体可归纳为官方检验机构、半官方检验机构和非官方检验机构三种。

1. 官方检验机构

官方检验机构是指由国家或地方政府投资,按照国家有关法律法规对出入境商品实施强制性检验、检疫和监督管理的机构。例如美国食品药物管理局(FDA)、美国动植物检疫署等。

2. 半官方检验机构

半官方检验机构是指一些有一定权威的、由国家政府授权、代表政府行使某项商品检验或某一方面检验管理工作的民间机构。例如,美国担保人实验室(Underwriter's Laboratory)。

3. 非官方检验机构

非官方检验机构主要是指由私人创办的、具有专业检验、鉴定技术能力的公证行或检验公司,如英国劳埃氏公证行(Lloyd's Surveyor)、瑞士日内瓦通用鉴定公司(Societe Generale de Surveillance S. A. ,简称 SGS)等。

(二)我国的商品检验机构

中华人民共和国国家出入境检验检疫局(以下简称国家质检总局)主管全国进出口商品检验工作。国家质检总局设在省、自治区、直辖市以及进出口商品的口岸、集散地的出入境检验检疫局及其分支机构,管理所负责地区的进出口商品检验工作。

国家质检总局根据保护人类健康和安全、保护动物或者植物的生命和健康、保护环境、防止欺诈行为、维护国家安全的原则,制定、调整必须实施检验的进出口商品目录(以下简称目录)并公布实施。

出入境检验检疫机构对列入目录的进出口商品以及法律、行政法规规定须经出入境检验检疫机构检验的其他进出口商品实施检验(以下称法定检验)。列入目录的进口商品,未经检验的,不准销售、使用;列入目录的出口商品未经检验合格的,不准出口。列入目录的进出口商品未经检验合格的,不准出口。列入目录的进出口商品符合国家规定的免予检验条件的,由收货人、发货人或者生产企业申请,经国家质检总局审查批准,出入境检验检疫机构免于检验。出入境检验检疫机构对法定检验以外的进出口商品,根据国家规定实施抽查检验。

经国家质检总局和有关主管部门审核批准,获得许可,并依法办理工商登记的检验机构,方可接受委托办理进出口商品检验鉴定业务。国家质检总局和出入境检验检疫机构依法对经许可的检验机构的进出口商品检验鉴定业务活动进行监督,并可对其检验的商品抽查检验。

国家质检总局根据国家统一的认证制度,对有关的进出口商品实施认证管理。出入境检验检疫机构可根据国家质检总局同外国有关机构签订的协议或者接受外国有关机构的委托进行进出口商品质量认证工作,准许在认证合格的进出口商品上使用质量认证标志。

出入境检验检疫机构依照商检法的规定,对实施许可制度和国家规定必须经过认证的进出口商品实行验证管理,查验单证,核对证货是否相符。

二、检验证书

检验证书(Inspection Certificate)是检验机构对进出口商品进行检验、鉴定后签发的书面证明文件。

(一)检验证书的种类

国际货物买卖中的检验证书,其种类繁多,卖方究竟需要提供哪种证书,要根据商品的特性、种类、贸易习惯以及政府的有关法令而定。在实际业务中,常见的检验证书主要有以下几种:

(1)品质检验证书(Inspection Certificate of Quality)。即证明进出口商品品质、规格的证书。

(2)数量检验证书(Inspection Certificate of Quantity)。即证明进出口商品数量的证书。

(3)重量检验证书(Inspection Certificate of Weight)。即证明进出口商品重量的证书。

(4)价值检验证书(Inspection Certificate of Value)。即证明出口商品价值的证书,通常用于证明发货人发票所载的商品价值是否正确、属实。

(5)产地检验证书(Inspection Certificate of Origin)。即用于证明出口商品原生产地的证书,通常包括一般产地证、普惠制产地证、野生动物产地证等。

(6)卫生检验证书(Sanitary Inspection Certificate)。即证明食用动物产品、食品在出口前已经过卫生检验、可供食用的证书。

(7)兽医检验证书(Veterinary Inspection Certificate)。即证明动物产品在出口前已经过兽医检验、符合检疫要求的证书。

(8)消毒检验证书(Inspection Certificate of Disinfection)。即证明动物产品在出口前已经过消毒处理、符合安全及卫生要求的证书。

(9)残损检验证书(Inspection Certificate on Damaged Cargo)。即证明进口商品残损情况、估算残损贬值程度、判定致损原因的证书。

(10)货载衡量检验证书(Inspection Certificate on Cargo Weight & Measurement)是证明进出口商品的重量、体积吨位的证书。可作为计算运费和制订配载计划的依据。

此外,常见的检验证书还有植物检疫证明、积货鉴定证书、船舱检验证书等。

(二)检验证书的作用

检验证书的作用主要有以下几点:

1.检验证书是证明卖方所交货物符合合同规定的依据

在国际货物买卖中,交付与合同规定相符的货物是卖方的基本义务之一。因此,合同或信用证中通常都规定,卖方交货时必须提交规定的检验证书,以证明所交货物是否与合同规定一致。如检验证书中所列结果与合同或信用证规定不符,银行有权拒绝议付货款。

2.检验证书是报关验放的有效证件

许多国家都对某些进出口商品的品质、数量、包装、卫生、安全、检疫制定了严格的法律法规,凡属法定检验范围的商品,在办理进出口清关手续时,必须向海关提供商检机构签发的检验证书,否则,海关不予放行。

3.检验证书是买卖双方办理货款结算的依据

当合同或信用证中规定在出口国检验,或规定在出口国检验、进口国复验时,一般合同中都规定,卖方须提交规定的检验证书。此种情况下,卖方在向银行办理货款结算时,在所提交的单据中,必须包括检验证书。此外,在某些特定商品的交易中,为充分体现公正合理的原则,买卖双方往往以检验证书中所确定的货物等级、规格、重量、数量等来计算货款。此时,检验证书是卖方向银行办理货款结算时必须提交的文件。

4.检验证书是明确责任归属、办理索赔和理赔的依据

当报验货物与合同规定不符时,买方必须在合同规定的索赔有效期内,凭指定的商检机构签发的检验证书向有关责任方提出索赔或要求解除合同,有关责任方也需根据商检机构出具的检验证书办理理赔。

5.检验证书是解决争议的依据

国际货物买卖中,当交易双方发生争议未能协商解决,而提交仲裁或进行司法诉讼时,检验证书是当事人向仲裁机构或法院举证的重要凭证,也是仲裁机构或法院进行裁决的重要依据。

6.检验证书是计算关税的依据

出入境检验检疫机构出具的重量、数量证书是海关核查征收进出口货物关税时的重要依据。例如残损证书所标明的残损、缺少货物是可以作为向海关申请退税的有效凭证。

在我国,法定检验商品的检验证书由国家出入境检验检疫局及其设在各地的分支机构签发;法定检验以外的商品,如合同或信用证中无相反规定,也可由中国对外贸易促进委员会或中国进出口商品检验总公司或生产企业出具。在填制检验证书时,应注意证书的名称和具体内容必须与合同及信用证的规定一致。另外,检验证书的签发日期不得迟于提单签发日期,但也不宜比提单日期提前过长。

专业词汇:

商品检验	commodity inspection
检验证书	inspection certificate
检疫证书	certificate of quarantine
装运前检验	per-shipment inspection
装运后检验	after-shipment inspection
品质检验证书	Inspection Certificate of Quality
数量检验证书	Inspection Certificate of Quantity
重量检验证书	Inspection Certificate of Weight
价值检验证书	Inspection Certificate of Value
产地检验证书	Inspection Certificate of Origin
卫生检验证书	Sanitary Inspection Certificate
兽医检验证书	Veterinary Inspection Certificate
消毒检验证书	Inspection Certificate of Disinfection

残损检验证书　　　　Inspection Certificate on Damaged

货载衡量检验证书　　Inspection Certificate on Cargo Weight & Measurement

思考与讨论

1. 简述货物检验的含义及其在国际贸易中的作用。

2. 为什么在国际货物买卖合同中要对检验的时间和地点作出具体规定？

3. 简述我国出入境检验检疫机构在进出口商品检验方面的基本任务。

4. 为什么在国际货物买卖合同中要订立商品检验条款？合同中的检验条款一般应包括哪些内容？并举例说明。

案 例 分 析

韩国出口公司 A 向马来西亚进出口公司 B 以 CIF 马来西亚条件出口一批土特产品，B 公司又将该批货物转卖给泰国公司 C。货到马来西亚后，B 公司发现货物的质量有问题，但 B 公司仍将原货转销至泰国。其后，B 公司在合同规定的索赔期限内凭泰国商检机构签发的检验证书，向 A 公司提出退货要求。

试问：A 公司应如何处理该事件？为什么？

第十八章　争议、索赔、不可抗力和仲裁

第一节　争议和索赔

一、争议的含义

争议(disputes)是指交易的一方认为另一方未能全部或部分履行合同规定的责任而引起的业务纠纷。在国际贸易中,业务上的纠纷是屡见不鲜的,其原因是多方面的,主要有以下几种情况:合同是否成立,双方国家法律和国际贸易惯例解释不一;合同条款规定欠明确,双方对合同条款解释不一致;在履行合同时产生了双方不能预见和无法控制的情况,导致合同无法履行或无法按时履行,但双方对发生的不可抗力的法律后果解释不一致;买方不按时开证、不按时赎单付款、无理拒收货物、不按时派船等;卖方不按时交货、不按合同规定的品质、数量、包装交货,卖方不提供合同和信用证规定的单据等。凡此种种,都可能引起双方的争议。争议的主要内容是:是否构成违约,对违约的事实有争议;对违约的责任和后果有不同的看法。

产生争议,应采取适当的办法予以解决。解决争议的办法,首先双方应该在平等的基础上进行友好协商、互相谅解,不能为一时的业务纠纷而影响正常的贸易关系;如果经过友好协商不能得到圆满解决,要在分清责任的基础上,由承担责任一方向对方做出一定补救表示;或者双方自愿将有关争议提交第三者裁决。

二、索赔和理赔

索赔(claim)是指在国际货物买卖过程中,因一方违反合同规定,直接和间接地给另一方造成损失,受损方向违约方提出索赔要求,以弥补其所受损失;所谓理赔是指违反合同的一方受理受损方提出的赔偿要求的表示。

在国际贸易中,任何一方违反合同规定的义务,不履约或不按合同规定履约,一般来说就构成违约行为。违约的一方要承担损害赔偿责任,对方有权提出赔偿要求,直至解除合同。只有当履约中发生不可抗力的事故,致使一方不能履约或不能按时履约时,才可根据合同规定或法律规定免责。

对于违约和违约法律后果问题在各国货物买卖法和国际性公约中都作了明确的规

定:有的国家法律以合同中的条款作为区分违约性质及其补救办法,如违反合同中实质性的交易条件,比如货物品质规格等,即作为违反要件(breach of condition),受损方有权解除合同,并可要求赔偿损失。如果违反合同中非实质性的交易条件,称为违反担保或违反随附条件(breach of warranty),受损方无权要求解除合同,只能要求给予损害赔偿。有的国家法律以违反合同的轻重程度来区分违约性质和采取的补救办法。如双方当事人中任何一方违约,致使另一方无法取得该交易的主要利益,则为重大违约(material breach)。在这种情况下,受损方有权要求解除合同,并要求给予赔偿。如果一方违约,情节较轻,并未影响受损方的主要利益,则为轻微违约(minor breach),受损方只能要求损害赔偿,而无权要求解除合同。《公约》的第 25 条规定:"一方当事人违反合同的结果,如使另一方当事人蒙受损害,以至于实际上剥夺了他根据合同规定有权期待得到的东西,即为根本违反合同(fundamental breach)……"《公约》第 49 条规定:"买方在卖方不交货或卖方不在买方规定一段合理的额外时间(additional period of time)交货,便可宣布合同无效。"《公约》第 31 条第(1)款规定:"宣布合同无效解除了双方在合同中的义务,但应负责的任何损害赔偿仍应负责。宣布合同无效不影响合同中关于解决争端的任何规定,也不影响合同中关于双方在宣布合同无效后权利和义务的任何其他规定。"如果违约的情况尚未达到根本违约的程度,则受损方不能宣布合同无效,只能要求损害赔偿。

《中华人民共和国合同法》对违约责任作出了规定。该法第 107 条规定:"当事人一方不履行合同义务或者履行合同义务不符合规定的,应承担继续履行、采取补救措施或者赔偿损失等违约责任。"可以看出,我国《合同法》对违约责任的方式有继续履行合同、采取补救措施、赔偿损失三种,除此之外,违约责任的方式还有支付违约金等。

从以上介绍可以看出,国际上和我国对于违反合同和违反合同的法律后果都有不同的解释和规定,我们应该了解和掌握有关法律和国际贸易惯例,这对于我们洽商交易、签订合同和处理争议、索赔都有一定的积极作用。

在我们的外贸业务中,发生争议的事例是不少的。尤其当国家市场发生变化,对国外商人不利时,他们往往寻找各种借口拒不履行和拖延履约,甚至故意制造事端,挑起争议纠纷。在我们的工作中,由于种种原因,在履约时也经常出现不按时履约和根本不履约的情况。以上情况都可能导致索赔和理赔情况的发生,因此,如何正确处理好对外索赔和理赔工作,则是一个十分重要的问题。它既关系到维护国家的声誉和权益,又涉及比较复杂的技术问题,是一项政策性很强的涉外工作,所以必须严肃对待和认真处理索赔和理赔工作。

我们的对外索赔,大部分是发生在进口业务中。对外索赔时,应注意以下几个问题:

1. 查明造成损害的事实,分清责任,备妥必要的索赔证据和单证,并在索赔期内向对方提出。根据卸货口岸验收记录,用货部门的验收和安装使用中发现问题的现场情况,确定损害事实的存在和责任确属国外卖方,再备好必要的索赔证件,一般包括:提单、发票、保险单、装箱单、磅码单正本和副本、商检机构出具的货损检验证明或由承运人签字的短缺残损证明及索赔清单,并列明索赔根据和索赔金额,一并向卖方提出索赔。

2. 正确确定索赔项目和金额。正确而合理地确定索赔项目和金额是公平合理地处理索赔的基础。对索赔项目和金额的确定,既不能让国家蒙受不应有的损失,也不能脱离实际损失的情况,提出无理要求。如果合同预先规定有约定的损害赔偿的金额,应按约定的金额提赔;如预先未约定损害赔偿的金额,则应根据实际损失确定适当的赔偿金额。例如,卖方拒绝交货,赔偿的金额一般按合同价格与违约行为发生时国际市场价格之差计算;如果卖方交货的品质、规格与合同规定不符时,买方可以按《公约》第46条第(2)款、第(3)款规定,要求卖方交付替代货物或对货物进行修理补救等。如果退货重换,则应包括所退还货物的运费、仓储费、装卸费、保险费及重新包装费等。如卖方委托我方修理时,要合理计算使用材料费和工本费。

3. 认真制定索赔方案。在查明事实、备妥单证和确定索赔项目以及金额的基础上,结合客户与我们的业务往来情况,制定好索赔方案。

4. 及时向国外提出索赔。在做好索赔准备之后,要及时向国外提赔。提赔要注意合同规定的索赔期限,防止因逾期而招致拒赔。如果在索赔期内提赔有困难,可以通知国外卖方要求延长索赔期。

5. 索赔工作完成时,对索赔函电和各种记录应认真进行系统登记,以备查阅,从中吸取经验和教训。

出口业务处理索赔时,一般应注意以下几个问题:

1. 要认真细致地审核国外买方提出的单证和出证机构的合法性。

2. 注意调查研究,弄清事实,分清责任。要向货物的生产部门、国外运输部门了解货物品质、包装、存储、运输等情况,查明货差货损的原因和责任对象。如果确属我方责任,就应实事求是地予以赔偿。对国外商人提出的不合理要求,应该给予详细解释,对无理取闹的应以理拒绝并予以揭露。

3. 合理确定损失和赔付办法。赔付办法,可以采取赔付部分货物、退货、换货、补货或修理或赔付一定金额,对索赔货物给予价格折扣或按残次货物百分比对全部货物降价等。

三、合同中的异议、索赔和罚金条款

为了买卖双方在履约中有所遵循,一般在合同中订立索赔条款。其订立方式有两种:一种是异议和索赔条款;另一种是罚金条款。在一般的买卖合同中,多数只订立异议和索赔条款,有的还同检验条款合订在一起。但在大宗货物买卖合同中,只订立异议索赔条款,而不订立罚金条款。

(一)异议、索赔条款

异议、索赔条款(discrepancy and claim clause)是买卖合同当中关于处理异议和索赔违约责任的规定。

异议、索赔条款一般规定的内容是:当一方违约,另一方提出的索赔依据、索赔期限、索赔方法和索赔金额等。索赔的依据,主要规定提出索赔必须具备的证据以及出证的机构。提赔时必须按规定提供齐全、有效的证据,否则可能遭到拒赔。索赔的期限,主要是根据货物的不同特性而规定长短不同的期限。一般货物规定为货物到达目的地后30天或45天;对于机、电、仪一般定为货物到达目的港或目的地后60天或90天,一般不超过180天。但对有质量保证期的机械设备的索赔期,可长达1年或1年以上。索赔期的规

定在我进口合同中不宜太短,防止超过索赔期而被拒绝,可以在合同当中规定:"如在有效期内,因检查手续和发证手续办理不及,可先电告对方延长索赔期若干天。"对损害索赔金额,一般不作详细规定,因为签约的当时难以预料发生违约造成的损害程度。

(二)罚金条款

罚金条款(penalty)是指合同中规定如一方未履约或未完全履约,应向对方支付一定数量的约定金额。金额的多少视时间长短而定,并规定最高罚款金额。这一条款的规定一般适用于卖方延长交货时间或买方延长接货等情况。它的特点是:在合同中先约定赔偿金额或赔偿的幅度。例如,有的合同规定:"如卖方不能按期交货,在卖方同意由付款行从议付货款中扣除罚金的条件下,买方可同意延长交货。但是因延期交货的罚金不得超过货物总金额的 5%,罚金每 7 天收 0.5%,不足 7 天按 7 天算。如卖方未按合同规定的装运期交货,延长 10 周时,买方有权撤销合同,并要求卖方支付上述延期交货的罚金。"罚金的支付,并不能解除卖方的交货义务。如卖方根本不履行交货义务,仍要承担因此而给买方造成的损失。

在订立罚金条款时,要注意各国的法律对于罚金条款持有不同态度和不同解释与规定。法国、德国等国家的法律对合同中的罚金条款是予以承认和保护的,但在美国、英国、澳大利亚和新西兰等英美法系国家的法律上则有不同的解释。例如,在英国的法律上,对合同中订有固定赔偿金额条款,按其情况分为两种性质:一种是作为预定损害赔偿金额(liquidated damage),是指双方当事人在订立合同时,根据估计可能发生违约所造成的损害,事先在合同中规定赔偿的百分比。另一种是作为"罚款",是指当事人为了保证合同的履约,对违约一方征收的罚金。对上述性质的区分是根据当事人在合同中表示的意思由法官来确定。按照英国法院的主张,如属预定的损害赔偿,不管损失金额的大小,均按合同规定的固定金额判付;反之,如属"罚金",对合同规定的固定金额不予承认,而根据受损方提出损失金额的证明另行确定。

《中华人民共和国合同法》第 114 条规定:"约定的违约金低于造成损失的,当事人可以请求人民法院或者仲裁机构予以增加;约定的违约金过分高于造成的损失的,当事人可以请求人民法院或仲裁机构予以减少。"违约金的约定并不是毫无限制的自由约定,而要受到国家法律的正当干预。这种干预是通过法院或仲裁机构适当减少或增加的方法来实施的。违约一方支付违约金并不当然免除继续履行义务,受害方要求履行合同,而违约方有继续履行能力的,必须继续履行。

除上述索赔条款外,根据需要可作其他规定。例如,针对买方不开或迟开信用证,在 FOB 出口合同中,买方不派或不按时间派船等问题,规定卖方有权解除合同或延期交货,并要求给予损害赔偿。对于进口合同,除索赔条款可与商检条款合并订立外,还可以单独订立"索赔处理"条款。例如,有的进口合同规定:"如货物不符合本合同规定,应由卖方负责,同时买方按本合同规定在索赔期限或质量保证期内提出索赔,卖方在取得买方同意后,按以下方式予以补救:(1)同意买方退货,将退货金额以成交的计价货币偿还买方,并负担因退货而发生的一切直接损失和费用,包括利息、银行费用、运费、保险费、商检费、仓租、码头装卸费以及为保管退货而发生的一切其他必要费用。(2)按照货物次劣程度、损坏的范围和买方遭受的损失,降低货价。(3)调换有瑕疵的货物,换货必须里外全新并符合本合同规定的规格、质量和性能,卖方并负担因此而产生的一切费用和买方遭受的一切直接损失。对换货的质量,卖方仍应按本合同的质量要求规定,保质期为 1 年。"

第二节　不可抗力

一、不可抗力的含义

不可抗力,又称人力不可抗拒,它是指当签订合同后,不是由于当事人的过失,而是由于发生了当事人不能预见和人力所不能控制的自然灾害或意外事故,以致不能履行合同或不能按期履行合同,有关当事人即可根据合同或法律的规定免除不履行或不能按期履行的责任。不可抗力是国际贸易中通用的一个业务术语,也是许多国家的一项法律规则。但是,对其内容和范围解释并不统一。从国际贸易实践和某些国家判例来看,一般都是作严格解释的,某些事故,例如,签约后的价格上涨和下跌,货币的突然升值和贬值,虽然对当事人来说是无法控制的,但这是交易中常见的现象,并不是不可预见的,所以不属于不可抗力的范畴。只有签约后发生了当事人不可预见、无法预防和避免的自然力量或社会力量造成的自然灾害和意外事故,例如地震、洪水、旱灾、飓风、大雪、暴风雪或战争以及政府禁令等才属于不可抗力事故,但是对上述的解释各国并非完全一致。如美国习惯上认为不可抗力事故仅指由于自然力量所引起的事故,而不包括由于社会力量所引起的意外事故,所以美国的买卖合同一般不使用"不可抗力"一词,而称为意外事故条款(contingency clause)。

在实际业务中,发生的事故是否属于不可抗力事故,一般要根据合同条款的规定,视发生事故的时间、地点、原因、规模、后果等,以及事先是否可以预见,事后是否可以采取必要的措施克服,事故是否使合同失去履行的基础等情况来确定。

二、不可抗力的法律后果

不可抗力的事故发生的法律后果有两种:中止履行合同与解除合同。解除或中止合同,一般要视不可抗力事故对履行合同影响的程度。如果不可抗力事故的发生只是暂时或在一定期限内阻碍合同的履行,就只能中止合同或称为延期执行合同,不能解除有关当事人履行合同的义务,一旦事故消除后仍必须履行合同。解除合同是不可抗力一旦发生,经过一段时间以后完全影响履行合同的根本基础,使履约已成为不可能,即可解除合同。

不可抗力法律后果和范围,可由买卖双方在合同中加以具体规定,如不可抗力包括哪些内容,在什么情况下可以解除合同或在什么情况下可以中止合同等。不可抗力既是国际货物买卖和国际经济合同的一项合同条款,同时也是一项法律原则。因此,在国际贸易公约和各国法律中对不可抗力都有一定的解释和说明。

《公约》第 79 条第(1)款规定:"当事人对不履行义务、不负责任,如果他能证明此种不履行义务,是由于某种非他所控制的障碍,而且对于这种障碍,没有理由预期他在订立合同时能考虑到或能避免,或克服它或它的后果。"《公约》明确说明了,一方当事人由于发生了他不能控制的障碍(自然灾害和意外事故),而且这种障碍又是在订约时无法预见、避免或克服的,这个当事人即可免责。

英美国家的法律将不可抗力事故称为合同落空(frustration of contract),是指合同签订以后,不是由于合同双方当事人的自身过失,而是由于签订合同以后发生了双方当事人想不到的变化,致使签约的目的受挫,据此未履约,当事人得以免除责任,但是构成合同落空是有条件的。

大陆法通常称为"情况变迁原则"或"契约失效原则",其意是指由于履约的基础,不属当事人的原因,发生了预想不到的变化,履行起来显然不合理。因此,不可能再履行或对原有的法律效力需作相应的变更。

我国《合同法》第 7 章第 117 条规定:"因不可抗力不能履行合同的,根据不可抗力的影响,部分或者全部免除责任,但法律另有规定的除外。当事人迟延履行后发生不可抗力的,不能免除责任。"

三、合同中的不可抗力条款

不可抗力条款是买卖双方在合同中关于不可抗力有关内容的规定。各国法律都承认当事人规定不可抗力的内容的有效性,并允许当事人规定与法律的规定不同的范围和内容。虽然每个合同规定的内容不完全相同,但通常包括以下几个方面:不可抗力事故的范围;不可抗力事故的法律后果;出具事故证明的机构和事故发生后通知对方的期限。

不可抗力事故的范围:对于这个问题,一般容易引起当事人的争议,所以在一般情况下,应当规定得具体一些,不能笼统或含糊不清。防止一旦发生不可抗力事故,容易产生不同解释,出现纠纷。

不可抗力事故的法律后果:除应规定清楚在哪些情况下可以解除合同、在哪些情况下只能中止合同外,还应规定买卖双方都可援引的不可抗力免责。

不可抗力事故的证明,在我国一般由中国国际商会出具;在国外是由事故发生地点的政府主管当局签发,或由当地的商会以及登记注册的公证人出具。我国《合同法》第 7 章第 118 条规定:"当事人一方因不可抗力不能履行合同的,应当及时通知对方,以减轻可能给对方造成的损失,并应当在合理的时间内提供证明。"

在我国进出口贸易合同中,不可抗力条款的规定方法有三种:

1. 概括式规定。在合同中不具体订明哪些现象是不可抗力事故。例如,"由于人力不可抗拒事故影响而不能履行合同的一方,在与另一方协商同意后,可根据实际所受影响的时间,延长履行合同期限,对方对由此而产生的损失不得提出赔偿要求。"

2. 列举式规定。在不可抗力条款中明确规定出哪些是不可抗力事故。凡合同中没有规定的均不能作为不可抗力的事故援引。例如,"由于战争、洪水、火灾、地震、雪灾、暴风的原因致使卖方不能按时交货,则可以推迟装运时间或者撤销部分或全部合同,但卖方必须向买方提交发生事故的证明书,该证明书由××出具。"

3. 综合式规定。采用概括和列举综合并用的方式。例如,"如因战争行为或其他人力不可抗拒的原因,买方或卖方不能在本合同第×条规定的有效期内履行合同,如此种行为或原因在合同第×条规定的有效期后继续三个月,则本合同未交货部分即视为取消,买卖双方的任何一方不负任何责任。"

上述三种方法,第三种比较灵活,可适应多变的情况。

有关当事人在援引不可抗力条款时,应注意以下几点:

1. 应及时通知对方并提供适当的证明条件。对方接到通知应及时答复,如长期拖延不予处理,也要负违约责任。

2. 要认真分析事故是否属于不可抗力条款约定范围,如不属于合同规定范围时,一般不能按不可抗力事故处理。

3. 根据事故的性质、影响履约的程度等具体情况,适当地处理在履约中发生的各种情况。

第三节　仲　裁

一、仲裁的含义

仲裁(arbitration),这里所说的仲裁是指国际经济贸易仲裁,它是指由买卖双方当事人在争议发生之前或争议之后,达成书面协议,自愿将他们之间友好协商不能解决的争议交给双方同意的第三者进行裁决(award)。裁决对双方当事人都有约束力,双方必须执行。通过仲裁解决国际货物买卖过程中出现的争议,是当前国际上普遍采用的方式。因为,它较一般的友好协商易于解决问题,裁决对双方的约束力也较大;仲裁比司法诉讼有较大的灵活性。仲裁员多由国际贸易和法律专家担任,解决争端比法院快,仲裁费用也较低,裁决的结果双方在自愿的基础上执行,双方解决争议的感情和气氛比较好,有利于未来业务的发展。

仲裁与司法诉讼是不同的,二者的主要区别在于:法院是国家机器的重要组成部分,具有法定管辖权,当一方向法院起诉时,无须事先征得对方的同意,而是由有管辖权的法院发出传票,传唤对方出庭。仲裁机构是民间组织,没有法定管辖权;仲裁是在自愿的基础上进行的,如果双方当事人没有达成仲裁协议,任何一方都不能迫使另一方进行仲裁;仲裁机构也不受理无仲裁协议的案件。另外,仲裁员是由双方当事人指定的,而法官是由国家任命和选举的。仲裁可以按照商业惯例作出裁决,对当事人来说,仲裁比司法诉讼具有较大的灵活性和非强制性,所以,在国际贸易中,当有争议的双方通过友好协商不能解决问题时,一般都愿意采取仲裁方式来解决争端。

我国《合同法》第 129 条规定:"因国际货物买卖合同和技术进出口合同争议提起诉讼或者申请仲裁的期限为四年,自当事人知道或者应当知道其权利受到侵害之日起计算。"《中华人民共和国仲裁法》(以下简称《仲裁法》)第 1 章第 4 条规定:"当事人采用仲裁方式解决纠纷,应当双方自愿,达成仲裁协议。没有仲裁协议,一方申请仲裁的,仲裁委员会不予受理。"在国际上的一些习惯做法和一些国家的法律规定,也都要求采取仲裁解决争议的,当事人双方必须订有仲裁协议。

二、仲裁协议

(一)仲裁协议的含义

仲裁协议是双方当事人表示愿意把他们之间的争议交付仲裁解决的一种书面协议，是仲裁机构或仲裁员受理争议案件的依据。

仲裁协议有两种形式：一种是在双方争议产生之前订立的，表示愿意把将来可能发生的争议提交仲裁解决的协议。这种协议一般都包括在合同条款中，也称为仲裁条款。另一种是由双方当事人在争议发生之后签订的，表示同意把已经发生的争议交付仲裁解决的协议，称为提交仲裁协议。这种仲裁协议是单独订立的，是独立于合同之外的协议。

我国《仲裁法》第 3 章第 36 条规定："仲裁协议包括合同中订立的仲裁条款和其他书面方式在纠纷发生前或者发生后达成的请求仲裁的协议。"该法还规定："仲裁协议应当具有下列内容：请求的仲裁意思表示；制裁事项；选定的仲裁委员会。"

(二)仲裁协议的作用

根据多数国家仲裁法的规定，仲裁协议，其中包括仲裁条款的作用，主要表现为以下几个方面：

1. 它是双方当事人在发生争议时，以仲裁方式解决争议的依据，双方须受仲裁协议的约束。

2. 它是仲裁机构和仲裁员取得对有关争议案件的管辖权的依据。

3. 有仲裁协议，可以排除法院对有关争议案件的管辖权，任何一方不应再向法院起诉。

以上三个方面的作用是相互联系而不可分开的。但最重要的一点是排除法院的管辖权。这就是说，双方当事人有了仲裁协议，任何一方就不能把争议向法院提起诉讼，如果有一方当事人违反仲裁协议向法院提交诉讼，另一方当事人有权依据仲裁协议要求法院停止司法诉讼程序，把有关争议归还仲裁机关或仲裁员审理。但是，有些西方国家法律规定，双方当事人订立的仲裁条款不能完全排除法院的管辖权。

随着我国经济贸易的发展，出现争议的可能性也不断增加，我们要习惯采用仲裁方式解决双方当事人的争议，这就要求我们了解和熟悉有关仲裁方面的知识及有关法律，并在解决双方争议时加以运用。

三、仲裁程序

按照中国国际仲裁经济贸易仲裁委员会的仲裁规则的规定，仲裁程序包括：仲裁申请、答辩和反诉及仲裁庭的组成、审理和裁决。

(一)仲裁申请、答辩和反诉

1. 仲裁申请

申诉人必须向仲裁机构提交仲裁申请书。仲裁申请书应当写明：申诉人和被申诉人的名称、地址；申诉人所依据的仲裁协议；申诉人的要求及所依据的事实和证据。仲裁申请书应由申诉人或申诉人授权的代理签名。

申诉人向仲裁委员会提交仲裁申请书时，应当附具申诉人要求所依据的事实的证明文件。

在向仲裁机构提交仲裁申请书的同时,应在仲裁委员会仲裁员名册中指定一名仲裁员或者委托仲裁委员会主席指定,申诉人应按照仲裁规则的规定预交仲裁费。

仲裁委员会收到仲裁申请书及其附件后,经过审查认为申诉人申请仲裁的手续完备,应将申诉人的仲裁申请书及其附件,连同仲裁委员会的仲裁规则和仲裁员名册各一份,寄送给被诉人。被诉人应当在收到仲裁申请书之日起 20 日内在仲裁委员会仲裁员名册中指定一名仲裁员或者委托仲裁委员会主席指定,并应在收到仲裁申请书之日起 45 天内向仲裁委员会提交答辩书及有关证明文件。

2. 答辩和反诉

被诉人对仲裁委员会已经受理的案件,在收到申诉人的申请书后应根据申请书提出的问题一一进行答辩,并附上有关证据材料。如被诉人有反诉,应当在收到仲裁申请书之日起 45 天内提出。被诉人应在反诉书中写明其要求及所依据的事实和证据,并附具有关的证明文件,被诉人提出反诉时,应当按照仲裁规则的规定预缴仲裁费用。

当事人向仲裁委员会提交申请书、答辩书、反诉书和有关证明材料以及其他文件,应当按照对方当事人和组成仲裁庭的仲裁员人数,备具副本。

当事人可以委托代理人向仲裁委员会办理有关仲裁事项。代理人可以由中国或者外国的公民担任。接受委托的代理人应当向仲裁委员会提交授权委托书。

(二)仲裁庭的组成

双方当事人各自在仲裁委员会仲裁员名册中指定或者委托仲裁委员会主席指定一名仲裁员后,仲裁委员会主席应即在仲裁员名册中指定第三名仲裁员为首席仲裁员,组成仲裁庭,共同审理案件,双方当事人可以在仲裁名册中共同指定或者委托仲裁委员会主席指定一名仲裁员为独任仲裁员,成立仲裁庭,单独审理案件。如果双方当事人约定由一名独任仲裁员审理案件,但在被诉人收到仲裁申请书或者约定由一名独任仲裁员审理案件之日起 20 日内就独任仲裁员人选达不成一致意见时,则由仲裁委员会主席指定。如果被诉人未在收到仲裁申请书之日起 20 日内在仲裁员名册中指定一名仲裁员,或者委托仲裁委员会主席指定,仲裁委员会主席有权为被诉人指定一名仲裁员。

仲裁案件有两个或者两个以上申诉人及(或)被诉人时,申诉人之间及(或)被诉人之间应当经过协商,在仲裁员名册中各自共同指定一名仲裁员。如果申诉人之间未能在提交仲裁申请书时共同指定及(或)被诉人之间未能在最后一名被诉人书面仲裁申诉书之日起 20 日内共同指定仲裁员,则由仲裁委员会主席指定。

被指定的仲裁员,如果与案件有利害关系,应当自行向仲裁委员会请求回避,当事人也有权向仲裁委员会提出书面申请,要求该仲裁员回避。当事人要求仲裁员回避,应当在案件第一次开庭审理前提出。如果要求回避原由的发生或者得知是在第一次开庭审理之后,可以在其后到最后一次开庭审理终结以前提出。

(三)审理

仲裁庭一般应开庭审理案件,但经双方当事人申请或者征得双方当事人同意,也可以不开庭审理,只依据书面文件进行审理并作出裁决。

仲裁开庭审理的日期,由仲裁庭与仲裁委员会秘书处协商确定,并于开庭前 30 日通知双方当事人。当事人有正当理由的,可以请求延期,但必须在开庭前 12 天向仲裁委员会秘书处提出请求,除非发生不能预见的特殊情况;延期请求由仲裁委员会秘书处转告仲裁庭,然后由仲裁庭商仲裁委员会秘书处作出决定。

仲裁委员会受理的案件,如果双方当事人自行达成和解,申诉人应当及时申请撤销案件。案件的撤销,发生在仲裁庭组成以前的,由仲裁委员会主席作出决定;发生在仲裁庭组成以后的,由仲裁庭作出决定。

当事人就已经撤销的案件再次向仲裁委员会提出仲裁申请的,由仲裁委员会主席作出受理或者不受理的决定。

(四)裁决

仲裁庭应当在案件审理终结之日起45天内作出仲裁裁决书。仲裁庭对其作出的裁决,除由仲裁委员会和仲裁庭可以对其受理的案件进行调解,经调解达成和解协议案件,仲裁庭应当根据双方当事人和解协议的内容,作出裁决书之外,应当说明裁决所依据的理由。仲裁裁决书应当由仲裁庭全体或者多数仲裁员署名,并写明作出裁决证书的日期和地点。

仲裁裁决是终局的,任何一方当事人均不得向法院起诉,也不得向其他机构提出变更仲裁裁决的请求。当事人应当按照裁决书规定的期限自动履行裁决;裁决书未规定期限的应当立即履行。一方当事人不履行的,另一方当事人可以根据中国法律的规定,向中国法院申请执行,或根据1958年《承认及执行外国仲裁裁决公约》或者中国缔结或参加的其他国际公约,向外国有管辖权的法院申请执行。

四、合同中的仲裁条款

合同中的仲裁条款一般包括仲裁地点、仲裁机构、仲裁规则和仲裁效力等内容。

(一)仲裁地点

仲裁地点是仲裁条款的主要内容。仲裁地点是说明决定在哪一个国家进行仲裁的问题,这是双方当事人比较关心的问题。一般来说,双方当事人都愿意在本国仲裁,其原因是:由于当事人对自己国家的法律和仲裁做法比较了解和信任;仲裁地点和仲裁适用的法律有密切关系,由于适用不同国家的法律,就可能对双方当事人的权利和义务作出不同的解释,得出不同的结果。因此,仲裁地点往往是双方当事人争论的焦点。

目前,在我国对外签订的进出口合同中,对于仲裁地点的规定有三种:第一是首先争取在我国仲裁;第二是根据业务需要在被告国家进行仲裁;第三是规定在双方同意的第三国进行仲裁。规定在第三国仲裁的,应注意选择与我们比较友好的国家,同时,还要对该国仲裁规则和程序法有所了解。对于与我们有贸易协定的国家,仲裁地点按协定办事。

(二)仲裁机构

国际贸易仲裁有两种做法:一种是在常设机构进行仲裁;另一种是临时仲裁,即不要常设的仲裁机构主持,直接由双方当事人指定的仲裁员自行组成仲裁庭即临时仲裁庭进行仲裁。

国际上常设商事仲裁机构有三类:第一类是国际性的或区域性的仲裁组织,如国际商会仲裁院(Arbitration Court of International Chamber of Commerce)。第二类是全国性的仲裁机构,如中国国际经济贸易仲裁委员会、瑞典斯德哥尔摩商会仲裁院、瑞士苏黎世商会仲裁院、日本国际商事仲裁协会等。第三类是专业性的仲裁机构，如伦敦油籽协会、伦敦谷物事业协会等工商行业组织内设立的仲裁机构。目前，在国际贸易中，几乎有95％的争议案件是在常设仲裁机构的主持下进行仲裁的。

（三）仲裁规则

仲裁规则主要是规定进行仲裁的程序和做法，其中包括仲裁的申请、答辩、仲裁员的指定、案件的审理和仲裁裁决的效力以及仲裁费用的支付等。仲裁规则的作用主要是为当事人和仲裁员提供一套进行仲裁的行动规则，便于在仲裁过程中有所遵循。在仲裁条款中要明确规定仲裁规则。我们订立仲裁条款时，一般规定使用仲裁国的仲裁规则。

（四）仲裁效力

仲裁效力是仲裁裁决的效力，它是指仲裁裁决是否具有终局性，对双方当事人有无约束力，能否向法院起诉等。

我国进出口业务合同的仲裁条款，一般都规定仲裁裁决是终局的，对双方当事人都有约束力，任何一方都不能向法院或者其他机关提出变更和起诉。但是，有些西方国家规定允许向上级仲裁庭或法院上诉，法院可根据请求，对明显违背法律的裁决，依法予以撤销。

至于仲裁的费用，一般都规定由败诉一方负担，或规定按仲裁裁决办理。

在我们进出口贸易合同中，制裁条款有以下几种规定方法：

1. 规定在我国仲裁的条款

"凡因执行本合同所发生的或与本合同有关的一切争议，双方通过友好协商解决；如果协商不能解决，应提交北京中国国际贸易促进委员会中国国际经济贸易仲裁委员会，根据该会的仲裁程序规则进行仲裁。仲裁裁决是终局的，对双方都有约束力。"

2. 规定在被告国家仲裁的条款

"因执行本合同所发生的或与本合同有关的一切争议，由签订合同双方友好协商解决。如果签订合同双方经协商后尚不能解决，得提交仲裁。仲裁在被告所在国进行。如在中国，由中国国际贸易促进委员会中国国际经济贸易仲裁委员会根据该委员会的仲裁程序规则进行仲裁。如在××（国家）由××（仲裁机构）根据该（仲裁机构）的仲裁程序规则进行仲裁。仲裁裁决是终局的，对双方都有约束力。

3. 规定在双方同意的第三国仲裁的条款

"凡因执行本合同所发生的或与本合同有关的一切争议，双方应通过友好协商来解决；如果协商不能解决，应提交××（国）××（地）××（仲裁机构），根据该仲裁组织的仲裁规则进行仲裁。仲裁裁决是终局的，对双方都有约束力。"

专业词汇：

索赔	to lodge a claim
上诉	appeal
上诉机构	appeal body
申诉方	complaint
被诉方	defendant
仲裁庭	court of arbitration

仲裁地点	arbitration location
仲裁机构	arbitration body
仲裁裁决的权威性	authenticity of arbitration award
首席仲裁员	presiding arbitrator
原告	plaintiff
有争议的案件	the case under dispute
回合	round
担保	warranty
措施	measurement

思考与讨论

1. 在索赔和理赔工作中应注意的问题有哪些?

2. 何谓不可抗力? 不可抗力是如何认定的?

3. 何谓仲裁? 为什么仲裁是能为买卖双方所接受的一种比较常用的解决争议的方法?

4. 在进出口中,解决争议的办法有几种?

案 例 分 析

1. 我某企业与某外商按国际市场通用规格订约进口某化工原料。订约后不久,市价明显上涨。交货期限届满前,该商所属生产该化工原料的工厂失火被毁,该商以该厂火灾属不可抗力为由要求解除其交货义务。对此,我方应如何处理? 为什么?

2. 我某公司向外商出口一批货物,合同中明确规定一旦在履约过程中发生争议,如友好协商不能解决,即将争议提交中国国际经济贸易仲裁委员会在北京进行仲裁。后来,双方就商品的品质发生争议,对方在其所在地法院起诉我方,法院也发来了传票,传我方出庭应诉。对此,我方应如何处理?

第十九章　出口合同的履行及操作步骤

出口合同的履约过程一般包括:备货、催证、审证、改证、租船订舱、报关、报验、投保、装船以及制单、结汇等工作环节。其中,货(备货和报检)、证(催证、审证、改证)、船(运输、投保、报关)款(出口、结汇、单据缮制)为四个主要环节。

第一节　备货和报验

备货工作是指卖方根据出口合同的规定,按质按量地准备好应交的货物,并做好申请报验和领证的工作,以保证货物按时装运。

一、备货

备货是进出口公司根据合同和信用证的规定,向生产加工及仓储部门下达联系单(有些公司称其为加工通知单或信用证分析单等),要求有关部门按联系单的要求,对应交的货物进行清点、加工、整理、刷制运输标志等项工作。

货物的质量必须与出口合同和信用证的规定相一致。严格按照买卖合同约定的质量要求交付货物,是卖方的一项基本义务。在备货过程中应注意下列问题:

(一)有关货物的品种、数量与品质规格问题

首先对货物的品种、数量与品质、规格,应按合同的要求核实,必要时应进行适当调配与加工整理,以保证货物与合同规定一致。在备货数量上应留有余地以备调换和适应仓容之用。如果有"溢短装条款",则卖方在履行合同时在数量上可在规定机动幅度内有所伸缩。如果凭规格、等级、标准、说明书、图片等说明达成的合同,交付货物的质量必须与合同规定的规格、等级、标准等文字说明相符;如系凭样品达成的合同,则必须与样品相一致;如既凭文字说明,又凭样品达成的合同,则两者均须相符。

其次,备货时间应根据信用证规定并结合船期予以安排,以利于船货衔接。

(二)有关货物的包装问题

货物的包装必须符合合同的规定。货物的包装如同品质一样也是买卖合同的主要条款,有的国家的法律把合同中的包装条款视作对货物说明的组成部分。卖方必须按照合同规定的包装方式交付货物。倘若合同对包装未作具体规定,按《公约》的规定:应按照同类货物通用的方式装箱货包装,如果没有此种通用方式,则应按照足以保全和保护货物的

方式装箱和包装。我国《合同法》也有类似规定。应当指出,上述规定,实际是对卖方交货有关包装方面的最低要求。在实际业务中,如果合同对包装未作规定或规定不明确的,可以通过协议补充,达不成协议的,按照合同有关条款或交易习惯确定。此时,以前买卖双方的交往情况和买方对包装的要求以及有关的行业惯例,都可以成为对合同解释的补充因素,并对卖方有法律约束作用。

货物包装同时要考虑在途中的搬运与装卸,特别是易损货物,应用牢固的箱子包装。随着技术进步,自动仓储环境处理的货物越来越多,货物在运输和仓储过程中,通常由传送带根据条形码自动分拣。因此,要注意根据仓储要求,严格按统一尺寸对货物进行包装或将货放置于标准尺寸的牢固托盘上,并预先正确印制和贴放条形码。

(三)有关货物外包装的运输标志问题

正确刷制运输标志的重要性主要反映在如下四方面:一是符合运输要求和有关国家海关的规定(如海湾国家要求用阿拉伯文);二是保证货物被适当处置;三是掩盖包装内货物的性质;四是帮助收货人识别货物。因此,包装上印刷运输标志应符合有关进出口国家的规定,应与所有出口单证上对运输标志的描述一致。运输标志应既简洁,又能提供充分的运输信息。

买方如对货物外包装提出特殊要求则应对外包装标志加以审核,以确保无误;凡合同未规定者,应按公司制定的式样刷制。刷制时要注意清楚醒目、颜料不易脱落。

凡合同规定收到买方信用证后若干天内装运货物的,为保证按时履约,防止被动,应督促买方按照合同规定日期开立信用证;同时,出口方收到信用证后必须毫无迟延地审核,确认后及时安排生产。在备货过程中,对货物的内、外包装和装潢必须认真核对,一方面使之达到合同中的规定;另一方面达到保护商品和适应运输的要求。如果发现有包装不良或破损的情况,应及时进行修整或换装,以免在装运时取不到清洁提单,造成收汇困难。在货物备齐以后,还应视需要和合同或信用证的规定刷写包装和运输标志。

备货工作是业务部门和货源、仓储、报验部门共同负责的工作,因此要做好各环节工作,认真负责,保证按时交货。

二、报验

凡属国家规定或合同规定必须经中国进出口商品检验局检验出口的商品,货物备齐后,向商检局申请报验,只有取得商检局合格证书,海关才准予放行。检验不合格,一律不准出口。

申请报验的手续是:凡属法定检验的出口货物,应填制"出口报验申请单",向商检局办理申请报验手续。申请单的一般内容是:商品名称、规格、数量(重量)、包装、产地等项。按规定申请报验时应提交合同副本或信用证副本等有关单据。

申请报验应注意以下几点:

商检局出证后,应仔细审核商检证与信用证规定是否一致,如期间信用证有某些修改,应及时填制"更改申请单",由商检局重新出证。

商检证书一般都有有效期的规定。如因船期不准造成超期,应及时与商检局联系补验、填证。

注意已检验商品的样品保存问题。凡经商检局检验出证的商品样品,在没有收妥货款、索赔期尚未失效前均要妥善保管,并且在样品上应标明合同/信用证号码、检验日期、出运日期、最后索赔期等内容。

注意检验证书的有效期。进出口公司应在检验证书规定的有效期内将货物出运。检验证书的有效期,一般货物是从发证之日起两个月内有效;鲜果、鲜蛋类为两星期;植物检疫为三个星期内有效。如超过有效期装运出口,应向商检局申请展期,并由商检局进行复验,经复验合格货物才能出口。

第二节　催证、审证和改证

信用证结算方式是进出口贸易中最稳妥的结算方式,有着广泛的应用。落实信用证通常包括催证、审证和改证三项内容。如果信用证能够早开到,其内容又与买卖合同的内容相一致,或虽有稍许出入,但我方能够接受照办的,自然就不需要进行催开和修改信用证了。但在实际业务中,催开和修改信用证仍然是经常需要进行的工作。而审查信用证是重要的工作环节,必须认真细心对待,对信用证的掌握、管理和使用直接关系到收汇的安全。

一、催证

催开信用证是指通过信件、电报或其他电讯工具催促对方(买方)及时办理开立信用证手续并将开立的信用证送达我方,使我方及时安排装运货物出口,履行合同义务。

一般合同中均规定买方应按时开立信用证,这是出口方履约的前提。但由于市场变化和资金短缺等原因,买方会拖延开证。通常在下列情况下才有必要进行:

1. 买方在出口合同规定的期限内未开立信用证,我方可根据合同规定向对方要求损害赔偿或同时宣告合同无效。但如不需要立即采取这一行动时,仍可催促对方开证。

2. 如果我方根据备货和承运工具的情况,可以提前装运时,则可商请对方提前开证。

3. 即使开证限期未到,但发现客户资信不好,或者市场情况有变,也可催促对方开证。

催证的方法,一般为直接向国外客户发函电通知,必要时还可商请银行或我驻外机构等有关机构或代理商给予协助或配合协助催证。

二、审证

进口人开出信用证之后,出口商就应该协助银行一起审单。从理论上说,进口人办理开证申请手续时,是根据买卖合同办理的,开证行是根据开证人的申请书开立信用证的,依此推论,受益人收到的信用证,其内容应当是与买卖合同相一致的。可是,在实际业务中,由于存在开证人或开证行工作上的疏忽和差错;某些进口国家的习惯做法或特殊规定;开证人对我国的政策不了解;国外客户故意在信用证内加列一些额外的要求或者是个别商人出于不可告人的目的,在申请开证时故设陷阱等种种原因,经常发现国外来证的内容并不完全符合买卖合同的规定,个别的甚至是大相径庭。因此,审核信用证必须十分谨慎、仔细,稍有疏忽就可能影响履约,造成损失,甚至是重大损失。

信用证结算属于银行信用,故开证行的信用关系着安全收汇。信用证虽然依买卖合同开立,但银行在审核时又是独立于买卖合同的,信用证本身是一个独立的文件。在我国,审核信用证时出口企业和银行担负着共同责任,由于银行和企业的分工不同,其审核内容上各有侧重。

银行主要审核下列各点:

①开证行的资信,以决定是否需要其他大银行加保兑。

②查核电开信用证密押是否相符,信开信用证签字或印鉴是否真实,以确定信用证的真伪。信用证须经银行证实真实性后方可使用。

③信用保付条件。责任文句是否明确完整,索赔条款和路线是否可以接受。

进出口企业对信用证审核的内容一般应包括以下几方面:

①背景的审查。来证国家必须是与我国经济来往的国家和地区,来证各项应符合我国法律政策,否则应根据不同情况向开证行交涉。

②开证银行资信调查。

③对信用证的性质与开证行付款责任的审查。来证内载有开证行保证付款的文句。

上述三点,也是银行审证的重点,进出口公司只作复核性审查。

④审核受益人,要审核受益人的名称、地址有无差错,以便在制单时加以注意,特别是当受益人是总公司时。

⑤对信用证金额与货币的审查:

· 信用证金额应与合同金额相一致。

· 如合同订有溢短装条款,信用证金额也应包括溢短装部分的金额。

· 注意佣金是否在证内已扣除,信用证是否有关于佣金的指示。

· 信用证金额中单价与总值要填写正确,大、小写并用。来证所采用的货币应与合同规定相一致。

· 如来自与我国订有协议的国家,使用货币应与支付协议规定相符。

⑥对商品的品质、规格、数量、包装等条款的审查。证中有关商品的名称、规格、数量、包装、单价等项内容必须与合同规定相符,特别要注意有无另外的特殊条款,应结合合同内容认真研究,作出能否接受或是否修改的决策。

⑦对信用证规定的装运期、有效期到期地点的审查:

· 装运期必须与合同规定一致,如国外来证晚,无法按期装运,应及时电请国外买方延展装运期限。

· 信用证有效期一般应与装运期有一定的合理间隔,以便在装运货物后有足够时间办理制单结汇工作。

· 注意来证规定的最迟或最早装运期以及是否可以分批装运,转船装运。

· 注意生效地点应为"中国境内",如果来证规定在国外,规定时间能办到的,则也可同意。

·注意证内规定的最迟交单日。信用证应规定一个运输单据出单日期后必须向信用证指定银行提交单据要求付款、承兑的特定期限，即"交单期"（date for presentation of documents）。如信用证未规定提交单日期，按惯例，银行有权拒收迟于运输单据21天后提交的单据，但无论如何，单据也不得迟于信用证到期日提交。

⑧审核运输和保险条款。

⑨对单据的审查。对于来证要求提供的单据种类和份数及填制方法等，要进行仔细的审核，如发现有不正常的规定，例如要求商业发票或产地证明须由国外第三者签证以及提单上的目的港后面加上指定码头等字样，都应慎重对待。

⑩对其他特殊条款的审查。在审证时，除对上述内容进行仔细审核外，有时信用证内加一些特殊条款，如指定船公司、指定船籍、船龄等条，一般不应轻易接受，但若对我方无关紧要，则也可酌情对待。

以上只是审证的要点。在实际工作中，还应根据买卖合同条款，参照 UCP600 的规定和解释，逐条对照作详细审核。有些条款，在合同中未作规定而在信用证中却有要求，例如，要求提供装运通知的电报或电传副本、船样的邮寄数据，要求刷制指定的运输标志和/或其他标志等，也都应逐一认真对待。如能照办的，均须照办。若发现证中规定商品的品质、包装、价格与合同严重不符，单据的要求不正常，如发票、产地证须由外国第三者签证，提单目的港要加注指定码头等或其他不能接受或照办的内容，应及时向国外客户提出要求改证或取消。至于来证中的特殊条款（special condition），则应格外认真并仔细地进行审查。因特殊条款可能涉及的问题很多，不同的信用证，其内容也各有不同，而且往往不属于买卖合同规定之内的额外要求，稍有不慎，容易酿成失误，因此，必须认真对待，必要时还应与有关部门联系研究以后方能决定是否可以接受。

三、改证

在信用证业务中，修改信用证是常有的事。按 UCP600 第 10 条的规定：除可转让信用证另有规定外，"未经开证行、保兑行（如有保兑行的话）及受益人同意，信用证既不得修改，也不得撤销"。修改信用证的内容直接关系到有关当事人的权利和义务的改变，所以，不可撤销信用证在其有效期内的任何修改，均须取得各有关当事人的同意，方能生效。修改信用证既可由开证申请人主动提出，也可由受益人主动提出。如由开证申请人提出修改，在经开证行同意后，由开证银行发出修改通知书以信件、电报等电信工具通过原通知行转告受益人，经各方接受修改书后，修改方为有效。如由受益人提出要求修改，则应首先征得开证申请人同意，再由开证申请人按上述程序办理修改。

通常在以下几种情况，我们要求改证：

①来证与合同不符，开证行资信情况不可靠，可要求重新开证或保兑。

②来证要求与我方有关政策相抵触，或我方不能办到，必须修改才能接受。

③来证条款与我方支付协定条款相抵触，必须修改。

④来证性质与合同不符，影响我方履约收汇，只有经过修改才能接受。

⑤来证没有开证行保证付款的文句，只有有了明确的文句后才能接受。

⑥来证与合同的主要项目(品质、数量、单价、成交条件、金额等)不符,应通知开证人修改后才能接受。

⑦信用证对单据的要求过高,如熏蒸证,我方很难办到或增加费用,必须进行修改。

在办理改证的工作中。应注意以下问题:

• 凡需要修改的各项内容,应做到一次向国外客户提出,尽量避免由于我们考虑不周而多次提出修改要求,以致增加双方的手续和费用。

• 信用证修改时,应全面考虑资源、运输、仓储、气候等情况。

• 对来证不符合合同规定的各种情况,必须作出具体分析,不一定坚持要求对方办理改证手续,只要来证内容不违反原则并能保证我方安全迅速收汇,我们也可以灵活掌握。

第三节　运输、投保、报关

在备妥货物和落实信用证后,出口企业应按买卖合同和信用证的规定,对外履行装运货物的义务。安排装运货物出口涉及的工作环节很多,其中以托运、订舱、投保、报关为主要环节。

一、运输

(一)托运

凡由我方安排运输的出口合同,对外装运货物,租订运输工具和办理各项有关运输事项,我出口企业通常都委托我国对外贸易运输公司或其他国际货物运输代理(international freight forwarder 或 freight forwarding agent,简称"货运代理")办理。所以,在货、证齐全后,出口企业应即向货运代理办理托运手续。所谓托运,是指出口企业委托货运代理办理出口货物运输事宜。

在 CIF、CFR 合同使用集装箱班轮装运货物出口的情况下,我出口企业办理托运,应向货运代理提交出口货运代理委托书(entrusting order for freight export goods),其内容通常包括:信用证规定的提单记载事项、货物的详细说明、装运港、目的港、装运期限、分批和转运的规定、对集装箱的有关要求,如集装箱的类别和数量,等等。此外,出口企业还必须向货代提供与本批货物有关的各项单据,如提货单(出仓单)、商业发票、装箱单和/或重量单(磅码单)、出口货物报关单、外汇核销单等。对有些特定货物,还需提供出口许可证、商检证等。

(二)订舱

租船订舱的简单程序如下:

外运公司每月向进出口公司分发出口船期表,表内列明航线、船名、船籍、抵港日期、截止收单日期、受载日期和挂靠港口名称等项内容,供订舱时参考。或者进出口公司在需要订舱时可与不同的货运代理公司联系,寻找合适的舱位进行订舱。

进出口公司委托外运公司办理托运手续,填写托运单(shipping note),亦称"订舱委托书",递送外运公司作为订舱依据。所谓托运单是指托运人(发货人)根据贸易合同和信用证条款内容填写的向承运人(船公司一般为船运港的船方代理人)办理货物托运的单证。

外运公司收到托运单后,会同中国外轮代理公司,具体安排船只和舱位。然后由外轮代理公司签发"装货单"(shipping order,S/O),作为通知船方收货装运的凭证。

装运单,俗称下货纸,是接受了托运人提出装运申请的船公司或外轮代理公司签发给托运人,凭以命令船长承运货物装船的单据。

船抵达后,由进出口公司或由外运公司代各进出口公司向仓库提取货物送至码头,经海关查验放行后,凭装货单装船。

船上装货完毕,即由船长或大副签发收货单(又称大副收据,Mate's receipt),载明货物的状况。托运人凭收货单向外轮代理公司交付运费并换取正式提单。

虽然此项工作已全部委托外运公司办理,但各进出口公司应尽力配合,与外运公司保持密切联系,妥善安排,以利按时、按质、按量完成交货和节省运费支出。

二、投保

凡是按 CIF 价格成交的出口合同,我方在装船前,须及时向保险公司办理投保手续。出口商品的投保手续一般都是逐笔办理的。出口企业应于货物远离仓库或其他储存处所前,按照进出口合同和信用证的规定向保险公司办理投保手续,以取得约定的保险单据。在办理投保手续时,通常应填写对外运输投保单(application for foreign transportation insurance),列明投保人名称、数量、包装和标志、船名、航次、预计起航日期、投保险别、保险金额等。有时也有出口企业利用现成的单据副本如出口货物明细表、货物出口分析单等表示替代投保单。保险公司根据投保单考虑接受承保,并缮制签发保险单。

三、报关

报关是指进出口货物装船出运前,向海关的申报手续。按照我国海关法的规定:凡是进出国境的货物,必须经由设有海关的港口、车站、国际航空站进出,并由货物所有人向海关申报,经过海关放行后,货物才可提取或者装船出口。

出口报关是指出口人向海关申报出口,交验有关单据和证件,接受海关对货物的查验。在出口货物的发货人缴清税款或提供担保后,经海关签印放行称为清关或称通关,通常要经过申报、征税、查验、放行四个环节。

我国《海关法》对出口货物的申报(报关)资格、时间、单证、内容等方面,均作有明确规定:

1. 申报资格。必须是经海关审核准予注册的专业报关企业、代理报关企业和自理报关企业及其报关员。报关员必须经培训通过海关全国报关员统考,取得由海关总署签署授权颁发的报关员资格证书,并经海关批准注册,才能代表所属企业办理报关手续。

2. 申报时间。出口申报货物发货人一般应在装运的 24 小时前向海关申报(海关特准的除外)。

3. 申报单证。指出口货物报关单、与出口货物直接相关的商业和货运单证,以及国家有关法律、法规规定实行特殊管制的证件等。

如本节运输所述,出口企业凭出口货运代理委托书委托货运代理代为订舱并安排装运货物出口,其中包括委托代办出口报关手续。在此情况下,货运代理既是货运代理企业,也是代理报关企业。货代接受出口企业的委托后,在安排运送货物至集装箱堆场的同时,应及时准备好各项报关单证。报关单证除报关单外,通常有:商业发票、装箱单(但大宗散装货物及单一品种且包装内容一致的件装货物,不需要装箱单)、出口收汇核销单等,其他有关证件,如配额证明、出口许可证、商品检验检疫证等。

出口集装箱货物进入集装箱堆场后,货运代理作为报关单位,应及时向海关递交出口货物报关单,随附上述其他报关单证。报关员向海关提交报关单,即意味着清关(通关)工作正式开始。报关单位及其报关员必须承担相应的法律和经济责任。

(一)审核单证

海关接受出口申报后,应对报关员所提交的所有单证进行审核。审单通常是以出口货物报关单为基础,根据国家有关法律、行政法规的规定,核对所收到的报关单证是否齐全、正确、有效,内容是否一致。如果所审核的单证符合国家法律法规的规定,所交验的单证齐全、无误,海关随即着手对出口货物进行查验。

(二)查验货物

查验出口货物是指海关以出口货物报关单和其他报关单证为依据,在海关监管区域内对进出口货物进行检查和核对。

在检查过程中,海关检查出口货物的名称、品质规格、包装状况、数量重量、标记唛码、生产或贸易国别等事项是否与出口报关单和其他证件相符,以防止非法出口、走私及偷漏关税等。

海关查验集装箱货物,一般在集装箱堆场和港区码头堆场。在特定情况下,可经海关同意派员去发货人的仓库或工厂查验。

(三)办理征税

征收出口税是海关的基本业务之一。由于征收出口税必将增加出口货物成本,影响其在国际市场上的竞争力,因此,许多国家对其出口货物大部分不征收出口税。我国目前征收出口税的货物也较少,但少数出口货物由于种种原因仍需征收出口税。所以,按规定应当缴纳出口税的出口货物,当海关查验货物,认为情况正常后,由海关根据我国《关税条例》和《海关税则》的规定征收出口税。出口企业或其代理在向海关按规定税率缴清税款或提供适当担保后,海关方可签章放行。

(四)清关放行

清关放行是海关对出口货物进行监管的最后一项业务程序。出口企业或其代理(货运代理)按海关规定办妥出口申报(报关),经海关审核单证、查验货物和征收出口税后,海关接受对货物的监管,准予装运出境。在放行前,海关派专人负责审查核批货物的全部报关单证及查验货物记录,并签署认可,然后在装货单(海运情况下)上盖放行章,货方才能凭该装货单(S/O)要求船方装运出境。同时,海关在出口收汇核销单上加盖验讫章,退报关员,以供出口企业凭此到外汇管理局办理出口收汇核销手续。

目前,我国的出口企业在办理报关时,可以自行办理报关手续,也可以通过专业的报关经纪行或国际货运代理公司来办理。

出口合同履行过程中,货、证、船的衔接是一项细致又复杂的工作。

为了提高外销合同的履约率,及时发现问题并解决,外贸行政管理部门均要求各进出口公司围绕有无信用证和货源是否落实经常要进行"四排"工作,即一个合同接一个合同地按次序摆放解决问题。有证有货,安排出运;有证无货,积极备货;无证有货,加速催证;无货无证,一边备货,一边催证。

为了有效地利用信用证,使出口货物能够早日收汇,外贸公司要与外运公司密切配合,及时出具装运单,以利统筹安排租船/订舱事宜。为此,以外运公司为主,对每天出口船舶,根据各公司出具装货单的欲装货物数量进行统计,为避免超出船舶所能装载量,外运公司经常进行"三平衡"工作,其原则是:

有证有货先装,无证无货暂不能接受其装货单。

信用证即将到期的先装,信用证有较长有效期的缓装;各公司均有证有货,则应视情况,分轻重缓急装运。

货价较高创汇多,或货物为了应市,或易于腐烂变质的先装,反之货价较低的,而且又不超过装船期的就要暂缓装运。

第四节　出口结汇

一、结汇的方法

(一)信用证条件下的三种结汇方法

在货物装船,进出口公司已取得大副收据等单据后,应立即按信用证的要求,正确缮制各种单据,并在信用证规定的交单期内,送交银行议付和结汇。

议付,即指示出口地银行购买出口人出具的汇票和货运单据的行为。

我国出口结汇的办法由三种:收妥结汇、押汇和定期结汇。

收妥结汇,又称收妥付款,是指议付行收到外贸公司的出口单据后,经审查无误,将单据寄交国外开证行或指定付款行办理索取货款的手续,在收到货款后将所得外汇折成人民币汇入进出口公司的账户。

收妥结汇的弊病在于:

不利于加速资金周转。由于交单不付款,外贸公司不能及时收回货款,也增加了利息负担。

不利于明确经济责任,容易造成逾期未收汇,或发生呆账或坏账。

不利于提高配单质量和审单质量,影响及时收汇。

加大汇率风险。

押汇(bill receivables),又称买单结汇,是指议付行在审查单证无误情况下,按信用证条款买入受益人的汇票和单据,从票面金额中扣除从议付日到估计收到票款之日的利息,将余额按议付日外汇牌价折成人民币,拨交外贸公司。

押汇实际上是银行向出口商提供的一笔短期外汇流动资金贷款,因此议付行对垫款阶段的资金占有须收取一定的押汇息来补偿。银行之所以做出口押汇,是为了给出口商提供资金融通的便利,这有利于加速出口商的资金周转。

定期结汇,是议付行根据国外付款行索偿所需时间,预先确定一个固定的结汇期限,到期后主动将票款金额折成人民币,拨交外贸公司。

（二）非信用证结汇与国际保理业务

为了适应国际贸易的发展和国际货款结算中非现金结算方式日益增加的需要,在国际贸易中,遂出现了集信用管理、资金融通和结汇为一体的国际保理业务。

国际保理业务（international factoring）又叫承购应收账款业务,是指在使用托收赊销等非信用证方式结算货款时,保理商（factor）向出口商提供的一项集买方资信调查、应收款管理和追账、贸易融资及信用管理于一体的综合性现代金融服务。其基本做法是,在以商业信用出口货物时,出口商按照与保理商事先确定的协议,向进口商交货后把应收账款的发票和装运单据转交给保理商,即可得到保理商的资金融通,取得应收账款的全部或大部分货款。日后一旦发生进口商不付款或逾期付款,则保理商承担付款责任。

（三）外汇核销

根据 1998 年 6 月 22 日国家外汇管理局发布的《出口收汇核销管理办法实施细则》的规定,为完善出口收汇核销管理,防止外汇流失,根据《出口收汇核销管理办法》,特制定实施细则。境内出口单位向境外出口货物,均应当办理出口收汇核销手续。企业出口货物后,必须在规定的期限内足额准时收汇,并以出口收汇核销单为主线索向注册地外汇管理局提供必需的单证并按照必需的程序进行进出口收汇核销。

二、处理单证不符情况的几种办法

在信用证项下的制单结汇中,议付银行要求"单、证表面严格相符。"但由于种种原因,单证不符情况时常发生。如信用证的交单期允许,应及时修改单据,使之与信用证的规定一致。如不能及时改正,则应酌情选择如下处理方法:

1. 表提

表提又称为"表盖提出",即信用证受益人在提交单据时,如存在单证不符,向议付行主动书面提出单、证不符点。通常,议付行要求受益人出具担保书,担保如日后遭到开证行拒付,由受益人承担一切后果。在这种情况下,议付行为受益人议付货款。因此,这种做法也被称为"凭保议付"。表提的情况一般是单证不符情况并不严重,或虽然是实质性不符,但事先已经开证人（进口商）确认可以接受。

2. 电提

电提又称"电报提出",即在单、证不符的情况下,议付行先向国外开证行拍发电报或电传,列明单、证不符点,待开证行复电同意再将单据寄出。电提的情况一般是单、证不符属实质性问题,金额较大。用电提方式可以在较短的时间内由开证行征求开证申请人的意见。如获同意,则可以立即寄单收汇;如不获同意,受益人可及时采取必要措施对运输中的货物进行处理。

3. 跟单托收

如出现单、证不符,议付行不愿表提或电提方式征询开证行意见。在此情况下,信用证就会彻底失效。出口企业可以采用托收方式,委托银行寄单代收货款。

这里需要指出的是,无论是采用"表提""电提",还是"跟单托收"方式,信用证受益人都失去了开证行在信用证中所作的付款保证,从而使出口收汇从银行信用变成了商业信用。

第五节 单据缮制

一、制单的总要求

出口商需要提供信用证所要求的所有单据,制单的基本原则可以用"四个一致"概述:

"单证一致",即单据与信用证规定完全一致。信用证条款在单据上落实。

"单单一致",即单据与单据之间某一相应的项目要互相一致,各种单据的内容只能相互补充,不能彼此矛盾。

"单货一致",即单据上所叙述的各有关项目必须与实际货物情况完全一致,单货一致体现出口商的信誉。

"单同一致",即单据所表示的内容必须与合同要求完全一致。单据与合同一致表明出口商严格履行。

单货一致和单同一致体现出口商的经营作风和商业道德,从安全收汇角度来说,单证一致、单单一致是首当其冲的。有时即使是某些单据中的一字之差,开证行都会以此为借口提出拒付货款或拒付货物,制单是业务能否取得成功的关键。

对于结汇单据,要求做到"正确、完整、及时、简明、整洁"。

正确:制作的单据只有正确,才能保证及时收汇。

完整:必须按照信用证的规定提供各种单据,不能短少。

及时:应在信用证有效期内,及时将单据送交议付银行,以便银行早日寄出单据,按时收汇。

简明:单据的内容,应按信用证要求和国际惯例填写,力求简明,切勿加列不必要内容,以免弄巧成拙。

整洁:单据的布局要美观、大方,缮写或打印的字迹要清楚,表面要清洁,对更改的地方要加盖校对图章。

二、几种主要单据的制作

(一)汇票(bill of exchange,draft)

缮制汇票应注意以下问题:

付款人。采用信用证支付方式时,汇票的付款人应按信用证的规定填写,如来证没有具体规定付款人名称,可理解为付款人是开证行。采用托收的支付方式,汇票的付款人应填写国外进口人。

收款人。无论是采用托收方式还是信用证方式,除个别来证另有规定外,汇票的收款人均应填写托收行或议付行——中国银行。

开具汇票的依据。属于信用证方式,应按照来证规定文句填写,如信用证没有规定具体文句,可在汇票上注明开证行名称、地点、信用证号码及开证日期,如托收方式,汇票可注明有关合同号码等。

汇票开具一式两份(均为正本),两份具有同等效力,分两个航班投邮。其中一份付讫,另一份自动失效。

凡是以中国银行为付款人,或经中国银行向伦敦付款行以电报索汇的即期信用证,要不要汇票,可根据中国银行的规定办理。

欧洲有些国家银行在即期信用证上注明不要汇票,要求出具收据(receipt),我们可以按信用证要求开收据。此时切不可再开汇票,因为当地要加收印花税。

(二)发票(invoice)

发票分为商业发票、海关发票、领事发票、厂商发票。

1. 商业发票

商业发票(commercial invoice):它是卖方开立的载有货物名称、数量、价格等内容的清单,作为买卖双方交接货物和结算货款的主要单证,也是进出口报关完税必不可少的单证之一。

商业发票主要有以下几个方面的作用:

便于进口商核对已发货物是否符合合同。

作为进口商和出口商本身记账的根据。

在出口地和进口地作为报关纳税的计算依据。

作为整套货运单据的中心,其他单据都应向它看齐。它本身不是代表货物的物权凭证,但单据缺少了发票,就不能了解这一笔交易的全貌。

在不同汇票的情况下,它代替汇票作为付款依据。

发票的格式一般无统一规定,但主要项目基本相同,包括发票编号、开证日期、数量、包装、单价、总值和支付方式等项内容。在有佣金、折扣的交易中,经进出口双方商定,还可在发票的总值中列明内扣佣金或折扣是多少。

在制作发票时,应注意以下问题:

收货人。如属信用证方式,除少数信用证另有规定外,一般应填写来证的开证申请人。如属托收方式,收货人一般应为合同的买方。

对货物的名称、规格、数量、单价、包装等项内容的填制。凡属信用证方式,必须与来证所列各项要求完全相符,不能有任何遗漏或改动。如来证内没有规定详细凭证和规格,必要时可按合同加注一些说明,但不能与来证的内容有出入,以防国外银行挑剔而遭到拖延或拒付货款。如属托收方式,对上述内容应按照合同的规定结合实际装货情况详细填制。

如客户要求或信用证规定的发票内加列船名、原产地、生产企业的名称、进口许可证号码等,均可一一照办。

来证和合同规定的单价含有"佣金",发票上应照样填写,不能以"折扣"字样代替。如来证和合同规定有"现金折扣"(cash discount)的字样,在发票上也应全名照列,不能只写"折扣"或"贸易折扣"(trade discount)等字样。

凡属信用证方式,发票的总值不能超过信用证规定的最高金额,按照银行惯例的解释,开证银行可以拒绝接受超过信用证所许可金额的商业发票。

如信用证内规定"选港费"（optional charges）、"港口拥挤费"（port congestion charges）或"超额保费"（additional premium）等费用由买方负担，并允许凭本信用证支取的条款，可在发票上将各项有关费用加总，一并向开证银行收款。但是如果信用证内未作上述说明，即使合同中有此约定，也不能凭信用证支取。除非国外客户同意并经银行通知在信用证内加列上述条款，否则上述增加费用应另制单据通过银行托收解决。

由于各国法令或习惯不同，有的来证要求在发票上加注"证明所列内容真实无误"[或称"证实发票"（certified invoice）]、"货款已经收讫"[或称"收妥发票"（receipt invoice）]或有关出口人国籍、原产地等证明文句，我们应在不违背我国法令和政策的前提下，酌情办理。出具"证实发票"时，应将发票的下端通常印有的"有错当查"（E. & O. E.，为 errors and omissions excepted 的缩写）字样删去。

2. 海关发票

海关发票（customs invoice）：又叫估价和原产地联合证明书（CCVO，combined certificate of value and origin），或叫根据××国海关法令的证实发票（certified invoice in accordance with ×× customs regulations）。它是某些国家的海关制定的一种固定格式的发票，要求国外出口商人填制，主要作为估价完税或征收差别税或征收反倾销税的依据。此外，还供编制统计资料之用。

其主要内容包括：

价值部分。如 CIF 要分别列明运费、保险费若干和 FOB 金额。

产地部分。

证明部分。要有负责人手签，有的还加证明人手签。

填写海关发票时要注意以下问题：

各国使用海关发票均有专用格式，不要混用。

凡是商业发票上和海关发票上共有的项目和内容，必须与商业发票保持一致，不得相互矛盾。

"出口国国内市场价格"一栏，其价格高低是进出口海关征收"反倾销税"的重要依据，填制时应慎重。

如成交价格为 CIF 条件，必须同时标明 FOB 价、运费、保险费，三者之和与 CIF 值相等。签字人与证明人均需以个人身份出现，而且不能是同一人。个人签字只有手签才有效。产地国家栏不可遗漏"China"。国内费用以人民币计价，必要时还应注明兑换率。

3. 领事发票

领事发票（consular invoice）：有些国家如一些拉美国家和菲律宾等国规定，凡输往该国的货物，国外出口人必须向该国海关提供该国领事签证的发票。领事发票的作用与海关发票基本相似。如国外来证要求我方提供领事签证，一般不予接受，或要求其改证。特殊情况下应按经贸部的有关规定办理。

4. 厂商发票

厂商发票（manufacturer's invoice）：是由出口货物的制造厂商所出具的以本国货币计算价格、用来证明出口国国内市场的出厂价格的发票。其目的也是供进口国海关估价、核税以及征收反倾销税之用。如果国外来证有此项要求，应参照海关发票有关国内价格的填制办法处理。

缮制发票时容易出现以下差错,应予以注意:

· 发票抬头不符。常有人把提单上的被通知人作为发票抬头,而被通知人有时并非开证申请人。

· 货名不符或规格不全。

· 净重及牌名等漏掉。

· 贸促会签证漏掉。

· CIF 价格分列金额算错。

· 发票金额超过信用证公允的幅度。

· 来证对发票上要求注明的内容如能办到的一定照办,若不能办应事先请对方修改。

· 海关发票应使用手签,不能用图章。

(三)提单(bill of lading)

提单是各项单据中最重要的单据,是货物的物权凭证,关系到货物的所有权。在制作过程中应格外注意以下问题:

提单的种类。国外来证均要求"清洁、已装船"提单(clean or broad B/L),如果信用提供的提单不是清洁的、已装船的提单,银行不予接受。如果信用证未规定可否转船,按照银行惯例,银行可接受包括装运港至目的港全程的转船提单或联运提单。

提单的发货人(shipper)。如信用证无特别规定,应以受益人为发货人,也可以外运公司或驻港贸易机构为发货人,银行均可接受。

提单的收货人(consignee)。提单收货人即提单抬头人。在信用证或托收方式下,抬头有下列几种:

无记名或来人抬头(to order)。受益人须作空白背书。

发货人抬头(to order of shipper/consignee)。提单抬头照打,但须发货人背书。提单漏加背书,开证行可拒付。

记名抬头。如果以开证行作为收货人(consigned to ×× bank),银行可接受。

议付行抬头。如果以中国银行作议付行(to order of bank of China),经中国银行背书后生效。

提单的货物名称。提单上有关货物名称可以用概括性的商品统称,不必列出详细规格,但应注意不能与来证所规定的货物特征相抵触。

提单的运费项目。如按 CIF 或 CFR 价格成交,在提单上应注明"运费已付"(freight prepaid);如按 FOB 价格成交,在提单上则注明"运费到付"(freight to collect)。除信用证内另有规定外,提单上不必列出运费的具体金额。

提单的目的港和件数。原则上应和运输标志上所列的内容相一致。对于包装物在装船过程中,如发生漏装少量件数,可在提单上运输标志件号前加"ex(except)"字样,以表示其中有缺件。

提单的签发份数。收货人是凭提单正本提取货物,为了避免提单正本在递交过程中丢失,而发生收货人提货困难的情况,承运人一般签发的提单正本为两份,也可应托运人的要求签发两份以上,签发的份数应在提单上加以注明。每份正本提单的效力是相同的,但是,只要其中一份凭以提货,其他各份自动失效。因此,合同或信用证中规定要求出口人提供"全套提单"(full set or complete set B/L),就是指提交承运人在签发的提单上所注明的全部份数的正本。

提单签字的几项特殊要求:

货运斯里兰卡提单,要手签。

货运阿拉伯各国提单,需注明非以色列船,不靠以色列港,不经以色列领水、领海,等等。

货运缅甸提单,要严格审核,不能有任何涂改,否则有可能被缅甸海关视为伪造提单而被没收。

货运阿根廷的提单,有的来证要求由发货人(出口企业)在提单正面签字和加盖日期,并需手签。

有关装运的其他条款:买方有时限于本国法令,或为了使货物迅速到达或其他原因,在来证中加列其他装运条款,并要求出口人照办。如要求出口人提供航线证明、船籍、船龄证明,或指定装运船名、指定转运港、指定用货柜货轮,等等。对上述各项要求,我们应按照经贸部及有关部门的规定,并结合运输条件灵活掌握,如属不合理的或我方难以办到的运输条款,必须向国外客户提出修改信用证。

(四)保险单(insurance policy)

关于保险单应注意以下问题:

保险单抬头。如果来证无其他规定,保险单的被保险人应是信用证的受益人,并由其背书,便于保单办理转让。

保险险别和保险金额要与来证的规定相符。保险单上的运输标志、包装及数量、货名、船名、大约开航日期、装运港和目的港等项内容应与提单一致。

保险单上的签发日期,应早于或与提单日期同一天,但不得迟于提单日期,除非保险单注明承担自装船日起的风险,否则开证行可以拒绝接受。

保险单上的金额,一般应是加成投保额,最低投保额必须是货物 CIF 总值或 CIP 总值的金额的 110%,小数点后的数字均变为整数计,保单上大小写金额必须一致。

(五)产地证明书(certificate of origin)

这是一种证明货物原产地或制造地的证件。不用海关发票或领事发票的国家,要求提供产地证明可确定对货物应征收的税率。有的国家限制从某个国家或地区进出口货物,也有要求以产地证来证明货物的来源。

产地证明书一般由出口地的公证行或工商团体签发。在我国,可由中国进出口商品检验局或贸促会签发。

(六)普惠制单据(generalized system of preferences document)

普惠制单据简称 GSP。目前,已有美国、加拿大、日本、澳大利亚、新西兰、挪威、波兰、俄罗斯、白俄罗斯、乌克兰、捷克、斯洛伐克、哈萨克斯坦等 28 个国家和地区给予我国以普惠制待遇。向这些国家出口的货物,须提供普惠制单据,作为进出口国有关减免关税的依据。

目前使用普惠制单据的主要有:由中国进出口商品检验局签证出具的表格 A 产地证(GSP Certificate of Origin Form A)、纺织品产地证(Certificate of Origin Textile

Products)、手工制纺织品产地证（Certificate in Regard to Handlooms，Textile Hand Crafts and Traditional Textile Products of the Cottage Industry）和由出口地外贸局签发的纺织品出口许可证、纺织品装船证明。

对上述单据内容的填制，力求做到正确，并符合各个项目的要求，一旦填错，就可能丧失普惠制待遇的机会。

（七）装箱单和重量单（packing list and weight list）

这两种单据是用来补充商业发票内容的不足，便于国外买方在货物到达目的港时，督促海关检查和核对货物。

装箱单又称花色码单，列明每批货物的逐件花色搭配；重量单则列明每件货物的毛、净重。在实际业务中，卖方需要提供这两种单据，或只提供其中一种。它是根据国外来证规定及商品性质来决定的。

（八）检验证件

此类证件一般应由中国商品检验局（CCIB）出具，也有贸促会或生产厂商出具的。注意商检证件的内容应符合合同或信用证规定。

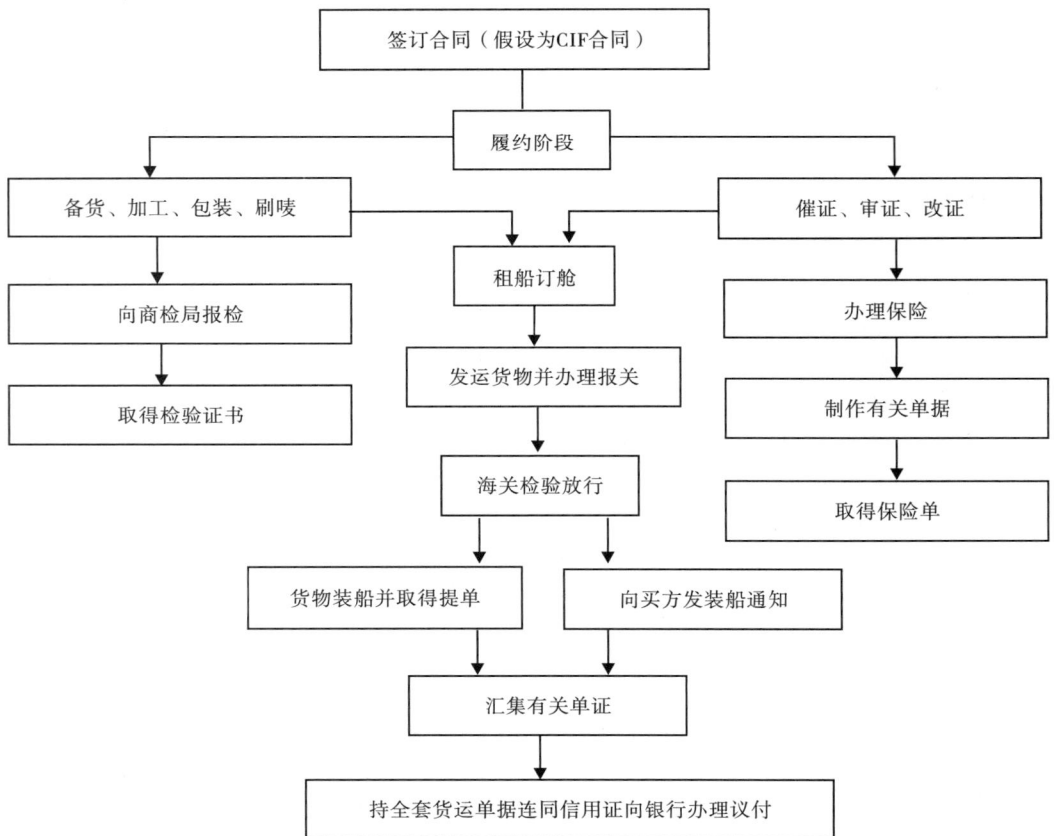

图 11-1　出口业务流程图

专业词汇：

国际货物运输代理	international freight forwarder 或 freight forwarding agent
出口货运代理委托书	entrusting order for freight export goods
议付	negotiation payment
清关	customs clearance
装货单	shipping order
托运单	shipping note
大副收据	mate's receipt
交单期	date of presentation of documentary
押汇	bill receivables
国际保理	international factoring
装箱单	packing list
重量单	weighting list
全套提单	full set or complete set B/L
保险单	insurance policy
外汇核销单	foreign exchange management and control form

思考与讨论

1. 履行以信用证付款的 CIF 出口合同包括哪些基本程序？

2. 出口企业在备货和印制运输标志时应注意哪些事项？

3. 审核国外开来的信用证时，按国际惯例，出口企业应如何对待和处理开证行开来的信用证修改通知？

4. 报关单证通常包括哪些？

5. 什么是普惠制单据？它有什么作用？

6. 什么是押汇？它与收妥结汇有什么区别？

7. 什么是国际保理？

案 例 分 析

1. 中国银行山东省分行收到新加坡某银行电开信用证一份，金额为 100 万美元，进口商为新加坡大马有限公司，出口商为中国山东省大成对外贸易公司，货物品名为花岗岩地砖，目的港为巴基斯坦卡拉奇港，最迟装运期为 10 月 15 日，有效期为 11 月 6 日，允许分批装运。信用证中有下述条款：

(1)检验证书于货物装运前开立并由开证申请人授权的签字人签字，该签字必须由开证行检验确认；

（2）货物只能待开证申请人指定船只并由开证行发给通知行加押电传通知后方可装运，该加押电传必须随同正本单据一起提交议付。

该外贸公司收到信用证后，立即组织生产，在 10 月 10 日完成全部货物的加工和包装，并在检验证书上签字。可是直到 10 月 14 日，进口商公司仍未派人来中国检验签字，我外贸公司担心交货延误，取得中国商品进出口检验检疫的商检证书，在 10 月 25 日装船运往巴基斯坦卡拉奇港。随后该外贸公司备妥信用证要求所有单据交中国银行议付。10 月 20 日收到新加坡开证行的拒付通知："你方单据与信用证检验条款不符，检验证书上没有新加坡大马有限公司指派授权检验人员的签字，请与进口商联系付款事宜。"无奈我外贸公司与进口商反复交涉，一直未能获得付款。新加坡大马有限公司坚持我方降价 30％ 才愿意付款赎单。我外贸公司因担心承担巨额滞港费和货物被卡拉奇港海关拍卖，而被迫同意，承受重大经济损失。

2．我某食品进出口公司向国外 C 贸易有限公司出口一批冷冻野味食品，3 月 8 日收到通知行通知的对方开来的即期不可撤销跟单信用证，其信用证有关部分条款规定：

"900 metric tons of Frozen Pheasant, male and female in brace, including：300 metric tons of A grade, 2.5 kgs min. Per brace, 300 metric tons of B grade, 2.25 kgs mins. Per brace. 300 metric tons of C grade, 2 kgs. min. Per brace. Packed in wooden cases. Shipment must be effected in two equal lots by separate vessels. The first lot to be effected not later than April 30,1997. The second lot to be effected not later than May 15，1997."（900 公吨冻山鸡，雌雄成对，其中包括 A 级 300 公吨，每对重量不低于 2.5 公斤，B 级 300 公吨，每对重量不低于 2.25 公斤，C 级 300 公吨，每对重量不低于 2 公斤。木箱包装。装运必须分等量两批分船装运，第一批必须于 4 月 30 日前转运，第二批必须于 5 月 15 日前装运）。

我食品进出口公司根据上述信用证条款规定分等量两批分船装运的要求和库存情况，决定安排这样分两批装运：第一批装 450 公吨，其中包括：A 级 140 公吨，B 级 160 公吨，C 级 150 公吨。第二批也装 450 公吨，其中包括：A 级 160 公吨，B 级 140 公吨，C 级 150 公吨。

我食品进出口公司于 4 月 7 日将第一批 450 公吨货物装运完毕，16 日即备齐信用证项下的所有单据对外寄单议付。但于 4 月 28 日才接到开证行拒付通知：

贵方第 WEXPO203 号信用证项下单据经审查发现单证不符。我信用证规定必须分等量两批分船转运，但根据我行收到的单据表明你方未按照每批等量分批装运，所以不符合我信用证要求。并联系开证申请人亦同意接受单据，单据暂代保管，听候你方处理意见。4 月 28 日。

我食品进出口公司根据开证行的拒付意见，经有关人员研究后决定除向买方 C 贸易有限公司提出外，同时于 4 月 30 日向开证行答复如下："你 4 月 28 日 WEXPO203 号信用证项下所谓单证不符问题，我们认为，你信用证总货量共 900 公吨，虽然规定'装运必须分等量两批分船装'，但我第一批于 4 月 15 日装运了 450 公吨，并计划在下月 15 日前再装 450 公吨，正好是等量分批分船装，因此，我第一批装 450 公吨的单据完全符合你信用证的要求,你行应该接受单据。4 月 30 日。"

5 月 2 日又接到开证行电:"你 4 月 30 日电悉。关于 WEXPO203 号信用证项下单证不符问题,我行认为虽然你方第一批按 450 公吨装运,但我信用证规定货物分等量两批装运,而且货物数量分有三项,所以分批应包括三项中每一项都必须分批等量装运。即你方亦应按我信用证规定第一批装 A 级 150 公吨,B 级却装 160 公吨,所以不符合信用证要求。经我行再三研究,确实无法接受。请速告单据处理的意见。5 月 2 日。"

同日也接到买方 C 贸易公司来电称:"关于你 4 月 30 日电对第 WEXPO203 号信用证项下 900 公吨冻山鸡 A、B 两等级未按等量分批装运的情况,我们再三研究实难接受。我们在合同虽然未明确规定,但信用证规定等量两批分别装运,你方未提出异议,并接受了信用证,我公司才与用户订立如此数量。由于你方在本批中未按该三种等级规格分别等量装运,即对 A 级少交 10 公吨,使我方无法向用户交货,用户向我索赔 1 万美元。根据上述情况,你方应负担由此而引起的我方损失,否则我们无法接受你方单据。5 月 2 日"。

我食品进出口公司考虑货已到达目的港,对方不接受单据,如继续拖延无人提货,将造成更大的损失,所以我食品进出口公司最后只好答应赔偿对方 1 万美元损失才结案告终。

第二十章　进口合同的履行

第一节　信用证的开立与修改

在我国进口合同规定采用信用证方式,有时也采用托收、预付定金加银行保函等支付方式。作为外贸经营企业,在合同生效之后,应立即按合同规定的支付方式办理对外付款保证手续。信用证开出后,如发现内容与开证申请书不符,或因情况发生变化或其他原因,需对信用证进行修改,应立即向开证行提出修改申请。

一、申请开立信用证

开证申请人在向开证行申请开立信用证时,应填写开证申请书,连同所需附件交开证行。开立信用证的时间应按合同规定。如合同规定在装运期若干天开立并送达,我方应按期向开证行提出申请并考虑到邮程的时间;如合同规定在卖方确定交货期后开证,我方应在接到卖方通知后再行向银行申请开证;如合同规定在卖方交付履约保证金或提供银行保函后向银行申请开证,则应在收到保证金或保函后向银行申请开证。

开证申请人在填写开证申请书时,应注意下列问题:

1. 信用证的种类:应按合同规定。在进口业务中,一般不宜开立可转让信用证,以防因第二受益人不可靠造成意外损失。

2. 信用证金额:即受益人可使用的最高限额。大小写、金额要一致,除非确有必要,不宜在金额前加"约"(about)、"近似"(approximately)、"大约"(circa)或类似词语,否则,按 UCP600,将被解释为允许有不超过 10% 的增减幅度。

3. 汇票的付款人和付款期限:汇票的付款人应为开证行或信用证指定的其他银行,而不能规定为开证申请人,否则,该汇票将被视作额外单据;汇票为即期还是远期,应严格按照合同规定。

4. 运输单据:如采用海洋运输,一般应要求提供全套凭开证行或申请人指示并经发货人空白背书的已装船清洁提单,如装运港与目的港航程距离较短,如自日本、中国香港启运的货物,为便于早日提货,防止因提单到达过晚无法提货而引起损失,可规定受益人于装运后先寄一份正本提单给申请人,凭以提货。对集装箱运输、航空运输、铁路运输、邮包运输,则应在采用 FCA、CIP、CPT 贸易术语的条件下方可受理,同时必须注明提交相应的运输单据。如仍沿用传统的 CIF、CFR、FOB 术语达成的交易也应按实际使用的运输方式要求提供相应的运输单据。

5. 其他单据：产地证、品质、重量检验证书、化验证明书等的签发机构、形式、内容及证明事项等应作明确规定。

6. 分批装运和转运：进口合同如规定不允许分批装运和转运的，应在信用证中明确注明不准分批转运、不准转运。如信用证对此不作规定的，将被允许分批装运和转运。

7. 到期日和到期地点：信用证必须规定一个到期日和除了自由议付信用证外的一个交单地点，否则，该信用证就不能使用。

8. 进口许可证号码。我国是外汇管制较严的国家，信用证中应要求出口人在商品发票上记载进口许可证号码，以备进口通关时海关验货。

二、信用证的修改

信用证开出后，如发现内容与开证申请书不符，或因情况发生变化或其他原因，需对信用证进行修改，应立即向开证行提交修改申请书，要求开证行办理修改信用证的手续。如受益人收到信用证后提出要求修改信用证中的某些条款的，则应视情况区别对待，若同意修改，应及时通知开证行办理修改手续；如不同意修改，也应及时通知受益人，敦促其按原条款履行装货和交单。

进口企业对信用证的开立和修改应持慎重态度。在申请开立时，应做到申请书与合同相符，以避免不必要的修改，并避免不符合条款被受益人利用而遭受损失；在修改信用证时，亦应注意修改内容的正确并应考虑到受益人有可能拒绝修改而按原证条款履行。

除信用证支付方式外，进出口业务还有使用汇付、托收两种或将两种以上支付方式（如凭银行保证书预汇货款）结合使用的。如使用汇付方式，我方应在合同规定的时间内，按合同规定，将货款汇付卖方；如使用托收，则应根据合同规定，以付款交单方式付款、赎单或以承兑交单方式承兑后先取得货运单据，到期时再付款。如合同规定买方凭卖方的银行保证书预付货款（或开立预支信用证），则在合同成立并生效后，由卖方银行向买方开出不可撤销的保证书，买方据以预付合同规定的货款；如卖方银行不开保证书，则应拒绝预付（或不开预支信用证）。在进口业务中，有时对一些资信不太好的客户，在进口合同中规定在对方提供保证履约的银行保证书后，我方再开信用证，目的是防止对方欺骗。银行保证书必须是不可撤销的，并详细说明保证的内容，银行保证书的有效期要晚于卖方履行义务的时限，否则有可能造成卖方尚未按时履行义务而银行保证书已经过期失效，银行不再承担责任而造成损失。

第二节　运输、保险、报验

在进口业务中，货物大多通过海洋运输，凡以 FOB 或 CFR 贸易术语成立的合同，由我方安排运输，订立运输合同。货物由海运运输的，我方负责租船或订舱工作。

一、租船、订舱和催装

租船、订舱的时间应按照合同规定，并应在运输机构规定的时间内提交订舱单，以保证及时配船。按合同规定，卖方在交货前一定时间内应将预计货物备妥日期、货物的毛重、体积通知我方。对于一些特殊商品，如单件货物超长、超高、超重的，或危险品等，应将卖方提供的详细情况转告有关运输机构，以确保安全运输。对成交数量大或重要的进口物资，如有可能请我驻外机构就地了解情况和催促卖方按照合同履约，在特殊情况下，可派人到出口地点检验监督装运。

进口企业在办妥租船、订舱手续，接到运输机构的配船通知后，应按规定将船名及预计到港日期通知卖方，以便卖方准备装货。对在 CIF 和 CFR 条件下的进口合同，由卖方负责租船、订舱，安排装运。但我方也应及时与卖方联系，掌握备货和装运情况以便办理保险和报关接货等事宜。

二、保险

FOB、FCA、CFR 和 CPT 贸易术语下的进口合同，我方办理保险。进口货物运输保险一般有两种方式。

（一）预约保险

我国部分外贸企业和保险公司签订海运、空运和陆运货物的预约保险合同，简称"预约保险"（open policy）。这种保险方式手续简便，对外贸企业进口货物的投保险别、保险费率、适用保险条款及赔偿支付方法都作了规定。

根据预约保险合同，外贸企业只需将合同号、起运口岸、船名、起运日期、航线、货物名称、数量、金额等必要内容一一列明，送保险公司，填制好进口货物"装运通知"，即可作为投保凭证。货物一经起运，保险公司就自动按预约保单所订的条件承保。

（二）逐笔投保

在没有与保险公司签订预约保险合同的情况下，对进口货物就需逐笔投保。外贸企业在接到卖方的发货通知后，应当立即向保险公司办理保险手续。一般情况下外贸企业填制"装货通知"代投保单交保险公司，"装货通知"中必须注明合同号、起运地、运输工具、起运日期、目的地、估计到达日期、货物名称、数量、保险金额等内容，保险公司接受承保后给公司签发一份正式保单。如外贸公司未及时向保险公司投保，货物在投保之前的运输途中发生损失时，保险公司不负赔偿责任。

三、报验

凡列入商检机构实施检验的商品种类表、对外贸易合同规定由商检机构出证的进口商品到货后，收货单位（包括订舱单位）或者外运公司应当立即向到达口岸或者达到站的商检机构报验。

国家对涉及安全、卫生、环境保护和检疫的商品，实行进口商品质量许可制度，按实施质量许可制度的进口商品目录办理。在实施质量许可制度的进口商品目录内的商品到货后，由商检机构和有关监督、检验机构实行强制性检验。经检验不合格的，应当监督有关单位进行无害化处理或责令其退货或者销毁;经检验两批不合格的,吊销安全标志或者注销注册。商检机构实施检验的商品种类表和实施质量许可制度的进口商品目录以外的进口商品到货后,收货单位应当向所在地区商检机构申报后自行检验或者委托指定的单位检验。经检验合格的,凭检验结果向商检机构销案;检验发现问题的,应当保留现场,并及时申请商检机构复验。

进口货物到货后,由外贸企业或外运公司根据进口单据填写进口货物报关单向海关申报,并随附发票、提单及保险单。如属列入商检机构实施检验的商品种类表的进口商品,海关凭商检机构在进口货物报关单上加盖的印章放行。

海关在查验进口商品时,收货人或其代理人应当到场,并于检验后在有关集装箱或者包装上加封,海关应当做好检验记录备查。

第三节　审单付款和接货拨交

一、审单付款

在单单相符、单证相符的大原则下应重点注意以下几点:

在信用证项下,当开证行收到国外受益人寄来的汇票和全套装运单据后,交给外贸企业,由外贸企业依据开证行开出的信用证副本审查汇票和全套单据,经审查无误后,如果进出口合同包括技术使用费,由外贸企业按规定扣除受益人应向我国缴纳的预提所得税后,通知开证行对外付款。如果经审查出现单据不符或单证不符时,应在三个工作日内,将全套单据和汇票退回银行,并以书面形式说明拒付理由,如果开证行审查认为拒付不成立,可向国外受益人付款,并以进口付款通知书的形式通知外贸企业按国家规定的外汇牌价折算为人民币向银行买汇赎单。外贸企业依据进口付款通知书同国内订货单位进行结算。如果外贸经营单位提出的拒付理由合理,由开证行将全套单据和汇票退回国外银行,要求国外当事人更正不符点部分或拒付。

在托收项下,银行收到国外单据和汇票之后,应在进口付款通知书交给外贸企业规定的期限之内(三个工作日),通过银行付款或承兑汇票。

在汇款项下,外贸企业接到银行转来的单据后,按发票规定金额和合同规定的汇款方式,通知银行或采用其他形式对国外卖方付款。

如开证行认为单据符合信用证条款要求,对即期付款信用证,则应即期付款;对延期付款信用证,则应于信用证条款所确定的到期日付款;对承兑信用证,则应承兑受益人出具的汇票并于到期时付款;对议付信用证,则凭受益人出具的汇票向出票人及/或持票人付款。开证行、保兑行付款后无追索权。开证行在向外付款的同时,即通知我外贸企业向开证行付款赎单。

二、接货拨交

进口货物的收货人或他们的代理人待货物抵达卸货港后,即应填具"进口货物报关单"向海关申报,并向海关提供齐全、正确、有效的单据。

进口货物到货后,由外贸企业或委托外运公司根据进口单据填写"进出口货物报关单",向海关申报,并随附发票、提单及保险单。如属法定检验的进口商品,还须随附商品检验证书。货、证经海关查验无误,才能放行。

进口货物运达港口卸货时,港务局要进行卸货核对。如发现短缺,应及时填制"短卸报关"交由船方签字认可,并根据短缺情况向船方提出保留索赔权的书面声明。卸货时如发现残损,货物应存放于海关指定仓库,待保险公司会同商检局检验后再做出处理。

进口货物须经商检局进行检验。如有残损短缺,凭商检局出具的证明对外索赔。对于合同规定在目的港检验的货物,或已发现残损短缺有异状的货物,或合同规定的索赔期即将届满的货物等,都需要在港口进行检验。

在办完上述手续后,外贸企业委托货运代理公司提取货物并拨交给订货部门,外运公司以"进出口物资代运发货通知书"通知订货部门在目的地办理收货手续,同时通知外贸企业代运手续已办理完毕。如订货部门不在港口,关税及运往内地费用由外运公司向外贸企业结算后,外贸企业再向订货部门结算货款。

第四节　进口货物的索赔

如进口货物有残损短缺,可凭商检公证的鉴定报告,向有关方面索赔。

一、向卖方索赔

向卖方索赔,也就是由于卖方违约买方可以采取的补救措施。在进口业务中,由于卖方的违约行为不同,买方可采取的补救措施也各异。

（一）宣告合同无效

按《公约》的规定,如果卖方完全不交付货物,或不按照合同规定交付货物,等于根本违反合同时,买方可以宣告整个合同无效,还可以向卖方提出索赔。买方向卖方要求的损害赔偿额,应与因卖方违反合同而使买方遭受的包括利润在内的损失相等。如果合同被宣告无效,而在宣告合同无效后一段合理时间内,买方已以合理的方式购买替代货物,则买方可以取得合同价格和替代货物交易价格之间的差额,以及包括利润在内的其他损害赔偿;如果合同被宣告无效,而货物又有时价,如果买方没有购买替代货物,则可以取得合同价格和宣告合同无效时的时价之间的差额,以及包括利润在内的其他损害赔偿。时价是指原应交付货物地点的现行价格,如果该地点没有时价,则指另一合理替代地点的价格,但应适当考虑货物运费的差额。

（二）其他的补救措施

如果卖方不履行合同或不完全履行合同的结果,使买方遭受了损失,但并未剥夺买方根据合同规定有权期待得到的东西,即未构成根本违反合同,买方不能宣告合同无效,但可以要求损害赔偿。此外,买方还可以采取其他补救办法:如可以规定一段合理时限的额外时间,让卖方履行其义务;如果货物不符合同,买方可以要求卖方通过修理对不符合同之处做出补救,或买方可以减低价格,减价按实际交付的货物在交货时的价值与符合合同的货物在当时的价值两者之间的比例计算。买方可能享有的要求损害赔偿的任何权利,不因他行使采取其他补救办法的权利而丧失。

(三)索赔期限和索赔依据

若买卖合同对索赔期限有规定,从其规定;若买卖合同没有规定索赔期限,而到货检验中又不易发现货物缺陷的,按《公约》的规定,买方行使索赔权最长期限是自其实际收到货物之日起不超过两年;而我国法律对国际货物买卖合同争议提起诉讼或者申请仲裁的期限,则规定自当事人知道或者应当知道其权利受到侵犯之日起四年为限。

提出索赔需要提供足够的证据。索赔时如证据不足、问题不清、责任不明或不符合合同中索赔条款规定,都可能遭受到对方拒绝。比较常见的索赔证据有检验报告(survey report)、检验证书(inspection certificate)、破损证书(damage report)、提单、发票、装箱单、买卖合同及往来函电等。

二、向承运人索赔

货物数量少于提单所列数量,清洁提单而货物、包装有残损、短缺,属于承运人过失的,应由承运人负责。承运人是指在运输合同中承担履行铁路、公路、海洋、内河运输或多式联运,或取得承担上述运输履行的任何人。进口人可根据不同运输方式的有关规定,向承运人或其代理人发出索赔通知。

向船公司索赔期限为货物到达目的港交货后一年之内。

三、向保险人索赔

凡属于进口货物在保险责任有效期内发生属于自然灾害、意外事故、外来原因或在运输装卸过程中发生其他事故致使货物受损,且在所保险别的责任范围以内的,都由进口人向保险公司提出赔偿要求。在向保险公司索赔时,进口人应备妥各项必要的单证,如保险单据、运输单据、发票、检验报告、货损差证明等,并及时发出货损通知。此外进口人还应迅速对受损货物采取必要的合理的施救、整理措施,防止损失的扩大,因抢救、阻止或减少货损的措施而支付的合理费用,可由保险公司负担。

保险公司的海运索赔期限为被保险货物在卸货港全部卸离海轮后两年内。

第五节　进口货物结算

目前,我国进口业务分为自营进口和代理进口两种。所谓自营进口是指外贸进出口公司或工贸公司或其他经营进口业务权利的单位,按国家或地方批准的进口计划或进口合同办理进口业务。货物进口后,自主经营,独立核算,自负盈亏,如进料加工等以进养出业务。所谓代理进口是指外贸经营单位为国内订货单位代办进口业务。

一、自营进口业务核算

自营进口业务由外贸进出口公司和工贸公司或其他登记的进口单位自行向国外购买货物,其盈亏分别列为中央或地方预算。凡商务部所属各进出口公司经营的商品,由该部归口办理;属地方经营的进口商品,其盈亏由地方负责办理,自营进口通常要进行盈亏核算。

自营进口商品盈亏核算的内容包括进口商品的进价成本、流通费用和进口销售收入的计算,从而求出进口盈亏。其计算公式为:

进口成本＝进价成本＋流通费用

＝进价外汇支出×外汇牌价＋流通费用

自营进口商品的盈亏核算,其计算公式为:

进口盈亏率＝(进口盈亏额/进口成本)×100％

二、代理进口业务核算

凡属代理进口业务,当外贸企业收到银行转来的全套单据后,经审核无误,按国家规定的外汇牌价折算为人民币向银行办理结汇,并取得全套装运单据。然后按照国家规定,向国内订货部门办理收取货款手续。对订货部门的结算办法有两种:一种是单到结算,即在外贸企业办理结汇的同时,立即向订货单位收取货款;另一种是货到付款,即外贸企业在结汇时暂不向订货单位收款,待货到目的港后,再向订货单位收款。

代理进口业务作价是直接以进口外汇支出按外汇牌价折算为人民币,再加上国内的人民币费用支出,即为代理进口结汇所发生的一切费用,由外贸经营单位向订货单位实报实销,外贸经营单位按规定收取一定手续费。

在代理进口业务中,有一种是属于委托进口业务,即口岸外贸公司委托总公司或内地外贸公司委托口岸外贸公司办理的委托进口业务。其结算程序与费用负担,基本上与代理进口业务相同,只是对外结算分别由总公司受委托的口岸分公司负责,而委托单位向总公司或受委托口岸分公司结算后,再向订货单位结算。

三、进口结算方式呈现多元化趋势

近年来,随着银行自身能力的增强,其对国际贸易结算的影响在逐步扩大,从而使贸易结算方式多元化成为可能。银行可以充分利用自身优势,如网点多、联系面广、资金实力雄厚、经验丰富等,为进出口商提供资信调查、会计处理、信誉担保、资金融通等多功能服务,从而帮助贸易的双方简化手续,减少资金占用,节省非生产性费用甚至转嫁风险。

由于国际贸易项下生产经营的专业化和集约化程度的不断加深,国际保理业务得以迅速发展。国际保理是一种集现代信息融资服务、账务管理和信用保险于一体的国际贸易结算新方式。它给贸易双方都会带来好处,对于出口商来说,采用国际保理结算方式:(1)可以保障货款的安全收回。由于保理业务提供的是100％的信用保险,因而出口商可以完全避免到期收不回货款的商业信用风险,只要出口商遵守销售合同及保理合同,即可得到出口保理商无追索权预付的部分货款。(2)融资便利。在国际保理协定下,出口商将货物装船后,只要向保理商提供发票及有关货运单据,即可取得部分货款,加速了资金周转。(3)有利于出口商发展新客户和扩展市场。保理商为出口商提供一揽子综合性服务,从而为出口商开发国际市场,节省了时间和费用。对于进口商来说,其优越性表现为:(1)采用国际保理结算方式可以简化进口手续,免去信用证项下的资产抵押或交付押金的要求,减少流动资金或信用额度的占用。(2)由于进口商是收到货后再付款,再加上有保理的约束作用,交货期及货物的质量、数量等都可得到保证,可以在很大程度上消除其他国际结算方式下的各种风险。

国际贸易商品结构的变化使包买票据及银行保函等业务被普遍采用。包买票据业务与国际保理业务一样,都是通过无追索权地购买出口商应收债权的方式,为其融通资金、转嫁风险,但是包买票据业务期限略长、金额更大;国际贸易保函项下,大银行仅凭自身良好的资信作担保,就能促成一笔国际经济交易,可以避免信用证方式手续繁多、费用高的缺点,因而受到交易双方的欢迎。

跨境贸易人民币结算也在试点运营中,跨境贸易人民币结算是指在对外贸易中以人民币作为结算货币进行计价和结算。对企业而言,它有几大好处:一是跨境贸易人民币结算将有利于企业有效规避汇率风险。二是节省了企业从人民币—美元—人民币两次汇兑所引起的部分汇兑成本,精简流程环节,简化手续。三是跨境贸易用人民币结算可以加快结算速度,提高企业资金使用效率。四是有助于企业营运成果清晰化,便于财务核算。

专业词汇:

开立信用证	issue the L/C(letter of credit)
修改信用证	modify the L/C
预约保险	open policy
索赔	lodge a claim
货损	goods damage
随后发生的损失	consequential damage
拒绝执行合同	to repudiate a contract
口头契约	verbal contract
到期日前	prior to maturity
预付定金	advanced payment
现金支付	cash on delivery
货款	proceeds
报验	inspection
理赔单证	legal or settlement document
卖方	vendor or vender

？思考与讨论

1. 履行信用证付款的 FOB 进口合同，需要经过哪些环节？
2. 如在合同内没有规定索赔期限，则向出口方索赔的时效如何掌握？
3. 在理赔时应注意哪些问题？
4. 进出口货物的成本如何核算？

案 例 分 析

交货不符与拖欠货款争议案

1. 美国某公司（卖方）同中国某公司（买方）于 2000 年 4 月 22 日订立了分销协议。根据协议规定，买方以独立签约人身份与卖方先后签订了 3 份购销合同，然后将其采购的产品分销给中国最终用户。在协议期间，双方约定："买方同意购买，卖方同意销售、认可，并提供合同确定的软件、硬件服务（指订购的产品及服务）。"买卖双方所签订的购销合同时作为分销协议的附件，在买卖过程中的权利与义务，必须同时符合分销协议和购销合同的规定，当二者出现不同规定时，以分销协议的规定为准。本案 3 份合同签订后，卖方交付了货物，但到货质量存在缺陷，有的型号不统一，有的缺少配件，以致某些最终用户无法安装、调试和保持正常运转，故最终用户扣留 10% 的货款不付，从而使买方受到损失。买方遂分别不同情况向卖方提出减价、退货和赔偿损失的要求，并以卖方未按合同规定交货和信用证因单证不符问题导致有效期已过为由而拖欠货款。卖方则以买方未按合同规定付款为由，单方面停止分销协议和售后服务，并直接通知了最终用户，从而导致买方无法转售其尚未转售出去的产品。在双方争议无法达成共识的情况下，卖方遂向中国国际经济贸易仲裁委员会提请仲裁。

2. 2001 年 7 月海南省木材公司（以下简称海南公司）向新加坡华丰私人有限公司（以下简称华丰公司）购进马来西亚沙巴坤甸原木 7000 立方米，价格属于 CFR 秀英港，每立方米 200 美元，总值 1400000 美元，合同规定 2001 年 9 月 15 日前装运，从马来西亚沙巴港运到中国海口市秀英港。海南公司按正常进出口贸易程序向海南省政府有关部门申领了进口许可证，并准备好进口所需外汇，通过中国银行海口分行按时对外开立了不可撤销即期跟单信用证，信用证规定的装运有效期为 10 月 3 日前。不料，华丰公司接到信用证通知后，声称不能按时交货，并多次要求修改信用证的有效期和装期：

第一次，以下雨为由要求修改信用证装运有效期为 2001 年 10 月 18 日。第二次，以木材资源不足要求展延装运有效期为 2001 年 11 月 3 日。第三次，以木材未装完，要求修改信用证装运有效期为 2001 年 11 月 25 日，并添加允许接受第三者单据的条款。

海南公司因某些特殊原因急需这批木材，一次又一次无奈地同意修改信用证。华丰公司此间又来电传称，已向马来西亚购买足量的木材，一切安排妥当，只等船到。第二次又来电传称，已将木材在马来西亚沙巴港装上"Angel"货轮后又改为"M/V Anangel Glory"货轮，并传来提单(提单的签发日为 11 月 8 日)、发票、重量单、装箱单、产地证等单据，还告知大约 11 月 17 日该轮船能到达中国海口秀英港。尽管某外商一次又一次要求修改信用证，曾给海南公司一个又一个不祥的信号，但最终得到货已装船的信息，海南公司似乎一块石头落地。接着海南公司又将这批木材卖给海南某外贸公司，海南某外贸公司将代海南公司办理进口报关手续。

按照对方发来的传真，海南公司从 11 月 17 日到海口秀英港接船，未见该船踪影，直到 11 月 20 日，海口外轮代理公司仍未收到有关该船情况的报关。海南公司总经理凭多年从事外贸工作的经验，感到这宗买卖有可能出现复杂、严峻的局面，他立即向有关从事外贸行业的专业人员咨询并一起审核单据，通过对单据的仔细审核发现了三大疑点：(1)提单上有"Liner Bill of Lading"(班轮提单)字样，而从对方船公司发来的传真看，该提单是在租船合同下签发的，应受租船合同约束。该批木材究竟是采用班轮运输还是采用租船运输呢？该公司为什么前后矛盾？按理说这次交易应属租船，应为租船提单，采用班轮提单不妥。(2)提单上用"about"11 月 8 日装船字样，装船日期应具体、确切，不能用"about"字样。(3)11 月 7 日对方来传真更改船名，但仅一天就将木材实际装重量全部卸载再重新装船完毕，不可能这么快，形迹可疑。所以，该公司总经理立即委托中国银行新加坡分行通过国际海事局核实单据的真伪，中国银行新加坡分行在两天后答复"根据租船人所告知 M/V Anangel Glory 货轮未装木材去中国海南，而是装钢材去了泰国"。至此，真相大白，原提单实属伪造，是一起精心策划的骗局。海南公司立即通知开证行停止对外议付，从而避免了这起重大金融诈骗事件的发生。

就本案例而言，我们可以总结几个方面的经验并加以防范？

第二十一章　国际贸易方式

第一节　包销、经销与独家代理

一、包销

(一)包销的含义

包销(exclusive sales)是指出口企业与国外一个客户或几个客户组成的集团即包销商(exclusive distributor)达成书面协议,由前者把某一种商品或某一类商品给予后者在约定地区和一定期限内独家经营的权利。包销是贸易双方通过协议建立起的一种较为稳固的购销关系。

(二)包销业务中当事人之间的关系

包销商与出口企业之间的关系是买卖关系,包销商从出口企业购进货物后,自行销售,自负盈亏,承担货价跌落及库存积压的风险,见图 21-1。

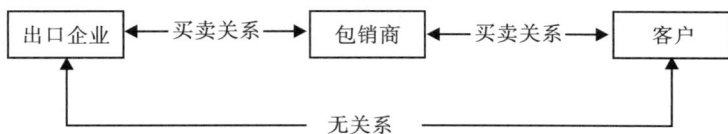

图 21-1　出口企业、包销商、客户的关系

(三)包销协议的主要内容

包销协议是供货人和包销人之间订立的确立双方法律关系的契约。通常,包销协议包括以下内容:

1. 包销商品的范围

在包销方式下,包销人经销的商品可以是供货人经营的全部商品,也可以是其中的一部分,这要根据包销人的经营能力、资信状况等来合理确定。在协议中要明确规定商品的范围,以及同一类商品的不同牌号和规格,以便于执行。

2. 包销的区域

包销区域也就是包销人行使独家经营权的地理范围。包销的区域可大可小,确定包销区域时要考虑包销人的经营能力、包销网点大小以及商品的性质等因素。对于包销区域的规定并非一成不变,它可以根据业务发展的具体情况,由双方协商加以调整。在包销协议中,规定了包销区域后,供货人即要承担义务,在该区域内不再指定其他经销商经营同类产品,以维护包销人的专营权。

3. 包销数量或金额

在包销协议中通常都要规定包销人在一定期限内负责推销商品的数量或金额,这一规定具有双重意义,它既规定了包销人的应承购数额,也规定了供货人应保证供应的数额,对协议双方有同等的约束力。

4. 作价方法

包销商品作价通常采用两种方式:一种是在规定期限内一次作价,即无论协议期内包销商品价格是上涨还是下降,都以协议价格为准;另一种是在规定期限内分批作价,按国际商品市场价格进行调整,该方法较为普遍。

5. 包销商的其他义务

这主要包括:做好广告宣传、市场调研和维护供货人权益等。在通常的包销协议中往往规定包销人有义务为其所经营的商品做广告宣传工作,以促进销售。在协议中还可以规定包销人承担市场调研的义务,这主要是收集和报道当地市场的情况,供出口人在制定销售策略和改进产品质量时参考。有的包销协议中还规定,在包销区域内如果发生侵犯供货人知识产权的问题,包销人要及时向供货人通报,并配合供货人采取必要的行动,维护其合法权益。

6. 协议期限和终止条款

在这一条款中,首先要规定协议的生效时间,一般采用签字生效的做法。协议期限可规定为一年或若干年。本条款中还往往要规定延期条款,其做法可以是经双方协议后延期,也可以规定在协议到期前若干天如没有提出终止的通知,则可以继续延长一期。

除了协议期限届满可以终止外,如遇到下列情况之一,也可以终止协议:

(1)任何一方有实质性的违约行为,并在接到另一方的要求纠正该违约行为的书面通知后的一段时间内,未能加以纠正。

(2)任何一方发生破产清算或公司改组等事项,另一方提出终止协议的书面通知。

(3)由于发生了人力不可抗拒的意外事件,造成协议落空,而且遭受事件的一方在一定的期限之后仍无法履行协议规定的义务,另一方发出终止协议的书面通知。

(四)采用包销方式应注意的问题

对出口商来讲,采用包销方式是稳固市场、扩大销售的有效途径之一。这主要是因为,在包销方式下,出口商通常要在价格、支付条件等方面给予包销商一定的优惠,这有利于调动包销商的积极性,利用其经销渠道为推销出口商品服务。由于包销商在经销区域内对指定的商品享有独家专营权,这在一定程度上可避免或减少因自相竞争而造成的损失。当然,这只是成功的经验。在实际业务中,我们也有过失败的教训。根据以往经验,为了扩大出口而采用包销的方式时,应注意以下问题:

1. 慎重选择包销商

经验证明,如果包销商选择得当,他可以利用自己熟悉所在国或地区的消费习惯,以及政府条令、法规等方面的便利,及时为供货商提供必要的信息,如市场供需情况、消费者对产品的反应等,以帮助其改进产品,做到适销对路,并且减少不必要的法律纠纷。然而,如果包销商选择不当,其经营能力较弱,或者信誉不佳,则会使供货人陷入困境。有些包销商在市场情况不利时,拒绝完成包销协议中规定的承购数额,或"包而不销",结果不仅不能使供货商通过包销方式达到扩大出口销售的目的,反而减少了出口销量,又丢掉了其他客户。也有的包销商凭借自己多年来独家所形成的特殊地位,反过来制约供货商,如在价格以及其他条件上与其讨价还价,为自己谋取好处,损害了对方的利益。为了防止这类情况的发生,出口商在选择包销商时,必须认真进行资信调研,以防后患。

2. 订好包销协议

包销协议是确定供货人和包销人之间的权利和义务的法律文件,协议规定的好坏,直接关系到业务的成败。在协议中应合理确定包销的商品种类,因为并非所有的商品都适合采用包销方式。一些市场潜力较大、出口方货源又有限的畅销产品就不宜采用包销方式。对于包销商品的数量或金额,也应根据实际情况合理规定,不要过高或过低。过高,完不成定额,会产生纠纷;过低,则达不到扩大出口的目的。另外,还应妥善地规定包销的区域和期限。一开始,区域不宜过大,期限不宜过长,以后随着双方合作的发展情况再逐步调整。关于其他条款,均可根据双方的共同意愿,作出合理明确的规定。

二、经销

(一)经销的概念

经销(distribution)是指进口商(即经销商 distributor)与国外出口商(即供货商 supplier)达成协议,承担在规定期限和地域内购销指定商品的义务。

根据经销商权限的不同,经销分为包销和定销。定销指一般经销,经销商不享有独家专营权,供货商可在同一时间、同一地区内委派几家商号来经销同类产品。

(二)经销协议的基本内容

经销协议通常包括以下内容:

1. 经销商品的范围

在协议中要确定商品范围及同一类商品的不同规格,同时经销商品的范围要同供货人的经营意图和经销人的经营能力与资信状况相适应。

2. 经销地区

经销地区指经销人行使经营权的地理范围。这其中要考虑经销人的经营能力、规模及销售网络,还应考虑地区的政治区域划分、地理和交通条件以及市场差异程度等因素。

3. 经销数量或金额

经销数额一般采用最低承购额的做法,规定一定时期内经销人应承购的数额下限,并明确数额的计算方法。在规定最低承购额的同时,还应规定经销商未能完成承购额时供货商可行使的权利。

4. 作价方法(同包销方式)

5. 经销期限

经销期限即协议的有效期,一般还要规定延期条款。除了协议期限届满可以终止外,

如遇到下列情况之一,也可以终止协议:

(1)任何一方有实质性的违约行为,并在接到另一方的要求纠正该违约行为的书面通知后的一段时间内,未能加以纠正。

(2)任何一方发生破产清算或公司改组等事项,另一方提出终止协议的书面通知。

(3)由于发生了人力不可抗拒的意外事件,造成协议落空,而且遭受事件的一方在一定的期限之后仍无法履行协议规定的义务,另一方发出终止协议的书面通知。

三、独家代理

(一)独家代理的含义

独家代理(sole agent or exclusive agent)指出口企业与国外的独家代理商签订书面协议,在约定的期限和地区范围内,给予对方独家推销约定商品的权利——专营权。

独家代理商与出口企业之间的关系是委托代理关系,独家代理商为出口企业寻访客户,进行交易磋商,由代理商以自己的名义与第三方购货人订立合同。只是在特定情况下,根据协议规定由被授权代理人以出口企业名义代订销售合同,由出口企业承担法律责任。

在独家代理方式下,出口企业是委托人,独家代理商是代理人,二者之间是委托代理关系。独家代理商不负盈亏,不承担货价涨落的风险,只收取佣金。如由于第三方不履行义务致使委托人受损时,独家代理商应对委托人承担责任。因此,独家代理一般应属经纪合同性质。

(二)独家代理协议

独家代理协议是规定出口企业和独家代理商之间的权利和义务的协议。我国现阶段使用的独家代理协议的内容主要有:

1. 协议名称及当事人

需明确注明它是一份独家代理协议(exclusive agency agreement)字样,不能与独家经销协议相混淆,协议的法律性质及其权利义务也由此得以明确。此外,还必须保证所签订的代理协议与所适用法律的强制性规定无抵触。

协议必须清楚地规定双方当事人的全名、地址,如果是商行或公司,必须注明商行、公司的完整称呼,它的法律地位、总办事处以及可以用来识别它的任何其他标志,等等。

2. 独家代理的权限及其对等义务

独家代理的权限可以分成两个方面:(1)独家代理权,即独家代理约定商品的专营权。委托人给予独家代理商专营权后,委托人在约定期限和约定地区内,不得将约定商品在同一区域内另选代理商或自己直接销售。(2)独家代理商是否有权代表委托人订立具有约束力的合同。为避免独家代理商利用委托人的名义和信誉从事不利于委托人的活动,在独家代理协议中一般规定独家代理商的权限仅限于替委托人物色买主、招揽订单和中介交易,而无权以委托人的名义或作为委托人的代理人与第三者订立合同。

3. 独家代理推销的商品、地区和期限

在独家代理协议中,应将代理商品的种类、名称、规格等作明确、具体的规定,以免日后因授权不明确而引起争议。代理商品的范围,应根据出口企业的经营意图、代理商的规模、经营能力及资信状况等决定。

4. 最低代销额

出口企业授予独家代理商对于约定商品的专营权后,即使代理商不努力推销,出口企业也无法在代理区域内越过代理商销售约定商品。因此,为保障卖方权益,应在协议中规定最低代销额。最低代销额一般以出口企业实际收到的货款计算,计算的期限不宜太长也不宜太短,多数以半年或一年为计算最低代销额的期间,如届时代理商由于其本身的能力而未能完成最低代销额,也应在协议中规定如何处理。

5. 代理佣金

代理佣金是代理商为委托人推销商品所得的报酬,支付代理佣金也是委托人的一项义务。在独家代理协议中,应就佣金率、佣金的计算方法、佣金的支付时间和方法作出明确规定。

6. 宣传推广和商情报告

对独家代理商来说,对代理商品进行宣传推广是他的应尽义务。为明确责任,独家代理协议应当规定独家代理商有促进销售和宣传推广的义务,以及卖方应提供宣传推广所必需的资料。独家代理商应承担定期或不定期向卖方提供商情报告的义务。报告的内容,通常是关于代理商的工作情况、市场供销、竞争、有关进口国的政策法令及客户的反映等。

7. 例外规定

在独家代理协议中,出口企业在授予独家代理商专营权时往往需保留一定的销售权限,即在协议中作出出口企业可以直接销售的例外规定。这种例外规定通常属于下列情况:政府机构或国营企业向委托人直接购货、进行国际招标或参与合资经营等。出口企业在进行上述业务时,不受协议约束,也不付给佣金和报酬,其销售额也不列入协议的最低推销额。此外,独家代理协议还应规定代理商应负责进行产品的售后服务及保护委托人的知识产权等条款。

第二节　寄售、展卖与拍卖

一、寄售

(一)寄售的含义

寄售(consignment)是寄售人(consignor)先将准备销售的货物运往寄售地,委托当地代销商(consignee)按照寄售协议规定的条件和办法代为销售的方式。

寄售是一种先出运后出售商品的委托代售的贸易方式。寄售人是卖方,也可称为委托人或货主,代销商也可称为受托人。通过寄售出售的商品,要待货物售出后才由代销商将货款交付寄售人。

在国际贸易中,寄售是寄售人为开拓商品的销路,委托国外代销商扩大出口而采用的一种贸易方式。

(二)寄售的特点

1.寄售是由寄售人先将货物运至目的地市场,再经代销商向买主销售,因此,它是凭实物进行的现货买卖。

2.商品售出前所有权属寄售人。在代销商将商品售出前,商品的所有权仍属寄售人所有。若代销商破产,寄售人可以收回寄售商品。

3.寄售人与代销商之间是委托代售关系,代销商只能根据寄售人的指示代为处置货物。但是,代销商在委托人授权范围内可以以自己的名义出售货物,收取货款并负责执行与买主订立的合同。

4.代销商不承担商品市价涨落与销售畅滞的风险和费用,只收取佣金作为报酬。

(三)寄售的优缺点

1.优点

(1)采用寄售方式可以在当地市场出售现货,有利于卖方根据市场供求情况掌握销售时机,提供商品的竞争力并使商品卖出好价。

(2)货物与买主直接见面,买主可以看货成交,即时采购,对开辟新市场、推销新产品有一定推动作用。

(3)代销商一般无须垫付资金,除在售出前负责保管外,无须承担风险,多销多得,有利于促进其经营积极性。

2.缺点

采用寄售方式的主要缺点是:出口商资金周转期长、费用增加、风险较大、收汇不安全,特别是货物到达目的地后,如遇市场不景气,货物一时不能售出,或代销商有意压低价格,局面就比较被动。

(四)寄售协议

寄售协议是寄售人和代销商之间为了执行寄售业务就双方权利、义务和有关寄售的条件和具体做法而签订的书面协议。寄售协议中特别应该处理好寄售商品的价格确定、各种费用的负担和安全收汇三个方面的问题。寄售协议一般包括下列内容:

第一,协议名称及双方的义务与责任。一般应明确列明"寄售协议"(agreement of consignment),以表示协议的性质。在协议中,应明确规定双方的义务、责任,以及在售出前货物的所有权仍属寄售人,风险和费用一般也由寄售人承担,并规定寄售货物售出时,所有权由寄售人直接转移给买方。

第二,寄售区域及寄售商品。寄售协议必须规定委托代销的商品及销售的指定地区。

第三,定价方法。寄售商品的定价一般有三种方法:

1.由寄售人限价,即寄售人在寄售时规定最低售价,代销商只能以此价格或高于此价的价格出售,否则,必须事先征得寄售人同意。

2.随行就市,即由代销商按市价自行定价出售,寄售人不作限价。

3.在销售前逐笔征求寄售人同意。这种作价方法弹性较大,实践中使用较多,代销商在找到买主并得到其出价后,立即征求寄售人意见,经接受或确认后才出售。

第四,佣金。寄售业务中,代销商是以收取委托人付给的佣金作为报酬的。因此,佣金率的高低直接关系到双方利益和代销商的经营积极性。

第五,付款。寄售货物售出后收到的货款,一般由代销商扣除佣金及代垫费用后汇付给寄售人。因此,为保证及时收汇,以利资金周转,在寄售协议中应规定汇付货款的方式和时间。

此外,寄售协议中还应规定货物的保险、各种费用的负担等预防性条款,以避免发生纠纷。为减少风险,必要时还可规定由代销人提供银行保证函或备用信用证,如代销人不履行协议规定的义务时,由银行承担偿付一定金额的责任。

二、展卖

(一)展卖的含义及做法

展卖(fairs and sales)是利用展览会、博览会、展销会、交易会及其他会展形式,对商品实行展销结合,以展促销的一种贸易方式。

展卖可以采取各种不同的方式,我国企业可以到海外参展,利用国外举办的各种展卖会来推销商品,与各国同行同台竞争,一比高下,还可以参加国内举办的展卖会。改革开放以来,会展业在我国得到蓬勃发展,成为一项前景广阔的新兴产业。

到海外参展时,从展卖商品的所有方和客户的关系来看,展卖的做法主要有两种:一是将货物通过签约方式卖给国外客户,由客户在国外参加展览会。另一种方式是由双方合作,展卖时货物的所有权不变,展品出售的价格由货主决定。国外客户承担运输、保险、劳务及其他费用,货物售出后收取一定手续费作为补偿。展出结束后,未出售的货物可以折价卖给合作的客户,或运往其他地方进行另一次展卖。

除此之外,还可以将寄售和展卖方式结合起来进行。即在寄售协议中规定,代销人将寄售的商品在当地展卖。至于展卖的有关事项,可在该协议中同时规定,也可另签协议作出规定。

无论是哪一种做法,展卖作为一种商品推销方式,其基本特点可概括为:把商品的展览和推销有机地结合起来,边展边销,以销为主。展卖这种方式的优点主要表现在以下几方面:

(1)有利于宣传出口商品,扩大影响,招揽潜在买主,促进交易。

(2)有利于建立和发展客户关系,扩大销售地区和范围。

(3)有利于开展市场调研,听取消费者意见,改进产品质量,增强出口竞争力。

(二)我国开展的展卖方式

我国从20世纪50年代就开始在广州举办中国出口商品交易会,以后又陆续开展了各种类型的交易会、展览会、小交会,并多次参加国外举办的博览会。随着改革开放的深入进行,展卖业务在我国也得到了更为广泛的应用,极大地促进了我国对外经贸的发展。

1. 国际展览会

国际展览会(international fair)也称国际集市,是指在某个地点定期举办的,由一国或多国联合举办,邀请各国商人参加交易的贸易形式。

这一方式不仅为买卖双方提供了交易方便,而且越来越多地作为产品介绍和广告宣传以打开销路,以及作为介绍新产品、新工艺以进行技术交流的重要方式。参加博览会的商人除进行现场交易外,还可通过这一机会同世界各国建立更广泛的商业关系。

国际博览会可分为综合性和专业性两种类型。凡各种商品均可参加展出和交易的博览会属于综合性，又称"水平型博览会"，比较著名的有智利的圣地亚哥和叙利亚的大马士革的国际博览会，其展出期限长，展出规模大，而且对普通公众开放，当地人习称为庙会；凡只限某类专业性商品参加展览和交易的博览会属于专业性的，又称"垂直型博览会"，如比较著名的纽伦堡玩具博览会、慕尼黑的体育用品博览会以及法兰克福的消费品展览会等，它们都是专业性很强的国际博览会。

中国曾多次参加各国举办的国际博览会，并于 1985 年 1 月在北京建成了自己的博览中心——中国国际展览中心。同年 11 月，中国第一次作为东道主举办了亚洲及太平洋地区第四届国际贸易博览会，从此揭开了在此举办大型国际性博览会的序幕。近年来，频繁开展的在华和出国展览为加强中国与世界各国的贸易联系与经济交往发挥了作用。

2. 中国进出口商品交易会

中国进出口商品交易会（China Export Commodity Fair）的前身是中国出口商品交易会，又称广交会（Guangzhou Trade Fair），是中国各进出口公司联合举办的，邀请国外客户参加的一种集展览与交易相结合的商品展览会。我国于 1957 年春举办了首届广交会，以后每年春、秋两季各举办一次。2006 年秋，中国迎来了第 100 届广交会。半个世纪以来，中国利用广交会定期邀请国外客户来华集中谈判成交，根据"平等互利、互通有无"的对外贸易原则，以出口为主，进出结合，又买又卖，形式多样，极大地促进了中国对外贸易的发展，加强了中国同世界各国的经济联系。根据形势的发展，中国政府在 2007 年将中国出口商品交易会更名为中国进出口商品交易会。

中国进出口商品交易会的作用主要体现在以下几个方面：

（1）来会的各国客商和友好团体众多，为集中成交创造了有利条件。

（2）加强了与各国客户的广泛联系，便于了解国外市场动态，开展行情调研，熟悉客户的资信和作风。

（3）有利于生产和其他有关部门直接听取客户对产品的要求和反映。

（4）因交易会采取当面洽商、看样成交的方式，有利于及时发现与解决问题。

除了广交会外，近年来在我国各地和各口岸还定期开展了各种类型的会展业务，例如小交会、博览会、洽谈会、高新技术成果交易会等，均产生了巨大的社会影响和经济效益。

（三）开展展卖业务应注意的问题

展卖是一种将产品宣传、推销和市场调研结合起来的贸易方式。它所带来的经济效益，不能单纯地从一次展卖会的销售额来衡量。经验证明，一次成功的展卖会后，由于建立了广泛的客户联系，往往会给参展者带来数量可观的订单。为了进一步更有效地开展展卖业务，还应注意以下问题：

1. 选择适当的展卖商品

展卖这种交易方式并不是对所有商品都普遍适用的，它主要适用于一些品种规格复杂，用户对造型、设计要求严格，而且性能发展变化较快的商品，如机械、电子、轻工、化工、工艺、玩具、纺织产品等。选择参展商品时，要注意先进性、新颖性和多样性，要能反映现代科技水平，代表时代潮流。

2. 选择好合作的客户

到国外参加展卖会之前,应选择合适的客户作为合作伙伴。选择的客户必须具有一定的经营能力,对当地市场十分熟悉,并有较为广泛的业务联系或销售系统。通过客户开展宣传组织工作,扩大影响,联系各界人士,这对展卖的成功具有重要作用。

3. 选择合适的展出地点

一般来说,应考虑选择一些交易比较集中,市场潜力较大,有发展前途的集散地进行买卖。同时还应考虑当地的各项设施,如展出场地、旅店、通讯、交通等基础设施的条件和这些服务的收费水平。

4. 选择适当的展卖时机

这对于一些季节性强的商品尤为重要。一般来说,应选择该商品的销售旺季进行展卖,每次展出的时间不宜过长,以免耗费过大,影响经济效益。

三、拍卖

拍卖(auction)是由专营拍卖业务的拍卖行接受货主的委托,在一定的地点和时间,按照一定的章程和规则,以由买主公开叫价竞购的方法,最后由拍卖行把货物卖给出价最高的买主的一种现货交易方式。

通过拍卖进行交易的商品,大多是一些品质不易标准化,或难以久存的,或有拍卖习惯的商品。国际市场上采用拍卖方式出售的商品,主要有艺术品、烟叶、木材、羊毛、毛皮、纸张、水果、蔬菜、鱼类等。参与拍卖的买主,通常须向拍卖行交存一定数额的履约保证金。

(一)拍卖的形式

1. 增加拍卖。增加拍卖也称"买主叫价拍卖",是由拍卖人宣布预定的最低价格,然后由买主竞相加价,直至出价最高时,由拍卖人接受并以击槌动作宣告达成交易。

2. 减价拍卖。这种方式也称"卖方叫价拍卖",或称"荷兰式拍卖",是由拍卖人先开出最高价格,然后由拍卖人逐渐减低叫价,直到有人表示接受而达成交易。减价拍卖经常用于拍卖鲜活商品和水果、蔬菜等。

3. 密封递价拍卖。密封递价拍卖也称"招标式拍卖",是由拍卖人事先公布每批商品的具体情况和拍卖条件,然后,竞买者在规定的时间内将密封标书递交拍卖人,由拍卖人选择条件最合适的表示接受而达成交易。

(二)拍卖的基本程序

1. 准备阶段。货主事先把商品运到拍卖人指定仓库,由拍卖人进行挑选、整理、分类、分批编号。拍卖人还要印发拍卖目录,并刊登广告。

2. 察看货物。由于拍卖是看货成交的现货交易,买主必须事先对拍卖货物进行察看。买主既可察看拍卖人提供的样品,也可去仓库察看整批货物并在其中抽取一定数量的样品,以供分析和试用。

3. 正式拍卖。正式拍卖是在规定的时间和地点,按照一定的拍卖规则和章程,逐批喊价成交。当拍卖人认为无人再出高价时,就以击槌来表示接受买主的喊价,拍卖人击槌后,就表示竞买停止,交易达成,买主就在标准合同上签字。

4. 付款和提货。拍卖成交后,买主按规定付款和提货。

拍卖是公开竞买的方式,对卖方来说,看货出价,可以卖得好价;对买方来说,可以按照自己愿出的价格,购买符合自己需要的货物。

第三节　招投标业务

招投标是招标和投标的简称,是一种传统的贸易方式。一些政府机构、市政部门和公用事业单位经常用投标方式采购物资、设备、勘探开发资源或招包工程项目,有些国家也用招标方式进口大宗商品。世界银行贷款项目和国际政府贷款项目,通常也在贷款协议中规定,运用这些贷款采购物资、设备、发包工程时必须采用国际竞争性招标方式。本节仅介绍商品采购中的招标。

一、招投标的含义

招投标是一种贸易方式的两个方面。

招标(invitation to tender):指招标人在规定的时间、地点,以某种特定的方式发布招标公告,表明自己对特定的商品、工程或服务采购的规格、条件和要求,同时邀请相关的投标人参加投标并按照规定程序从中选择交易对象的一种市场交易行为。

投标(submission of tender):指投标人按照招标人的邀请,根据招标人发布的招标公告所列明的具体条件和要求,在规定时间内向招标人提交自己报价的过程,它是对招标人的一种响应。

招投标方式与逐笔售订的方式相比,有很大区别。招投标方式中,投标人是按照招标人规定的时间、地点和交易条件进行竞卖,一般情况下,双方没有反复磋商的过程,投标人发出的投标书是一次性报盘。鉴于招投标是一种竞卖方式,卖方之间的竞争使买方在价格及其他条件上有较多的比较和选择,因此,在大宗物资的采购中,这一方式被广泛运用。

二、招投标的基本做法

商品采购中的招投标业务基本包括四个步骤:招标、投标、开标评标和签约。

(一)招标

国际招标有公开招标和非公开招标两种。

1. 公开招标

公开招标是指招标人在国内外报纸杂志上发布招标通告,将招标的意图公布于众,邀请有关企业和组织参加投标。招标通告一般只简要地介绍招标机构、所采购物资的名称、数量、招标期限、索取招标文件的地点和方式等。这在法律上是一种要约的邀请行为。凡有意投标者均可按照招标通告的规定索取招标文件,详细考虑后办理各项投标手续。

招标文件的内容可归纳为两大部分。其一是属于"投标人须知",主要是制定规则,使投标人投标时能有所遵循。这些规则大致包括三个内容:(1)一般情况,如资金来源,所需设备或货物的简要说明、投标资格及货物来源地、投标费用的负担等;(2)程序性规定,如投标的时间、地点、投标格式、投标保证金的规定、投标有效期、标书的修改或撤销的规定等;(3)实质性的规定,如是否可投标供应一部分,是否可提出代替性方案,分包以及投标报价的规定等。其二是列明商品采购的合同条件,与买卖合同的内容类似,还包括双方的责任义务。

招标文件中往往要求对投标人进行资格预审,以确保投标人在各方面具有投标能力。资格预审主要集中在下列方面(一般限于过去 5 年内的情况即可):投标人的经验及过去完成类似的合同的成绩、财务状况、生产能力、经营作风等。在利用国际金融机构或国外政府贷款进行物资采购或工程承包的招投标业务中,资格预审更是必不可少。

2. 非公开招标

又称选择性招标。招标人不公开发布招标通告,只是根据以往的业务关系和情报资料,向少数客户发出招标通知。非公开招标多用于购买技术要求高的专业性设备或成套设备,应邀参加投标的企业通常是经验丰富、技术装备优良,在该行业中享有一定声誉的企业。

(二)投标

投标人首先要取得招标文件,认真分析研究之后,编制投标书。投标书实质上是一项有效期至规定开标日期为止的发盘,内容必须十分明确,中标后与招标人签订合同所要包含的重要内容应全部列入,并在有效期内不得撤回标书、变更标书报价,或对标书内容作实质性修改。因此,投标人必须结合各种因素慎重考虑。

为防止投标人在投标后撤标或在中标后拒不签合同,招标人通常都要求投标人在投标时提供一定比例或金额的投标保证金。招标人决定中标人之后,未中标的投标人已缴纳的保证金即予退还。现今国际招标业务中一般都以银行保函或备用信用证代替保证金。

投标书应在投标截止日期之前送达招标人或其指定的收件人,逾期无效。投标书一般采用密封挂号邮寄,也可派人专送。按照一般的惯例,投标人在投标截止日期之前,可以书面提出修改或撤回标书。撤回的标书在开标时不予宣读,所缴纳的投标保证金也不没收。

(三)开标评标

开标有公开开标和不公开开标两种方式,招标人应在招标通告中对开标方式作出规定。

公开开标是指招标人在规定的时间和地点当众启封投标书,宣读内容。投标人都可参加,监视开标。不公开开标则是由开标人自行开标和评标,选定中标人,投标人不参加。开标后,招标人进行权衡比较,选择最有利者为中标人。在现代国际招标业务中,中标与否不完全取决于报价的高低。如果招标人认为所有的投标均不理想,可宣布招标失败。造成招标失败的可能性有三:一是所有报价与国际市场平均价格差距过大;二是所有的投标在内容上都与招标要求不符;三是投标人太少,缺乏竞争性。

(四)签约

招标人选定中标人之后,要向其发出中标通知书,约定双方签约的时间和地点。中标人签约时要提交履约保证金,取代原投标保证金,用以担保中标人将遵照合同履行义务。

第四节　补偿贸易

补偿贸易(counter trade),又称对销贸易、返销贸易、互抵贸易或反向贸易。对销贸易是一种既买又卖,买卖互为条件的国际贸易方式。其主要目的是以进带出,开辟各自的出口市场,求得每宗交易的外汇收支平衡或基本平衡。对销贸易买卖的标的除有形的财产货物以外,也可包括劳务、专有技术和工业产权等无形财产。

一、补偿贸易的基本形式

(一)易货

易货贸易是买卖双方之间进行的货物或劳务等值或基本等值的直接交换,不涉及现金的收付。通过易货贸易,交易双方可以在不增加外汇支出的情况下,以商品或劳务换回本国所需的各种物资,从而促进本国经济的发展和改善本国的贸易平衡状态。在采用易货贸易方式交易时,买卖双方当事人以一份易货合同确定交易商品的价值,以及作为交换的商品或劳务的种类、规格、数量等内容。为了减少交易商品以及用于交换的商品和劳务的价格可能的波动所造成的影响,一般的易货贸易均为一次性交易,并且合同履约期较短。

战后,易货贸易方式为发展中国家政府间的双边清算协定所采用。参加清算协定的国家按照协定,在规定的时间内(通常为一年),彼此交换各自所需要的商品、物资或劳务,在每个年度末,协定国家对各自所交付货物的价值进行比较,差额部分以下一年度某一方向另一方提交更多的货物或根据规定支付现汇抵偿。显然,清算协定是易货贸易的一种新形式,它从买卖双方的一次性交易发展为协定国家之间在一定时期内的多项易货交易。双边清算协定的签约方出于减少交易风险的考虑,往往在银行融资手段的支持下,委托第三方(贸易公司)在市场上公开销售或处理交换所得物品。在当今的国际贸易中,完全不涉及现金的纯粹的易货贸易形式已极为罕见。

(二)互购

互购也被称为对购(reciprocal trade)或平行贸易(parallel trade),是最简单、最常用的对销贸易形式。互购是一种现汇交易,是指一方向另一方出口商品和/或劳务的同时,承担以所得款项的一部分或全部向对方购买一定数量或金额商品和/或劳务的义务。在互购协定下,交易双方一般要签订两份相互独立的合同。第一份合同,也就是基础合同或主合同,规定出口方出口商品的质量、数量等有关内容。第二份合同则主要规定出口方购买对销贸易商品的义务。这两份合同由互购协定书联结起来。互购协定往往作为一揽子协定的一部分,并且常常与贷款协定、援助计划和部分现金支付方式相结合使用。

(三)回购

回购在我国又称为补偿贸易(compensation trade),是在信贷基础上进行的,是指提供机器设备或交钥匙工厂(turn-key plant)的出口方,接受进口一方以该机器设备或工厂所生产的产品支付部分或全部价款的做法。有时双方也可以通过协议,由机器或设备的出口方购买进口一方提供的其他产品。回购方式的做法比较简单,而且有利于企业的成本核算,使用较为广泛。所回购的商品一般在卖方所在市场销售或用于制成品的生产,卖方对回购产品的质量也较为关心和重视。但是,由于回购商品要等进口的机器设备安装投产后才能进行,交易期限往往较长,有时长达 5～10 年,甚至更长。

（四）抵销

抵销是指一方在进口诸如国防、航空或宇航、计算机、信息交流等设备时,以先期向另一方或出口方提供的某种商品和/或劳务、资金等抵销一定比例进口价款的做法。抵销的方式可以是为生产该设备而提供的零部件、投入的资金、所转让的技术以及技术培训、项目研究开发等。抵销贸易自 20 世纪 80 年代以来开始盛行,在发达国家之间,以及发达国家与发展中国家的军火交易或大型设备交易中常被采用。

二、补偿贸易的基本做法

进行补偿贸易业务的基本过程大致可以分为三个阶段。

1. 准备阶段

从引进设备、技术和劳务的一方来说,首先要做好可行性研究,其中最主要的是引进项目的建设条件是否具备。例如,所需的土地、劳动力、资金、生产与管理技术必须能够落实;对项目的投资效果要进行估算,应保证有相当的经济效益;产品主要销往国外市场的,销路要有保证等。在进行可行性研究的基础上,才能确定引进项目,然后按规定报请主管部门审批,获准后再进行具体的前期工作安排。

在可行性研究中,对项目的投资效果的推算是最主要的内容。估算补偿贸易的经济效益可从外资可偿期、外资总收益率、人民币资金换汇率和企业利润率四个方面进行核算。所谓外资可偿期是反映在以利润偿还的基础上项目的补偿能力。可偿期越短,表明补偿能力越强,反之则越弱。如果可偿期超过进口设备的服务年限,则该项补偿贸易对本国并无经济利益,是不可取的。其计算公式为:

$$可偿期 = \frac{外资总成本}{年外汇纯利}$$

所谓外资总收益率是指企业使用外资进口设备在服务期内的外汇净收入,在偿付外资本息后,归企业所得部分在净收入中所占的比重。其计算公式为:

$$外资总收益率 = \frac{年外汇纯利 \times 服务期 - 外资总成本}{年外汇纯利 \times 服务期} \times 100\% = (1 - \frac{可偿期}{服务期}) \times 100\%$$

按照国际上对借贷资金的看法,总收益率一般在 60% 以上才是合算的。

所谓人民币资金换汇率是指一定量的外汇收入与需要投入的国内资金量的比例。其计算公式为:

$$人民币资金换汇率 = \frac{年外汇净收入 \times 服务期}{人民币资金 \times 服务期} \times 100\%$$

此外,作为一个企业也要按照国内各类企业的经济核算方法计算企业的利润率。

关于土地、劳动力、人民币资金、生产技术、管理机构等前期工作的安排和落实也是一项很重要的工作,这些工作都直接关系到项目的及时建设和投产,并影响到预期效益的实现。

2. 对外磋商阶段

这是补偿贸易的关键阶段,双方就补偿贸易合同的主要条款进行具体磋商,明确双方的权利和义务。

3. 签订书面合同阶段

补偿贸易的书面合同一般有三种:补偿贸易协议、设备(或/和技术、劳务)进口合同、补偿产品出口合同。

补偿贸易是一笔具体交易的基础,是连接进口机器设备(或/和技术、劳务)和出口补偿产品的两个合同的纽带。它规定了进行补偿贸易的总原则和一般条件。具体的进出口商品的规格、数量和价格、交货时间等内容则在进出口合同中分别作出安排。简单的补偿贸易也有只签订补偿贸易协定,而不再另签进出口合同的。此外,有的在双方开始磋商时或在磋商过程中,先签订补偿贸易意向书,但在一般情况下,这不是正式合同,对双方不具有约束力。如果使用银行信贷,还要与银行签订贷款协议。

补偿贸易虽有积极作用的一面,但由于业务复杂,牵涉面较广,所以,在我国通过补偿贸易引进设备时必须精心策划,认真核算,审慎处理。此外,下列问题值得我们注意:

第一,进口设备应是发展国民经济所必需的,有利于发挥我国资源和劳动力优势等有利条件或有利于增加外汇收入的,技术上要能控制污染没有公害的,而且是先进的、能为我所用的,同时要防止不必要的重复引进。

第二,要争取以制成品补偿。如果以原料补偿,则这种原料必须是资源丰富与自用有余的。要考虑补偿产品在世界市场的销售情况和出口前景,防止影响同类产品的正常出口。

第三,补偿贸易的客户对象,要选择信用好、经营能力强,特别是具有推销补偿产品能力的客户。进口的设备、技术和劳务的价格要比较合理,信贷条件比较优惠。

第四,签约时要妥善规定返销产品的作价原则,明确返销的时间。返销金额应为技术设备的价款另加延付期的利息费用。

第五,补偿贸易的支付方式,可以采用对开信用证、银行保函、汇付和托收等方式,但必须贯彻先收后付的原则。一般要使用贷款,以现金支付设备价款。贷款有私人信贷、银行信贷以及出口信贷。出口信贷利率较低,带有政府补贴的性质,而且利率又是固定的,不受资金市场影响。开展补偿贸易应尽可能直接利用设备出口国的出口信贷。

由于补偿贸易从确定商品价格至实际结算往往需要一段较长的时间,在此期间,如使用货币的汇率发生较大变化,就会给交易的一方带来损失。因此,在选用计价货币时,应选用币值相对比较稳定的货币为宜,必要时可在合同中订立外汇保值条款。

第六,外资偿还期原则上越短越好,但如果补偿产品在国际市场上畅销,价格趋涨,其涨幅超过利率幅度,则偿还期长一些也是可取的。

第七,实行多边补偿时,如承担回购义务的第三方未能履行其回购义务,或承担提供间接补偿产品的第三方未能如约提供时,则原设备出口方或进口方仍应分别承担相应的责任。

第五节　加工贸易

一、来料加工

来料加工贸易在我国又称为对外加工装配业务,广义的来料加工包括来料加工和来料装配两个方面。它是指由外商作为委托方,提供一定的原材料、零部件、元器件,由我方作为承接方,按照委托方的要求进行加工装配,成品交由委托方处置,承接方按照约定收取工缴费作为报酬。

(一)来料加工贸易的性质

来料加工贸易与一般进出口贸易不同。一般进出口贸易属于货物买卖,来料加工虽有原材料、零部件的进口和成品的出口,却不属于货物买卖。因为原料和成品的所有权始终属于委托方,在一进一出的过程中并未发生转移,我方只提供劳务并收取约定的工缴费。因此,可以说来料加工这种委托加工的方式属于劳务贸易的范畴,是以商品为载体的劳务出口。按照我国合同法的解释,来料加工合同属于承揽合同的性质。

(二)来料加工贸易的作用

来料加工对于承接方来讲,具有以下作用:

1. 可以发挥本国的生产潜力,补充国内原材料的不足,为国家增加外汇收入。

2. 引进国外的先进技术和管理经验,有利于提高生产、技术和管理水平。

3. 有利于发挥劳动力众多的优势,增加就业机会,繁荣地方经济。

对委托方来讲,来料加工贸易也可降低其生产成本,增强竞争力,并有利于委托方所在国的产业结构调整。

(三)来料加工合同的主要内容及有关问题

来料加工合同包括三部分:约首部分、本文部分和约尾部分。约首和约尾主要说明订约人的名称、订约宗旨、订约时间、合同的效力、有效期限、终止及变更方法等问题。本文部分是合同的核心内容,其中包括:加工产品名称、品质、规格、数量、交货期、损耗率、残次品率、加工费标准及金额、付款方式、保险、验收等。如果对方融资为我方购进机器设备生产线等,并在加工费中分期扣还其价款者,这就兼具补偿贸易的性质,我们应在合同或协议中加入相应的条款,作出明确具体的规定。

1. 对来料来件的规定

来料加工业务中,承接方能否按时、按质、按量交付成品很大程度上取决于委托方能否按时、按质、按量供料。因此,在合同中要明确规定来料来件的质量要求、具体数量和到货时间。合同签订之后,任何一方不得擅自更改。为了明确责任,一般同时规定验收办法和委托方未能按规定提供料件的处理办法以及未按时间到达造成承接方停工、生产中断的补救方法。

2. 对产品质量的规定

委托方为了保证成品在国际市场的销路,对成品的质量要求比较严格,因此承接方在签订合同时必须从自身的技术水平和生产能力出发,妥善规定,以免交付成品时发生困难。质量标准一经确定,承接方就要按时按质按量交付成品,委托方则根据合同规定的标准验收,或由双方同意的检验机构进行检验,并出具证明文件。为了保证产品质量,有时委托方也可派人到加工现场进行技术指导和生产监督。

3. 关于耗料率和残次品率的规定

耗料率又称原材料消耗定额,是指每单位成品消耗原材料的数额。残次品率是指不合格产品在全部成品中的比率。这两个指标如果定得过高,则委托方必然要求增加成本,减少产品的收入;如果定得过低,则承接方执行起来就会遇到困难。在合同中规定这一条款时一定要做到公平合理,并且留有余地,因为它直接关系到双方的利害关系和能否顺利执行合同。一般委托方要求耗料率不得超过一定的定额,否则由承接方负担,残次品率不能超过一定比例,否则委托方有权拒收。另外,可要求委托方在提供原材料和零部件时,按照耗料率和残次品率的百分比增加供应数量,多出部分不计算在加工装配的成品数额中。

4. 关于工缴费标准的规定

工缴费是直接涉及合同双方利害关系的核心问题。由于加工装配业务本质上是一种劳务出口,所以工缴费的核定应以国际劳务价格为依据,并要具有一定竞争性。在对外谈判协商工缴费标准时,除了据理力争外,还要有长远观点。如通过认真审定,认为该项目确有发展前途时,在开展业务的初期,工缴费可以低一点,等业务开展起来,随着技术的进步和质量的提高,再逐步提高工缴费标准。另外,还应考虑到市场行情的变化和货币汇率的变化等因素,当情况发生较大变化时,应适当调整工缴费水平。

5. 对工缴费结算方式的规定

来料加工业务中关于工缴费的结算方法有两种:第一种是来料、来件和成品均不作价,单收加工费。采用这种方法时,多数是由委托方在承接方交付成品后通过汇付、托收或信用证方式向承接方支付加工费。第二种方法是对来料、来件和成品分别作价,两者之间的差额即工缴费。采用这种方式时,承接方应坚持先收后付的原则,具体做法是,承接方开立远期信用证或以远期托收的方式来对来料、来件付款,委托方以即期信用证或即期托收方式支付成品价款。在规定远期付款的期限时,要注意与加工周期和成品收款所需时间相衔接并适当留有余地,这样可以避免垫付外汇。

6. 对运输保险的规定

来料加工业务涉及两段运输:原料运进和成品运出,须在合同中明确规定由谁承担有关的运输责任和费用。由于原料和成品的所有权均属于委托方,所有运输的责任和费用也应由委托方承担。但在具体业务中可灵活掌握,承接方也可代办某些运输事项。如规定由承接方支付某项运费,则应在工缴费中将该项运费包括在内。

来料加工涉及的保险包括两段运输险以及货物加工期间存仓的财产险。同运输一样,从法律上讲,承接方只承担加工装配,保险应归委托方负责。但从实际业务过程看,由承接方投保较为方便,有时委托方也要求承接方代办保险,保险费可连同工缴费向委托方结算。如由承接方代办保险,双方还应约定保险险别、保险金额等条件。

中国人民保险公司为适应来料加工业务发展的需要,开设了来料加工一揽子综合险,投保这一险别后,保险公司即承担了两段运输和存仓财产险。

7. 关于由委托方提供设备和技术的规定

有的来料加工业务中,为了保证加工产品的质量,根据双方的约定,由委托方提供原料的同时,提供某些设备和技术,这些要在合同中作出明确规定。机器设备除了要写明其名称、规格、质量、牌号、出厂地点和时间、价格外,还必须明确是无偿提供还是有偿提供。如果有偿提供,要订明我国国内承接方偿还价款的方式和期限。若提供技术,除按一般技术转让要求外,还应规定国外委托方为国内承接方培训技术人员和派遣专家的名额、培训时间、专家工作时间,以及费用负担等具体事宜。

8. 关于商标和专利使用问题

商标和专利都属于工业产权,各国对所有人都制定了保护性法律,在加工贸易中经常遇到国外委托方要求国内承接方按特定商标、外形设计和规格指标进行加工装配生产,在这些方面也应引起国内承接方的重视,为避免对他人的侵权,可要求委托方提供有关商标或专利的注册登记文件或其他足以证明其合法使用权的其他文件,或在合同中订明承接方是按照委托方来样图纸、配方及指定的商标进行加工装配和包装,如对第三方构成侵权,责任全部由委托方承担,与我承接方无关,承接方因此遭受的损失应由委托方负责赔偿。

此外,来料加工合同还应订立不可抗力和仲裁等预防性条款。

二、进料加工

(一)进料加工的含义

进料加工一般是指从国外购进原料,加工生产出成品再销往国外。由于进口原料的目的是为了扶植出口,所以,又被习惯称为"以进养出"。我国开展的以进养出业务,除了包括进口轻工、纺织、机械、电子等行业的原材料、零部件、元器件,加工、制造或装配出成品再出口外,还包括从国外引进农、牧、渔业的优良品种,经过种植或繁育出成品再出口。

进料加工与前面所讲到的来料加工有相似之处,即都是"两头在外"的加工贸易方式,但两者又有明显的不同。第一,来料加工在加工过程中均未发生所有权的转移,原料运进和成品运出属于同一笔交易,原料的供应者即是成品的接受者;而在进料加工中,原料的进口和成品的出口是两笔不同的交易,均发生了所有权的转移,原料供应者和成品购买者之间也没有必然的联系。第二,在来料加工中,我方不用考虑原料的来源和成品的销路,不承担商业风险,只收取工缴费,因此,对于广大中小企业就比较合适;而在进料加工中,我方是赚取从原料到成品的附加价值,要自筹资金、自寻销路、自担风险、自负盈亏。这项业务在乡镇企业和规模较小的企业中就难以开展。

(二)进料加工贸易的做法

进料加工的具体做法,归纳起来大致有以下三种:

1. 先签订进口原料的合同,加工出成品后再寻找市场和买主。这种做法的好处是进料时可选择适当时机,在价格较低时购进,而且,一旦签订出口合同,就可尽快安排生产,保证及时交货,交货期一般较短。但采取这种做法时,要随时了解国外市场的动向,以保证所生产的产品能适销对路,否则,就会造成库存积压,影响企业的经济效益。

2.先签订出口合同,再根据国外买方的订货要求从国外购进原料,加工生产,然后按合同的规定交货。这种做法包括来样进料加工,即由买方先提供样品,我方根据其样品的要求再从国外进口原料,加工生产。这种做法的优点是产品的销路有了保障,但要注意加工成品所需的原料来源必须落实,否则会影响到成品的质量或者导致无法按时交货。

3.对口合同方式。即与国外客户签订进口原料合同的同时签订出口成品的合同,原料的提供者也就是成品的购买者。但这两个合同相互独立,分别以现汇结算。采用这种做法时,原料来源和成品销路均有了保证,但它的适用面较窄,不易成交。实际做法中,有时原料提供者与成品购买者也可以是不同的人。

（三）开展进料加工的意义

进料加工在我国并非一种新的贸易方式,但在改革开放的过程中,在中央政策的鼓励下有了较为迅速的发展,特别是东部沿海地区开展得十分普遍。我国开展进料加工的意义主要表现在以下几个方面:

1.有利于解决国内原料紧缺的困难,利用国外提供的资源,发展出口商品生产,为国家创造外汇收入,有些不能出口的产品还可以满足国内市场的需要。

2.开展进料加工可以更好地根据国际市场的需要和客户的要求,组织原料进口和加工生产,特别是来样进料加工方式,有助于做到产销对路,避免盲目生产,减少库存积压。

3.进料加工是将国外的资源和市场与国内生产能力相结合的国际大循环方式,也是国际分工的一种形式。通过开展进料加工,可以充分发挥我国劳动力价格相对低廉的优势,并有效利用相对过剩的加工能力,扬长避短,促进我国外向型经济的发展。

三、境外加工贸易

（一）境外加工贸易的含义

境外加工贸易是指我国企业以现有装备、技术在国外进行直接投资时,利用当地的劳动力开展加工装配业务,以带动和扩大国内设备、技术、原材料、零配件出口的一种国际经济合作方式。

可见,境外加工贸易是在海外进行投资办厂的基础上,结合开展来料加工或进料加工,其目的是为了促进我国设备、技术以及原料的出口。

（二）开展境外加工贸易的必要性和可行性

我国企业开展境外加工贸易时间很短,可以说是刚刚起步,还缺乏经验,但应该看到它是当前国民经济结构调整和培育新的出口增长点的一项重要战略措施。我国政府决定开展这项业务是经过深思熟虑的,我们开展境外加工贸易具有它的必要性和可行性。

1.开展境外加工贸易的必要性

（1）我国与许多国家存在着双边贸易不平衡问题,影响贸易关系的发展,开展此项业务,有助于绕过贸易壁垒,保持和拓展东道国市场或发展向第三国的出口,来缓解双边贸易不平衡的矛盾。

（2）在某些行业，如家电行业，我国生产技术已经成熟，要想在劳工成本不断上升的压力下维持产品的国际竞争力，必须将长线产品转移到相对落后的国家或地区，来支持本国产业结构的调整。

（3）现在经济全球化是个大趋势，我国企业需要走出国门，开展跨国经营，利用当地较低的生产、运输成本和现有的市场销售渠道及其在区域经济一体化中的影响，获得较高的经济效益。

2. 开展境外加工贸易的可行性

（1）改革开放以来我们在开展加工贸易方面积累了丰富的经验，也培养了一大批管理人才，为我们走出国门打下了坚实的基础。

（2）在劳动力密集、技术层次较低、产品标准化的行业中开展加工装配业务，我国有着较强的竞争优势。在一些科技含量较高的行业，经过近年来的不断努力，我们也具备了参与国际竞争的实力。

（3）我国资源丰富，某些原材料（如棉花、棉布等）在国内有库存积压，通过带料加工，既有助于国产料件的出口，也解决了东道国资源不足的问题。

为了促进这项业务的开展，国家制定了一系列鼓励措施，这主要包括：资金支持、外汇管理、出口退税、金融服务和政策性保险等鼓励政策。

（三）开展境外加工贸易时应注意的问题

从我国一些大型企业开展这项业务的经验教训来看，应注意以下几个重要问题：

1. 做好人才方面的准备

国际市场竞争的关键是人才竞争，我国企业要想走出国门，并且在复杂多变的国际市场上站稳脚跟，首先需要一大批精干的人才。这些人除了要懂专业技术外，还必须具有从事外经贸业务的必要知识，熟练地掌握外语技能，熟悉国际经贸法律和市场营销知识，而且尽可能是一专多能的复合型人才。当然，这主要靠长期的培养和选拔。此外，举办各种培训班也可以起到一定的作用。

2. 要注重信息的积累

境外加工贸易是我国企业在国外进行直接投资的基础上开展起来的，也就是说企业活动的主要场地是在国外，因此，对当地的有关信息掌握的好坏直接关系到这项业务的成败。我们在选定目标市场时，一定要作充分的调查研究，了解有关信息，特别是与投资环境有关的当地法规、税收政策、文化背景、基础设施、自然条件以及工会情况等。只有在广泛搜集信息的基础上，进行科学的分析，才能减少盲目性，降低投资风险。

3. 注意加强宏观管理

要进行合理规划，做好项目的可行性研究，并努力做到四个结合：与扩大我国外贸出口相结合，与国内产业结构调整相结合，与国外市场需求相结合，与企业自身优势相结合。此外，在选择目标市场时要避免扎堆，不搞无序竞争。

第六节　商品期货交易

一、期货交易的概念

(一)期货交易的含义

期货交易(futures trading)是指在期货交易所内,按一定规章制度进行的期货合约的买卖。

现代期货交易是在期货交易所内进行的。目前期货交易所已经遍布世界各地,期货交易的品种基本上都是属于供求量较大、价格波动频繁的初级产品,如谷物、棉花、食糖、咖啡、可可、油料、活牲畜、木材、有色金属、原油,以及贵金属如金、银等。随着金融创新的不断发展,金融期货交易成为发展最快、交易最活跃和影响最大的期货交易。

(二)期货交易与现货交易的联系与区别

现货交易是传统的货物买卖方式,交易双方可以在任何时间和地点通过签订货物买卖合同达成交易。在进出口业务中,无论是即期交货,还是远期交货,进出口商之间达成的交易均属于现货交易的范畴。而期货交易是以现货交易为基础发展起来的。在商品期货交易中,期货合约所代表的商品是现货交易市场中的部分商品,绝大多数的商品是不能以期货合约的方式进行交易的。在国际期货市场上交易的期货商品是以农副产品、金属等初级产品为主。尽管两种市场的价格都要受到同一经济规律的制约,然而,期货交易与现货交易却存在着下列明显的区别:

1. 从交易的标的物看,现货交易买卖的是实际货物,而期货交易买卖的是期货交易所制定的标准期货合约。

2. 从成交的时间和地点看,现货交易中交易双方可以在任何时间和地点来达成交易,而期货交易必须在期货交易所内,按交易所规定的开市时间进行交易。

3. 从成交的形式看,现货交易基本上是在封闭或半封闭的双边市场上私下达成的,交易双方在法律允许的范围内按"契约自主"的原则签订买卖合同,合同条款是根据交易双方的情况而订立的,其内容局外人是不知道的;而期货交易是在公开、多边的市场上,通过喊价或竞价的方式达成的。期货合约的条款是标准化的(除交易数量、交割月份和价格由交易双方达成),而且达成交易的信息,包括价格是对外公布的。

4. 从履约方式看,在现货交易中,无论是即期现货交易,还是远期现货交易,交易双方都要履行买卖合同所规定的义务,即卖方按合同规定交付实际货物,买方按规定支付货款;而在期货交易中,双方成交的是期货合约,卖方可以按期货合约的规定履行实际交货的义务,买方也可以按期货合约规定接受货物。但期货交易所都规定,履行期货合约不一定要通过实际交割货物来进行,只要在期货合约到期前,即交易所规定的该合同最后交易日前,交易者做一笔方向相反、交割月份和数量相等的相同合同的期货交易,交易者就可解除他实际履行合同的义务。这也就是期货市场上所称的对冲或平仓。值得注意的是,绝大多数期货交易并不涉及货物的实际交割。

5. 从交易双方的法律关系看,在现货交易中,买卖双方达成交易,就固定了双方的权利和义务,交易双方之间产生直接的货物买卖的法律关系,任何一方都不得擅自解除合同;而期货交易双方并不互相见面,合同履行也无须双方直接接触。交易达成后,期货交易双方并不建立直接的法律关系。

6. 从交易的目的看,在现货交易中,交易双方的目的是转移货物的所有权。从卖方讲,是出售货物,取得货款;从买方讲,是取得一定经济价值的实际商品。而参加期货交易的人可以是任何企业和个人。不同的参加者进行期货交易的目的不同,有的是为了配合现货交易,利用期货交易转移价格变动的风险,有的是为了在期货市场上套取利润,有的是专门从事投机,目的是取得相应的投资利润。

二、期货市场的构成

期货市场(futures market)是指按一定的规章制度买卖期货合约的有组织的市场。期货交易就是在期货市场上进行的交易行为。

期货市场主要由期货交易所、期货佣金商和清算所等构成。

进出口商通常都是通过期货佣金商下单,由佣金商在期货交易所执行,交易达成后,所有合约都要通过清算所统一清算结算。

(一)期货交易所

期货交易所(futures exchanges)是具体买卖合同的场所。我们将从事期货交易的场所一律统称为期货交易所,把包括期货交易所在内,涉及期货交易及其运行的组织机构称为期货市场。

期货交易所本身不参加期货交易,运用资金主要靠创立之初的投资、会员费和收取的手续费。交易所的职能是:(1)提供交易场地;(2)制定标准交易规则;(3)负责监督和执行交易规则;(4)制定标准的期货合约;(5)设立仲裁机构,解决交易争议;(6)负责收集和向公众传播交易信息。

(二)期货佣金商

期货佣金商(futures commission merchant,FCM)又称经纪行或佣金行,是代表金融、商业机构或一般公众进行期货交易的公司或个人组织,其目的就是从代理交易中收取佣金。

期货佣金商的主要业务包括:(1)向客户提供完成交易指令的服务;(2)作为客户进行期货交易的代理人,负责处理客户的保证金;(3)记录客户盈亏,并代理进行货物的实际交割;(4)向客户提供期货交易的决策信息,以及咨询业务。

期货佣金商往往是如下机构:主要经营证券业务的大证券投资公司,专营期货交易的期货公司,以及从事实物交易的公司,如生产商、中间商和进出口商等。

(三)清算所

清算所(clearing house)是负责对期货交易所内买卖的期货合约进行统一交割、对冲和结算的独立机构,它是随期货交易的发展以及标准化期货合约的出现而设立的清算结算机构。在期货交易的发展中,清算所的创立完善了期货交易制度,保障了期货交易能在期货交易所内顺利进行,因此成为期货市场运行机制的核心。

　　清算所的创立使期货交易者在交易所内达成交易,却不建立通常货物买卖中转移货物所有权的直接法律关系。一旦期货交易达成,交易双方分别与清算所发生关系。清算所既是所有期货合约的买方,也是所有期货合约的卖方。这是因为清算所有特殊的"取代功能"。清算所这一功能得以实现,又是因为清算所的财力雄厚,而且实行了一套严格的无负债的财务运行制度——保证金制度。

　　保证金制度(margin system),也称押金制度,指清算所规定的达成期货交易的买方和卖方,应交纳履约保证金的制度。

　　清算所要求每一位会员都必须在清算所开立一个保证金账户,对每一笔交易,会员都要按规定交纳一定数额的保证金。为防止出现违约,非会员也要向清算所会员交纳一定的保证金。

　　清算所规定的保证金有两种:初始保证金和追加保证金。

　　初始保证金(initial margin 或 original margin)是指期货交易者在开始建立期货交易部位(trading position)时,要交纳的保证金。对于所交纳初始保证金的金额,世界各地不同期货交易所有不同的规定,通常按交易金额的一定百分比收取,一般在 5%～10% 之间。该笔保证金一旦交纳,即存入清算所的保证金账户。

　　追加保证金(variation margin 或 call margin)是指清算所规定的,在会员保证金账户金额短少时,为使保证金金额维持在初始保证金水平,而要求会员增加交纳的保证金。清算所为了防止出现负债情况,采取逐日盯市(marking to the market)的原则,用每日的清算价格对会员的净交易部位核算盈亏。当发生亏损,保证金账户金额下降时,清算所便要求会员必须交纳追加保证金。

　　清算所规定交纳追加保证金的目的是为了保证交易顺利进行,杜绝可能出现的违约现象。当会员净交易部位发生亏损时,清算所就会向会员发出追加保证金的通知,一般要求在第二天开市前就要缴纳。否则,清算所有权在第二天开市时,在期货交易所中,对违约客户已建立的交易部位按市价平仓或对冲,亏损部分由客户已交纳的保证金来弥补。

(四)期货交易的参加者

按参加期货交易的目的,交易者可分为下列两大类。

1. 套期保值者

套期保值者(hedger)一般为实际商品经营者、加工者和生产者。他们的主要目的是在现货市场中进行实际货物的买卖。为了保障现货交易的正常合理利润,他们往往在期货市场上采取适当的套期保值策略来避免或减少价格波动风险带来的现货交易损失。

2. 投机者

投机者(speculator)指在期货市场上通过"买空卖空"或"卖空买空",希望以较小的资金来博取利润的投资者。与套期保值相反,投机者愿意承担期货价格变动的风险,一旦预测期货价格上涨,投机者就会买进期货合约(或称"买空"或"多头");一旦预测期货价格将下跌,就会卖出期货合约(或称"卖空"或"空头"),待价格与自己预料的方向变化一致时,再抓住机会进行对冲。

三、套期保值

(一)套期保值的含义

套期保值(hedging)是指期货市场交易者将期货交易与现货交易结合起来进行的一种市场行为。其定义可概括为交易者在运用期货交易临时替代正常商业活动中,转移一定数量商品所有权的现货交易的做法。其目的就是要通过期货交易转移现货交易的价格风险,并获得这两种交易相配合的最大利润。

(二)套期保值的做法

套期保值者在期货市场上的做法有下列两种。

1. 卖期保值

卖期保值(selling hedge)是指套期保值者根据现货交易情况,先在期货市场上卖出期货合约(或称建立空头交易部位),然后再以多头进行平仓的做法。例如,生产厂商或加工商在采购原材料的同时,为了避免价格波动的风险,往往采取卖期保值的做法。

2. 买期保值

买期保值(buying hedge)是指套期保值者根据现货交易情况,先在期货市场上买入期货合约(或称建立多头交易部位),然后再以卖出期货合约进行平仓的做法。通常中间商在采购货源时,为避免价格波动,固定成本,经常采取买期保值的做法。

(三)套期保值应注意的事项

1. 必须审慎从事

从套期保值的做法中得知,卖期保值是为了防止现货价格下跌,买期保值是为了防止现货价格上升。但如果在卖期保值后,价格非但没有下跌反而上涨,或买期保值后,价格没有上升反而下跌,那么套期保值的结果就会事与愿违。

套期保值对实物交易者而言,是排除了对现货市场价格变动风险进行投机,目的是为了保障实物交易中的合理利润免遭损失,而丧失了不做套期保值可以取得更多现货盈利的机会。

正因为如此,有人认为,对套期保值应有选择地进行。但由于市场价格变化莫测,要对其走势作出正确判断并非易事,故目前一般商人仍习惯于在每笔实物交易之后,即做一笔套期保值的传统做法,以策安全。

2. 应注意基差的变化

套期保值的效果,往往取决于套期保值时和取消套期保值时实际货物和期货之间差价的变化,即基差的变化。

基差(basis)指的是在确定的时间内,某一具体的现货市场价格与期货交易所达成的期货价格之间的差额。用公式来表示如下:

$$基差=现货市场价格-期货市场价格$$

在现货市场的实物交易中,商人之间经常用基差来表示现货交易的价格,特别是在签订非固定价格合同时,用基差来表示实际现货价格与交易所期货价格的关系。

实践表明,套期保值的效果取决于基差的变化。从另一个角度讲,套期保值能够转移现货价格波动的风险,但最终无法转移基差变动的风险。然而,在实践中,基差的变化幅度要远远小于现货价格变动的幅度。交易者对基差的变化是可以预测的,而且也易于掌握。

专业词汇:

经销	distributorship
独家经销	exclusive sales; exclusive distributorship
代理人	agent
委托人	principal
拍卖	auction
寄售	consignment
寄售人	consigner
招标	invitation to tender
招标文件	bidding documents
投标保证金	bid bond
开标	opening of tender
对销贸易	counter trade
互购	counter purchase
补偿贸易	compensation trade
来料加工	processing with customer's materials

思考与讨论

1. 何谓独家经销方式? 何谓独家代理方式?
2. 采用拍卖方式,对卖方有何利弊?
3. 什么叫招标? 什么叫投标?
4. 试述来料加工和进料加工的区别。

案 例 分 析

1. 我 A 公司与美国 B 公司签订一份独家经销协议,A 公司把该公司经营的草制品(狗窝)在美国的独家经营权(购买权)授予 B 公司,期限为一年。一年来,由于 B 公司的销售不力,致使 A 公司蒙受很大损失。试分析 A 公司蒙受损失的原因。

2. 我国多次以补偿贸易方式从日本进口渔轮,用直接产品鱼品偿付渔轮进口价款。20 世纪 80 年代某省一外贸公司又进口一艘渔轮,其具体做法是先出口鱼品积存外汇,在达到一定金额后,即用以购买新渔轮。该公司把这种做法报请主管机关给予补偿贸易的优惠待遇,遭到拒绝。试对此进行评论。

附　录

ICC 跟单信用证统一惯例(UCP600)

第一条　统一惯例的适用范围

跟单信用证统一惯例,2007 年修订本,国际商会第 600 号出版物,适用于所有在正文中标明按本惯例办理的跟单信用证(包括本惯例适用范围内的备用信用证)。除非信用证中另有规定,本惯例对一切有关当事人均具有约束力。

第二条　定义

就本惯例而言:

通知行意指应开证行要求通知信用证的银行。

申请人意指发出开立信用证申请的一方。

银行日意指银行在其营业地正常营业,按照本惯例行事的行为得以在银行履行的日子。

受益人意指信用证中受益的一方。

相符提示意指与信用证中的条款及条件、本惯例中所适用的规定及国际标准银行实务相一致的提示。

保兑意指保兑行在开证行之外对于相符提示作出兑付或议付的确定承诺。

保兑行意指应开证行的授权或请求对信用证加具保兑的银行。

信用证意指一项约定,无论其如何命名或描述,该约定不可撤销并因此构成开证行对于相符提示予以兑付的确定承诺。

兑付意指:

a. 对于即期付款信用证即期付款。

b. 对于延期付款信用证发出延期付款承诺并到期付款。

c. 对于承兑信用证承兑由受益人出具的汇票并到期付款。

开证行意指应申请人要求或代表其自身开立信用证的银行。

议付意指被指定银行在其应获得偿付的银行日或在此之前,通过向受益人预付或者同意向受益人预付款项的方式购买相符提示项下的汇票(汇票付款人为被指定银行以外的银行)及/或单据。

被指定银行意指有权使用信用证的银行,对于可供任何银行使用的信用证而言,任何银行均为被指定银行。

提示意指信用证项下单据被提交至开证行或被指定银行,抑或按此方式提交的单据。

提示人意指作出提示的受益人、银行或其他一方。

第三条　释义

就本惯例而言:

在适用的条款中,词汇的单复数同义。

信用证是不可撤销的,即使信用证中对此未作指示也是如此。

单据可以通过手签、签样印制、穿孔签字、盖章、符号表示的方式签署,也可以通过其他任何机械或电子证实的方法签署。

当信用证含有要求使单据合法、签证、证实或对单据有类似要求的条件时,这些条件可由在单据上签字、标注、盖章或标签来满足,只要单据表面已满足上述条件即可。

一家银行在不同国家设立的分支机构均视为另一家银行。

诸如"第一流""著名""合格""独立""正式""有资格""当地"等用语用于描述单据出单人的身份时,单据的出单人可以是除受益人以外的任何人。

除非确需在单据中使用,银行对诸如"迅速""立即""尽快"之类词语将不予置理。

"于或约于"或类似措辞将被理解为一项约定,按此约定,某项事件将在所述日期前后各五天内发生,起讫日均包括在内。

词语"×月×日止"(to)、"至×月×日"(until)、"直至×月×日"(till)、"从×月×日"(from)及"在×月×日至×月×日之间"(between)用于确定装运期限时,包括所述日期。词语"×月×日之前"(before)及"×月×日之后"(after)不包括所述日期。

词语"从×月×日"(from)以及"×月×日之后"(after)用于确定到期日时不包括所述日期。

术语"上半月"和"下半月"应分别理解为自每月"1 日至 15 日"和"16 日至月末最后一天",包括起讫日期。

术语"月初""月中"和"月末"应分别理解为每月 1 日至 10 日、11 日至 20 日和 21 日至月末最后一天,包括起讫日期。

第四条　信用证与合同

a. 就性质而言,信用证与可能作为其依据的销售合同或其他合同,是相互独立的交易。即使信用证中提及该合同,银行亦与该合同完全无关,且不受其约束。因此,一家银行作出兑付、议付或履行信用证项下其他义务的承诺,并不受申请人与开证行之间或与受益人之间在已有关系下产生的索偿或抗辩的制约。

受益人在任何情况下,不得利用银行之间或申请人与开证行之间的契约关系。

b. 开证行应劝阻申请人将基础合同、形式发票或其他类似文件的副本作为信用证整体组成部分的做法。

第五条　单据与货物/服务/行为

银行处理的是单据,而不是单据所涉及的货物、服务或其他行为。

第六条　有效性、有效期限及提示地点

a. 信用证必须规定可以有效使用信用证的银行,或者信用证是否对任何银行均为有效。对于被指定银行有效的信用证同样也对开证行有效。

b. 信用证必须规定它是否适用于即期付款、延期付款、承兑抑或议付。

c. 不得开立包含有以申请人为汇票付款人条款的信用证。

d. i 信用证必须规定提示单据的有效期限。规定的用于兑付或者议付的有效期限将被认为是提示单据的有效期限。

ii. 可以有效使用信用证的银行所在的地点是提示单据的地点。对任何银行均为有效的信用证项下单据提示的地点是任何银行所在的地点。不同于开证行地点的提示单据的地点是开证行地点之外提交单据的地点。

e. 除非如 29(a)中规定,由受益人或代表受益人提示的单据必须在到期日当日或在此之前提交。

第七条　开证行的承诺

a. 倘若规定的单据被提交至被指定银行或开证行并构成相符提示,开证行必须按下述信用证所适用的情形予以兑付:

ⅰ. 由开证行即期付款、延期付款或者承兑;

ⅱ. 由被指定银行即期付款而该被指定银行未予付款;

ⅲ. 由被指定银行延期付款而该被指定银行未承担其延期付款承诺,或者虽已承担延期付款承诺但到期未予付款;

ⅳ. 由被指定银行承兑而该被指定银行未予承兑以其为付款人的汇票,或者虽已承兑以其为付款人的汇票但到期未予付款;

ⅴ. 由被指定银行议付而该被指定银行未予议付。

b. 自信用证开立之时起,开证行即不可撤销地受到兑付责任的约束。

c. 开证行保证向对于相符提示已经予以兑付或者议付并将单据寄往开证行的被指定银行进行偿付。无论被指定银行是否于到期日前已经对相符提示予以预付或者购买,对于承兑或延期付款信用证项下相符提示的金额的偿付于到期日进行。开证行偿付被指定银行的承诺独立于开证行对于受益人的承诺。

第八条　保兑行的承诺

a. 倘若规定的单据被提交至保兑行或者任何其他被指定银行并构成相符提示,保兑行必须:

ⅰ 兑付,如果信用证适用于:

a)由保兑行即期付款、延期付款或者承兑;

b）由另一家被指定银行即期付款而该被指定银行未予付款；

c）由另一家被指定银行延期付款而该被指定银行未承担其延期付款承诺，或者虽已承担延期付款承诺但到期未予付款；

d）由另一家被指定银行承兑而该被指定银行未予承兑以其为付款人的汇票，或者虽已承兑以其为付款人的汇票但到期未予付款；

e）由另一家被指定银行议付而该被指定银行未予议付。

ⅱ．若信用证由保兑行议付，无追索权地议付。

b．自为信用证加具保兑之时起，保兑行即不可撤销地受到兑付或者议付责任的约束。

c．保兑行保证向对于相符提示已经予以兑付或者议付并将单据寄往开证行的另一家被指定银行进行偿付。无论另一家被指定银行是否于到期日前已经对相符提示予以预付或者购买，对于承兑或延期付款信用证项下相符提示的金额的偿付于到期日进行。保兑行偿付另一家被指定银行的承诺独立于保兑行对于受益人的承诺。

d．如开证行授权或要求另一家银行对信用证加具保兑，而该银行不准备照办时，它必须不延误地告知开证行并仍可通知此份未经加具保兑的信用证。

第九条　信用证及修改的通知

a．信用证及其修改可以通过通知行通知受益人。除非已对信用证加具保兑，通知行通知信用证不构成兑付或议付的承诺。

b．通过通知信用证或修改，通知行即表明其认为信用证或修改的表面真实性得到满足，且通知准确地反映了所收到的信用证或修改的条款及条件。

c．通知行可以利用另一家银行的服务（"第二通知行"）向受益人通知信用证及其修改。通过通知信用证或修改，第二通知行即表明其认为所收到的通知的表面真实性得到满足，且通知准确地反映了所收到的信用证或修改的条款及条件。

d．如一家银行利用另一家通知行或第二通知行的服务将信用证通知给受益人，它也必须利用同一家银行的服务通知修改书。

e．如果一家银行被要求通知信用证或修改但决定不予通知，它必须不延误通知向其发送信用证、修改或通知的银行。

f．如果一家被要求通知信用证或修改，但不能确定信用证、修改或通知的表面真实性，就必须不延误地告知向其发出该指示的银行。如果通知行或第二通知行仍决定通知信用证或修改，则必须告知受益人或第二通知行其未能核实信用证、修改或通知的表面真实性。

第十条　修改

a．除本惯例第38条另有规定外，凡未经开证行、保兑行（如有）以及受益人同意，信用证既不能修改也不能撤销。

b．自发出信用证修改书之时起，开证行就不可撤销地受其发出修改的约束。保兑行可将其保兑承诺扩展至修改内容，且自其通知该修改之时起，即不可撤销地受到该修改的约束。然而,保兑行可选择仅将修改通知受益人而不对其加具保兑,但必须不延误地将此情况通知开证行和受益人。

c. 在受益人向通知修改的银行表示接受该修改内容之前,原信用证(或包含先前已被接受修改的信用证)的条款和条件对受益人仍然有效。受益人应发出接受或拒绝接受修改的通知。如受益人未提供上述通知,当其提交至被指定银行或开证行的单据与信用证以及尚未表示接受的修改的要求一致时,则该事实即视为受益人已作出接受修改的通知,并从此时起,该信用证已被修改。

d. 通知修改的银行应当通知向其发出修改书的银行任何有关接受或拒绝接受修改的通知。

e. 不允许部分接受修改,部分接受修改将被视为拒绝接受修改的通知。

f. 修改书中作出的除非受益人在某一时间内拒绝接受修改,否则修改将开始生效的条款将被不予置理。

第十一条 电讯传递与预先通知的信用证和修改

a. 经证实的信用证或修改的电讯文件将被视为有效的信用证或修改,任何随后的邮寄证实书将被不予置理。

若该电讯文件声明"详情后告"(或类似词语)或声明随后寄出的邮寄证实书将是有效的信用证或修改,则该电讯文件将被视为无效的信用证或修改。开证行必须随即不延误地开出有效的信用证或修改,且条款不能与电讯文件相矛盾。

b. 只有准备开立有效信用证或修改的开证行,才可以发出开立信用证或修改预先通知书。发出预先通知的开证行应不可撤销地承诺将不延误地开出有效的信用证或修改,且条款不能与预先通知书相矛盾。

第十二条 指定

a. 除非一家被指定银行是保兑行,对被指定银行进行兑付或议付的授权并不构成其必须兑付或议付的义务,被指定银行明确同意并照此通知受益人的情形除外。

b. 通过指定一家银行承兑汇票或承担延期付款承诺,开证行即授权该被指定银行预付或购买经其承兑的汇票或由其承担延期付款的承诺。

c. 非保兑行身份的被指定银行接受、审核并寄送单据的行为既不使得该被指定银行具有兑付或议付的义务,也不构成兑付或议付。

第十三条 银行间偿付约定

a. 如果信用证规定被指定银行("索偿行")须通过向另一方银行("偿付行")索偿获得偿付,则信用证中必须声明是否按照信用证开立日正在生效的国际商会《银行间偿付规则》办理。

b. 如果信用证中未声明是否按照国际商会《银行间偿付规则》办理,则适用于下列条款:

ⅰ. 开证行必须向偿付行提供偿付授权书,该授权书须与信用证中声明的有效性一致。偿付授权书不应规定有效日期。

ⅱ．不应要求索偿行向偿付行提供证实单据与信用证条款及条件相符的证明。

ⅲ．如果偿付行未能按照信用证的条款及条件在首次索偿时即行偿付，则开证行应对索偿行的利息损失以及产生的费用负责。

ⅳ．偿付行的费用应由开证行承担。然而，如果费用系由受益人承担，则开证行有责任在信用证和偿付授权书中予以注明。如偿付行的费用系由受益人承担，则该费用应在偿付时从支付索偿行的金额中扣除。如果未发生偿付，开证行仍有义务承担偿付行的费用。

c．如果偿付行未能于首次索偿时即行偿付，则开证行不能解除其自身的偿付责任。

第十四条　审核单据的标准

a．按照指定行事的被指定银行、保兑行（如有）以及开证行必须对提示的单据进行审核，并仅以单据为基础，以决定单据在表面上看来是否构成相符提示。

b．按照指定行事的被指定银行、保兑行（如有）以及开证行，自其收到提示单据的翌日起算，应各自拥有最多不超过五个银行工作日的时间以决定提示是否相符。该期限不因单据提示日适逢信用证有效期或最迟提示期或在其之后而被缩减或受到其他影响。

c．提示若包含一份或多份按照本惯例第 19 条、第 20 条、第 21 条、第 22 条、第 23 条、第 24 条或第 25 条出具的正本运输单据，则必须由受益人或其代表按照相关条款在不迟于装运日后的二十一个公历日内提交，但无论如何不得迟于信用证的到期日。

d．单据中内容的描述不必与信用证、信用证对该项单据的描述以及国际标准银行实务完全一致，但不得与该项单据中的内容、其他规定的单据或信用证相冲突。

e．除商业发票外，其他单据中的货物、服务或行为描述若须规定，可使用统称，但不得与信用证规定的描述相矛盾。

f．如果信用证要求提示运输单据、保险单据和商业发票以外的单据，但未规定该单据由何人出具或单据的内容。如信用证对此未做规定，只要所提交单据的内容看来满足其功能需要且其他方面与第十四条（d）款相符，银行将对提示的单据予以接受。

g．提示信用证中未要求提交的单据，银行将不予置理。如果收到此类单据，可以退还提示人。

h．如果信用证中包含某项条件而未规定需提交与之相符的单据，银行将认为未列明此条件，并对此不予置理。

i．单据的出单日期可以早于信用证开立日期，但不得迟于信用证规定的提示日期。

j．当受益人和申请人的地址显示在任何规定的单据上时，不必与信用证或其他规定单据中显示的地址相同，但必须与信用证中述及的各自地址处于同一国家内。用于联系的资料（电传、电话、电子邮箱及类似方式）如作为受益人和申请人地址的组成部分将被不予置理。然而，当申请人的地址及联系信息作为按照 19 条、第 20 条、第 21 条、第 22 条、第 23 条、第 24 条或第 25 条出具的运输单据中收货人或通知方详址的组成部分时，则必须按照信用证规定予以显示。

k．显示在任何单据中的货物的托运人或发货人不必是信用证的受益人。

假如运输单据能够满足本惯例第19条、第20条、第21条、第22条、第23条或第24条的要求,则运输单据可以由承运人、船东、船长或租船人以外的任何一方出具。

第十五条　相符提示

a. 当开证行确定提示相符时,就必须予以兑付。

b. 当保兑行确定提示相符时,就必须予以兑付或议付并将单据寄往开证行。

c. 当被指定银行确定提示相符并予以兑付或议付时,必须将单据寄往保兑行或开证行。

第十六条　不符单据及不符点的放弃与通知

a. 当按照指定行事的被指定银行、保兑行(如有)或开证行确定提示不符时,可以拒绝兑付或议付。

b. 当开证行确定提示不符时,可以依据其独立的判断联系申请人放弃有关不符点。然而,这并不因此延长第十四条(b)款中述及的期限。

c. 当按照指定行事的被指定银行、保兑行(如有)或开证行决定拒绝兑付或议付时,必须一次性通知提示人。

通知必须声明:

i. 银行拒绝兑付或议付;及

ii. 银行凭以拒绝兑付或议付的各个不符点;及

iii. a)银行持有单据等候提示人进一步指示;或

b)开证行持有单据直至收到申请人通知弃权并同意接受该弃权,或在同意接受弃权前从提示人处收到进一步指示;或

c)银行退回单据;或

d)银行按照先前从提示人处收到的指示行事。

d. 第十六条(c)款中要求的通知必须以电讯方式发出,或者,如果不可能以电讯方式通知时,则以其他快捷方式通知,但不得迟于提示单据日期翌日起第五个银行工作日终了。

e. 按照指定行事的被指定银行、保兑行(如有)或开证行可以在提供第十六条(c)款(iii)、(a)款或(b)款要求提供的通知后,于任何时间将单据退还提示人。

f. 如果开证行或保兑行未能按照本条款的规定行事,将无权宣称单据未能构成相符提示。

g. 当开证行拒绝兑付或保兑行拒绝兑付或议付,并已经按照本条款发出通知时,该银行将有权就已经履行的偿付索取退款及其利息。

第十七条　正本单据和副本单据

a. 信用证中规定的各种单据必须至少提供一份正本。

b. 除非单据本身表明其不是正本,银行将视任何单据表面上具有单据出具人正本签字、标志、图章或标签的单据为正本单据。

c. 除非单据另有显示,银行将接受单据作为正本单据如果该单据:

i. 表面看来由单据出具人手工书写、打字、穿孔签字或盖章;或

ii. 表面看来使用单据出具人的正本信笺;或

iii. 声明单据为正本,除非该项声明表面看来与所提示的单据不符。

d. 如果信用证要求提交副本单据,则提交正本单据或副本单据均可。

e. 如果信用证使用诸如"一式两份""两张""两份"等术语要求提交多份单据,则可以提交至少一份正本,其余份数以副本来满足。但单据本身另有相反指示者除外。

第十八条　商业发票

a. 商业发票:

i. 必须在表面上看来系由受益人出具(第三十八条另有规定者除外);

ii. 必须做成以申请人的名称为抬头(第三十八条(g)款另有规定者除外);

iii. 必须将发票币别作成与信用证相同币种。

iv. 无须签字。

b. 按照指定行事的被指定银行、保兑行(如有)或开证行可以接受金额超过信用证所允许金额的商业发票,倘若有关银行已兑付或已议付的金额没有超过信用证所允许的金额,则该银行的决定对各有关方均具有约束力。

c. 商业发票中货物、服务或行为的描述必须与信用证中显示的内容相符。

第十九条　至少包括两种不同运输方式的运输单据

a. 至少包括两种不同运输方式的运输单据(即多式运输单据或联合运输单据),不论其称谓如何,必须在表面上看来:

i. 显示承运人名称并由下列人员签署:

a)承运人或承运人的具名代理或代表,或

b)船长或船长的具名代理或代表。

承运人、船长或代理的任何签字必须分别表明承运人、船长或代理的身份。

代理的签字必须显示其是否作为承运人或船长的代理或代表签署提单。

ii. 通过下述方式表明货物已在信用证规定的地点发运、接受监管或装载:

预先印就的措辞,或

注明货物已发运、接受监管或装载日期的图章或批注。

运输单据的出具日期将被视为发运、接受监管或装载以及装运日期。然而,如果运输单据以盖章或批注方式标明发运、接受监管或装载日期,则此日期将被视为装运日期。

iii. 显示信用证中规定的发运、接受监管或装载地点以及最终目的地的地点,即使:

a)运输单据另外显示了不同的发运、接受监管或装载地点或最终目的地的地点,或

b)运输单据包含"预期"或类似限定有关船只、装货港或卸货港的指示。

iv. 系仅有的一份正本运输单据,或者,如果出具了多份正本运输单据,应是运输单据中显示的全套正本份数。

v. 包含承运条件须参阅包含承运条件条款及条件的某一出处(简式或背面空白的

运输单据)者,银行对此类承运条件的条款及条件内容不予审核。

ⅵ. 未注明运输单据受租船合约约束。

b. 就本条款而言,转运意指货物在信用证中规定的发运、接受监管或装载地点到最终目的地的运输过程中,从一个运输工具卸下并重新装载到另一个运输工具上(无论是否为不同运输方式)的运输。

c. ⅰ. 只要同一运输单据包括运输全程,则运输单据可以注明货物将被转运或可被转运……

ⅱ. 即使信用证禁止转运,银行也将接受注明转运将发生或可能发生的运输单据。

第二十条 提单

a. 无论其称谓如何,提单必须表面上看来:

ⅰ. 显示承运人名称并由下列人员签署:

a)承运人或承运人的具名代理或代表,或

b)船长或船长的具名代理或代表。

承运人、船长或代理的任何签字必须分别表明其承运人、船长或代理的身份。

代理的签字必须显示其是否作为承运人或船长的代理或代表签署提单。

ⅱ. 通过下述方式表明货物已在信用证规定的装运港装载上具名船只:

预先印就的措辞,或

注明货物已装船日期的装船批注。

提单的出具日期将被视为装运日期,除非提单包含注明装运日期的装船批注,在此情况下,装船批注中显示的日期将被视为装运日期。

如果提单包含"预期船"字样或类似有关限定船只的词语时,装上具名船只必须由注明装运日期以及实际装运船只名称的装船批注来证实。

ⅲ. 注明装运从信用证中规定的装货港至卸货港。

如果提单未注明以信用证中规定的装货港作为装货港,或包含"预期"或类似有关限定装货港的标注者,则需要提供注明信用证中规定的装货港、装运日期以及船名的装船批注。即使提单上已注明印就的"已装船"或"已装具名船只"措辞,本规定仍然适用。

ⅳ. 系仅有的一份正本提单,或者,如果出具了多份正本,应是提单中显示的全套正本份数。

Ⅳ. 包含承运条件须参阅包含承运条件条款及条件的某一出处(简式或背面空白的提单)者,银行对此类承运条件的条款及条件内容不予审核。

ⅵ. 未注明运输单据受租船合约约束。

b. 就本条款而言,转运意指在信用证规定的装货港到卸货港之间的海运过程中,将货物由一艘船卸下再装上另一艘船的运输。

c. ⅰ. 只要同一提单包括运输全程,则提单可以注明货物将被转运或可被转运。

ⅱ. 银行可以接受注明将要发生或可能发生转运的提单。即使信用证禁止转运,只要提单上证实有关货物已由集装箱、拖车或子母船运输,银行仍可接受注明将要发生或可能发生转运的提单。

d. 对于提单中包含的声明承运人保留转运权利的条款,银行将不予置理。

第二十一条　非转让海运单

a. 无论其称谓如何,非转让海运单必须表面上看来:

ⅰ. 显示承运人名称并由下列人员签署:

承运人或承运人的具名代理或代表,或

船长或船长的具名代理或代表。

承运人、船长或代理的任何签字必须分别表明其承运人、船长或代理的身份。

代理的签字必须显示其是否作为承运人或船长的代理或代表签署提单。

ⅱ. 通过下述方式表明货物已在信用证规定的装运港装载上具名船只:

预先印就的措辞,或

注明货物已装船日期的装船批注。

非转让海运单的出具日期将被视为装运日期,除非非转让海运单包含注明装运日期的装船批注,在此情况下,装船批注中显示的日期将被视为装运日期。

如果非转让海运单包含“预期船”字样或类似有关限定船只的词语时,装上具名船只必须由注明装运日期以及实际装运船只名称的装船批注来证实。

ⅲ. 注明装运从信用证中规定的装货港至卸货港。

如果非转让海运单未注明以信用证中规定的装货港作为装货港,或包含“预期”或类似有关限定装货港的标注者,则需要提供注明信用证中规定的装货港、装运日期以及船名的装船批注。即使非转让海运单上已注明印就的“已装船”或“已装具名船只”措辞,本规定仍然适用。

ⅳ. 系仅有的一份正本非转让海运单,或者,如果出具了多份正本,应是非转让海运单中显示的全套正本份数。

ⅴ. 包含承运条件须参阅包含承运条件条款及条件的某一出处(简式或背面空白的提单)者,银行对此类承运条件的条款及条件内容不予审核。

ⅵ. 未注明运输单据受租船合约约束。

b. 就本条款而言,转运意指在信用证规定的装货港到卸货港之间的海运过程中,将货物由一艘船卸下再装上另一艘船的运输。

c. ⅰ. 只要同一非转让海运单包括运输全程,则非转让海运单可以注明货物将被转运或可被转运。

ⅱ. 银行可以接受注明将要发生或可能发生转运的非转让海运单。即使信用证禁止转运,只要非转让海运单上证实有关货物已由集装箱、拖车或子母船运输,银行仍可接受注明将要发生或可能发生转运的非转让海运单。

d. 对于非转让海运单中包含的声明承运人保留转运权利的条款,银行将不予置理。

第二十二条　租船合约提单

a. 无论其称谓如何,倘若提单包含有提单受租船合约约束的指示(即租船合约提单),则必须在表面上看来:

ⅰ.由下列当事方签署：

船长或船长的具名代理或代表，或

船东或船东的具名代理或代表，或

租船主或租船主的具名代理或代表。

船长、船东、租船主或代理的任何签字必须分别表明其船长、船东、租船主或代理的身份。

代理的签字必须显示其是否作为船长、船东或租船主的代理或代表签署提单。

代理人代理或代表船东或租船主签署提单时必须注明船东或租船主的名称。

ⅱ.通过下述方式表明货物已在信用证规定的装运港装载上具名船只：

预先印就的措辞，或

注明货物已装船日期的装船批注。

租船合约提单的出具日期将被视为装运日期，除非租船合约提单包含注明装运日期的装船批注，在此情况下，装船批注中显示的日期将被视为装运日期。

ⅲ.注明货物由信用证中规定的装货港运输至卸货港。卸货港可以按信用证中的规定显示为一组港口或某个地理区域。

ⅳ.系仅有的一份正本租船合约提单，或者，如果出具了多份正本，应是租船合约提单中显示的全套正本份数。

b.即使信用证中的条款要求提交租船合约，银行也将对该租船合约不予审核。

第二十三条 空运单据

a.无论其称谓如何，空运单据必须在表面上看来：

ⅰ.注明承运人名称并由下列当事方签署：

承运人，或

承运人的具名代理或代表。

承运人或代理的任何签字必须分别表明其承运人或代理的身份。

代理的签字必须显示其是否作为承运人的代理或代表签署空运单据。

ⅱ.注明货物已收妥待运。

ⅲ.注明出具日期。这一日期将被视为装运日期，除非空运单据包含注有实际装运日期的专项批注，在此种情况下，批注中显示的日期将被视为装运日期。

空运单据显示的其他任何与航班号和起飞日期有关的信息不能被视为装运日期。

Ⅳ.表明信用证规定的起飞机场和目的地机场

Ⅴ.为开给发货人或拖运人的正本，即使信用证规定提交全套正本。

Ⅵ.载有承运条款和条件，或提示条款和条件参见别处。银行将不审核承运条款和条件的内容

b.就本条而言，转运是指在信用证规定的起飞机场到目的地机场的运输过程中，将货物从一飞机卸下再装上另一飞机的行为。

c.ⅰ.空运单据可以注明货物将要或可能转运，只要全程运输由同一空运单据涵盖。

ⅱ.即使信用证禁止转运，注明将要或可能发生转运的空运单据仍可接受。

第二十四条　公路、铁路或内陆水运单据

a. 公路、铁路或内陆水运单据,无论名称如何,必须看似:

ⅰ. 表明承运人名称,并且

由承运人或其具名代理人签署,或者

由承运人或其具名代理人以签字、印戳或批注表明货物收讫。

承运人或其具名代理人的售货签字、印戳或批注必须标明其承运人或代理人的身份。

代理人的收获签字、印戳或批注必须标明代理人系代表承运人签字或行事。

如果铁路运输单据没有指明承运人,可以接受铁路运输公司的任何签字或印戳作为承运人签署单据的证据。

ⅱ. 表明货物在信用证规定地点的发运日期,或者收讫代运或代发送的日期。运输单据的出具日期将被视为发运日期,除非运输单据上盖有带日期的收货印戳,或注明了收货日期或发运日期。

ⅲ. 表明信用证规定的发运地及目的地。

b. ⅰ. 公路运输单据必须看似为开给发货人或托运人的正本,或没有认可标记表明单据开给何人。

ⅱ. 注明"第二联"的铁路运输单据将被作为正本接受。

ⅲ. 无论是否注明正本字样,铁路或内陆水运单据都被作为正本接受。

c. 如运输单据上未注明出具的正本数量,提交的分数即视为全套正本。

d. 就本条而言,转运是指在信用证规定的发运、发送或运送的地点到目的地之间的运输过程中,在同一运输方式中从一运输工具卸下再装上另一运输工具的行为。

e. ⅰ. 只要全程运输由同一运输单据涵盖,公路、铁路或内陆水运单据可以注明货物将要或可能被转运。

ⅱ. 即使信用证禁止转运,注明将要或可能发生转运的公路、铁路或内陆水运单据仍可接受。

第二十五条　快递收据、邮政收据或投邮证明

a. 证明货物收讫待运的快递收据,无论名称如何,必须看似:

ⅰ. 表明快递机构的名称,并在信用证规定的货物发运地点由该具名快递机构盖章或签字;并且

ⅱ. 表明取件或收件的日期或类似词语。该日期将被视为发运日期。

b. 如果要求显示快递费用付讫或预付,快递机构出具的表明快递费由收货人以外的一方支付的运输单据可以满足该项要求。

c. 证明货物收讫待运的邮政收据或投邮证明,无论名称如何,必须看似在信用证规定的货物发运地点盖章或签署并注明日期。该日期将被视为发运日期。

第二十六条 "货装舱面""托运人装载和计数" "内容据托运人报称"及运费之外的费用

a. 运输单据不得表明货物装于或者将装于舱面。声明货物可能被装于舱面的运输单据条款可以接受。

b. 载有诸如"托运人装载和计数"或"内容据托运人报称"条款的运输单据可以接受。

c. 运输单据上可以以印戳或其他方式提及运费之外的费用。

第二十七条 清洁运输单据

银行只接受清洁运输单据。清洁运输单据指未载有明确宣称货物或包装有缺陷的条款或批注的运输单据。"清洁"一词并不需要在运输单据上出现,即使信用证要求运输单据为"清洁已装船"的。

第二十八条 保险单据及保险范围

a. 保险单据,例如保险单或预约保险项下的保险证明书或者声明书,必须看似由保险公司或承保人或其代理人或代表出具并签署。

代理人或代表的签字必须标明其系代表保险公司或承保人签字。

b. 如果保险单据表明其以多份正本出具,所有正本均须提交。

c. 暂保单将不被接受。

d. 可以接受保险单代替预约保险项下的保险证明书或声明书。

e. 保险单据日期不得晚于发运日期,除非保险单据表明保险责任不迟于发运日生效。

f. ⅰ. 保险单据必须表明投保金额并以与信用证相同的货币表示。

ⅱ. 信用证对于投保金额为货物价值、发票金额或类似金额的某一比例的要求,将被视为对最低保额的要求。

如果信用证对投保金额未作规定,投保金额须至少为货物的 CIF 或 CIP 价格的 110%。

如果从单据中不能确定 CIF 或者 CIP 价格,投保金额必须基于要求承付或议付的金额,或者基于发票上显示的货物总值来计算,两者之中取金额较高者。

ⅲ. 保险单据须标明承包的风险区间至少涵盖从信用证规定的货物监管地或发运地开始到卸货地或最终目的地为止。

g. 信用证应规定所需投保的险别及附加险(如有的话)。如果信用证使用诸如"通常风险"或"惯常风险"等含义不确切的用语,则无论是否有漏保之风险,保险单据将被照样接受。

h. 当信用证规定投保"一切险"时,如保险单据载有任何"一切险"批注或条款,无论是否有"一切险"标题,均将被接受,即使其声明任何风险除外。

i. 保险单据可以援引任何除外责任条款。

j. 保险单据可以注明受免赔率或免赔额(减除额)约束。

第二十九条　截止日或最迟交单日的顺延

a. 如果信用证的截止日或最迟交单日适逢接受交单的银行非因第三十六条所述原因而歇业，则截止日或最迟交单日，视何者适用，将顺延至其重新开业的第一个银行工作日。

b. 如果在顺延后的第一个银行工作日交单，指定银行必须在其致开证行或保兑行的面函中声明交单是在根据第二十九条 a 款顺延的期限内提交的。

c. 最迟发运日不因第二十九条 a 款规定的原因而顺延。

第三十条　信用证金额、数量与单价的增减幅度

a. "约"或"大约"用语信用证金额或信用证规定的数量或单价时，应解释为允许有关金额或数量或单价有不超过 10% 的增减幅度。

b. 在信用证未以包装单位件数或货物自身件数的方式规定货物数量时，货物数量允许有 5% 的增减幅度，只要总支取金额不超过信用证金额。

c. 如果信用证规定了货物数量，而该数量已全部发运，及如果信用证规定了单价，而该单价又未降低，或当第三十条 b 款不适用时，则即使不允许部分装运，也允许支取的金额有 5% 的减幅。若信用证规定有特定的增减幅度或使用第三十条 a 款提到的用语限定数量，则该减幅不适用。

第三十一条　分批支款或分批装运

a. 允许分批支款或分批装运。

b. 表明使用同一运输工具并经由同次航程运输的数套运输单据在同一次提交时，只要显示相同目的地，将不视为部分发运，即使运输单据上标明的发运日期不同或装卸港、接管地或发送地点不同。如果交单由数套运输单据构成，其中最晚的一个发运日将被视为发运日。

含有一套或数套运输单据的交单，如果表明在同一种运输方式下经由数件运输工具运输，即使运输工具在同一天出发运往同一目的地，仍将被视为部分发运。

c. 含有一份以上快递收据、邮政收据或投邮证明的交单，如果单据看似由同一块地或邮政机构在同一地点和日期加盖印戳或签字并且表明同一目的地，将不视为部分发运。

第三十二条　分期支款或分期装运

如信用证规定在指定的时间段内分期支款或分期发运，任何一期未按信用证规定期限支取或发运时，信用证对该期及以后各期均告失效。

第三十三条　交单时间

银行在其营业时间外无接受交单的义务。

第三十四条　关于单据有效性的免责

银行对任何单据的形式、充分性、准确性、内容真实性、虚假性或法律效力,或对单据中规定或添加的一般或特殊条件,概不负责;银行对任何单据所代表的货物、服务或其他履约行为的描述、数量、重量、品质、状况、包装、交付、价值或其存在与否,或对发货人、承运人、货运代理人、收货人、货物的保险人或其他任何人的诚信与否,作为或不作为、清偿能力、履约或资信状况,也概不负责。

第三十五条　关于信息传递和翻译的免责

当报文、信件或单据按照信用证的要求传输或发送时,或当信用证未作指示,银行自行选择传送服务时,银行对报文传输或信件或单据的递送过程中发生的延误、中途遗失、残缺或其他错误产生的后果,概不负责。如果指定银行确定交单相符并将单据发往开证行或保兑行。无论指定的银行是否已经承付或议付,开证行或保兑行必须承付或议付,或偿付指定银行,即使单据在指定银行送往开证行或保兑行的途中,或保兑行送往开证行的途中丢失。

银行对技术术语的翻译或解释上的错误,不负责任,并可不加翻译地传送信用证条款。

第三十六条　不可抗力

银行对由于天灾、暴动、骚乱、叛乱、战争、恐怖主义行为或任何罢工、停工或其无法控制的任何其他原因导致的营业中断的后果,概不负责。

银行恢复营业时,对于在营业中断期间已逾期的信用证,不再进行承付或议付。

第三十七条　关于被指示方行为的免责

a. 为了执行申请人的指示,银行利用其他银行的服务,其费用和风险由申请人承担。

b. 即使银行自行选择了其他银行,如果发出指示未被执行,开证行或通知行对此亦不负责。

c. 指示另一银行提供服务的银行有责任负担被执释放因执行指示而发生的任何佣金、手续费、成本或开支("费用")。

如果信用证规定费用由受益人负担,而该费用未能收取或从信用证款项中扣除,开证行依然承担支付此费用的责任。

信用证或其修改不应规定向受益人的通知以通知行或第二通知行收到其费用为条件。

d. 外国法律和惯例加诸银行的一切义务和责任,申请人应受其约束,并就此对银行负补偿之责。

第三十八条　可转让信用证

a. 银行无办理转让信用证的义务,除非该银行明确同意其转让范围和转让方式。

b. 就本条款而言：

转让信用证意指明确表明其"可以转让"的信用证。根据受益人（"第一受益人"）的请求，转让信用证可以被全部或部分地转让给其他受益人（"第二受益人"）。

转让银行意指办理信用证转让的被指定银行，或者，在适用于任何银行的信用证中，转让银行是由开证行特别授权并办理转让信用证的银行。开证行也可担任转让银行。

转让信用证意指经转让银行办理转让后可供第二受益人使用的信用证。

c. 除非转让时另有约定，所有因办理转让而产生的费用（诸如佣金、手续费、成本或开支）必须由第一受益人支付。

d. 倘若信用证允许分批支款或分批装运，信用证可以被部分地转让给一个以上的第二受益人。

第二受益人不得要求将信用证转让给任何次序位居其后的其他受益人。第一受益人不属于此类其他受益人之列。

e. 任何有关转让的申请必须指明是否以及在何种条件下可以将修改通知第二受益人。转让信用证必须明确指明这些条件。

f. 如果信用证被转让给一个以上的第二受益人，其中一个或多个第二受益人拒绝接受某个信用证修改并不影响其他第二受益人接受修改。对于接受修改的第二受益人而言，信用证已做相应的修改；对于拒绝接受修改的第二受益人而言，该转让信用证仍未被修改。

g. 转让信用证必须准确转载原证的条款及条件，包括保兑（如有），但下列项目除外：

—信用证金额，

—信用证规定的任何单价，

—到期日，

—单据提示期限

—最迟装运日期或规定的装运期间。

以上任何一项或全部均可减少或缩短。

必须投保的保险金额的投保比例可以增加，以满足原信用证或本惯例规定的投保金额。

可以用第一受益人的名称替换原信用证中申请人的名称。

如果原信用证特别要求开证申请人名称应在除发票以外的任何单据中出现时，则转让信用证必须反映出该项要求。

h. 第一受益人有权以自己的发票和汇票（如有），替换第二受益人的发票和汇票（如有），其金额不得超过原信用证的金额。在如此办理单据替换时，第一受益人可在原信用证项下支取自己发票与第二受益人发票之间产生的差额（如有）。

i. 如果第一受益人应当提交其自己的发票和汇票（如有），但却未能在收到第一次要求时照办；或第一受益人提交的发票导致了第二受益人提示的单据中本不存在的不符点，而其未能在收到第一次要求时予以修正，则转让银行有权将其从第二受益人处收到的单据向开证行提示，并不再对第一受益人负责。

j. 第一受益人可以在其提出转让申请时，表明可在信用证被转让的地点，在原信用证的到期日之前(包括到期日)向第二受益人予以兑付或议付。本条款并不损害第一受益人在第三十八条 h 款下的权利。

    k. 由第二受益人或代表第二受益人提交的单据必须向转让银行提示。

第三十九条　款项让渡

    信用证未表明可转让,并不影响受益人根据所适用的法律规定,将其在该信用证项下有权获得的款项让渡与他人的权利。本条款所涉及的仅是款项的让渡,而不是信用证项下执行权利的让渡。

附表1 进出口贸易合同样本

正　本
（ORIGINAL）

合　同　　　　　　　　　　　　NO.
CONTRACT

　　　　　　　　　　　　　　　　　　　　　　　Date：

卖　方　　　　　　　中国矿产进出口公司
The Sellers.　　CHINA NATIONAL MINERALS IMPORT & EXPORT COPRORATION
　　　　　　　　　　北京二里沟　　　电报挂号
　　　　　　　Erh Li Kou，Beijing　　　Cable Address：MINMETALS BEIJING
　　　　　　　　　　　　　　　　　Telex：22773 MIMET CN 22241 MIMET CN
　　　　　　　　　　　　　　　　　　　22774 MIMET CN 22190 MIMET
　　　　　　　　　　　　　　　FAX：8315079

买　方　　　　　　　　　　　　　　　　Cable：
The buyers：
Address：　　　　　　　　　　　　　　　Telex：

双方同意按下列条款由卖方出售，买方购进下列货物：
The Sellers agree to sell and the Buyers agree to buy the undermentioned goods on the terms and conditions stated below：

(1)货物名称、规格、包装及唛头 Name of Commodity，Specifications， Packing Term and Shipping Marks	(2)数　量 Quantity	(3)单　价 Unit Price	(4)总　值 Total Amount
检　验：以中国商品检验局出具的品质重量证书 　　　　作为付款依据。 Inspection： The certificates of Quality and Weight issued by the China Commodity Inspection Bureau are to be taken as the basis for effecting payment	卖方有权在　　　　　　　　　　%内多装或少装 Shipment　　% more or less at Sellers' option		

　　(5)装运期限：
　　Time of Shipment：
　　(6)装运口岸：
　　Port of Loading：China ports
　　(7)目的口岸：
　　Port of Destination：
　　(8)保险：由卖方按发票金额110％投保
　　Insurance：To effected by the Sellers for 110％ of invoice value covering

（9）付款条件：

Terms of Payment：

凭保兑的、不可撤销的、可转让的、可分割的即期信用证在中国见单付款。信用证以卖方为受益人，并允许分批装运和转船，该信用证必须在装运月　　天前开到卖方，并在装船后在上述装运港继续有效 15 天。否则卖方无需通知即可有权取消本销售合同，并向买方索赔因此而发生的一切损失。

By confirmed, irrevocable, transferable and divisible Letter of Credit in favor of the Sellers payable at sight against Presentation of shipping documents in China, with partial shipments and transshipment allowed. The covering Letter of Credit must reach the Sellers days before the contracted month of shipment and remain valid in the above loading port until the 15th day after shipment, failing which the Sellers reserve the right to cancel the contract without further notice and to claim against the Buyers for any loss resulting therefrom.

（10）单据：卖方应向议付银行提供已装船清洁提单、发票、中国商品检验局或工厂出具的品质证明、中国商品检验局出具的数/重量鉴定书；如果本合同按 CIF 条件，应再提供可转让的保险单或保险凭证。

Documents：The Sellers shall present to the negotiating bank, Clean On Board Bill of Lading, Invoice, Quality Certificate issued by the China Commodity Inspection Bureau or the Manufactures, Survey Report on Quantity/Weight issued by the China Commodity Inspection Bureau, and Transferable Insurance Policy or Insurance Certificate when this Contract is made on CIF basis.

（11）装运条件：

Terms of shipment：

①载运船只由卖方安排，允许分批装运允许转船。

The carrying vessel shall be provided by the Sellers. Partial shipments and transshipment are allowed.

②卖方于货物装船后，应将合同号码、品名、数量、船名、装船日期以电报通知买方。

After loading is completed, the Sellers shall notify the Buyers by cable of the contract number, name of commodity, quantity, name of the carrying vessel and date of shipment.

（12）品质与数量、重量的异议与索赔：货到目的口岸后，买方如发现货物品质及/或数量/重量与合同规定不符，除属于保险公司及/或船公司的责任外，买方可以凭双方同意的检验机构出具的检验证书向卖方提出异议。品质异议须于货到目的口岸之日起 30 天内提出，数量/重量异议须于货到目的口岸之日起 15 天内提出。卖方应于收到异议后 30 天内答复买方。

Quality/Quantity Discrepancy and Claim：

In case the quality and /or quantity /weight are found by the Buyers to be not in conformity with the Contract after arrival of the goods at the port of destination, the

Buyers may lodge claim with the Sellers supported by survey report issued by an inspection organization agreed upon by both parties，with the exception，however，of those claims for which the insurance company and/ or the sipping company are to be held responsible，Claim for quality discrepancy should be filed by the Buyers within 30 days after arrival of the goods at the port of destination，while for quantity/ weight discrepancy claim should be filed by the Buyers within 15 days after arrival of the goods at the port of destination. The Sellers shall，within 30 days after receipt of the notification of the claim，send reply to the buyers.

（13）人力不可抗拒：由于人力不可抗拒事故，使卖方不能在合同规定期限内交货或者不能交货，卖方不负责任。但卖方必须立即以电报通知买方。如买方提出要求，卖方应以挂号函向买方提供由中国国际贸易促进委员会或有关机构出具的发生事故的证明文件。

Force Majeure：In case of Force Majeure, the Sellers shall not be held responsible for late delivery of non-delivery of the goods but shall notify the Buyers by cable. The Sellers shall deliver to the Buyers by registered mail，if so requested by the Buyers，a certificate issued by the China Council for the Promotion of International Trade or and competent authorities.

（14）仲裁：凡因执行本合同或与合同有关事项所发生的一切争执，应由双方通过友好方式协商决定。如果不能取得协议时，则在被告国家根据仲裁机构的仲裁程序规则进行仲裁。仲裁决定是终局的，对双方具有同等的约束力。仲裁费用除非仲裁机构另有规定外，均由败诉一方负担。

Arbitration：All disputes in connection with this Contract or the execution thereof shall be settled by negotiation between two parties. If no settlement can be reached，the case in dispute shall then be submitted for arbitration in the country of defendant in accordance with the arbitration regulations organization of the defendant country. The decision made by the arbitration organization shall be taken as final and binding upon both parties. The arbitration expenses shall be borne by the losing party unless otherwise awarded by the arbitration organization.

(15)备注：
Remarks：
卖 方：　　　　　　　　　　　　　　　买 方：
Sellers：　　　　　　　　　　　　　　Buyers：

中国矿产进出口公司
CHINA NATIONAL MINERALS
IMPORT& EXPORT CORPORATION

附表 2　提单样本

CHINA OCRAN SHIPPING COMPANY

总公司 HEAD OFFICE:北京 BEIJING

分公司 BRANCHOFFICE:{ 广州 GUANGZHOU / 上海 SHANGHAI / 天津 TIANJIN

电报挂号 CABLEADDRESSCOSCO

提　单　　正　本

BILL OF LOADING　　　ORIGNAL 直运或转船

DIRECT OR WITH TRANSHIPMENT

装货单号　　　提单号

S/ O NOB/LNO.

托运人 Shipper	
收货人或受让人 Consignee　　　or assigns	
通知 Notify	
船名航次 Vessel　　　Voy.	

装货港卸货港
Port of Loading　　　Port of discharge

国籍中华人民共和国运费在交付
Nationality　　　THE PEOPLE'S REPUBLIC OF CHINA　　　Freight Payable at

托运人所提供的详细情况
Particulars furnished by the Shipper

标志和号数件数货名 毛重尺码 Marks and Numbers	No. of Packages	Description of Goods	Gross Weight	Measurement
合计件数(大写) Total Packages (in words)				

上列外表情况良好的货物(另有说明者除外)已装在上列船上并应在上列卸货港或该船所能安全到达并保持浮泊的附近地点卸货。

Shipped on board the vessel named above in apparent good order and ed at the above mentioned port of discharge or as near thereto as the vessel may safely get and be always afloat.

重量、尺码、标志、号数、品质、内容和价值是托运人所提供的,承运人在装船时并未核对。

The weight, measure, marks, numbers, quality, contents and value, being particulars furnished by the Shipper are not checked by the Carrier on loading.

托运人、收货人核本提单的持有人兹明白表示接受并同意本提单和它背面所载的一切印刷、书写或打印的规定、免责事项和条件。

The Shipper, Consignee and the holder of this Bill of Loading hereby expressly accept and agree to all printed, written or stamped provisions, exceptions and conditions of this Bill of Loading, including those on the back hereof.

为证明以上各节,承运人或其代理人已签署本提单一式份,其中一份经完成提货手续后,其余各份实效。

运费和其他费用
Freight and Charges:　In witness whereof, the Carrier or his Agent has signed Bill of Loading all of this tenor and date, one of which being accomplished, the others to stand void.

请托运人特别注意本提单内与该货保险效力有关的免责事项和条件。

Shippers are requested to note particularly　　签单日期
the exceptions and conditions of this Dated .... at ....
Bill of Loading with reference to the　　　　　　　　　　　　　　　　　　船长
validity of the insurance upon their goods ....　For the Master

附表 3　货物运输保险单样本

中国人民保险公司
THE PEOPLE'S INSURANCE COMPANY OF CHINA
总公司设于北京一九四九年创立
Head office：BEIJING　　　　　　Established in 1949

发票号码：　　　　　　　　　　保险单　　　　　　　　　保险单号次
INSURANCE POLICY

中国人民保险公司（以下简称本公司）This Policy of Insurance witnesses that The People's Insurance Company of China（hereinafter called"The Company"），根据 at the request of ....
（以下简称被保险人）的要求，由被保险人向本公司缴付（hereinafter called the "Insured"）and in consideration of the agreed premium paying to the Company 约定的保险费，按照本保险单承保险别和背面所载条款 By the Insured，Undertakes to insure the undermentioned goods in transportation subject to the conditions of this 与下列特别条款承保下述货物运输保险，特立本保险单。Policy as per the Clauses printed overleaf and other special clauses attached hereon.

标记 Marks & Nos.	包装及数量 Quantity	保险货物项目 Description of Goods	保险金额 Amount Insured

总保险金额：
Total Amount Insured：
保费费率装载运输工具
Premium as arranged　　　　Rate as　　　arranged.　　　Per conveyance. S. S.
....
开航日期自至
Sig on or abt.　　　From .... to ....
承保险别
Conditions

中国人民保险公司
THE PEOPLE'S INSURANCE CO. OF CHINA

赔款偿付地点
Claim payable at ....
日期
DATE ....

附表 4　出口检验申请单样本

出口检验申请单

中华人民共和国北京进出口商品检验局：　　　　　　　　　　报验号：

兹有下列商品申请预验，请照章办理。　　　　　　　　　　存货地点：

报验单位：

日期：　　年　月　日　　联系人：　　　　电话：　　地址：

发货人		生产部门	
收货人		输往国别	
品名		H.S. 编码(8 位)	
报验数量		总净重	
		总毛重	

成交单价(美元)	成交总值(美元)	收购单价(人民币)	收购总值
标记及号码	申请证书份数		运输方式

品质 文 份		

品质　　文　　份
分析　　文　　份
重量　　文　　份
数量　　文　　份
兽医　　文　　份
卫生　　文　　份
健康　　文　　份
换证凭证　　　份
　　　其他

放行
更改证书

随附证件号：
合同号：
信用证号：
厂验单：
预验单：
换证凭单：
包装性能检验结果单：
其他：

预约工作日期		结汇方式：
领取单证	正　　　副	出运口岸：
领取人	日期	商品包装情况：

检验处评定意见	检验方式	贸易方式	一般贸易	三来一补	边境贸易	其他
	商品检验	自检				
		共验		备注		
		抽验				
	组织检验	认可				
		其他				
		免疫				
流程	月　日　经办人	流程	月	日	经办人	计收费栏

续表

发货人				生产部门	
受理			检务复审		
送检			翻译		
抽样			制证		
检验			校对		
化验			总校		
拟证			发证		
审核			检验处		
签发					
返回			检验科		

预收：

补收：

共计实收：

附表 5　出口货物报关单样本

中华人民共和国海关出口货物报关单

预录入编号：　　519601840－　　page1　　　　　　　海关编号：519601840-

出口口岸　满洲里海关（06/00）	备案号	出口日期 00-05-02	申报日期 00-05-02
经营单位　　北方工业公司（1102919058）	运输方式　铁路	运输工具名称	提运单号 YXI07
发货单位　中国北方工业公司	贸易方式　易货贸易 0130	征免性质　一般征税	结汇方式 其他

许可证号	抵运国（地区）　俄罗斯联邦　（0344）	指运港　　俄罗斯联邦（0344）	境内货源地西城区（11029）
批准文号 181535	成交方式　FOB	运费 000/ .000/　保费 000/ .000/	杂费 000/ .000/

合同协议号 C/99MMG-363（66)5273J	件数　　4018	包装种类　　　件	毛重（公斤）122377	净重（公斤）121613
集装箱号	随附单据		生产厂家	

标记及备注

项号	商品编号	商品名称、规格型号	数量及单位	最终目的国（地区）	单价	总价	币制	征免
01	02031100.9	冻肉	121612.80 公斤	俄罗斯联邦	49.33	198229.19	USD	全免
		4018.00 件		（344）		美元		

税费征收情况	198229.19

录入员　　　录入单位	兹声明以上申报无讹并承担法律责任	海关审单批准及放行日期（签章）
报关员单位地址　　　　　　　申报单位（签章）中国铁路对外服务公司天津分公司		审单　　　　　　　审价
		征税　　　　　　　统计
邮编　　　电话　　　填制日期 00/05/02		查验　　　　　　　放行

附表 6　销售确认书样本

销　售　确　认　书

SALES CONFIRMATION

编号

NO.

————————————

商　　号　　　　　　　　　　　　　　　　　　　　日期

MESSRS　　　　　　　　　　　　　　　　　　　　DATE ——————————

签约地点

SIGNED AT ——————————

去　函　　去　电

OUR LETTER(S)/ CABLE(S)

DEAR SIRS　　　　来　函　　来　电

YOUR LETTER(S)/ CABLE(S)

兹　确　认　于　　　　　　　　　　按下列条件售予你号下述货物

WE HEREBY CONFIRM HAVING SOLD TO YOU　　THE FOLLOWING GOODS ON TERMS AND CONDITIONS AS SETFORTH BELOW：

货　名

COMMODITY：

规　格

SPECIFICATION：

数　量

QUANTITY：

单　价

UNIT PRICE：

总　值

TOTAL VALUE：

装运期

SHIPMENT：

付款条件

TERMS OF PAYMENT：

保兑、不可撤销、全部发票金额之即期汇票信用证，在天津议付，有效期须延至装运日期后第十五天在中国到期。该信用证不得迟于　　　　　　　开抵卖方。

BY CONFIRMED AND IRREVOCABLE L/C, FOR FULL INVOICE VALUE, AVAILABLE BY DRAFT AT SIGHT, NEGOTIABLEIN TIENTSIN. VALID IN CHINA UNTIL THE 15TH (FIFTEENTH) DAY AFTER DATE OF SHIPMENT: THE L/C TO REACH SELLERS NOT

LATER THAN

包　装   唛　头

PACKING：

                                                       MARK & NOS

保　险

INSURANCE：

备　注

REMARKS：

    装运品质及重量，以天津商品检验局出具之检验证书为证明并作为最后依据。

1. SHIPPING WEIGHT AND QUALITY TO BE CERTIFIED BY AND SUBJECT TO THE IN-SPECTION CERTIFICATE ISSUED BY TIANJIN COMMODITY INSPECTION BUREAU.

    许可较所订数量溢短装 5% 依成交价格计算。

2. DELIVERY OF 5% MORE OR LESS THAN THE TOTAL CONTRACT QUANTITY SHALL BE ALLOWED AND SETTLED AT THE CONTRACT PRICE.

    全部交易条款以本售货确认书所规定者为最后依据，信用证内规定之条款及词句必须与此确认书内所规定者相符。

3. ALL THE TERMS CONTAINED IN THIS S/C ARE TO BE DEEMED AS FINAL AND THE TERMS AS WELL AS WORDINGS. TO BE SPECIFIED IN THE L/C SHALL BE STRICTLY IN CONFORMITY WITH THOSE AS DESIGNATED IN THIS SALES CONFORMTION.

附表 7　信用证样本

UNIVERSAL BANK Berlin，Germany	*LETTER OF CREDIT*	
Applicant Stiemens Friedrichstrasse　15-20	Beneficiary Cotex 4 East 61st Street	Advising bank Global Bank New York USA
Reference number ILCBLN583210	Date and place of issue 20 June 1999，Berlin	Date and place of expiry 27 July 1999，New York
Transhipment [　] Allowed [　] Not Al-lowed	Amount USD 20,000 Twenty thousand US Dollars	
Partial shipment [　] Allowed [　] Not Al-lowed	Credit available with Global Bank，New York by PAYMENT/ACCEPTANCE/NEGOTIATION against the documents detailed herein and beneficiary's draft at ......60 days sight...... drawn on Universal Bank，Berlin	
Shipment/dispatch/taking In charge from/at New York	For transportation to Hamburg	Not later than 6 July 1999
Documents to be presented One signed original commercial invoice and four copies evidencing dispatch of 20 photocopiers，Model BPH500IN @ USD 950 per unit，CIF Hamburg. Full set of blank endorsed Bills of Lading marked "Freight Paid" ＋ "Notify Stiemens，Friedrichstrasse 15-20，Berlin，Germany" One original blank endorses insurance certificate covering all risks as per Institute Cargo Clauses"A" ＋strikes One certificate of origin issued by American Chamber of Commerce These documents to be presented within days of the issue of the transport document(s)but within the validity of the credit.		DOCUMENTS PRESENTED 24 JULY 1999

续表

Instructions for Advising Bank
Please advise beneficiaries of opening of this credit adding/without adding your confirmation. Method of reimbursement At maturity we will reimburse you according to your instructions Documents should be forwarded to us by air mail
We hereby agree with the drawers, endorsers and bona fide holders that drafts drawn and negotiated in conformity with the terms of this credit will be duly honored upon presentation and that drafts accepted within the terms of this credit will be accepted at maturity. This credit is subject to Uniform Customs and Practice for documentary credits(1993 revision) International Chamber of Commerce publication No. 500. *Roger Kreitman* for UNIVERSAL BANK

参考文献

[1]陈岩.国际贸易理论与实务[M].北京:清华大学出版社,2011.8.
[2]周桂荣.国际贸易实务[M].厦门:厦门大学出版社,2010.8.
[3]张孟才.国际贸易实务[M].北京:机械工业出版社,2012.3.
[4]陈宪,张鸿.国际贸易——理论·政策·案例[M].上海:上海财经大学出版社,2007.8
[5]卓骏.国际贸易理论与实务[M].北京:机械工业出版社,2012.9.
[6]盛洪昌.国际贸易实务[M].北京:清华大学出版社,2012.2.
[7]易露霞,陈原主编.国际贸易实务双语教程[M].北京:清华大学出版社,2006.9.
[8]卓骏编著.国际贸易理论与实务[M].北京:机械工业出版社,2008.1.
[9]徐景霖编著.国际贸易实务[M].大连:东北财经大学出版社,2006.1.
[10]吴百福,周秉成等主编.进出口贸易实务教程[M].上海:上海人民出版社,2003.9.
[11]谢毅斌编著.出口业务[M].北京:中国国际广播出版社,1995.8.
[12]周桂荣主编.进出口业务单证操作教程[M].天津:南开大学出版社,2003.
[13]金淑云,周桂荣主编.国际贸易实务自学考试应试训练[M].天津:南开大学出版社,2001.11.
[14]黎孝先.国际贸易实务[M].北京:对外经济贸易大学出版社,2000.10.
[15]罗凤翔,杜清萍主编.国际商务英语实训教程[M].北京:中国商务出版社,2008.2.
[16]何达华著.进出口贸易计算实务[M].北京:中国商务出版社,2007.1.